G

咕
噜
GuRu

# 教育改革论说集

刘道玉 著

上海三联书店

道玉与刘绪贻先生（右）合影

## 刘道玉

著名教育家，化学家，社会活动家。

1933 年生，湖北枣阳市蔡阳镇刘坡村人。1977—1979 年任教育部高等教育司司长，1981—1988 年任武汉大学校长。曾推动学分制、主辅修制、插班生制、导师制、贷学金制、学术假制等改革，拉开了中国高教改革的序幕，其影响延续至今。

1985 年被法国政府授予密特朗总统勋章，1987 年获日本东洋哲学学术研究奖章，1993 年获英国剑桥名人中心颁发的二十世纪银质功勋章；2008 年被多家媒体联合评选为改革开放 30 年 30 名"中国教育风云人物"之一。

主要作品有《教育问题探津》《大学的名片——我的人才理念与实践》《拓荒与呐喊：一个大学校长的教改历程》《中国高校之殇》《创造教育概论》《创造教育新论》《高等教育改革的理论与实践》《论爱的教育》等。

# 自　序

人老了，怀旧的心绪油然而生，回望自己走过的道路就是其中最主要的内容。一个人的人生道路，究竟决定于什么呢？一般说来，主要是受生长的环境、所接受的教育以及阅读的经典名著和名人箴言的影响。人是社会的人，生活在社会上的每一个个体，都要扮演某个角色——有的是自己选择的，有的是被安排的，就像演员担任某个角色一样。无论是自己选择的，还是被安排的，只要尽心尽意地去扮演这个角色，就能够绘声绘色地演好人生的这部大戏。

我已经进入"米寿"的年龄，回忆自己走过的道路，影响我的人生的主要有两个人：一个是瑞典化学家、发明家、工程师阿尔弗雷德·贝恩哈德·诺贝尔，另一个是中国近代大文豪鲁迅先生。在我 30 岁以前，影响我成长的是诺贝尔——我于 14 岁的时候，读过一本《发明大王诺贝尔的故事》，然后发誓将来要做一个诺贝尔式的发明家。于是，我于 1953 年高考后被录取到武汉大学化学系，后来到前苏联科学院攻读化学副博士研究生，以研究有机氟化学为方向，目的就是实现我要做诺贝尔式发明家的梦想。

可是，在灾难性的十年"文化大革命"中，一度流行的"知识越多越反动""读书无用""教书倒霉""臭老九"等口号，搅乱了人们的思想，混淆了是非界限；人们都感到前途迷茫，我做诺贝尔式发明家的梦想似乎已经破灭。1976 年秋，灾难性的"革命"终于结束了，我的诺贝尔式发明家的梦想又复活了。然而，好景不长，历史又一次跟我开了玩笑——我被国家教育部借调去筹备全国教育工作会议，后又被任命为教育部党组成员兼高等教育司司长。对于这个安排，我十分不情愿，但当时的形势又不容我推

1

却，良心也不允许我玩忽职守，我只好义不容辞地担负起拨乱反正的重任。令我始料不及的是，这一次的"借调"改变了我的一生，也可以说成全了我的一生。

1979 年 3 月，在完成了教育领域拨乱反正的任务之后，我义无反顾地辞去教育部的一切职务，回到武汉大学。我本想重操旧业，但旋即又被任命为武汉大学的常务副书记、常务副校长，一年多后又转任党委副书记、校长，从此走上教育改革的不归之路。我的诺贝尔式发明家之梦不得不戛然而止，因为我失去了实现诺贝尔梦想的舞台——实验室。我心想，与其两头落空，不如专心致志地领导好一所学校，把当诺贝尔式发明家的梦想转换为实现教育改革之梦。

在我投入教育改革之后，对我的思想、性格、信仰、气质和作风影响最大的莫过于鲁迅先生。我崇拜他是因为早年读过他的许多杂文和小说，深深受他的思想影响。他在杂文《空谈》《坟·论"费厄泼赖"应该缓行》中写道："改革自然常不免于流血，但流血非即等于改革。""但我敢断言，反改革者对于改革者的毒害，向来就并未放松过，手段的厉害也已经无以复加了。只有改革者却还在睡梦里，总是吃亏，因而中国也总是没有改革。"他以犀利的眼光，看到在中国改革之艰难，但是我并没有回避改革之艰险，而是抱着"明知山有虎，偏向虎山行"的冒险精神，决心在武汉大学的教育改革中当一回弄潮儿。不幸的是，我的结局被鲁迅先生言中：1988年 2 月 10 日，我无缘由被免职，就是我国大多数改革者的宿命的证明。

本书是一本文集，我曾想用书名"教育改革的呐喊"；之所以想用这个书名，显然也是受鲁迅先生的影响。在大学一年级的时候，我读的第一本鲁迅小说就是《呐喊》，它创作于 1918—1922 年，首次出版于 1923 年，解放前出版过 30 多个版本，但我已记不起看的是哪个出版社出版的。《呐喊》集中反映了从辛亥革命到五四运动时期社会深层的矛盾，对吃人的封建社会进行了无情的揭露。该书从民主主义出发，抱着启蒙和人道主义精神，希望唤醒民众精神、启迪蒙昧、改造国民的劣根性。我十分欣赏鲁迅先生的呐喊精神，这是他民主斗士和硬骨头精神的体现，他不愧为中华民族的"民族魂"。

所谓呐喊，就是呼吁、吁请、放言、鼓呼、呼号、批评、批判等。一个人是否敢于呐喊，关键在于是否有无私无畏的精神，是否有忧国忧民的情结。鲁迅先生做到了这一切，他不愧于人们所赞颂的"硬骨头"精神，他为我们所有人树立了敢于呐喊和严于解剖自己的高尚榜样。

鲁迅先生在《自嘲》诗中有"横眉冷对千夫指，俯首甘为孺子牛"的名句，我也十分欣赏"孺子牛"的奉献精神。我在厉行教育改革时，自喻是一头躬耕牛，不停地垦荒、开拓新的疆域。友人赠送给我一枚"拓荒牛"的闲章，我视为珍品保存至今。当我被免职以后，就失去了教育改革的舞台，于是我又转身化为一只杜鹃鸟，不停地为教育改革而啼喊。我深知，个人势单力薄，无力撼动僵化的大一统教育体制，但我也没有仅仅停留在坐而论道上。这时我想到了啄木鸟，力求做一点兴利除弊的事情。基于这种想法，我撰写了《教育问题探津》《论爱的教育》两本书，希望用它们为教师、学生以及家长解惑，哪怕影响 10 个人、100 个人也是好的。所幸的是，这两本书问世以后，一印再印；前者获得第 15 届文津图书奖，后者被上海三联书店以全票评为"2020 年最好的 10 本书"之首。

收入本文集的有 54 篇文稿，它们就是我近 30 年为教育改革呐喊的真实记录。无论是教育评论、专访、对话或建言，都是围绕着教育改革呐喊这个主题而展开的。呐喊作为一条主线贯穿于各个篇章之中。其中，大部分文稿都是过去在报刊上发表过的，有几篇对话的大部分内容没有刊发过。在辑录这本书稿的过程中，我又新写作十多篇文章，大部分也都是有感而发的，再一次体现了我学而不厌、思考不止、笔耕不辍的精神。

宋朝诗人王令在《送春》中有两句诗："子规夜半犹啼血，不信东风唤不回。"我十分欣赏这两句诗，我呐喊的目的也就在于唤回 20 世纪 80 年代我国教育改革的春天。但是，改革是有风险的，道路是曲折的，需要一代又一代人为之付出代价。也许，改革会一时遭受挫折，但我深信，后人一定会沿着改革者的足迹继续前进，就像屈原在楚辞《离骚》中所言："路漫漫其修远兮，吾将上下而求索""亦余心之所善兮，虽九死其犹未悔"。一个虔诚的改革者，应当有这样的精神境界，否则就不可能成就改革的大业！

刘道玉

于泰康之家楚园

# 目　录

## 4 中国开展创新到底缺少了什么?

## 下篇 教育答问录

## 1 培育创造性的人才

# 上篇　论教育改革

# 1

## 重新理解教育改革

## 重新理解改革*

当今，没有任何词汇比"改革"被人谈论得更多，却理解得更少了，更鲜有敢于率先吃螃蟹者。什么叫改革？《汉语大词典》的解释是：改革现在常指改变旧制度、旧事物，对旧的生产关系与上层建筑作部分或根本性的调整。改革是社会发展的巨大动力。

其实，"改革"或"变革"一词在中国古代就有。汉代《礼记·大传》记载了古代改革的事例，如"立权度量、考文章、改正朔、易服色、殊徽号、异器械、别衣服，此其所得与民变革者也"。春秋战国以来，我们前后经历了管仲改革、李悝变法、吴起变法、商鞅变法、申不害变法、王莽改制、王安石变法等。中国古代最后一次变法应当是戊戌变法，通常被称为"百日维新"（1898年6月11日—9月21日）。这次变法的宗旨是：提倡科学文化，改革政治、教育制度，发展农工商。但是，这次改良运动遭到慈禧太后等顽固势力的抵制与镇压，导致戊戌变法首领康有为和梁启超逃到国外，谭嗣同等戊戌六君子也遭到杀害。

1978年，中共中央十一届三中全会决定实行改革开放，把全国工作重点转移到社会主义现代化建设上，这是当代具有深远意义的伟大转折。全国在"实践是检验真理的唯一标准"大讨论和解放思想的推动下，出现了改革开放的大好形势。可惜的是，这个形势仅仅持续了不到十年，很快就以发展代替了改革。

改革虽然是一个非常诱人的口号，也常常被人们当作口头禅，但纵观历史，改革或变法有成功的也有失败或夭折的，且失败的比成功的要多。这是为什么呢？英国17世纪著名哲学家弗朗西斯·培根对此作了精辟分析："既成的习惯，即使并不优良，也会因习惯而使人适应。而新事物即使更优良，也会因不习惯而遭到非议。"这就是改革遇到阻力的根本思想原因。因此，创新总是难于守成，人们宁愿抱残守缺也不敢冒改革的风险。

但是，改革是推动社会前进的动力，时代需要一批推动改革的志士仁

---

＊　本文发表于《中国新闻周刊》2021年10月4日刊（总第1015期）。

人站在潮流前列,知难而进。怎样才能将改革推向前进呢?据我的体会,最重要的是做到以下三点:

首先是要营造一种改革创新的文化。文化虽然不能直接改变什么事,但文化能够改变人,而具有新思想的人才是推动改革的力量。正如康有为在总结戊戌变法失败教训时指出的:"变事而不变法,变法而不变人,则与不变同耳。"美国硅谷是世界创新的温床,那里每天都有创新的奇迹发生。虽然世界各国都想复制硅谷的模式,但由于没有营造创新的文化,所以机械的模仿都不成功。改革创新的文化有以下特点:人人谈论改革、人人拥护改革;任何反对改革的声音都没有市场;自下而上的改革实验组织遍布,改革之花结出丰硕的改革之果。

其次是廓清改革与发展的区别。二者相辅相成,但不能互相代替。20 世纪 90 年代初中国教育改革回潮,就是因为以发展代替了改革,GDP至上、发展才是硬道理的观点占据了主导地位。其实,二者的区别是非常明显的:发展只是量的增加、规模的扩大、条件的改善、品质的提高等;而改革则是本质的改变,如制度的改变、模式的更新、规则的创新等。以这样的标准来判断,自 90 年代以后,中国高等教育只有数量和规模的变化,完全没有概念、制度、体制等的改变,因此,以发展代替改革是不可取的,相对于 80 年代是倒退。

再次是要有对待改革者的宽容政策。改革是走前人未走过的道路,因此要允许改革者大胆探索,也要允许失败。俗话说"失败乃成功之母",就是这个道理。20 世纪 80 年代初,胡耀邦总书记曾说过:"允许改革犯错误,但不允许不改革。"这句话就是我在 80 年代锐意改革的精神力量。实际上,对待改革者的态度,直接影响后来人是否敢于追随改革者足迹。改革是创建千秋伟业,如果有了对改革者的宽容态度,他们就不会心有余悸,改革就会后继有人。

改革无禁区,改革者要敢于打破禁区。这才是我们需要倡导的改革精神,也是各级领导应当褒扬和支持的!

# 教育为什么要改革？ *

教育为什么要改革？当我提出这个问题时，也许有人会说，你这是"把饭叫饥"，简直是多此一举。果真如此吗？非也，如果是这样的话，我们不妨诘问一下：今天谁在搞教育改革？有哪些触及教育本质问题的改革成果？有哪些教育改革的代表人物？又有哪些成功的改革经验？如果要说真话，这一切都没有，因此教育改革已经成为"过去时"了。

那么，为什么我国教育改革阻力重重呢？这就涉及教育为什么要改革、不改是否可以的问题。学生一拨拨招进来，又一拨拨地送出去，周而复始，这样岂不是很好吗？虽然照着老路走省事，却出不了杰出的人才，这是与教育本应当承担的使命相悖的。理论是行动的指针，如果不从理性上弄清楚教育为什么要改革，就不知道改革的方向，也就不能成为自觉的教育改革者。

教育之所以需要改革，首先是因为教育本身的保守性。表现之一是有一个似乎潜移默化的观点：教育等于学校[1]。其实，这是非常狭义的理解，因为教育在学校诞生以前就存在了，可以说具有与人类一样久远的历史。从广义上说，家庭、社区、劳作、社会交流等，都是在以各种形式进行教育。表现之二是，教育具有重复性的特点，追求统一化、标准化、同步化。这与个性化、民主化和多元化的新时代精神是相悖的。表现之三是，有"创新魔术师"之称的史蒂夫·乔布斯在弥留之际提出一个被称为"乔布斯之问"的问题："为什么计算机改变了几乎所有领域，唯独对教育领域的影响小得令人吃惊？"对此，我的理解是：一是教育的保守性，二是改革教育的复杂性。

其次是教育有严重的滞后性，不能与时俱进。全世界的教育，已经严重滞后于日新月异的信息时代。各类学校分班教学是 17 世纪捷克教育家夸美纽斯发明的；专业化教学始于工业革命时期，迄今已有 300 多年历史；而"三中心"（以课堂为中心、以教师为中心和以课本为中心）教学原则，是德国著名教育家约翰·赫尔巴特于 1806 年提出的。这些原则和做法，虽然在历

---

\* 本文发表于《高教探索》2022 年第 1 期。

1 联合国教科文组织国际教育发展委员会编著：《学会生存——教育世界的今天和明天》，上海译文出版社，1979 年版，第 124 页。

史上曾经起到过积极的作用,但毕竟时隔几百年了,它们已经不再适应新形势的需要,必须大力进行改革。

再次是非教育因素的干扰。教育是超越地域、超越宗教、超越民族的公益事业,它有着自己的特殊规律。但是,教育不是处于真空之中,政府、市场、宣传和社会等因素的严重干扰,使得教育往往背离其自身的规律。例如,大学排名完全是商业炒作,是在以非教育的价值观把教育引到错误的方向。美国700多所大学抵制大学排名,这应该是教育内行对违背教育规律的行为发出的抗议。

那么,大学应当怎么样改革呢?大学需要全面进行改革,与传统的大学相比,也许应该变得面目全非。但是,从本源来说,改革最重要的是以下三点:

首先是创建适应新形势的教育理念。在过去几个世纪里,教育都被认为要传授知识。无论是教师讲授、做习题或是各种考试,都是以知识为核心,以分数高低来评判学生,从而导致学生高分低能,也使得最有智慧的学生被扼杀。现在,我们已经处于以网络技术为中心的云时代,需要转变教育理念,即由知识游戏转向思想游戏。爱因斯坦迄今仍然是无人超越的伟大的物理学家,他之所以能够创立相对论,就是因为他拥有超级想象力,他是设计思想实验的高手。

我所说的新理念,就是"大智慧之光"的理念。所谓大智慧就是"般若",它是从佛教借来的宗教俗语,是梵文"Prajna"音译过来的。什么是大智慧呢?所谓大智慧,它不同于普通聪明人的智慧,是终极智慧、辨识智慧、如实认知一切事物和万物本源的智慧。有人认为,20世纪天才已经绝灭了,其原因就是没有这样具有大智慧的人物。在我看来,具有大智慧的人才具有五个特征:一是具有超级的想象力;二是具有细致入微的洞察力;三是对各门学问能够达到贯通的地步;四是超越自我的顿悟能力;五是能够站在巨人肩膀上观察与思考问题。

实事求是地说,无论在一所大学或是一个国家,不可能所有的学生都成为具有大智慧的人才,但一个国家必须有这样的人才,也应该有学校肩负起培育这样人才的任务——多了不需要,没有也不行。

其次是必须改革大一统的教育领导体制。我们必须认识到,不独立无大学,不自由无学术。在清华大学国学院四导师之一王国维先生自沉昆明湖两年后,陈寅恪先生为其墓碑撰写碑文,最后几句是:"唯此独立之精神,自由之思想,历千万祀,与天壤而同久,共三光而永光。"先生把大学的独立与自由提到如此高度,不是故意拔高,而是道出了大学教育的一条普遍真理:循者而昌,违者而伤!

因此,教育相关部门应当转变其职能,从微观掌控转向宏观决策;应该采取无为而治的开明思想,下决心给大学松绑,把独立自主办学权下放给大学。我国经济体制改革经验证明,管得越少,基层单位的积极性越高,经济发展越有活力。同样,教育行政部门管得越少,大学教育改革的积极性就越高。我国大学之所以"千校一面",就是管控太多造成的。如果给大学松绑了,它们的积极性就会调动起来,就会通过改革,创办出各具风格的特色大学来!

再次是必须改革大学的教学模式。现在世界各国大学基本上都是采用"三中心"的教学模式,虽然各国有所差异,但基本上大同小异。实践早已证明,这种沿用了200年的教学模式,已经显得极其不合时宜,需要设计新的模式予以代替。窃以为,可以以新的模式代替传统的"三中心"模式。我设计的"三点式"教学模式是:以网络技术为平台,线上线下相结合;以学生为主体,教学相长,能者为师;以思维训练和科学研究带动教学,在训练中增长智慧,在研究中发明创造,这样既出人才又出成果。

这个新的"三点式"教学模式,重点是启迪学生的智慧,培养创造性的人才,这既符合我提出的大智慧教育理念,也符合新的技术革命时代的需要。这个新的"三点式"教学模式,并不高深莫测,只要我们有改革的意识,以实验来带动教学改革,任何大学都是有条件实施的。

最近十多年,美国大学进行了不少改革尝试,如2009年创办的奇点大学、2012年创办的网络大学Udacity、2013年创办的密涅瓦大学等。它们都在某一方面有突破性的创新。最近又看到,美国创新狂人、"硅谷钢铁侠"埃隆·马斯克宣布,他准备创办一所颠覆传统的大学,校名拟定为得克萨斯理工学院,重点培育机器人编写程序,这的确又站到了制高点。然而,反观我国的教育工作者,仍然在争"一流",搞一些花里胡哨、形式主义的东西。我国大学应该有紧迫感和危机感,时不我待,现在不改,还待何时? 我们应当立即行动起来,努力改变现状,这才是我们需要的真正的教育改革!


# 我所亲历的教育改革开放年代 *

1978 年 12 月 18—22 日,中共中央十一届三中全会在北京召开,这是我国现代历史上一个极为重大的事件。全会否定了"两个凡是"的方针,高度评价了"实践是检验真理的唯一标准"的讨论,停止使用阶级斗争的口号,否定了无产阶级专政下继续革命以及"文化大革命"今后还要进行多次的观点,全面开启改革开放政策,从而实现了全国工作重心由阶级斗争转向经济建设上来。这是一次划时代的会议,是一个伟大的转变,我国今天所取得的一切成就,都与这次转变息息相关,因此,无论如何评价这次会议的意义都是不为过的。

在改革开放 40 周年即将到来的时刻,我特地撰文以表示对这一重大历史事件的纪念。我有幸赶上了那个大好时代,当了一回拨乱反正和教育改革开放的弄潮儿。接下来我将以全程参与者和见证者的身份谈谈切身感受,以便读者从中吸取有益的经验和教训,这对于推动我国步履艰难的教育改革,兴许有某些借鉴作用。

## 拨乱反正,一马当先

"四人帮"被粉碎,意味着造成十年动乱的"文化大革命"结束,我国又一次走到了"十字路口"。当时的形势是:经济被破坏到崩溃的边缘,商品极度匮乏;各条战线上的问题成堆,积重难返;思想是非不清,人们心有余悸,欲干不能,欲罢不忍,不知到底路在何方。严峻的形势,不允许我国走老路,也不能走邪路,而只能走新路,即改革开放的道路。这是全国人民迫切的期望。

我当时是武汉大学的党委副书记。面对百废待兴的局面,基层广大

---

\* 本文发表于《同舟共进》2018 年第 7 期。

干部和教师一筹莫展,希望中央召开全国教育工作会议,澄清被搅乱了的是非。例如,怎么看待毛泽东同志在"文革"中关于教育的一系列指示?怎么看待从工农兵中招收文化程度严重参差不齐的大学生?怎么看待"资产阶级知识分子统治我们学校的现象,再也不能继续下去了""以阶级斗争为主课""以社会为课堂""工人阶级必须领导一切""理论危险"和"读书无用"等论调?

正在这个时候,我被借调到国家教育部,参加筹备全国教育工作会议。1977 年 4 月 15 日,我携带简单行装到教育部报到,被安排在教育部大楼二楼一间办公室住下,它既是办公室又是寝室。我在这里度过了两年异常繁忙和紧张的拨乱反正的生涯。一个月后我又被中央组织部任命为教育部党组成员兼高等教育司司长,同时担任全国教育工作会议筹备组副组长。虽然我十分不愿意当官,但出于基层对拨乱反正的渴望,我还是认认真真地履行了自己的职责。

拨乱反正从哪里入手?没有调查就没有发言权,于是我先后到辽宁、天津和北京郊县作调查。当时各省市和大学还是由革命委员会领导。在北京顺义县调查时,主管教育的姜副主任对我说:"现在虽然大学恢复了招生,但是是按照'十六字'方针招生,我们工农子弟还是没有上大学的权利,因为'十六字'方针实际上就是四个字'领导批准',这是开后门的方针,是以权谋私的方针。我们要求恢复全国统一高考,我们工农子女不怕考,你们可以查一查,'文革'前上大学的还是工农子女占多数。"他一席话,引起了我的强烈共鸣,也让我受到了极大的震撼。我暗下决心,恢复全国统一高考,就是拨乱反正的突破口,抓住了这一环,就能够带动高等教育战线上的拨乱反正,进而推动高等教育的全面改革。

真是天赐良机,1977 年 7 月 17 日邓小平同志复出,中央恢复他早先担任的党政军一切领导职务。他向中央请缨,亲自抓教育和科学这两个重灾区。当月底,教育部得到邓小平同志办公室通知,他将于 8 月初在京召开一次科教座谈会,请教育部和科学院各选派 15 名代表与会。我受教育部党组指派,负责挑选与会的代表,并与科学院政策研究室主任吴明瑜共同担任会议秘书长,负责座谈会的事务工作。

科教座谈会于 8 月 4 至 6 日在人民大会堂举行,由邓小平同志亲自主持。会议代表提出了诸多问题,如怎么看待"17年黑线专政",怎么看待"资产阶级知识分子统治学校",怎么看待"工人阶级必须领导一切",等等。邓小平同志多有回应,明确表示:17年不是黑线专政,知识分子不是"臭老九"而是依靠力量,国家科委要恢复,部队占的大学房产必须退回,等等。会议发言十分热烈,转眼两天过去了,8月5日晚,与会代表查全性副教授找到我说:"会议开了两天了,我一直没有发言,本来想讲的别人都讲了,我不知道讲点什么为好。"我对他说:"关于推翻'十六字'方针和恢复全国统一高考没有人讲,这是一个要害问题,希望你明天就讲这个问题。"他说:"是,都没有讲,我明天就讲这个问题。"第二天,查全性带着激情发言,他说解放前高考靠钱,17年靠分,现在靠权。群众说,学会数理化,不如一个好爸爸。他的发言得到了许多代表的附议,最后邓小平拍板,当年就恢复高考,重新召开招生工作会议,从而打响了拨乱反正的第一个战役。

作为高教司司长,我敏感地预测到,高考恢复以后,必须制定一个新的教学大纲,以代替北京"二校"(北大、清华)按照"五七指示"炮制的教学大纲。教育部党组又指派我尽快召开大学教学工作会议,以制定新的教学大纲。国务院对此次会议十分重视,决定会议在北戴河国务院招待所举行,并指派国务院事务管理局刘处长负责会务工作。我们一行于8月10日晚上赶赴北戴河。可是,"文化大革命"中这个招待所被作为"封资修"的"安乐窝"封存了。我们半夜到达北戴河,亲自启封,打扫尘埃,清出床铺卧具,准备迎接会议的召开。

综合大学教学座谈会于8月12日至18日在北戴河召开,会议由我代表教育部主持。非常巧合的是,我们这个小小座谈会居然与中共第十一次代表大会同一天开始、同一天结束,这是历史的巧合。这是一次教学领域里拨乱反正的会议,是值得被永远铭记的。在这次会议上,与会代表彻底解放思想,畅所欲言,会议开得生动活泼。在制定新的教学大纲时,有一个禁区,那就是如何看待毛主席的"五七指示"。经过激烈的辩论,最后大家一致认为,决不能机械地照搬毛主席的只言片语,一定要尊重教育的规律。这次座谈会以纪要的形式确立了新教学大纲的基本原则:坚持4年学制;教学计划要坚持"三基四性"——三基是基础理论、基本知识、基本技术,四性是科学性、系统性、完整性、严密性。在新的教学大纲中,取消了学工、学农、评判资产阶级和培养劳动者等左倾的内容,仅仅保留了每届学生进行一个月的军事训练。这个纪要经过教育部党组批准后下发全国各大学执行,基本上一直沿用到现在。

那时高教司主管的工作,相当于现在教育部六个司的负责范围,包括文理、工科、师范、科技、研究生、教材办等。紧接着,我又召开了研究生工作座谈会,制定了恢复研究生招生和学位授予工作条例,形成了文科教材和理科教材工作纪要;筹备了全国科学大会,制定了理工科科学研究发展规划;等等。真是百废待兴,在两年的时间内,由我主持召开的工作会议、制定的文件多达 24 个,平均每个月一次,包括调查到会议召开、简报和文件的制定等,真是忙得不可开交,经常是通宵达旦地工作。长期的劳累和体能的入不敷出,最终使我累倒了,而且病得不轻,我患了大叶肺炎,久治不愈,身体虚脱。我借机告假回武汉休养,幸获得允准。不愿当京官是我的初心,我的归心已决,回到武汉后,我一纸辞职报告寄到教育部,获得复任教育部部长蒋南翔同志的批准。我问心无愧,总算未辱使命,为我国高等教育拨乱反正尽到了一己之力,实现了被"借调"之初的夙愿。

## 八仙过海,各显神通

大体上划分,1977—1979 年为拨乱反正阶段,1980 年以后进入改革开放时期,但实际上这两个阶段是互有交叉的。现在的人很难想象,那个时候人们对待改革的热情——真是热情似火啊!当时,人人盼望改革,校园处处谈论改革,人人拥护改革,人人为改革献计献策。这意味着,人们心中都有一个朴素的改革情愫,也说明改革的氛围不仅已经形成了,而且进入高境界了。

我是 1981 年 7 月被任命为武汉大学校长的。改革的形势不允许我打退堂鼓,我只能迎难而上。我记得当时的中共中央总书记胡耀邦同志提出:"允许改革犯错误,但不允许不改革。"这表明他要做改革者的保护伞。他在平反冤假错案时甚至说:我们不下油锅,谁下油锅,谁下油锅!这种革命家的大无畏精神,极大地鼓舞了全国干部和人民群众参加改革的积极性。

各大学都争先恐后地进行改革实验,生怕落在人后。上海交通大学党委书记邓旭初是一位革命老干部,他于 1978 年率代表团访问美国,率先与美国大学建立了合作与交流关系,对全国大学对外开放起到了极大的推动作用。紧接着,他们又率先在全国开展了人事制度的改革,实行"上不封顶、下不保底"的浮动工资制度,一举打破了教职工中的"大锅饭",从而调动了广大教师工作的主动性和积极性。那时,大学教师工资都很低,一般只有 65 元左右。而上海交通大学的最高工资达到 500 多元,令全国各大学无比羡慕。1983 年,万里副总理在中南海亲切接见了上海交大邓旭初等人,充分肯定了他们改革的方向,并指出:改革必须坚持,不改革就没有出路,教育要讲究效率,多出快出好人才。1985 年香港"船王"包玉刚向上海交通大学捐献 1000 万美元(那时可是一个天文数字啊),用于新建一座图书馆,这一切都令其他大学刮目相看。

华中工学院党委书记朱九思,从大学走向革命,又从革命家成为著名的教育家。在他的领导下,华中工学院也走在全国大学改革的前列。他们率先提出"理工结合"和"科研走在教学的前面"的口号,靠挖潜和延揽人才实现理工结合——而不是像后来搞拉郎配式的合并——在当时的确难能可贵。霎时间,文理科各系纷纷建立起来,国内外各学科的优秀人才纷纷聚集到了华工,这也令全国其他大学极为羡慕。

中国科技大学改革中最耀眼的是,他们率先根据美籍华人物理学家李政道先生的建议创办了"少年实验班",并且一直坚持到现在,实属难能可贵。实验班第一期是于 1978 年 3 月 8 日开学的,招收了 21 名少年大学生,最大的 14 岁,最小的 11 岁。1985 年 1 月 26 日,教育部决定扩大"少年班"的实验范围,北京大学、清华大学等 12 所大学效仿中科大也办了少年实验班。但由于对少年班争议很大,再加上智力超前的少年资源有限,到 20 世纪 90 年代大多数大学的"少年班"都停办了。

今年是中科大创办"少年班"40 周年。回顾 40 年的风雨征程,经验与教训值得总结。据统计,40 年共毕业学生 3000 多人,其中 90% 考取了国内外大学和研究机构的研究生,19% 供职于科学和教育界。这些毕业生中,超过 200 人成为国内外名校和研究机构的教授,2 人当选为美国科学院院士,7 人当选为美国物理学会会士,5 人当选为美国电气工程师学会会士。另外,有 200 人活跃在企业界和金融界,在世界 500 强企业担任高管职务的人大约有 35%。以 3000 名毕业生而言,出现了这么多佼佼者,相对于一般大学而言,成就是巨大的。但是,这毕竟是一个低标准,若按照精英教育目标来要求,应该造就一批享有世界级声誉的天才或全才。因此,中科大"少年班"应当实现新的跨越,以实现更高的目标。

深圳原来是一个沿海边陲渔村,于 1980 年经国务院批准建立深圳经济特区。为了适应特区发展的需要,1983 年教育部批准建立深圳大学,并实现当年建校,当年招生,这被称为"深圳速度"。罗征启教授是深圳大学首任党委书记兼校长,他极富改革精神,率先进行党政领导体制改革,明确党政分工,实行合署办公,党员干部实行兼职化、业余化和义务化,此举大大精简了机构,提高了工作的效率,收到了非常好的效果。

在那个火红的改革年代,几乎没有大学置身事外,也没有人袖手旁观。我记得十分清楚,辽宁大学率先实行校长负责制,北京大学实行全员聘任制等。在对外开放方面,各大学也是八仙过海、各显神通,纷纷通过各种渠道与西方发达国家的大学建立姊妹大学关系。在这方面,南京大学和上海同济大学又走在了前面:前者与美国霍普金斯大学共同建立了中美文化研究中心,而后者与德国建立了中德文化交流中心。这也令其他大学纷纷效仿,决心加大国际合作与交流的步伐,以改革促进开放,以开放带动教育改革与发展。

## 老校焕发出了青春

武汉大学是一所老校,在解放以前有着显赫的学术地位,与北京大学、清华大学、中央(南京)大学和浙江大学并称为五所著名的国立大学。可是,解放以后的一段时间,武大执行极左路线,使得广大教师风声鹤唳、人心涣散,无心教学和学术研究。自 1957 年到 1964 年的七年就更换了五位党委书记,以至于流传一句话:"武大是滑冰场,走着进去,爬着出来。"于是,没有人敢来武大任职,大家视武大为险境,担心没有好下场。

1966 年 3 月,当时的高教部在北京举办了一个直属 23 所大学科研成果展览会。其他大学要么拥有一个展厅(室),要么至少也有个展台,而武汉大学只有一个香烟盒大小的展品,被放置在其他大学展台的一隅。按照成果排名,武大位居直属大学倒数第二。我亲自参观过这个展览,惨状令人唏嘘不已。当时，校内师生怨声载道，对学校的地位十分不满，并给学校起了一个诨名"老牛拉破车"。

1981年7月，我被任命为武汉大学第19任校长时，面对的就是这样一所衰败的老校。我该怎么办？作为土生土长的武大人，打退堂鼓不行，自己也有责任为振兴学校尽一份力量。出路在哪里？确定无疑的是，只有改革创新才是振兴武汉大学的唯一选择，既然我是全国最年轻的校长，就应该拿出年轻人的勇气，大刀阔斧地进行改革，反正我不想当官，因此也就没有怕掉"乌纱帽"的后顾之忧。

在履职的第一次会议上，我就激情地喊出："卧薪尝胆，十年生聚，十年教训，十年雪耻。""耻"字何来？"耻"就是那次倒数第二的科技成果展览，就是人们所讥讽的"老牛拉破车"。每思及此，我就痛心疾首，如果在任上不能振兴武大，就对不起母校的先辈们。任命公布时正值暑假，我利用这个空当进行调查研究，先后拜访了65位前任领导和知名教授。在此基础上，我得出了结论：武汉大学之所以落后，就是因为政治上的左倾、组织上的宗派主义、学术上"述而不作"的保守主义。病根找到了，也就有了对症治疗的方法，那就是坚决清除左倾思想的流毒，反对宗派主义，倡导学术自由、民主，大力推进教育改革。

上面提到了教育改革中各大学呈"八仙过海"之势，而武汉大学则走着与其他大学完全不同的路子。我认定，教学制度的改革是学校的重中之重，它直接关系到培养合格人才，也是体现学校特色的主要举措。要改革就要发扬叛逆精神，要敢为天下先。在试点的基础上，我校于1981年全面实行了学分制，打破了按部就班的僵化的学年制，使每个学生合理组织自己的知识结构。今天活跃在全国各条战线的杰出人才，至今还怀念让他们终身受益的学分制。

在尝到学分制甜头的基础上，我校又乘胜前进，先后实行了主辅修制度、双学位制度、插班生制度、自由转学制度，创办了作家班，建立了中法合作交流中心，试了完全用法语教学的中法数学实验班。为了营造民主自由的校园文化，我们打破了种种条条框框：允许自由组织社团，允许学生自由转换专业，允许学生谈恋爱，允许学生选择自学，不限制学生穿喇叭裤和蓄长发，晚上不统一关灯，由学生自己掌握。事实上，大学生谈恋爱并不会影响他们的学习,像著名经济学家汤敏和左小蕾,著名生物学家、双院士王小凡和董欣年,著名企业家于刚和宋晓妹,著名金融投资家杨志和冯慧敏等,都是大学谈恋爱的积极分子。

经过六年改革,武大已不再是重点大学倒数第二,各项指标都位居全国重点大学的前列。武汉大学改革的经验通过媒体不断被披露出去,于是武大被称为"解放区"和"高教战线上的深圳"。当时来武大参观和取经的高校络绎不绝,像北京大学党委书记韩天石、清华大学校长高景德、南京大学党委书记章德、复旦大学校长华中一、中山大学校长黄焕秋等,都先后率团来参观。可是,学如逆水行舟,不进则退。在推出这一系列的改革措施以后,到了1986年秋,武汉大学的学生们已经不满足于这些成绩了,他们要求学校有新的突破——这就是群众推着领导改革,不改群众不答应。

从1987年到1988年初,我组织了一个调查组到各系调查,准备制定武汉大学第二个五年改革规划。我的初步设想是,第二个五年规划重点是课程体系的改革,准备打破几百年一成不变的课程体系;同时彻底改造文科,建立若干个文科实验室,以摒弃"纸上谈兵"的文科教学,并推行文理并重的新的培养目标。可是,就在我聚精会神和殚精竭虑地构思第二个五年改革规划时,1988年2月10日,教育部无缘由地以传真电报免去我的校长职务,这真是"成也改革,败也改革"呀!我没有留恋校长的职位,也没有愤懑,对改革亦无怨无悔,只是有点"壮志未酬"的遗憾。

一切都无可挽回,一切都为时已晚,一切都成为历史。在改革的大潮中,我毕竟做了我想做的事,吾尽吾志而无悔也。我没有过人的才能,只是事必躬亲,算得上是一头"拓荒牛"。我是改革浪潮中一朵已经消失的浪花,但飞溅到岸边岩石上的痕迹将留存在人间!


**教育改革必须以实验来推动**

怎么看待我国的教育改革,这可能是仁者见仁、智者见智,莫衷一是的问题。据百度学术搜索结果，评价中国教育改革的文章竟有 264445 篇之多，可见人们对我国教育改革期盼之殷，对新教育渴望之切。

2013 年 9 月上旬，凤凰卫视大视野栏目播出了《盗火者——中国教育改革调查》，这是由深圳越众影视公司摄制的十集教育纪录片。我也是被该纪录片采访的一个角色。[1]该片播出后反响强烈，被普遍认为是一份中国教育现状的真实记录，直指中国教育的痛处，以最直接的方式炙烤我国当下的教育。这个纪录片现在还能在网络上找到。

也许，人们对于《盗火者》这部纪录片的调查报告，评价不尽相同。但是，我们不能不肯定编导们严谨和求实的态度。他们策划了数年时间，拍摄和剪辑也用了一年半，素材时长超过 100 个小时。尤其值得称道的是，它展现了各类教育实验活动，也提出了教育实验的某些思考。

我国教育改革步履艰难是不争的事实，虽然不能说完全没有改革，但那只不过是一些添枝加叶式的改良而已。我不无遗憾地指出，凡是涉及教育理念、教育体制、教育模式和教学制度等根本性问题的，几乎没有丝毫改变。我国各类学校虽说有规模大小之差，有师资素质优劣之分，有学术水平高低之别，却没有个性之不同。这就是长期饱受诟病的千校一面的痼疾，也与发达国家教育的多样化形成了鲜明的对比。

社会对人才的需要是多层次、多规格、多品种的，因此大学也必须是多样化的，这是由教育与经济、社会发展既相互影响又相互制约的规律决定的。

其实，教育需要以实验来推动并不是新鲜的话题，在历史上不乏教育实验的先驱者。早在公元前 387 年，古希腊三大哲圣之一的柏拉图就在朋友的资助下创办了柏拉图学园。他认为："数学在培养哲学家、政治家中具有重要的作用，数学能够激励心灵上升到最高的理性认识。"因此，他在学园的门口写着"不懂几何者不得入内"的训诫，并以这个理念进行教学改革试验。他亲自主持学园实验长达 40 年，而校园前后延续了 900 多年。在他的教育思想熏陶下，学园培养出了大名鼎鼎的哲学家亚里士多德、数学家欧几里得等巨擘。他们其中任何一个人的成就和声誉，都是当

---

1　参看后文《大学教育改革的助力与出路》。

今任何一所研究型大学的学生难以望其项背的。

扬·阿姆斯·夸美纽斯是17世纪捷克伟大的教育家,他在担任黎撒中学校长期间,积极推行"泛智教育"(全面的智慧)实验,以实现自己的教育夙愿。他的实验对象是4—13岁的儿童,学校采用活动课程,以活动为中心。这些教育实验是他的教育理论的重要来源,推动了教育学研究中自然实验法的发展。他也是分班教学的创始人,其教育思想对欧洲乃至于世界的教育实践产生了重大的影响。

约翰·杜威是美国著名哲学家和教育家、芝加哥大学哲学学派创始人,也是美国实用主义集大成的代表人物。为了实践实用主义的教育理念,他于1896年创办了芝加哥大学实验学校,以4—15岁的儿童作为实验对象。杜威在芝加哥大学实验学校所进行的实验,被认为是美国教育史上最重要的大胆实验。他认为传统教育的弊端是课程与儿童的生活和经验相分离,认为儿童教育的课程必须以儿童的兴趣、认知和心理发展为依据,强调"以儿童为中心"和"从做中学"的教育原则。芝加哥大学实验学校进行了八年实验,直到杜威于1904年离开芝加哥大学为止。

伯特兰·罗素是百科全书式的学者,他不仅仅是著名的哲学家、数理逻辑学家,也是著名的儿童教育学家。他与妻子于1927年创办了比肯山学校,把自己和邻居的孩子作为实验对象,以把他们的教育理念付诸实践。该校实施自由和健康教育,培养儿童健全的智力和体魄。后来由于与妻子离异,罗素的教育实验被迫中断,但依然为后人留下了宝贵的经验。

前苏联的阿·苏霍姆林斯基出身于农民家庭,仅仅拥有波尔塔瓦师范学院函授科的毕业文凭,却是前苏联教育科学院通讯院士,曾获得国家功勋教师称号。虽然他仅享年52岁,却留下了40部教育著作、600多篇教育论文、1200多部儿童故事。这些骄人的成就和荣誉是如何得来的呢?这一切都源于他是一个执着的教育实验家。苏霍姆林斯基担任了帕甫雷什中学校长,这是一所农村中学,除了体育课以外,他负责其他所有课程的讲授,以便进行课堂改革的实验。这该是需要何等顽强的毅力呀!

在中国近代教育史上,最成功的教育实验家非陶行知先生莫属。他先于1927年辞去了东南大学教授、教务长的职务,后又谢绝了武昌高师

（武汉大学前身）和吉林大学校长的聘请，义无反顾地投入教育实验中去，创办了南京晓庄师范学校。他提出的口号是：募集一百万元基金，征集一百万位同志，提倡一百万所学校，改造一百万个乡村。这是一个宏大的教育实验计划，如果顺利实施，对改造落后和贫穷的乡村将会起到巨大的作用。但是，国民党南京政府惧怕晓庄师范的革命性。蒋介石下密令，由军队以武力封闭学校，30多名学生被捕，陶行知被通缉，被迫到日本避难。虽然晓庄师范仅仅存在了三年，但实验成就斐然，培养出的230名学生成了抗日的骨干力量。晓庄师范的教育实验，既丰富了陶行知的教育思想，又影响了一批致力于乡村教育实验的教育家，如晏阳初、黄炎培、梁漱溟等。

朱永新博士是真正的教育内行，由他率领的新教育实验团队，于2002年在江苏昆山市玉峰实验学校正式启动教育实验。2002年新教育实验网站开通，实验取得了丰硕的成果。他致力于推动一项被认为是草根性的改革，核心理念包括："为了一切的人，为了人的一切；教给学生一生有用的东西；重视精神状态，倡导成功体验；强调个性发展，注重特色教育；让师生与人类崇高精神对话。"目前，全国28个省市自治区的800多所学校致力于新教育实验，产生了巨大的影响。

2014年10月，《教育正悄悄发生一场革命》一书出版，瞬间引起了巨大的反响。这是上海海事大学魏忠教授的著作——他从美国卡内基梅隆大学学成回国后就投身到教育实验中来。他首先以上海海事大学电子商务和管理学专业学生作为对象，后来在100多所大学和许多中小学进行教学实验，并总结出了一些案例教学的规律。他的另一本书，姊妹篇《教育正悄悄发生一场怎样的革命》，也即将出版。[1]实际上，这些来自民间静悄悄的教育改革实验，是值得重视的一股力量。但是，体制外的力量毕竟是弱小的，似乎很难走得更远，难以撼动大一统和千校一面的公立学校教育。

前苏联教育家阿·波利阿耶夫曾说："教育领域是一块伟大的实验场

---

1　该书已于2016年由华东师范大学出版社出版。——编者注

地。"[1]唯有教育实验才能推动教育改革前行,这已是被教育史证明了的一条铁的规律。

我国是一个人口众多的大国,现在有各类学校 51.4 万所,教师 1249.8 万人,在校就读的各类学生大约为 2.5 亿人,其中大学生 3559 万人。照理说,我国拥有无与伦比的教育实验资源,应该产生更多杰出的教育家。但可惜的是,我国并没有产生在世界上有影响的著名教育家,也没有撰写出在世界上有影响的教育经典著作,这与缺乏有远见的教育实验家不无关系。坦率地说,我国的教育改革仅仅写在国家的教育发展纲要或规划中,停留在教育部门领导人的口头上;众多的教育学研究者们也基本上是"纸上谈兵",鲜有笃志躬行的教育实验者。虽然我国民间不乏教育改革实验者,但考虑到我国公立学校大一统的情况,如果公立学校不积极进行教育改革实验,那是很难撼动保守的教育世袭领域的。

为什么我国公立学校鲜有大胆进行教育改革实验的人呢?原因当然是多方面的,以下三点却是最主要的:

首先是认识上的盲区,认为实验纯粹是自然科学和工程技术学科的事,而包括教育学在内的人文社会科学,天经地义就是注经和讲说章句,而与科学技术老死不相往来。2003 年 2 月 27 日,我在《光明日报》上曾发表了《为大学文科改革献三策》一文,其中就提出:"设计创建相关实验室,克服文科脱离科学技术实践的状况,这在新的技术革命时代尤为重要。"可惜的是,拙文并没有引起教育界的重视,也未能看到人文社会科学改革的根本性突破。

什么叫教育实验? 所谓教育实验,是以人为实验的对象,以某种新的教育理论(或理念),新的教育模式,新的教学制度、教学内容、教学方法对受教育者实施教育,并观察获得的实验效果。一般来说,用于自然科学的实验方法,大多也可以用于教育实验,如观察法、对比法、解剖法、统计法、推理法、归纳法等。不同的是,自然科学实验的对象是客观物质世界,教育实验的对象是人,而人是有能动性的,这就导致了教育实验具有可变性、复杂性和周期长的特点。教育实验与科学实验一样,都需要接受实践

---

1　中国教科文组织编:《未来教育面临的困惑与挑战》,人民教育出版社,1991 年,第87页。

的检验。只有反复得到重复的结果,方能够称为真理,也才具有被推广的价值。

其次,求同不求异的思维方法,阻碍了教育实验创新。中国人与西方人的思维方法有着某些重大的区别,一般来说中国人"夸多识",而西方人"赞新知"。基于这方面的差异,大多数中国人"求多不求新,求同不求异,求稳不求变",而西方人则恰恰相反。一个颇能说明问题的例子是美国普林斯顿大学校长伍德罗·威尔逊的一段话。1907 年,他到哈佛大学参观,在演讲时说:"普林斯顿大学不是哈佛,也不希望成为哈佛那样;反之,也不希望哈佛成为普林斯顿。我们相信民主的活力在于多样化,在于各种思想互相补充,互相竞争。"[1]这是对大学多样化重要性最经典的诠释,非常值得我们认真地思考。后来的实践证明,普林斯顿大学的确完全不同于哈佛:它是一所"小就是美"的袖珍大学,没有美国最吃香的医学院、法学院和商学院,但它的数学和理论物理却令世界其他大学刮目相看。然而,中国绝对没有这样有特色的大学,在求同不求异思想的指导下,普通大学一味模仿重点大学,地方大学向全国性大学看齐,而民办大学也亦步亦趋地走着公办大学的路子,结果就导致了千校一面的局面。我国现在有近 3000 所大学,虽然师资和学术水平有差别,但办学模式甚至院系和行政机构的设置都完全一样。在 20 世纪 90 年代初,全国兴起了一窝蜂改校名和系升格为院的热潮,这就是同向思维最典型的表现。

再次,怕冒险,视教育改革实验为危途。中国人不敢冒险是众所周知的,在家庭和幼儿教育中表现尤为突出。日本作家中野美代子在《中国人的思维模式》一书中曾写道:"与欧洲人常常为了开拓、认识世界奔向未知土地而进行鲁莽的旅行和冒险的传统不同,中国人的伦理理念是把认识的疆界限定在五官可及、手脚可触摸的领域中……"显然,正是这种思想才使得近代科学没有在中国诞生,也导致我国近代科学理论和探索长期落后于西方国家。

在"文革"中曾经流传着"两个 99%"的论点:搞自然科学实验的,即使是 99%的搞错了,只要 1%的成功了,便可一举成名天下知;然而,搞政

---

1 赵阿娜著:《大学应当各美其美》,《教育评论》,2012 年 3 月 30 日。

治或社会科学研究的,即使是99％的搞对了,哪怕1％的搞错了,也可能一错铸成千古恨,甚至永世不得翻身。显而易见,这是"自然科学保险,人文社会科学危险"的论调。但是,"文革"已经远去半个世纪了,十一届三中全会也正式作出决议,今后不能再搞政治运动。因而,人们应当消除心有余悸的疑虑,解放思想,投入教育改革的实验中来——这是一块伟大的实验场地,每一个教育工作者都大有可为。唯有如此,才能创办各具特色的大学,才能产生著名的教育家,进而创建我国的教育学学派。这是祖国和人民的希望,也是时代的呼唤。我国每一个教育工作者切莫辜负时代对我们的期盼!

# 2

## 中国必须重建教育价值观

# 教育的"塑造"与"成长" *

我国教育理念的源头是什么呢？我认为这个源头就是"塑造"。所谓塑造，就是用一种固定的模具，把原料注入，然后出来的就是流水线上规格相同的批量产品。难道不是吗？国家按照统一标准来塑造大学，导致了"千校一面"；各个大学又按照统一的要求塑造学生，导致了"万人一格"；学生家长按照自己的价值观塑造子女，要求他们"成龙""成凤"，从而使他们失去了自己的理想；中小学的校长、班主任按照升学标准要求学生，对学生越俎代庖，使他们丧失了兴趣和选择权；各个群众组织按照规章塑造其成员，使他们失去了独立性；企业按照苛刻的规章制度塑造员工，使他们丧失了创造性。

总之，塑造这个观念已经渗透到教育的一切领域，成了教育与管理的指导思想，它制约了人们的思想和行为，从而使绝大多数中国人丧失了创造性。

西方国家与中国完全不同，他们教育理念的源头是"成长"。所谓成长，是指一切有生命的个体（包括人的智慧）在一定的条件下，自由生长，由幼小向着成熟的方向发展。在英语中，"grow"一词含有生长、发育、增长、长大、逐步变成等意思，它十分形象地反映了西方国家自由教育的理念。

成长教育是西方教育理念的核心，它贯穿在从幼儿到研究生的教育全过程中。在西方国家，家长对孩子的教育是开明的，是顺应自然发展的，他们几乎从不干预幼儿的兴趣，更不会强迫孩子做什么或不做什么。但他们十分重视对孩子自身的锻炼，要孩子懂得无论什么事情都必须依靠自己的力量。到了中学和大学，学生选择什么学校、学习什么专业、什么时候毕业、从事什么样的职业，都由学生自己选择并作出决定，没有什么人可以干预他们的自由选择。

西方国家的成长教育，在很大程度上是受了法国著名教育家卢梭的教育理论影响。卢梭是18世纪法国启蒙运动中杰出的思想家、教育家，

---

* 本文发表于《教师博览》2008年第6期。

也是现代儿童心理学和现代教育理论的创始人。同时,卢梭又是自然主义教育的奠基者,自然主义教育理论是他全部教育学说的核心。他认为:对儿童进行教育必须遵循自然的要求,顺应人的自然本性,成人不能不顾儿童的特点,按照传统与偏见强制儿童接受违反自然的所谓教育,干预或限制儿童的自由发展。

从自然教育理论出发,他反对死读书,反对灌输知识,反对"揠苗助长",主张教学要适应学生的特点,调动他们学习的主动性和积极性。卢梭的教育思想在西方具有极大的影响,像德国的康德和赫尔巴特、瑞士的裴斯泰洛齐、美国的杜威等无不受到卢梭教育思想的影响。所以,自然主义教育就是成长教育的理论基础,它已经牢固地扎根于西方国家各级各类教育中,并逐步形成了西方教育的精髓。

其实,在汉语中,教育是由"教"与"育"这两个字组成。按照《说文解字》的解释:"教,上所施,下所效也。育,养子使作善也。"这就是说,教育是包括施教者和受教者的双向活动过程。施教是教师的作用,是外因;而"育"是发育,是内在的生长力量。根据唯物辩证法的观点,外因通过内因而起作用,显然,教育的作用,关键在于"育",即学习者内因的作用。这里的"育",也就是西方教育中"成长"的意思。

可是,千百年来,我们只强调了"教"的功能,而完全忽视了"育"的主要作用,这不能不说是我们教育中的极大的偏差。这个偏差所造成的后遗症,正如英国教育家洛克所指出的:"教育上的错误正如配错了药方一样,第一次弄错了,决不能借第二次、第三次去补救,它的影响是终生洗刷不掉的。"

对比中国与西方的教育理念,最根本的就是在教育理念源头上的差别——我国强调"塑造",而西方主张"成长",这就犹如"失之毫厘,谬以千里"。这就是我国应试教育的根源,是我国缺少杰出人才的根本原因。找差距必须从源头上找,看问题必须看本质,改造我国教育必须从源头改起。在这里,我要大声疾呼:请家长、学校、教师和教育行政部门以及整个社会都彻底放弃"塑造"的教育理念。

在世纪之交,法国三位不同学科领域里的著名学者在关于教育的"结构危机"的一场讨论中,提出了要创建"没有权威、没有惩罚的教育"。这是世界教育发展的新方向之一,我们应当从中受到启发,让我国儿童回归他们的天性。要尊重各类学校学生的志趣和选择权,让他们在独立、民主、自由的氛围中成长,这是杰出人才成长必须遵循的规律。

## 中国必须重建教育价值观 *

20世纪90年代初是中国高等教育发展史上的一个重要拐点。在盲目追求"高大全"的错误思想指导下,我国高等教育界呈现了超常规的发展——西方发达国家往往需要50—100年才能完成的高等教育大众化,我国仅仅用了8年的时间就实现了。

这种跨越式发展,虽然对推进中国教育事业的发展起到了某些作用,但却产生了一系列严重的问题,导致教育质量出现了严重的"泡沫化":一些学校在规模和楼宇上求"大",却严重缺失大师与大校风范。全国数百所大学轰轰烈烈地进行了一场教学假评估;不少学校盲目圈地造城,新建楼堂馆所,致使债台高筑;一些高校行政化现象较重,官本位思想当道。而不断曝出的名师评选作假、学术剽窃风波不断,乃至查处的高校经济贪腐现象,实在令人痛心。高等学术殿堂本是全社会的道德高地,人们尤其难以容忍其中飘荡出的每一缕乌烟瘴气。

造成这些问题的原因,与这些年教育价值观出现偏差或缺失有直接关系。教育领域直接或间接地追求"产业化",教育领导部门完全以"教育工程"思维指导工作,这些都违反了教育规律。一个明显的例子是:素质教育喊了20多年了,但直到今天,从学校、学生到家长,无不还在强化应试教育。

原因究竟何在?因为学校要提高升学率,教育行政部门要大扩展,家长们望子成龙,学生们想出人头地,而出版单位则忙着兜售教辅书籍和高考秘籍来赚更多的钱……教育影响着每一个人,但大部分人还是置身教

---

* 本文发表于《人民日报》2013年10月15日刊。

育改革外。不管是主动还是被动,残酷的现实就是:人们还在集体"维护"应试教育。

所谓教育价值观,一方面表现为教育的价值取向、教育价值的追求以及凝聚教育价值的目标;另一方面表现为教育价值的尺度和准则,是人们评判教育价值有无、高低和大小的标准。教育价值观是教育和学校工作的生命和灵魂,如果价值观错了,那么对教育中的许多是与非、好与坏,都会得出截然相反的结论。

人们常说,父母是孩子的第一个教师,可是家长们往往在向孩子灌输什么价值观呢?是分数还是能力,是诚信还是伪装,是学会质疑还是做乖孩子,是享受快乐还是加码补课,是尊重孩子的志趣还是包办代替,是陪读还是培养自立……家长的教育价值观影响着孩子们的成长。同样,学校是传授价值观的地方,如果学校开错了药方,更会在学校教育价值观与社会价值观之间形成恶性循环。因此,我呼吁家长们,请放飞你们的孩子吧!呼吁各级学校的教师们,请解放你们的学生吧!

总的来说,目前我国的教育价值观中,既有传统的也有现代的,既有正确的也有错误的,但传统的教育价值观仍占据着绝对的主导地位。而这种传统教育价值观,是以儒家文化价值观为核心,具体表现为:重实用而轻理论、重文凭而轻能力、重传统而轻创新、重视教育的工具价值而忽视教育的内在价值。自古以来,读书做官是文化人的基本价值取向,孔子的"学而优则仕"更是强化了教育的功利性。

值得注意的是,中国社会目前存在一股人心浮躁和利欲熏心的不良风气,拜金主义、功利主义和个人主义大大影响了教育价值观。本文开头所列出的大学种种乱象,都是形式主义和功利价值观造成的。可惜的是,很多大学怕自己吃亏,纷纷跟风跑,居然没有一所大学敢于站出来抵制错误的潮流。这是趋同思维造成的更大的恶果,也暴露了一些大学的功利主义、虚荣心和"浮肿病"。

俗话说,治漏找因,治乱除根。教育价值观是导致我国教育诸多问题的根源,重建我国教育价值观刻不容缓。建立正确的教育价值观,必须使教育回归到本来的功能上。教育是以人为中心的事业,从根本上说,教育意味着启蒙人、解放人。从这个基本点出发,正确的教育价值观应当是:

呵护自由、培育兴趣、掌握知识、启迪智慧、树立诚信、享受快乐。为了建立这样的教育价值观,必须反对注入式的教育、反对分数挂帅、反对文凭至上、反对功利主义、反对广告和一切商业行为对教育的干扰,使教育回归到"原生态",也即专心致志育人和做学问的"冷环境",而任何"热环境"都会使人们头脑热膨胀,导致学术浮躁、浮夸和造假。

我真诚希望我国各级各类学校,能够认真地进行反思,在树立正确的教育价值观方面,勇敢担当起自己的责任,切实采取有效的措施,不辜负国家和时代对我们的期望!

## 功利化是中国教育的病根 *

教育活动在人类史前就已经出现了,它有着与人类进化一样久远的历史。在教育界,关于教育起源有各种学说,比较公认的是劳动起源说,其代表人物是前苏联的教育学家米丁斯基。但是,笼统地说教育起源于劳动并不全面,严格说教育应当产生于人们的劳动、生活和社群交往之中。只有了解教育的起源,才能对教育的功能有正确的认识,从而自觉地抵制教育功利化的倾向。

从分类来说,教育可以划分为自发教育(自学)、社会教育和学校教育,它们彼此互相联系又相互补充。在西方国家,学校教育最早出现在古希腊,英文中"school"(学校)是由希腊文"skhole"演变而来的,而"skhole"在古希腊语中是闲暇的意思。在古希腊人看来,从事劳作、战争和政治的人是很辛苦的,只有在闲暇时才能读书学习,享受学习的轻松与乐趣。直到现在,欧美国家的初级教育仍然秉持着这种自由教育的传统,主张教育必须顺应人的自然本性,既不要求学生背诵枯燥的知识,也不把考分作为学生奋斗的目标。

中世纪被称为欧洲的黑暗时期,却在意大利诞生了早期的博洛尼亚

---

* 本文发表于《南方周末》2017 年 11 月 23 日刊,《新华月报》2017 年 11 月转载。

大学,给人类送来了光明。大学是怎么诞生的呢？一些有真才实学的学者,发现了某个真理,于是就到教堂或是大街的广场宣传自己的新发现,一些追求真理的青年聚拢来听讲,久而久之就形成了演讲者与听众群体。有时遇到下雨天,演讲就转移到室内,慢慢就有了固定的教室和学生,最早的大学就这样形成了。那些发现真理的学者,既不需要保密,也不用专利垄断发明。所以,那时的大学是学术共同体,既没有任何功利目的,也没有任何属于物质性的校产,完全是为了追求真理。

中国教育的发展,走着与欧美国家完全不同的道路,功利化就是我国教育最鲜明的特征。在奴隶社会鼎盛时期的西周,官办学校就出现了,当时流行的说法"学在官府"就是证明。到春秋时期,孔子率先兴办私学,虽然积累了某些先进的教学方法,但"学而优则仕"却是他教育观的集中体现,也带有鲜明的功利性。自隋朝开始实行科举制,更是把孔子的"学而优则仕"制度化、普及化了。物极必反是事物发展的一条规律,鉴于科举制的种种弊端,清末维新派喊出了"废科举,兴学堂"的口号,使之成为洋务教育改革的重要方针之一。

洋务运动代表人物之一张之洞,在《劝学篇》中全面诠释了洋务教育的指导思想是"中学为体、西学为用"。这是一个典型的实用主义口号,曾经误导了我国教育100多年。在这个思想指导下,在19世纪末,自西方国家引进的各类学堂多达40余所。在语言类学堂方面,有京师同文馆(1862)、上海广方言馆(1863)、广州同文馆(1864)、湖北自强学堂(1893)等。在学习西方技艺方面,如福建的马尾船政学堂(1866)、上海制造局附属的机械学堂(1867)、天津电报学堂(1880)、天津水师学堂(1881)、上海电报学堂(1882)、天津武备学堂(1885)、广州万木草学堂(1891)、天津军医学堂(1893)、湖北武备学堂(1896)、南京陆军学堂(1895)等。从这一批学堂看出,它们都是技艺性的,而且都是中等专科学校,充分体现了实用主义的办学思想。在19世纪末,欧美国家的大学已经存在了近800年,可清朝居然没有引进一所人文社会科学和自然科学的大学,以至于后来一些大学把校史溯源到这些学堂,遭到人们普遍的质疑,认为是违背教育求真、求实的精神的。

自进入近现代以来,我国教育的功利化倾向不仅没有削弱,反而越来越严重。最明显的是 1951 年的大学院系调整,这次调整的指导思想就是功利主义的——调整前我国有 211 所大学,采用的是英美式综合大学的大学模式,而调整后的大学数目降低到 183 所,变成了苏联式的文理小综合大学和单科学院。这次调整造成了极其不良的后果,具体表现为:撤销了教会大学和私立大学,造成理工分家,社会科学遭受到重创,大学丧失了独立自主权。时隔 40 年后,我国大学又经历了一股大专院校合并的浪潮。让人感到莫名其妙的是,上一次院系调整是剥离,而这一次是拉郎配式的合并,似乎是对院系调整的一次"反动",这不明显是对历史的嘲弄吗?这两次"运动"式的大学调整,都是按照行政命令行事的,以功利为导向,完全违背教育规律,其副作用的影响将是长远的。

在当今的中国,每年一度的高考,就是一次功利化教育的大检阅。中国的功利教育,形成了一道"陪读""陪考"和"陪送"的靓丽风景线。这是古今中外从来不曾有过的怪异现象。每看到这些,我都痛心疾首,如果说一般农民、市民这么做是蒙昧,那么大学里的年轻博士和教授们也都在搞陪读,这就是不可理喻的。这就说明功利性具有极大的诱惑力,几乎把学校、学生、家长都裹挟进去了。我曾经不止一次地追问,为什么新中国成立前和 20 世纪 50 年代、80 年代没有这种怪现象?那时的教育犹如平静清澈的湖水,而现在却鼓捣成了一潭污泥浊水!我思前想后得出的结论是,20 世纪 90 年代初是我国教育史上的一个拐点,由大学合并、升格、改名和扩招掀起了一股形式主义、功利主义和攀比之风,进而又波及教育的各个领域。严重的是,功利化的思想已经渗透到人们的血液和骨髓中,无论是办学者、求学者还是劝学者都以功利来衡量教育的价值。

就拿劝学而言,古时有"书中自有黄金屋""书中自有颜如玉""书中自有千钟粟",当今某些中学校园出现的劝学口号更牛,如"陪读战高考""就算撞得头破血流,也要冲进一本线大楼""扛得住给我扛,扛不住,给我死扛""只要学不死,就往死里学"……

教育功利化与教育产业化是孪生的姊妹,对教育的破坏作用决不可以轻估,也决不能等闲视之。功利化最大的危害是导致国人形而上思维的缺失,致使形而下的思维成为人们行事的准则——这里的"上"与"下"表示"道"与"器"或"学"与"术",对于二者的关系,清末著名思想家和翻译家严复先生曾作过精辟的界定。他说："盖学与术异，学者考自然之理，立必然之例；术者据既知之理，求可成之功。学主知，术主行。"正是形而上思维的缺失，才导致近代科学没有在中国诞生。这是英国著名科学史学家李约瑟提出的"难题"，也被称为"李约瑟之问"。虽国内外的科学史学家都致力于回答这个问题，但至今仍然没有破解。

更为严重的是，除了中医学以外，在自然科学领域里，几乎没有一个理论是由中国人创立的。诺贝尔科学奖和自然科学一级学科领域的世界大奖都与中国人无缘，直到2015年，我国才实现了诺贝尔生理与医学奖零的突破，但从本质上说这个奖项只是技术，而算不上是科学。我始终认为，一个国家如果没有先进科学理论的储备，就不可能有颠覆性的原创重大发明，到头来我们只能尾随追赶西方发达国家。例如，我国最近十多年，在高新技术领域有很多项目都做得非常之大，如高铁、个人计算机、太阳能电池板、纳米材料、超导材料、石墨烯材料、机器人、无人飞机等，但这些顶尖的技术，没有一项是由我国原创发明的，我们只是利用资金和人数优势，从数量上把它们做成世界第一而已。但是，到头来我国还只能是制造大国，而不能成为创造大国。

教育与科学是紧密联系在一起的，没有创造型人才，哪里会有重大原创性的成果？大学要培养出具有创造性的人才，必须要铲除功利化对教育的影响。中国需要有少数几所精英大学，其中要有一批清心寡欲、心无旁骛和安贫乐道的学者，以穷究终极真理为己任。汉娜·阿伦特是美国最具有原创性的德裔哲学家，她曾经尖锐地指出："当大学决心于经常为国家、社会利益集团服务的时候，马上就背叛了学术工作和科学自身。大学如果确定了这样的目标，无疑等同于自杀。"虽然我们不能笼统地把她的观点推广到所有的大学，但对于极少数的精英大学而言，她的观点无疑是正确的。我国那几所被庇护得像宠儿的大学，也提出要上"经济主战场"，这也是功利化的表现。它们不应当从事应用技术研究，而必须肩负起基础理论研究任务，以颠覆传统理论和创立科学学派为目标，使其成果成为传承数百年的经典。

冰冻三尺，非一日之寒。我国教育功利化有着根深蒂固的历史根源，要清除功利化的影响，非动大手术是不可能奏效的。众所周知，现在全国几十所所谓的超级"高考工厂",就是这种功利化教育的"活样板"。它们不是正常的学校,而是心灵的"屠宰场",是在摧残青少年们的身心。这些青少年没有自己的选择权,身不由己,被父母胁迫来到这些学校学习。他们有苦难言,诉说过着"起得比鸡早、睡得比狗晚"的生活。这些所谓的"高考工厂",公然抵制素质教育,把应试教育强化到无以复加的地步。这些学校就在有关教育行政部门的眼皮底下,为什么他们视而不见,不予以制止?这是典型的不作为的表现。国家教育主管部门,应当追究有关领导人的责任,整顿和改造这些学校,决不能迁就某些学生家长虚荣心和功利的思想。如果彻底整顿了,将会起到杀一儆百的作用,有力地遏制教育其他领域的功利思想和做法。

## 教育不要被虚荣心绑架 *

在《红楼梦》第一回中,曹雪芹撰写了一首《好了歌》,首句就是:"世人都晓神仙好,唯有功名忘不了。"所谓功名是指功绩和名声,语出《史记·管晏列传》。之所以人们忘不了,是因为它具有极大的诱惑力和功利性。因此,正确的功名观应当是,把为国建功立业与实现人生最大价值结合在一起,这样的功名观往往对社会具有推动作用。但是,如果不是以正确的观点看待功名,那就如《唐摭言》中所云:"缙绅虽位极人臣,不由进士者,终不为美。"这是一种虚荣的功名情结,这也正如当今报考公务员最好具有博士学位一样,只图表面而不考察实际的水平与能力。

顾名思义,虚荣就是虚假的荣誉,是靠捧抬或者贿赂而树立起来的名声,因此它们是不真实的,或者是以不正当的手段攫取的功名。追求这种虚假功名的心态,就是虚荣心,而爱面子、好虚荣是攀比心理的伴生物。有一句俗话"死爱面子活受罪",就是这种文化劣根性的集中反映。从心理学上说,爱面子、好虚荣的思想和行为,是一种预期性的焦虑,是一种病

* 本文发表于《南方周末》2017 年 8 月 10 日刊。

态心理,即把不真实的或者虚幻的目标当作理想追求。

在中国教育领域,虚荣心的表现比比皆是,渗透到了教育的一切领域。无论是办学者或是求学者,也无论是学生的家长或是教育行政部门,都存在着严重的虚荣心。有些人高分低能,这已经是众所周知、被无数事实证明了的现象。但是在我国的基础教育中,人们却仍然把追求高分作为目标,凡是考满分或前三甲者,总是备受表扬。可是,杭州天长小学班主任周武通过10年跟踪调查,得出了"前十名现象"的规律,这是值得重视的。他指出,凡是考前三名者,在日后的学习与事业中,都没有突出显赫的成就,反而十名左右的学生,在日后的学业和事业中都有突出的贡献。这就说明,考高分或是名列前茅,都只能满足虚荣心的需要,于己于国都没有实际的意义。每年一度的高考,总是会出现一批被称为"状元"的考生。状元的家长们获得了回报感,培养出状元的中学获得了荣誉感,而各大学以录取到状元获得了自豪感。可是,状元是什么?成绩只是此时此刻考试的一份记录,反映的是考生对试题的适应性和应试的能力。如果再考一次,状元或许会易人,这就说明考试具有很大的随机性。本来,科举考试已经被废除100多年了,"状元"一词也被扫进了垃圾桶。可是,在虚荣心恶性膨胀的当下,学校和媒体又把"状元"复活了,甚至炒作到无以复加的地步。有人做了跟踪调查,自1977年以来,全国涌现了大量状元,但顶尖人才很少,他们大多从事平凡的工作,过着平淡的生活。状元的提法为何屡禁不绝?这再次反映出我国大多数人都有虚荣心。

如何对待名校和名师呢?这也是区分实事求是与虚荣心的分水岭,应当说名校和名师能够为学习者提供良好的条件,但最终能否成才,还是决定于自己。北京大学和清华大学当属我国重中之重的名校,但被录取到这两所大学的学生,并不是个个都能成为优秀的人才。有人对此类现象讽刺说:"播下的是龙种,而收获的是跳蚤。"反之,非名校甚至没有进入大学的学习者,也有很多成为杰出的人才。同样,先后跟从同一名老师的学生,并不是每个都能成为杰出的人才。华罗庚先生是世界级的数学大师,先后有100多人做他的研究生,但称得上有点名气的数学家也只有五六个人,只占5%左右。所以,我一直主张要淡化名校和名师情结,决不能因虚荣心去追逐名校和名师,决定成才和事业成功的只能是自己。

在大学的合并、升格和改名问题上，最明显不过地反映出我国高等教育界的虚荣心是多么严重！除了部分老牌大学以外，几乎所有大学都改名了，而且是一改再改，反正是校名越改越大，越响亮越好，甚至要冠以"中国"二字，这是世界任何其他国家都不曾有过的现象。清华大学被称为中国的麻省理工学院，不少学校对"华"字趋之若鹜。几所专科学校先后改名为东华大学、西华大学、南华大学和北华大学，这不是折腾是什么？

美国和法国的学院甚至专科学校，几百年都不改名，也并没有影响它们成为世界顶尖的大学。我国原来的专科学校，现在都升格为大学了，但我看它们一百年甚至数百年，也达不到那些教育发达国家学院的水平。因此，虚荣心害死人，除了满足自己的需要以外，只能是误导学生，误导社会大众，贻害无穷！

自20世纪90年代初以来，一些官员和老板涌进大学校园争戴博士帽，这也是一种虚荣心的表现。这些人完全忘记了自己创业的历史，他们成为成功的企业家之前，原本并没有学位，有不少人甚至根本就没有上过大学。他们用不菲的金钱换得一个博士帽，除了装饰"脸面"，对他们的企业没有任何实质性的帮助。

教育走不出困境，重要原因就在于教育被虚荣心所绑架。因此，我们必须发扬实事求是的精神，坚持求实、求真的教育理念，坚决杜绝一切虚荣心的表现，绝不留情地揭露弄虚作假的丑恶行径。必须秉持"板凳要坐十年冷"的治学精神，这样才能追求永恒的真理，做出传承百年甚至千年的学问。这才是我国重点大学应当追求的理想！

# 教育家不能自发地产生 *

在教育上，有一个约定俗成的观点认为，教育家治校，教授治学，这是发展高等教育的一条普遍规律。可是，在我国高等教育领域任命校长时，

* 本文发表于《教育家》2022年第1期。

并没有完全遵循这条规律，往往是选择院士当校长，没有院士的大学，至少要选择一位拥有博士生导师头衔的教授当校长。这些学者型的校长，并没有完全放弃自己的学术研究，一心挂两头，不能做到心无旁骛地领导一所大学，这大概就是我国当今大学教育改革止步不前的主要原因。

要实现教育家治校，必须要弄清楚什么是教育家、怎样遴选具有教育家资格的大学校长。我记得人民教育家陶行知先生曾经说过，教育家有三种：一种是政客教育家，他们只会运动、把持、说官话；一种是书生教育家，只会读书、教书、做文章；一种是经验的教育家，他们只会盲行、盲动，闷起头来，办……办……办。[1] 当然，这些都不是真正意义上的教育家，也不是我们办好大学所需要的校长人选。什么是真正意义上的教育家？按照英国德·朗特里编纂的《西方教育词典》给出的定义，教育家"是指教育领域里知名的研究者或理论家，和具有比教师威信更高的人（他们可能不再当教师，或甚至从未当过教师）"。[2]

我国近代高等教育，是清末从西方国家舶来的，包括大学体制、系科设置、教授衔职和研究生学位等，至今只有百多年历史。就大学校长的背景来看，大体上可以分为三种类型：

第一种类型是 1949 年以前的大学校长，他们绝大多数是留学西方国家的博士学位获得者，也基本上是学教育学或人文社会科学的，如蔡元培、胡适、梅贻琦、张伯苓、蒋梦麟、朱家骅、郭秉文、王世杰、周鲠生等。应当说他们都是名副其实的教育家，也都是专心致志的职业教育家，他们把全部精力都用在办好大学的工作上，所以民国时期的大学各有其特色。

第二种类型是由革命家走上教育领导岗位的职业教育家，如蒋南翔、陆平、吴玉章、成仿吾、朱九思、匡亚明、周荣鑫、杨秀峰等。他们大多数是投笔从戎的青年知识分子，经受了艰苦的革命实践锻炼，具有很强的领导与管理工作能力，善于做群众工作，具有民主工作作风。他们不为一己私利，全身心地投入治校工作之中。因此，他们获得了群众的拥戴，从他们之中也涌现出来许多杰出的大学校长。

---

1　陶行知著：《陶行知全集》（第二卷），湖南教育出版社，1985 年出版。
2　［英］德·朗特里著：《西方教育词典》，上海译文出版社，1988 年 3 月出版。

第三种类型是 20 世纪 90 年代初起的一些理工科出身的院士担任大学校长,他们人文素质不高,组织工作能力欠佳。实践证明这种选择的标准是错误的,违背了教育家治校的普遍规律。在教育主管部门看来,似乎一个大学校长的学衔越高其治校水平就越高。实际上,这是虚荣心的表现,对于办好大学是极其不利的。美国最著名的哈佛大学迄今已有 384 年的历史,拥有三院院士 307 人,可是在历任 29 任校长中,竟没有一名院士。在其他著名大学中,各类院士多得不计其数,但也很少有院士当大学校长的。这是值得我们深思的,我们不是常常说要与国际接轨吗? 为什么这些成功的经验我们不学习呢?

教育家是怎么产生的呢? 纵观西方著名的教育家,他们大多数都有一个共同的特点,即都是哲学家或心理学家。如古希腊哲学家、教育家柏拉图,代表作是《理想国》;17 世纪捷克教育家扬·夸美纽斯,代表作是《大教学论》;法国思想启蒙家和教育家让-雅克·卢梭,代表作是《爱弥儿》;英国著名教育家约翰·纽曼,代表作是《大学的理念》;德国著名教育家约翰·赫尔巴特,代表作是《普通教育学》;美国实用主义教育家约翰·杜威,代表作是《教育哲学》;等等。这就说明,哲学与教育学是姊妹学科,不懂哲学是很难成为教育家的。

教育家是不能自发产生的,也是不能自封的。所谓自发产生是指,当你是一个院士校长,或者博士生导师校长,或者教育部部长、副部长,或者一位名师,就理所当然地是教育家。教育家虽然并不神秘,却需要具备必需的条件。这些条件是:第一,必须挚爱教育,全心全意地献身于教育;第二,必须立志于教育改革,以实验来推动教育改革;第三,要能够提出属于自己的独特的教育理念,并不懈地付诸实践,再把实践经验上升到理论;第四,要刻苦钻研教育名著,用于指导学校的教育改革;第五,必须发表或出版个人的教育学论著或专著。

按照这些标准来衡量,我国各大学近 20 年任命的校长和副校长,几乎很少有人能够符合这些基础要求。尤其是在被任命的数十个院士校长中,也没有看到一个人写出了教育论著,所以他们自然也不能被称为教育家。我个人认为,能够成为教育家的人,必须依循两条途径:一是以先进的教育理论指导教育改革实践;二是把教育改革实践获得的经验上升为教育理论,再回到实践中检验这些理论是否正确。

我历来实话实说,虽然我不敢妄议我国大学的领导者都不研究教育学,但我认识的不少党委书记、副书记、校长和副校长们,都只是满足于上传下达、照章办事、人云亦云,基本上没有自己的独立见解,也从没有写出一篇教育论文,更遑论教育专著了。我也认识不少著名中学的校长,他们都是忙忙碌碌的事务主义者,整天抓考试、抓升学率,这样怎么能够成为教育家呢?

在我国还有一个悖论,即哲学家从不涉足教育学的研究,更不参与教育改革实验,而大学教育学系的教授和领导者,又缺乏必要的哲学素养,因此,我国当代没有著名的教育家,特别是在国际上有影响的教育家,就不足为奇了。

教育家不可能是从天上掉下来的,他们只能从教育实践和教育改革实践中产生。众所周知,创办于 1869 年的英国《自然》杂志,是世界最早、最权威的科学刊物之一,它以报道重大科学发现为宗旨。可是,2014 年10 月 16 日该刊却罕见地以"大学实验"为封面标题,并发表了《受到挑战的大学》社论。评论者认为:"需要生存下去的大学,必须迎接三大挑战。虽然各所大学根据各自的具体情况应对这些挑战的方式自然不同,但有一点是相同的——与科学研究一样,必须实验。因为只有通过实验,才能知道究竟哪一种方式适合自己的学校。"[1]

教育是一块伟大的实验场地,我国有着丰富的实验资源,希望我国的教育研究者和教育工作者们,积极地投入这个伟大的实验场地,以造就我国大批有影响的教育家!


## 当代尊老兴文可以休矣 *

公元 1795 年的清朝乾隆年间,在京城举行了一场 80 岁以上老人参

---

1　胡德维著:《光明日报》2014 年 11 月 30 日。
*　本文发表于《同舟共进》2013 年第 4 期。

加的科举会试,被称为"兴文尊老"。按要求,报名者 116 人,三场考试下来,剩下 92 人,其中年龄最大的 100 岁。最后,通过考试者,均被加封了不同的官爵,得到一个皆大欢喜的局面。

在此,我想谈谈现在的一个评奖活动,这就是国家最高科学技术奖。我把这项活动称为"当代兴文尊老",其中的"文"具有广泛含义,也应当包括科学和技术。或者,我们可把这项活动称作"兴科尊老"。本来,"兴文尊老"或"敬老尊贤"都无可厚非,且在某种程度上,还是我国传统美德的一种表现。但是,任何事情都不能过度,"真理再向前一步就成了谬误"。1999 年 5 月,国务院颁布了《国家科学技术奖励条例》,其中规定设立国家最高科学技术奖,其宗旨是:国家最高科学技术奖授予在当代科学技术前沿取得重大突破或者在科学技术发展中有卓越建树的,在科学技术创新、科技成果转化和高技术产业化中创造巨大经济效益或社会效益、生态环境效益或者对维护国家安全作出巨大贡献的中国公民。该奖每次授奖人数不超过 2 人,获奖者的奖金额为 500 万人民币,不分等级。国家最高科学技术奖,是中国科技界的最高荣誉,需要层层筛选,大致经过"推荐—打分—评选—审定—核准—批准"六个步骤,最后颁发证书和奖金。

应该说,评选的宗旨不可谓不明确,评选过程不可谓不复杂,奖金不可谓不丰厚,但繁琐哲学注定是行不通的,如果指导思想不端正,到头来只能是走过场。谓予不信,请看对 12 年以来评选结果的分析,以及国内外对这项奖励的评论。自 2000 年到 2011 年,这 12 年间共评选和颁发了 11 届(2004 年空缺)国家最高科技奖,总共有 20 人获得此荣。从学科分布看,涵盖了数学、物理、化学、化工、生物、计算机、材料、建筑、气象、地球科学、航天技术、医学、农业等 13 个学科,而且基本上是平均分配的。从获奖者的年龄分布看,60 岁以下是空白,60 多岁的只有 1 人,70 多岁的 4人,80 多岁的 12 人,90 岁以上的 3 人。获奖者的平均年龄为 82.1 岁,80岁以上的获奖者占了 75%。

从以上简单的分析中看出,有两个因素始终起着重要作用:一是平均主义;二是论资排辈,唯老是尊。所谓平均主义,是指各学科风水轮流转。众所周知,自然科学最初是从数学分化和演化而来的,数学历来被称为"科学的皇后",所以国家最高科技奖第一个颁发给数学家也就不是偶然的了。然后,依次是物理、计算机、地球科学、航天技术等,显然是人为的排列起着重要作用,而非平等竞争的结果。至于论资排辈,我猜想,在评委会的工作班子中,有那么几个人,就是专门从老年科学家中,依据他们的年龄、知名度和所从事的学科,进行排列组合,制定了获奖者先后的名单。不能不认为,国家最高科技奖不允许自由申请或毛遂自荐,是一个不能忽视的缺失,从而导致了科学界名不见经传的"小人物"不能显现的现象。

国家最高科技奖颁发 12 年以来,究竟产生了什么样的影响,对我国科学发明创造又起了什么样的促进作用呢?国内外学术界有识之士对此有不少的质疑。例如,有的人诘问:"国家最高科技奖何时不再是白发苍苍?""最高科技奖不能总是老人奖。""最高科技奖何时颁发给黑发人?"我还直接听到美国及中国香港和澳门地区的人士评论道:"如果中国仍然沿着这种思路评选最高科技奖,中国科学的原创性将会进一步被窒息,中国的科学将没有希望!"这些评论是中肯的,应当说是旁观者清,应引起我们的深刻反思。

为什么中国国家最高科技奖评选造成如此错位?主要是两个原因:

第一是违背了最高奖的评选原则。在国务院颁布的《国家科学技术奖励条例》中,关于最高科技奖规定"在当代科学技术前沿取得重大突破",或"在科学技术发展中有卓越建树",或"在科技创新、科技成果转化和高技术产业化中创造巨大的经济效益、社会效益……"虽然最高科技奖获奖者在自己的研究领域取得了瞩目的成就,但按照"重大突破""卓越建树"和"巨大效益"这三点来衡量,除了少数几项最高科技奖获得者以外,其他大多数获奖者都是不符合要求的。

从国际最高科技奖的标准衡量,中国国家最高科技奖更是偏离了"最高奖"的原则。这些原则应当是:最高的创造性,最根本的突破,对科学的发展具有长远的学术价值。在国际上,最负盛名的莫过于诺贝尔奖、菲尔兹奖、沃尔夫奖、高斯奖、图灵奖、日本国际奖、法国科学院年度大奖、美国国家科学奖章等。这些奖都是突出奖励某学科的研究项目的创造性、突破性和学术价值,并不注重研究范围的广泛性和论文的数量。例如,詹姆斯·杜威·沃森和弗兰西斯·克里克于 1953 年发现了 DNA 双螺旋结构,仅在当年 4 月 25 日的《自然》杂志上发表了 960 字的论文,却在学术界引起了巨大的反响。这是划时代的发现，是生命科学领域100年中最伟大的发现，并引发了该领域里一系列新的发明创造。因此，沃森、克里克和威尔金斯共同获得了1962年的诺贝尔生理学或医学奖。

对比之下，我国的最高科技奖强调的却是研究成果的积累、论文的数量以及获奖者的知名度。

第二是违背了人的创造性的"黄金年龄规律"。人的智力开发是有着内在规律的，总的来说是要早开发，抓住智力开发的关键期。同样，人的创造力的发挥，也有一个"黄金年龄"。美国国家经济研究局曾对5.5万名创新专利持有者进行调查，最后发现最能够激发一个人创造力的年龄是29岁，这与以前认为30岁是人的创造黄金时期的观点是一致的。科学发明创造的黄金年龄规律，几乎得到了世界各项大奖的证明，也受到了普遍的尊重。例如，菲尔兹奖被称为数学界的诺贝尔奖，获奖者年龄不得超过40岁；德国莱布尼兹奖获奖者平均年龄为48.2岁；印度政府颁发的巴特纳加尔科学技术奖，获奖者年龄必须是45岁以下；法国国家科研中心颁发的科学研究奖章，获奖者平均年龄为62.2岁。

自古英雄出少年，基本上少有老年结硕果的，这是自然规律。例如，英国劳伦斯·布拉格25岁获得诺贝尔物理学奖；美国沃森和英国克里克发现双螺旋结构时分别是25岁和37岁；美国的天才纳什22岁时在仅仅27页的博士论文中，阐述了"纳什均衡博弈理论"；李政道和杨振宁获得诺贝尔物理学奖时分别是31岁和35岁；经济学家约瑟夫·熊彼特提出"创新理论"时年仅29岁；钱学森36岁成为美国麻省理工学院终身教授；美国劳伦斯·萨默斯28岁成为哈佛大学教授，39岁获得美国经济学会克拉克奖，45岁任美国财政部部长，47岁成为哈佛大学第27任校长；等等。

可是，我国最高科学技术奖获得者，绝大多数都是垂暮老人。王选院士64岁时获最高科技奖，他是获奖者中最年轻，也是唯一否认自己是权威的。他说："世界上从来没有55岁以上的计算机权威，只有55岁以上犯错误的一大堆。""我真正是权威的时候，不被承认，反而说我在玩弄骗人的'数学游戏'。""我们看世界上一些企业的创业者、发明家，没有一个超过45岁的。"王选院士的一番话是实事求是、符合科学发明创造规律的，也佐证了我国国家最高科技奖存在的问题。美国管理学家米切尔·拉伯夫，基于 20 年的研究与实践，发现了一个伟大的管理原则。他说："这个原则简单、明白到几乎无法描述，却是大多数营利和非营利组织常忽视的一项关键原则。"简而言之：我们奖励什么就会得到什么。以此而论，我们奖励数量，就会鼓励研究者追求数量；我们奖励老年科学家，就意味着人们必须等到耄耋之年才能获得国家最高荣誉——反正是"多年媳妇熬成婆"。这样必然压抑青年科学研究者的创造性，使得我国科学工作者的创造力日趋式微，这是国家的一大损失。

我国国家最高科技奖获奖者严重老化是明显的。我国是一个古老的国家，唯老是尊有着深厚的社会基础。于是，老年权威等就成了重要的资源，社会各界见怪不怪，并形成思维定势。人们的印象是，国家最高科技奖的评选似乎已经定型了，年复一年地评下去就行了。但笔者认为，该奖的评选必须进行改革，一定要让那些最富有创造性的中青年科学工作者涌现出来，使他们得到最高荣誉的认可，因为他们才是国家的未来和希望。对于那些确有贡献的老年科学家，可以设立终身科学成就奖，这也是国际规范的做法，使得各年龄段的科学工作者各得其所。总之，国家最高科技奖，一定要打破论资排辈的束缚，让真正最有创造性和作出最大贡献者得到最高的荣誉，发挥最高奖励应当起到的激励作用。

# 英语退出高考是短视症*

近来，媒体不断披露我国高考改革总体方案，其中之一就是从 2017 年起英语将退出高考，代之实行社会化的考试，一年考多次并以最高成绩计分。看到这则消息，我不仅难以为之叫好，且忧心忡忡。这是因为，我国在普及英语学习方面，经历了太多折腾，严重阻碍了国人英语水平的普及与提高。

---

\* 本文发表于《南方周末》2014 年 6 月 19 日刊。

## 英语教学"折腾简史"

1949年以前的民国时期,学校英语教学水平还是很高的。特别在许多教会学校和私立学校,英语已经十分普及,甚至学校工友也能讲一口流利的英语。可是,1951年院系调整,取缔了私立学校和教会学校,把相关的系或专业合并到公立大学,从而把它们统统肢解了。

更有甚者,在进行反对"亲美、崇美、恐美"的思想教育运动中,英语甚至被当作"敌国语言",从一切学校中取消了。凡教授英语的教师,都必须速成俄语,改教俄语课。我正好赶上了那个极左的年代,即使想学英语,却连个启蒙英语教师都"踏破铁鞋无觅处"。无可奈何,只得通过俄语的注音学英语,仅学到了一丁点"洋泾浜"式的英语。

在连续十多年极左运动的影响下,有人甚至喊出了"不懂ABC,照样干革命!"的口号,长期误导中国人,使中国在"文革"前的英语普及水平,处于全球最低之列。

拨乱反正后,我国各级学校逐步恢复英语教学,加强英语师资培训,聘请英美国家的教师来华任教,使英语教学进入一个新的阶段。

特别是对外开放后,大批青年人为了出国学习,积极参加托福和GRE考试,极大地推动了英语学习的普及。大约1987年,大学开始实行英语四级和六级证书考试,进一步促进了国人学习英语。这些措施,有力地提高了我国青年人的英语水平。但是中国人的英语素质在世界范围内仍是偏低的。

## 英语退出高考的不良后果

正在这个关键时期,国家教育主管部门,不知出于什么考虑,打算从2017年让英语退出高考。我认为这是"短视症",对提高我国国民的英语素质和在国际范围内的竞争,都是极为不利的。

英语退出高考的理由之一,是可实行社会化的考试。这理由并不充分。如果社会化考试是优越的办法,为什么语文和数学不依样画葫芦?

理由之二,或许是有人认为英语学习占的时间太多,冲击了语文、数学等所谓主课的学习。但真正值得反思的问题是:从小学到研究生,中国学生总共要花费 15 年左右的时间学英语,但效果并不好,很多人仍然是"哑巴"英语。这只能说明中国的英语教学存在很严重的问题。为何学了这么长时间,我国英语水平仍属亚洲最差之列?

也有人说,退出高考并不会降低英语的重要性。这是强词夺理。高考语文、数学和英语原本都是满分 150 分,如果英语退出高考,明明就是对其另眼相看,怎么不是降低要求呢?

正确的做法应是,继续强调英语对提高国人素质的重要性,同时大力改革英语教学方法,把国民英语素质提高到"极高熟练度"的水平。

鉴于我国国民当前的英语水平,我真诚吁请国家教育相关部门,应慎重抉择,不要再折腾我国的英语教学了。如果让英语退出高考,将导致以下不良后果:

首先,我国国民英语水平将会下降,拉大同国际先进水平的差距。2013 年,国际英孚教育机构(Education First)对世界非英语国家的英语熟练程度进行了排名:第一级属于"极高熟练度",7 个国家,大多是北欧国家;第二级是"高熟练度",5 个国家或地区,包括把英语作为国语的新加坡、菲律宾和马来西亚等;第三级是"中等熟练度",共有 8 个国家,包括亚洲的印度、日本、韩国、印度尼西亚和越南等;第四级是"低熟练度",共 6 个国家,中国排名在末尾。

情况令人忧虑。我国英语水平不仅落后于英联邦的印度、巴基斯坦等国,也落后于印度尼西亚和越南,因此,没有任何自满的理由,对英语教学和考试不能有任何放松。

其次,我国在国际上的竞争力会下降。一个国家人才的英语素养,在国际竞争中,有非常重要的作用。我国在国际组织中担任要职的没几个,与另一个发展中大国印度相比相形见绌。这与整个教育体系密切相关,其中英语水平也是重要原因之一。

例如,美国硅谷诞生于 20 世纪 70 年代初新技术革命浪潮中,到 80 年代,硅谷中 7% 的创新企业由印度人领导,到 90 年代,这个比例上升为 13%。印度被称为盛产国际大公司 CEO 的大国,如微软的新任 CEO 萨提亚·纳德拉是印度人,百事可乐、德意志银行等大公司也都有 CEO 是印度人。美国《时代》周刊 2011 年曾预言:"印度的头号输出品将会是 CEO。"

此外，全球都知道印度的软件人才很牛，欧美软件人才基地在印度。美国 30％的医生为印裔，印度国内几乎所有医院都以英语为工作语言，甚至连印度的乞丐也能用英语化缘。当然，这跟印度曾是英国殖民地有关，论缘由不足称道，但很多国家的英语的确达到了非常普及化的程度，比之我国有巨大差距。当今，国际人才竞争，既要求有高深的专业理论和精湛的技术知识，又要有非常熟练的英语工作能力。这些方面，我们竞争不过印度人，显然是吃了不懂英语或水平不高的亏。

再次，英语当今是国际通用语言，没有极高熟练程度的英语，难以走向世界。例如，当今全球几乎所有国际会议都使用英语，2/3 的出版物是英语，80％的网页是英语。我国现在尚属英语低熟练程度国家，排名偏低，这与我国在国际上的地位极不相符。在普及和提高英语水平方面，我们不能有松一口气的思想，应继续强化和改革英语的教学，提高对学好英语的认识。

## 改革英语教与学的建议

我国学校的英语教学时间长，效果却很差，个中的原因是值得探究的，其出路在于大力进行英语教与学的改革。为此，特提出如下建议：

首先，需要转换思维方法。鉴于汉语与英语的语音、语义、语法的差异较大，在英语的教与学中需要转换思维方法，即从汉语出发学英语转变为从英语出发学英语。例如，我们记单词往往是汉英对照，做翻译也先拟出汉语句子，再把它置换成英文。我们必须放弃这种方法，学会用英语思考和写作，这就是学好英语的原位思考方法。

其次，一定要阅读英文原著。无论是文科或是理工科的学生，都要读原著，特别是要读英美的经典文学名著，在阅读中记忆、学习语法和翻译技巧，熟能生巧，改变以往单纯的背生词和抠文法的习惯。这是很多著名学者学习英语的经验，非常值得我们普遍采用。

再次，一定要强调学以致用，营造学习与使用语言的环境。在推广普及英语活动中，一定要克服大多数中国人害羞、怕讥笑和怕丢丑的情面观。在英语教学方法改革中，教师是关键，应以教法的改革带动学习方法的变革。现在我国有 5000 多种科技期刊，但英文刊物仅占 5％，英语报刊也少得可怜,希望大大增加英语报刊数量,使之成为普及和提高国人英语水平的重要工具。

当前,国际形势错综复杂,中美两国之间龃龉甚多,但决不能因此放松对英语的重视。套用洋务运动的一句话:"师夷长技以制夷。"只有掌握了语言工具,才能更好地在国际舞台上与之竞争和较量。

现实情况是,高考是根"指挥棒"。鉴于现在大学学风不好,很多大学生及家长都非常功利,可以想象,如果 2017 年高考取消英语考试,而不是在保留英语高考的同时改善考法和教法,不少人铁定会放松英语学习,社会化考试是条退路嘛!然而,这些考试与统一高考的严格性和保密性是不能相提并论的,谁知道会出现什么样的乱象呢?到那时,可能不是"亡羊补牢"的问题,很可能要自食"失马亡羊"的苦果!

过去,我曾多次反对高中毕业生免试推荐,反对一切高考加分,反对大学生毕业免试读研究生,因为这些都是不公平的。那些措施的弊端,都不幸被我言中。现在,就英语退出高考一事,我再进一言,切勿谓言之不预也!

# 3

## 大学需要构建崭新的教育理念

# 中国高教在转型中迷失方向 *

在 2500 多年以前,古希腊哲学家赫拉克利特曾经说:"除却变化,别无永恒之物。"这就是说,变化是绝对的,世界上万事万物无不处于变化之中。但是,变化是有方向的,有正向的、逆向的甚至有双向的或是可逆的。这意味着,变化可以向好的方向发展,又可以向坏的方向演变,甚至还会走回头路。因此,正确地掌握变化的方向,乃是保证高教改革获得成功的关键。

我毕生从事高等教育工作,已经有 60 多年的经历,目睹了我国高等教育变化的全过程,可以说是我国高教变化的见证者。进入 20 世纪末,我国高等教育进入转型期,实事求是地分析转型中的各种问题,对于保证我国高教沿着正确方向发展是至关重要的。

高等教育的转型包含着多层面的内容,如从精英化向大众化转型,从传统向现代化转型,从粗放型向集约型转型等。高等教育的转型必须遵循教育发展的各项规律,包括教育内部和外部的规律:外部规律是指教育与政治、经济、文化等方面相互影响和制约的关系;内部规律包括教学必须遵循循序渐进的规律、教学与科学研究必须相结合的规律、培养人才的数量与质量相互制约的规律、教师与学生按一定比例配备的规律等。而且,外部规律与内部规律是互相影响的,一旦外部规律受到破坏,就势必打乱教育的内部规律,反之亦然。教育必须与经济发展相适应是马列主义主要的原理之一。可是,我国高等教育在发展过程中,恰恰违反了这条最重要的教育规律。具体表现如下:

一、在从精英化向大众化的转型中,犯了冒进的错误。例如,在 1996 年到 2000 年的第九个五年计划期间,国内生产总值(GDP)的年均增长率为 8.25%,但 1999 年招生人数增长了 52 万人,增速高达 47.4%,2000 年增速是 38.16%,2001 年是 21.61%,2002 年是 19.46%。国家原计划于 2010 年使大学毛入学率达到 15%,可是到 2002 年大学毛入学率已达到 15%,一举提前 8 年实现了高等教育的大众化。然而,西方发达国家实现高等教育大众化大多需要半个世纪,例如美国 1900 年毛入学率为 4%,

---

* 本文发表于《同舟共进》杂志 2011 年第 3 期。

到 1954 年才达到 16.2%,实现大众化用了 54 年;欧洲大多数国家都花费了半个世纪,而英国则花费了 100 年以上的时间。显而易见,中国高等教育大众化犯了冒进的错误,明显超过了国民经济发展的需要,并造成了大学毕业生就业严重困难的局面。

二、在从传统向现代化的转型中,犯了片面追求豪华和铺张浪费的错误。自 20 世纪 90 年代初开始,在现代化口号的宣传下,高校大量从国外进口先进的仪器设备,大肆扩展校园用地,大建楼堂馆所,追求豪华装修。据国外权威人士判断,我国重点大学无论是校园面积、豪华建筑,或是先进的仪器设备,都已经超过了世界顶尖大学水平,却欠下了 2500 亿元高额债务。而且,在征地和大兴豪华建筑时,又必然涉及行贿受贿,致使贪腐案件频频发生。

三、在建设所谓世界"一流水平大学"的号召下,自 1992 年开始了疯狂的大学合并运动,并持续了 10 年之久,几乎涉及每一所大学。这完全是长官意志,犯了瞎指挥的错误。当时合校的理由是,实行"强强联合",以便建设世界"一流水平"的大学。其实,这完全是一个幌子,他们歪曲了世界一流大学的模式和经验,那些世界最著名的大学,既不是巨无霸的"航母型",也不是学科齐全的"万能大学"。这次大学合并运动,是 1951 年以剥离为主导的院系调整的反动,那次调整的指导思想是"全盘苏化",其专业化教育的副作用持续了半个多世纪还没有清除,而这次大学合并的弊端和隐患,也将持续 50 年以上,历史将检验它的不良后果。

四、大学改名一浪高过一浪,是典型的虚荣心和形而上学思想的表现。中国古人说"大丈夫行不更名,坐不改姓",可是我国大学改名之多,可谓是世界高等教育界的怪现象。自 20 世纪 90 年代开始,大学改名之风一直没有停止过,除了少数几所老牌大学以外几乎所有的大学都改名了,有的是一改再改——最多的西南交通大学竟然改名 18 次之多,真是可以进吉尼斯世界纪录了。大学升格了,名字改了,但水平没有提高,岂不是换汤不换药吗?美国的麻省理工学院、加州理工学院、达特茅斯学院以及法国的巴黎高等师范学校等,几百年不改名、不升格,并没有影响它们是世界真正的一流水平的大学。仅巴黎高师就拥有 11 名诺贝尔奖获得者和 8 名菲尔兹奖获得者,即使全中国的大学加在一起,也难以与它相抗衡!

五、冠以各种名称的学者满天飞,这是以名利误导大学。1998年,香港长江实业集团的李嘉诚先生与中国教育部签订协议,双方共同出资1.2亿元设立"长江学者"奖励计划,以促进教师队伍水平的提高。"长江学者"的设立,具有特定的意义,但不可泛化和庸俗化。但是,中国向来有一哄而起的毛病。各大学出于虚荣心作怪,纷纷模仿设立以当地名山秀水命名的学者称号,如黄河学者、泰山学者、珠江学者、赣江学者、闽江学者、天山学者、湘江学者、长白山学者、峨眉山学者等等。据我统计,竟有38个之多,反正哪里有名山秀水,一定有一个以山水命名的学者。学者就是学者,教授就是教授,冠以山水名称,就能够提高他们的学术水平吗?这纯粹是命名游戏,没有任何积极的意义,只能助长华而不实的学风,甚至会成为国际学术界的笑柄。

六、大学的管理机构也疯狂改名,再次显示了大学官本位的痼疾。以科研管理机构为例,在20世纪50—60年代,大学的科研管理机构叫科研科,负责人就是科长;80年代升格为科研处,负责人是处长;到了90年代又升格为科技部,负责人为部长;现在又升格为科学技术研究院了,负责人叫院长,还配备了若干名副院长。据说这是由上海某重点大学带的头,于是一哄而起,许多大学都将该机构改成科学技术研究院,而且另设一个人文社会科学研究院。什么叫研究院?它要有专职的研究人员,有实验室,要接受和完成一定的研究任务。现在大学中的学院满天飞,什么WTO学院、导师学院、市长学院、边界学院、徽学研究院等,某些大学在各地的校友会也拉起了研究院的牌子,简直到了可笑的地步,足见浮夸和浮躁到了何等程度!

自20世纪90年代初至今已经20多年了,但我国高等教育并没有完成真正的转型。与20世纪80年代相比,教育经费、大学规模和教学与科研条件确实有了改善,但是,办学思想、教学质量、学风和改革精神反而大倒退了。我国高等教育与经济形态一样,依然处于粗放型阶段。它的主要特征有三点:

第一,以牺牲品质而换来数量的发展,以牺牲学术而得到经济利益,这是我国大学为实现大众化付出的沉重代价。

第二,按照"高、大、全"的思维惯式办学,凡事追求高、大、全,这是第二次浪潮(即工业社会)"好大狂"[1]的典型表现,与第三次浪潮(信息化社会)"小就是美"的要求格格不入。

第三,国家教育部以"工程思维"指导全国高等教育工作。在这20多年中,教育部制定的各种"工程"竟达30多个。实践表明,计划越多统得越死,办学者越没有积极性和创造性,所以依然停留在引进和模仿阶段,这也必然导致我国大学没有个性和特色。

那么,是什么阻碍了我国高等教育的转型呢?主要原因是指导思想上的错误:以教育产业化指导各地教育的改革与发展,完全违背了教育的规律。尽管教育领导部门矢口否认提出过教育产业化的口号,但事实胜于雄辩:现在仍然在推行教育产业化,如大肆建立科技开发园,在各地建立创收的分校、研究院,举办各种高价的培训班,推行"产学联"的办学经验等,这些都是教育产业化或变相产业化的表现。教育产业化的背后,就是追求经济利益,从而把我国高等教育引向了错误的方向。

著名的哲学家汉娜·阿伦特曾深刻地指出:"当大学决心于经常为国家、社会利益集团服务的时候,马上就背叛了学术工作和科学自身。大学如果确定了这样的目标,无疑等同于自杀。"这不,我国那些"大哥大"的大学,不都是在自杀吗?我们虽然不能把阿伦特的话套用到所有的大学,但对于那些声称要建设世界一流水平的大学而言,必须坚决拒绝功利主义,树立以学术为终身的志业,安贫乐道地从事高深学问的研究,并作出重大创造性的成就。我想只有到了这个时候,我国才会诞生能够培养出精英、翘楚和大师的一流水平的大学,可是,我们离这一目标还有很长的路要走,真是"路漫漫其修远兮"。

## 中国大学校庆何以如此之滥? *

随着大学合并、改名、升格和扩招之风的狂飙,又掀起了一股大学校

1  美国著名未来学家阿尔文·托夫勒在《第三次浪潮》一书中提出:"在第二次浪潮社会中,生产与消费的分裂还产生了一种'好大狂',一种得克萨斯人那股好大喜功的迷糊劲儿。""于是,'大'就成了'有效率'的同义语,而好大狂就成了第二次浪潮文明的第五条基本原则。"
*  本文发表于《同舟共进》2011年第8期,同年9月5日《学习时报》(中共中央党校主办)全文转载。

庆热潮。翻开报纸,一个又一个大学校庆公告真让人目不暇接。依照惯例,国庆、校庆、厂庆等,都是逢五逢十庆祝的,依此而论,2011年是清华大学建校百年纪念,在校园举办一次隆重的校庆活动是完全应该的。可是,清华大学利用其独特的资源,在人民大会堂举办校庆,遭到了普遍的批评,这是十分令人惋惜的。

尽管如此,我国大学"校庆热"依然没有退烧,而且一浪高过一浪。一般,各大学都要提前一年发出公告,有的甚至提前三年,每年发布一个公告。据统计,仅2011年头5个月,公布已经或即将举办校庆的大学就有42所,其中百年校庆(含百年以上)的有7所,90周年校庆的有2所,80周年校庆的有2所,70周年的有5所,65周年的有1所,60周年的有20所,40周年的有3所,10周年的有2所。到年底,可能还会有更多的大学举办不同校龄的校庆活动。看了这个不完全的统计,就不难得出我国大学校庆泛滥的结论。与此形成鲜明对比的是,国外那些著名的大学并不重视校庆的形式,像我国这样兴师动众搞校庆的,也绝无仅有。例如,拥有900年历史的英国牛津大学,曾经培养出了47个诺贝尔奖的获得者、12位圣人,培养了英国6位国王和世界7个国家的11个国王,走出了86位大主教和18位红衣大主教。无论在科学文化领域或是政治、宗教领域,牛津大学都深刻地影响了英国乃至其他部分国家。牛津大学完全有资格借校庆吹嘘这些非凡的成就。可是,查阅校方的资料,牛津大学几乎没有举办过像样的校庆活动。对此,副校长麦克米伦解释说:"由于历史悠久,建校之日亦不可考,故此牛津大学未举办过校庆。"其实,真正的原因是对学术和真理的追求,让牛津大学远离媒体宣传,拒绝铺张浪费的形式主义。

那么,为什么大学校庆在我国会如此泛滥呢?我以为主要原因有四点:

首先是形式主义歪风作祟。形式主义在我国既有深远的历史渊源,又有文化和思想上的原因——在文化上,主要是方块汉字所体现的形象思维方法(仅从形式上看问题);思想上主要是受意识形态的影响。在延安时期,毛泽东就告诫:"要防止形式主义误党误国。"他还犀利地指出:"形式主义害死人。"而大学改名、升格和合并等浮夸风,都是追求形式主义造成的。在英文中，"university"与"college"都指高等教育机构，显示不出大小与高低之分，而在中文里，大学与学院就有大小与高低之分了。于是，除了受到歧视的民办学院以外，凡是公办的学院甚至专科学校，就一律升格为大学了。可是，国外诸如麻省理工学院、加州理工学院、达特茅斯学院、威廉玛丽学院和巴黎高等师范学校等，都是世界顶尖的大学，谁也没有觉得低人一等，需要将学院改名为大学。形式主义害死人，我国大学出现的混乱局面，不就是追求形式主义造成的吗？

遗憾的是，我国大学尚没有科学领域的诺贝尔奖的获得者，也没有国际公认的学术大师，更没有国际公认的科学学派，否则要把牛皮吹上天了！

其次是受到政绩观的影响。为什么庆祝了50周年又要举行60周年的校庆呢？离百年校庆已不遥远，为什么要举办90周年的校庆呢？原因是当政的大学领导者受到任期的限制，等到百年校庆，他们已不在其位了，故利用90周年校庆为自己树碑立传。这是心照不宣的事，明眼人都能看透他们的心态。一所名校是集一代又一代学者的心血而成，需要长期的学术积累而绝非一人之功。那些醉心于搞形象工程以建立个人政绩寻求高升的官员们，与"功成不必在我"的思想境界相比，显得多么渺小啊！

再次是财经上的大锅饭体制，这也是导致豪华校庆的原因之一。在我国高校体系中，公立大学占据着绝对的统治地位，它们都是由国家拨款。这是一个大锅饭的拨款体制，办学者既不需要筹措经费，使用经费也不受董事会的制约，可以一掷千金地办豪华校庆，甚至即使举债办校庆也在所不惜，反正都是国家为其债务买单。我国大学2500亿的债务，就是这种大少爷作风造成的。这难道不需要反思和追究责任吗？

最后在于教育改革上的不作为。我国高等教育问题成堆，群众怨声载道，为什么不把主要精力用于抓教育领域的改革呢？说到底，这是当今大学领导者在教育改革上不作为的表现。我国俗话说："内行看门道，外行看热闹。"我把话延伸一下：内行抓门道，外行抓热闹。举办校庆就是一项热热闹闹的活动，只要有钱、有人，不愁搞不起来；抓教育改革就不那么容易了，需要富有改革精神，要懂得教育的规律，要深入调查研究，要身体力行进行改革的试点，还必须冒改革失败的风险。搞校庆活动既不能提高教学质量，也不能提高学术水平，实在是劳民伤财的事。正因为如此，国际上崇尚务实求真的国家，少有举办校庆活动的，而追求形式主义的敝国高校，才对大操大办校庆趋之若鹜。我国大学的领导者至今没有意识到校庆泛滥的问题，还在互相攀比，这是非常可怕的！

有鉴于此，我国大学校庆热必须降温，尽快回到常态。国家应当通过高等教育立法或大学章程规定，只能50年和100年（以此类推）才能举办校庆。大学校庆必须围绕学术开展，重在反思学校工作中的失误和错误，倡导开展各类学术争鸣，广泛听取师生们的批评和建议。在平常年份，把校庆日变成开放日，成立一个接待组，接待回校参观和寻师访友的校友，实事求是地介绍情况，听取他们的批评和建议。我相信，采取这些措施，既可以恢复实事求是的学风，又能够使校庆有利于学校的建设，何乐而不为呢？


# "一流大学"的浮夸和浮躁 *

2015年8月18日，国家教育部制定了《统筹推进世界一流大学和一流学科建设的总体方案》，并于当年10月公布和实行。时隔五年，今年应当是"双一流"大学建设首轮的收官之年。2020年9月24日，清华大学党委正式决定："清华大学已经全面建成世界一流大学。"对此，国家教育部回应："这只是双一流大学建设的自我总结和自我评估。"然而，我国舆论界对清华大学自认为已经全面建成世界一流大学的结论并不认可，对清华大学的"决定"质疑之声不断，"决定"甚至遭到许多网友的吐槽。

清华大学作为一所百年老校，理应在教学改革和从事科学理论原创研究方面作出表率，为其他大学起到示范作用。可惜的是，他们没有这样做，而是在搞豪华校庆、拉山头（建立"华约"招生联盟）、与北京大学争夺

＊　本文发表于《中国新闻周刊》2020年11月23日刊，总973期。

状元生源等方面,产生了极其不良的影响,对其他高校起到了误导作用。就在清华大学宣布全面建成了世界一流大学之后,其他一些大学也迅速跟上,生怕被边缘化。有的大学宣布整体进入世界一流大学行列,有的大学宣布全面接近世界一流大学水平,还有的大学宣布具备了世界一流大学的主要特征,等等。这完全是在玩弄文字游戏,是极其不严肃的,也是极端的虚荣心作怪。科学问题是实在的、严谨的,一是一,二是二。那些模棱两可和模糊不清的说辞,完全是把严肃的学术问题当儿戏。

在看到这些消息后的第一时间,我也发表了自己的一孔之见。我认为,一所没有学术大师、没有科学学派、没有诺贝尔奖获得者(至少要有 10 人以上)、没有各一级学科世界大奖获得者、没有培养出世界公认的领袖人物、没有传世经典名著问世的大学,自认为全面建成了世界一流大学,这完全是吹牛皮——不但谈不上全面建成,甚至无论哪一方面都还差得很远。就拿清华大学与麻省理工学院相比,要拥有像麻省理工学院 83 个诺贝尔奖的获得者,清华再过 50 年甚至更长的时间也无法做到。

值得指出的是,清华大学认为自己已经全面建成世界一流大学,充其量是指量而非质。具体表现就是学校的规模、学生的数量、教授的数量、博士点的数量、学校建筑面积、学校图书及设备的数量、经费的数量等。这恰好衬托出我国大学求量不求质的"好大狂"的思维。就在清华大学公布已经全面建成世界一流大学的同时,世界大学排名中心公布了 2020—2021 年世界百所大学的排名。其中,北京大学是第 62 名,清华大学是第 71 名——它们这几年大体上都是排在 50 到 100 名之间。显然,这个排名得益于各个子项目的加和。如果以质量排名,它们肯定被甩到百名以外。

意大利的博洛尼亚大学是世界大学之母,迄今已有近千年历史。世界最早的大学都是自发诞生的。那些草根性的大学,除了宣传和追求真理以外,几乎没有任何物质属性的东西,而是在漫长的发展历史中,逐渐形成了各异的风格和不同的学术水平。德国教育家威廉·冯·洪堡于 1810 年创办了柏林大学,提出了教学与科学研究相结合的理念,它具有划时代的意义,从而引领了研究型大学的蓬勃兴起。于 1876 年创办的霍普金斯大学,借鉴了柏林大学的经验,成为美国第一所研究型大学。目前,美国总共有124所公立、私立研究型大学,不少是学术水平在世界排位很高的大学。

纵观世界高水平大学的诞生,没有哪一所是以制定规划而产生的,也没有哪一所是自己宣布建成或是什么专家委员会评选出来的,都是自然形成的。他们都是同行认可,社会口碑好,学生崇拜,教授首选,国外大学效仿。反观我国所谓的一流大学,是根据教育部制定的规划,而且是限期内建成的。这是典型的计划经济思维在教育中的表现,是违背教育规律的。明眼人不难发现,所谓的“双一流”大学完全是平均分配的结果,甚至存在着对边远地区某些大学的照顾或纯粹安慰性的因素。

无论是教育学词典还是在世界高水平大学的文献中,都找不到“一流大学”这个词。在欧美国家中,那些最优秀的大学,一般都是被称为著名大学(famous university)、享有声望大学(prestigious university)、研究型大学(research university)、顶尖大学(top university)。在美国还有一个专用的术语,即常春藤联盟大学(IVY League)。据2020年9月17日公布的美国大学排名,前15名中常春藤8所私立大学全都在列,可谓称霸榜单。一个公认的事实是,世界最好大学的2/3到3/4在美国,75%的诺贝尔奖获得者在美国,这些正是美国最宝贵的资源,也是美国经济、科技和军事强大的根本原因。

应当说,世界“一流大学”这个名称是中国式的口号,是由行政部门提出的,而且流行得非常广泛,甚至成了人们的口头禅。更有甚者,由世界一流又衍生出中国一流、有中国特色的世界一流、中部一流、西部一流、中西部一流、双一流等等。但是,人们很少想到这是教育产业化或商品化在教育上的反映。我不知道为什么有人把美国的“university of excellence”翻译为“一流大学”,这是误导。如果“一流”的概念成立,那么就应当还有二流、三流……但美国人不会使用这种歧视性的标签。现在必须正本清源,不能再让这个行政化的口号误导我国高等教育界了。

什么是“一流大学”,它意味着什么,又不意味着什么?它意味着大学不再有教育理念,意味着大学理念已经失去了它本来的意义,意味着大学正在向公司转型,意味着大学产业化和行政化。“一流大学”不意味着高学术水平，不意味着学术界和社会的认可，不意味着那种行政化的评审是公正和合理的，也不意味着它们对我国高等教育能够起到良好的示范作用。

我国提出建世界"一流大学"已经20多年了，各大学和各种媒体也连篇累牍地进行了宣传，但收效甚微。与其相反的是，这一举措却鼓噪起了浮夸、浮躁以及各大学相互攀比的歪风。于是，各大学拼命地争上硕士点、博士点，教授资格评审也降格以求，以至于教授滥竽充数、博士生水平注水。同时，在争"一流大学"期间，教学评估造假，985大学评审受贿，学术腐败屡禁不止，其中牵扯到的校长、院长和博士生导师，几乎遍布每所大学，这些难道不应当引起我们的深思吗？事实胜于雄辩。实践证明，这种按照计划经济思维方式，以行政手段来推进所谓"一流大学"的建设，不仅没有达到预期的结果，反而导致了学术腐败。因此，我们必须吸取教训，遵循教育规律，树立严谨、求实的治学态度，毕竟高学术水平大学只能在实践中自然形成。

教育与科学研究有一个共同的规律，那就是要重视过程，不必太重视结果。曾国藩被认为是清朝的大才子，他有一句脍炙人口的至理名言："莫问收获，但问耕耘。"这是他悬挂在书房的座右铭，也是他做学问时自律的箴言。从表面上看，也许他只问耕耘，而不求收获。其实不然，他的意思是如果精选了种子，耕耘做好了，田间管理做好了，就不要担心收获，自然有一天会获得的。

中国有一句古谚："无意得之终究得，刻意强求偏不得。"纵观世界发达国家的那些顶尖大学，它们不都是在默默的耕耘之后自然形成的吗？教育是属于百年树人的事业，无论是培育人才，或是从事原创性的基础理论研究，都必须以长远计，要耐得住寂寞，任何急功近利的思想都是不可取的。大约十年以前，在清华大学百年校庆时，我曾经在《看历史》杂志上发表了致该校领导的公开信，恳请他们效仿美国麻省理工学院，借校庆进行反思。看来他们没有听进我的逆耳忠言，以至于浮躁和虚荣心又一次爆发，居然自己宣称已经全面建成了世界一流大学。

"亡羊补牢，未为迟也"，我真诚地希望他们好好领会"莫问收获，但问耕耘"这句至理名言。老子在《道德经》中曰："轻则失本，躁则失君。"意思是轻率就会失去根本,急躁就会丧失主导或者方向。我希望清华大学戒骄戒躁,沉下心来,立志如山,秉持"板凳要坐十年冷"的精神,在从事原创性的基础理论研究、创建自己的科学学派、创作传承百年甚至千年的经典作品等方面下功夫,以实际行动为我国其他高校作出表率!

## 大学究竟应该怎么上？ *

当我提出这个问题的时候,也许人们大不以为意,似乎这已经是约定俗成的套路,照此办理就是了。什么是成形的求学套路呢？那就是高中毕业后参加统一高考,选择一个满意的专业,按照教学计划,逐门课程听讲、考试直至获得毕业文凭,然后找到一个称心如意的工作。这是天经地义的吗？是培育人才有效的途径吗？对此,大学的办学者和求学者,少有人提出质疑,更没有人敢于打破这个传统的窠臼,去尝试某些新的教学模式,以培育出杰出的人才。

俗话说,师傅领进门,修行靠个人,这是旧中国学艺拜师的行话。对于大学生来说,他们通过高考被大学录取,也就等于说已经跨入了学艺的门槛。但是,他们能否成为杰出的人才,究竟是取决于名校或名师抑或是自己的志趣呢？我不无遗憾地说,现在的大学里既没有导师给他们以指导,也没有开设指导他们如何学习的课程,以至于他们不得不在迷茫中摸索,只获得事倍功半的效果,有的甚至是收效甚微。

《示子遹》是南宋大诗人陆游教儿子作诗的一首词,其中写道:"诗为六艺一,岂用资狡狯？汝果欲学诗,工夫在诗外。"这是陆游在逝世的前一年写的,他的意思是说,不能仅仅就写诗的技巧来学写诗,必须勤学苦读,在生活实践中下功夫。他反思了自己学写诗的经历:年轻时只注意辞藻、形式、技巧,到了中年才发现这些方法是不对的,转而注重诗的立意、构思和意境的修炼,因而他写出的诗词在文学史上都是不朽的,成为千古传诵

---

* 本文发表于《南方周末》2020 年 10 月 22 日刊。

的名篇。

同样地,大学生们的学习,重要的不是专业,也不是按部就班地随堂听讲。其实,只有经历了勤学苦练并且感悟到读书真谛的人,才能够体会到读书的功夫也是在书外,在课堂以外。迄今为止,我国大学鲜有培育出杰出的人才,更遑论大师级的学者了。究其原因,这与我们大学教育失当、与大学生们学习不得法有着密切的关系。

那么,一个大学生在进入学校后面临的任务究竟是什么,究竟怎样才算完成了大学的学习任务呢? 我的一生就是读书、教书和写书,直到年老以后,我才悟出大学生应该怎样度过大学的四年学习生活,应当达到怎样的目的。获得优异的学习成绩,获得合格的毕业文凭甚至硕士或博士学位,仅仅只是形式上的意义,只表明一个学习者的学习经历,并不表明他们获得了真知灼见,更不代表学习者获得了智慧,对于他们今后的事业也不会起到根本的作用。

大学究竟应该怎么上? 这是关系到一个学习者是否能真正成才的问题。如果他们真正明白了上大学的根本意义,不仅能使他们在大学过得非常充实,还可以为他们日后的事业打下坚实的基础。依我之见,当今的大学生应当在以下三个问题上划清是非界限,摒弃陈旧的学习方法,坚持开明的和终身受益的学习方法。

首先是淡化专业思想,真正觅得自己的志趣。我早在 20 世纪 80 年代中期就著文表示,一个大学生在大学期间学什么、做什么和成就什么是不可能的,在计划经济时代做不到,在市场经济条件下更是不可能。我认为大学就是进行普通高等教育,它培育出来的毕业生,做任何工作都应是对口的。对于每一个大学生来说,成才的关键是要寻觅到自己真正的志趣,并且要把它作为使命去追求,这样才能成为杰出的人才。现在的问题是,绝大多数的学生,直至毕业也没有找到自己的志趣,以至于懵懵懂懂地度过自己的青春韶华。

什么是志趣? 喜爱、兴趣和志趣是有高低境界之分的:喜爱是低层次的,兴趣进了一步,而志趣是高境界的。一个人仅把所学的专业当作谋生的手段,那就是低境界的;如果当作事业去追求,那就进入了中等境界;如果把所从事的事业当作使命去追求,那就进入了高境界。纵观古今,凡是学业或事业有成者，都是把学业或事业当作使命去追求的。我国大学教育的不成功，就在于没有指导学生选择自己的志趣，也没有引导他们把志趣当作使命去追求。大学生是学校的弱势群体，虽然他们无力改变这种僵化的状况，但可以改变和掌握自己的命运，那就是通过阅读和实践寻觅到自己的志趣，它将使他们受益终身。

其次，不要看重课堂学习，要学会自学，这是决定大学生能否成才的关键。联合国教科文组织早就指出，自学在任何教育制度下，都有不可替代的作用。纵观圣贤孔孟、古希腊的七大圣贤、大学问家或学派的创始人，他们大都没有进过学校，学问都是靠自学而获得的。如果说，在古代图书资料匮乏的时代都能够自学成才，那么在信息时代，获得资料的途径更多也更为便捷，这为普遍推行自学提供了巨大的可能性。可是，现在的教学制度和教学管理规定，是限制学生自学的。面对着这种束缚，大学生要争取自己解放自己，把自己从课堂上解放出来。自学是自己阅读、自己钻研问题、自己解决问题的过程。一个不爱学习、不会自学、不善于学习的人，是绝对不可能成为杰出的人才的。

再次，不要看重分数，要最充分地利用学校的学习资源。什么是大学里的学习资源？我在担任校长的时候，曾经遇到不少的学生，他们在毕业离校时感慨地说，学校有如此丰富的图书，自己却几乎都没有读过就离开了，真是遗憾万分！其实，何止图书，大学还有其他诸多资源，如各种实验室、研究室、博物馆、展览馆、各学科的讲座、各种各样的学术社团。一个人在有限的时间内，不可能阅读学校所有的藏书，但是他们可以根据自己的志趣选择那些最重要的图书，这对他们矢志追求自己钟情的志业是有帮助的。

大学具有的真才实学的教授，无疑是学校最宝贵的资源。如果一个学生不善于拜名师，那无疑是最大的损失。一般来说，一个挚爱教育的教授，是乐于学生拜师的。像著名的化学家卢嘉锡、唐敖庆等都是我国近代化学开山鼻祖曾昭抡先生的高足；物理学家李政道、朱光亚等是著名物理学家吴大猷的高足。我们向学术名师学什么呢？由于这些学者都是学富五车的大师，我们主要学习他们的学术思想、做学问的方法和严谨的学风，而不是具体的知识，也不是求得一个学位。著名数学家华罗庚先生仅仅是一个初中毕业生,他就是我们学习的榜样——他当年在英国剑桥大学进修时,导师哈代建议他两年获得博士学位,可是他说,我来这里是求学问,而不是求学位。正是这种淡然的治学态度,使他成为不稀罕剑桥博士学位的唯一的东方人,也使他成为我国百多年来无人超过的伟大数学家。

早在 40 多年前,联合国教科文组织就指出,教育既有培育人才的作用,又有压抑人才的副作用。教育的保守性主要表现在它追求标准化、程序化、形式化、统一化,并且一代又一代地沿袭下来,从而使它陷入陈陈相因的保守境地。目前世界高等教育体制基本是在 18 世纪 60—70 年代形成的,近 300 年以来从没有变革过。可是,似乎因为司空见惯,我国很少人认识到教育的保守性。对此,美国 X 大奖创立人、奇点大学执行主席彼得·戴曼迪斯批评说:"标准化是教育的原则,同一性是教育预期的结果。同一年级的所有学生都使用相同的教材,并且必须参加同样的考试,教学效果也按照同样的标准进行评估。学校以工厂为模仿的对象,每一天都被均分为若干时间段,每段时间的开始和结束,都以敲钟为号。"[1] 当代大学僵化到如此程度,难怪有人惊呼 20 世纪科学天才已经灭绝了,也不再像 17 世纪那样,全才式科学家犹如雨后春笋那样冒了出来。

当今,世界危机四伏,环境生态受到严重破坏,物质资源极度匮乏,各种灾害频发。如果人类要继续生存下去,就必须培养出最有智慧的科学家和颠覆传统理论的"哥白尼式"的发明家,实行自我救赎。为此,必须改革束缚人才的僵化教育制度。就我国而言,教育改革有两条途径:一是自上而下的改革,虽然这是最有效的途径,但目前尚不具备这种条件;二是自下而上的改革,以民间和个体力量为主,倒逼大一统的教育体制改革。如本文所倡导的,如果我们的大学生淡化了专业,摆脱了课堂的束缚,普遍采用自学方法进行学习,那么就会对僵化的教育体制带来巨大的冲击。我相信这是我国目前推进教育改革的一条可行的途径。

---

1　彼得·戴曼迪斯、史蒂芬·科特勒著:《富足:改变人类未来的 4 大力量》,浙江人民出版社,2014 年 4 月出版。

# 大学究竟应当怎么办？ *

我曾经在《南方周末》发表了《大学究竟应该怎么上？》一文，其实大学应当怎么上与大学应当怎么办，是一个问题的两个方面。有了开明的办学思想，就会实施新颖的办学模式，随之会出现生动活泼的学习局面，优秀的人才也会脱颖而出。反之，如果按照沿袭近千年的传统僵化模式办学，就会使大学陷入一潭死水，只可能制造生产流水线上那种规格相同的产品，而最有才华的人才将会被扼杀。

世界大学已经走过了近千年历史，于1088年诞生在意大利北部的博洛尼亚大学，被称为"世界大学之母"。大学在中世纪是怎么诞生的呢？根据荷裔美国作家房龙的说法是，一个学者说他发现了一个伟大的真理，必须把自己的知识传授给他人，于是，一批年轻人聚集到他的周围，大学就这样诞生了。在中世纪，大学就是这种教师和学生的联合体，教师就是一切，而校舍则无关紧要。[1] 到了文艺复兴以后，大学的规模越来越大，办学条件越来越苛刻：首先必须在银行存入一大笔钱，用这笔钱建设校舍、实验室、宿舍，聘请有专业知识的教师，举行入学考试。我国教育部沿袭了这套办学的规定，至今没有任何改变。新办一所大学，不问你的办学理念，只死抠办学条件，这反映了典型的"见物不见人"的思想，以至于我国大学出现"千校一面"的僵化局面。

在漫长的历史中，大学经历了从中世纪大学、纽曼理念时代的大学、洪堡模式的大学、范海斯实用主义的大学到弗莱克斯纳现代大学四功能说的演变。其中，影响时间最长的是纽曼的大学理念，维持了600余年，但影响最大的是洪堡大学模式，直到今天仍然是世界各大学追求的主导的办学模式。

当今大学的体制、学制和专业结构，大体上是英国工业革命时期形成的，迄今已经有300多年了。在此期间，科学技术和工业发生了急剧的变化，先后经历了蒸汽机、电气、原子能、新技术和信息技术革命的时代，大

---

* 本文发表于《南方周末》2021年4月8日刊。
1  ［美］亨德里克·房龙著：《人类的故事》，生活·读书·新知三联书店，1988年12月出版，第221—222页。

学教育却没有相应地发生变革，以至于成为最保守的领域。对此，美国慕课（Massive Open Online Course，简称 MOOC）巨头 edX 首任总裁阿南特·阿加瓦尔批评说："教育在过去 500 年基本上（本质上）没有什么变化，上一次变革还是印刷机和教科书出现。"

有鉴于此，世界高等教育界的一些有识之士，率先开始对高等教育进行大胆的改革尝试。据我看到的资料，近十年发生在美国的改革就有多起，如 2009 年在硅谷创办的奇点大学，是由美国国家航天航空局和谷歌合办的，旨在培养未来的商业和科技精英；2012 年先后由斯坦福大学计算机学院教授塞巴斯蒂安·特伦等人创办了 Udacity、Coursera、edX 等线上教学平台，从而掀起了慕课的浪潮；2012 年在旧金山创办的密涅瓦大学是一所颠覆传统的"四无"大学，旨在招收全球最有智慧和最有进取心的学生，以在世界七个国家游学的方式，进行全新的教育体验。

2018 年，美国斯坦福大学发布了"斯坦福大学 2025 计划"，准备实施开环大学（Open Loop University），开展更加个性化和人性化的教育。2020 年，哈佛大学等常春藤大学联盟发表联合声明，计划从 2021 年开始，取消 SAT、ACT 等标准考试，按照新的标准录取学生。这个改革方案得到了美国半数大学的响应，体现了高等教育改革的潮流势不可当。这些改革的特点体现为：在办学形式上展现多样化，在教育制度上更趋于人性化，在管理上强调个性化。但反观中国的大学，依然是一潭死水，办学者们还在热衷于争"一流"；而国家教育部正准备推出更加具体的标准化的考试。两相对比，我国高等教育的保守性显得多么不可思议呀！

面对世界高等教育巨变的形势，我不能再保持沉默，虽然我势单力薄，但愿意将我对高等教育改革的一己之见和盘托出，以引起我国教育界同仁们的讨论和争鸣，最终形成我国高等教育改革的方案。我的指导思想是必须颠覆传统大学的窠臼，创建崭新的大学模式。概括起来，我的改革措施有以下几项：

第一，承认智力差别，实行弹性学制。所谓学制是指学校的教育制度，有时也专门指在学校学习的年限。欧洲的大学学制大约始于 19 世纪 20 年代英国的"新大学运动"，而中国的学制始于 1902 年由管学大臣张百熙颁布的"壬寅学制"[1]。姑且不论欧洲的学制,即使从壬寅学制算起,至今也有近 120 年的历史了。很显然,这种百多年一成不变的僵化学制,已经不适应不断变化的形势的需要了。

我倡导弹性学制的根据是:在客观上人的智力是有差别的,而在主观上人的能动性更是因人而异的。传统的学制以学习者的年龄来划分,但同一年龄的人,其智力和学习能力差别是很大的。在 20 世纪 80 年代的教育改革中,人们的思想得到了解放:有初中生考取大学的,也有高一生考上大学的;有初中生被破格录取为研究生的,也有高中毕业生考取研究生的——这些人甚至比大多数按部就班升学的人更为优秀。

基于这些成功的经验,在大学实行弹性学制是完全可行的,也是符合快出人才、出好人才的规律的。我倡导的弹性学制与实行的文凭制是相匹配的。新型大学总共设置五个文凭,分别是二年专科、三年大专、四年本科、硕士科、博士科。一个学生入校以后,根据自己的学习能力,经过相关的考核,有权注册在任何阶段的学习,也有权在任何阶段终止学业。只要达到每个文凭规定的具体的要求,学校就颁发相应阶段的文凭,这既尊重了学生的志愿,又有利于发挥教育资源的作用。

第二,尊重学生志趣,实行滚动专业。专业的划分既要符合科学分类的原则,又要适应产业发展的需要。就大学生学习而言,专业的选择必须符合他们的兴趣,只有当他们选其所爱,学其所爱,他们才会执着地去追求,最后方能够成为精深于某一方面的专业人才。但是,现在被大学录取的学生,并不能做到学其所爱,以至于相当多学生的志趣被扼杀,因此,我倡导实行专业滚动制度,一个学生入校后不受所录取专业的限制,他们可以适时地转到任何专业学习,甚至可以一转再转,直至他们满意为止。

第三,颠覆传统课堂,坚持自学为主。约翰·赫尔巴特是德国著名的教育学家,是现代教育学之父,他于 19 世纪创立了"以课堂为中心、以教师为中心、以课本为中心"的教育体系,迄今已经有 200 多年了。这种教学体系早已过时,必须对其进行大力改革。自学是一种古老的学习方法,也是最有效的方法。人类的学习历史,就是始于自学,也必须再回归到自

---

1 张百熙著:《钦定学堂章程》,1902 年。

学的方法上。古往今来，一切大学问家的学识都是自学而来的，绝非在课堂学到的。开明的大学应当实行开放课堂，提倡自学为主，来者不拒，去者不究，来去自由。

第四，科研带动教学，培育创造能力。要打破人为地把教学与科研截然分开的做法，尽早让学生进入学术研究领域。教学与科研走的是两条不同路径，课堂讲授是传授前人已知的知识，照着前人的路走；而科学研究是探索未知，是走自己设计的路。在科学发展史上，由大学生甚至无学历的人作出重大发现或发明的事例并不鲜见。因此，创新型的大学，必须坚持科研走在教学的前面，因材施教，让学生在研究中增长智慧与才干。

第五，完全开放校园，以游学增长智慧。新型的大学，应当是为全社会培育人才的。无论是私立或公立大学，都是造福于社稷的。因此，大学不应隶属一城，而应提倡游学制度。各大学都要为游学者提供方便，认同他们在游学中取得的学分和学术成果。同时，各校的教授们，也要慧眼识才，集天下英才而教之。游学是我国古代一种独创的制度，也可以说是我国教育领域里的一朵奇葩。"游学"一词，最早出现在《史记·春申君列传》，其中写道："游学博闻。盖谓其游学，所以能博闻也。"我国古代学富五车的大学问家，几乎都是"游士"，读万卷书、行万里路就是他们治学的最高境界。美国密涅瓦大学创办于2013年，是一所颠覆传统的"四无"大学，能让最有智慧和最有进取心的学生真正获得国际的体验。它就借鉴了我国古代的游学制度，让学生在四年中到七个不同国家的大学游学，开阔他们的国际视野，使其接受不同文化的熏陶，以成为未来的学术领袖人物。游学制本是我国的国粹，它已经走出了国门，我们为何不使其发扬光大呢？

第六，线上线下结合，各自扬长避短。在人类诸多的重大发明中，从来没有哪一项技术像网络技术发展得如此之快，对生产、商业、生活甚至思维方式的影响如此之大。但是，史蒂夫·乔布斯在逝世前几个月感叹地说："为什么计算机改变了几乎所有的领域，却唯独对教育的影响小得令人吃惊？"这就是所谓的"乔布斯之问"。它既说明了教育的保守性，又说明了教育改革的复杂性。随后，人们从不同的角度试图回答和破解这个问题，但见仁见智，莫衷一是。

也许是受到"乔布斯之问"的激励，也许是巧合，2012年美国斯坦福大学计算机学院教授塞巴斯蒂安·特伦毅然辞去教授职务,创办了Udacity(或叫线上大学),在网上讲授"人工智能导论",选修课程者有160多万人。紧接着,斯坦福大学吴恩达创建了Coursera,哈佛大学与麻省理工学院合办了edX,形成了美国在线教育三大平台,瞬间掀起了慕课教育的浪潮,因此2012年被称为慕课年。美国《国家利益》杂志在2013年预言:"在未来50年内,美国4500所大学将会消失一半。"[1]但是,这个预言并不准确。而创办Udacity的特伦教授更为冷静,他认为,慕课比预想的要糟糕,甚至是失败的,因为课程完成率不到10%,这怎么算是成功呢?

我们应当看到,网络教学的出现,缘于科学技术的进步,也是必然的趋势。线上教学的优点是非常明显的,如学习资源丰富,不受校际、地域和国别的限制,学习者享有充分的选择权和时间的支配权,等等。但是,我们也应当看到,无论是办学者或是求学者,他们对实体大学的崇拜和依恋是无法割舍掉的。实事求是地说,未来实体大学未必会消亡,因为"心灵的交流"或者"头脑的碰撞"是网络不可能替代的。正确的方法是将线上与线下教学结合起来,实行优势互补,形成一种混合式的教学模式。概括地说,这个新的模式就是由"三中心"向"三为主"转变,即由课堂为中心转为以网络为主,由教师为中心转为以学习者为主,由以课本为中心转为以线上平台为主。

教学模式的转变,必然带来对教师功能的重新定位。这个转变是全面的、根本的。他们不再是知识的传授者,而是学生学习的促进者;不再是传统课堂的维护者,而是虚拟课堂的创新者;不再是师道尊严的自然享受者,而是能者为师;不再是发号施令者,而是导演和教练员;不再是掌握生杀予夺的考官,而是公平的裁判员;不再是单纯的教书匠,也是科学研究的导师。为了实现这些转变,每个教师必须重新学习,先当学生,后当先生。网络技术的普及,使几乎所有人都站在同一起跑线上了。

总之,真正颠覆传统的大学体制,远非以上几个方面。招生与录取、研究生导师的遴选、学生学业成绩的考评以及管理制度等,都需要进行相应的改革。不过我认为,以上六点是改革的重点,抓好这些改革犹如提纲

---

1  《人民日报》2014年7月1日。

挈领,能够起到一石激起千层浪的作用。这些改革措施,无论与密涅瓦大学的改革举措或是与"斯坦福大学2025计划"相比都毫不逊色,甚至比他们更具有超前性。然而,我已经垂垂老矣,尤其是没有改革的平台,真是心有余而力不足矣。但我希望,我国教育界的有识之士,应当充分运用自己手上的教育资源,全部或部分推行这些改革措施,或者提出有创建的方案,为创建我国的教育理论和崭新教育模式作出贡献!

# 办几所象牙塔式大学又何妨? *

近十年,我国创建世界一流大学的舆论可谓不小——先后召开过多次中外大学校长论坛,发表的文章不计其数,甚至出版了多部专著。究竟什么是一流大学? 如果按现行各种指标量化的排名方法,至今我国没有一所大学进入世界大学前100名;按世界一流大学的研究成果排名,我国大学的排名可能在200名以后。某些重点大学鼓噪不已,恨不得哪天早上就挤进世界一流大学的俱乐部。可惜,我国大学离一流水平的目标还很遥远,当下谈论世界一流大学不过是宣传秀。

## 一流大学:"愿学术自由之风劲吹"

我认为最根本的问题是,是对世界一流大学的理念和目标认识不清,对自身定位不准。不客气地说,关于一流大学,没有哪个国家比我国谈论得更多,但又被人们理解得更少的了。世界一流水平的大学衡量标准,绝非学生的规模、教授及其发表论文的数量、先进的仪器设备,也不是校园的面积和豪华的大楼、经费投入的多少。最重要的标准应是:有多少世界公认的学术大师、国际公认的学派、国际水平的原创性的重大科研成果,获得了多少包括诺贝尔奖在内的各学科领域里的世界级科学大奖以及培育了多少在世界上有影响的顶尖人才等。没有这些,谈论世界一流水平

---

＊　本文发表于《南方周末》2010年4月29日刊。

大学只能是痴人说梦。

世界一流大学需要独特的办学理念,追求学术的终极目标。理念是大学的灵魂,回答的是大学是什么、大学做什么。康德是近现代哲学家第一人,他第一个回答了大学是什么:"大学是学术共同体,它的品格是独立追求真理和学术自由。"追求真理与学术自由,几乎是每一所精英大学的办学宗旨。例如,哈佛大学的校训是"真理",耶鲁大学的校训是"真理与光明",剑桥大学的校训是"此地乃启蒙之所、智识之源",斯坦福大学的校训是"自由之风劲吹",等等。

世界大学起源于中世纪。于1088年创建的意大利的博洛尼亚大学,是公认的第一所大学。西方大学起初是自发产生的。自发就意味着大学独立和自治,是一种自由的教育,即不灌输特定宗教规则和正统的政治思想。自由教育就是自由探讨思想和自由表达思想的教育,旨在培养深谋远虑和对新事物反应敏锐的人,他们应当是对人类未来负责的人。实施这种教育,必须营造相应的环境,因此它是超越功利的象牙之塔。

法国19世纪文艺批评家圣佩韦批评浪漫主义诗人维尼时指出,作家应当在理想中的美满境地从事文学创作,并称其为象牙塔。但后来,象牙塔成了一个贬义词,是脱离实际的代名词。但在早期的大学中,象牙塔也不是贬义词。直到18世纪末,大学一直与世隔绝,是某种意义上的象牙塔。经过几个世纪的沉淀,逐渐养成了人文主义的传统,形成了西方大学的精髓——独立、自治、民主、自由和批判精神。

二战后,特别是在冷战思维的影响下,美国部分大学逐渐参与到国家的政治、经济和军事活动中,功利性对大学的影响越来越大。美国哈佛大学第25任校长博克,于1982年出版了《走出象牙塔——现代大学的社会责任》一书,主张美国大学逐渐融入社会中去。可是,令他意想不到的是,商业社会对大学的冲击,使得某些大学变成了"服务站"。于是,他又不得不警告"醉心于追求利润"对教育体制本身的伤害,甚至称之为"聚敛财富和道德缺失的噩梦"。面对这种局面,他写了一本新书《回归大学之道——对美国大学本科教育的反思与展望》,以减少《走出象牙塔——现代大学的社会责任》产生的负面影响。

其实，即使今天世界上的某些精英大学，也依然没有走出象牙塔——致力于高深学问仍是他们锲而不舍的追求。例如，耶鲁大学被称为"人文科学的殿堂"——它是一座真正的象牙塔，也是美国人文科学研究的高地。哈佛大学培养出了许多杰出的各界领袖，也是因为它是一座"人才的炼狱"。巴黎高等师范学校虽然仅仅是专科学校，却是"纯艺术的殿堂"，该校已有 11 人获得诺贝尔奖，8 人获得菲尔兹奖，4 人获得沃尔夫奖。中国的专科学校和学院虽升格成了大学，但要达到巴黎高师那样的成就，即使所有升格为大学的学院加在一起，也可能永远没有希望。最根本的原因是，西方精英大学追求的是真理，而中国许多大学追求的是外包装。

普林斯顿大学是一所小而精的大学，没有最热门的法学院、医学院和商学院，却创造了许多世界第一，原因之一就是它是一所象牙塔式大学。该校于 1930 年建立的高等研究所，曾经聚集了世界顶尖科学家，如阿尔伯特·爱因斯坦、约翰·纳什、杨振宁、安德鲁·怀尔斯、保罗·克鲁格曼等。它就犹如与世隔绝的"闭关修炼"的修道院。在这里，没有公司赞助，没有媒体骚扰，甚至连生活也不用发愁。对此，诺贝尔物理学奖获得者杨振宁先生颇有感慨地说："研究所是成功的象牙塔，这 17 年是我一生研究工作做得最好的时期。"在这座象牙塔里，他完成了两项重大的成果：一是与李政道合作，推翻了物理学界金科玉律的宇称守恒定律，提出了在弱互相作用下宇称不守恒定律，两人从而获得了 1957 年诺贝尔物理学奖；二是他与米尔斯合作，提出了规范场理论，这是人类迄今发现的三大场理论之一。

芝加哥大学被称为既有思想又有学派的圣地，已获得了 53 个诺贝尔奖，其中包括 61 个诺贝尔经济学奖中的 24 个，几乎占了经济学奖获奖人数的 40％。原因何在？它被外界形容是"苦修学术的孤岛"。为了营造专心致志做学问的环境，学校把周边房产统买下，使之与居住区隔开。在芝加哥大学附近没有商业街，没有酒吧、电影院，甚至没有快餐店。总之，凡是容易引起喧哗的场所，学校一律拒绝。

## 不应让苏联式实用主义继续主导中国大学

象牙塔在我国一直受到批判，至少是忌讳的，与其说中国没有世界一流大学,毋宁说没有象牙塔式的大学。与西方精英大学相比,我国大学精神的缺失已是不争的事实。问题是我们还不敢坦诚面对,不少大学还很欣赏自己那些雷同或政治口号式的校训。

我国近代大学是在"中体西用"思想指导下,从西方引进的,从一开始就打上了实用主义深深的烙印。自20世纪50年代初,在全面倒向苏联学习方针的指导下,前苏联专业化的实用主义,至今仍然是我国大学办学的主导思想。

本来,北京大学等少数几所大学,应该是我国精英大学的明珠,理应成为象牙塔式大学,致力于高深学问的研究。可惜,北大没有继承蔡元培先生的大学理念,反而贬斥他的理念只有"在旧思想占统治地位的半殖民地半封建的情况下,具有特别重要的进步意义"。该校前校长甚至提出:"要从边缘走向中心""要成为社会经济发展的发动机""要培养更多的蓝领人才"等;另一位大学校长也说:"大学要主动适应,主动服务。"对于精英大学来说,这些口号是完全错误的,难怪出现了"破墙开店"、建五星级大酒店、资源集团总裁巨贪潜逃案、特聘教授假引进、举办一系列创收的高价培训班和教授到处捞外快的现象了。

我国高等教育问题丛生,原因就是两大紧箍咒紧紧地束缚着大学,即意识形态上的过于紧张和计划经济思维。因此,这就成了检验大学的重要标准,否则就会扣上偏离社会主义办学方向的大帽子。于是,象牙塔、天才、贵族精神、乌托邦、空想、纯理论、超越现实等,在中国都成了稀罕。试问:在中国有谁敢冒天下之大不韪,创办象牙塔式的大学? 如此我国没有世界一流大学就是很自然的事了。

必须看到,在建设世界一流大学的问题上,正是左倾思想在制约着我们。不肃清左倾思想,国外再好的经验也无法借鉴。我国是大国,社会需要是多方面的,无论是走出或是走入象牙塔,都不能一刀切。有的大学是应用型的,有的是精英型的;有的是象牙塔,有的是"服务站";有的是造就大款,有的是培养大师。在数千所大学中,办几所象牙塔式大学又何妨?

"象牙塔"是从事高深学问研究的必要环境,如此方能耐住寂寞,拒绝铜臭和衙臭,作出旷世的学术成就。我们不能叶公好龙,一边高喊一流大学，一边又拒绝象牙塔。

# 以"智慧"超越"知识"

## ——云时代，大学需要构建崭新的教育理念*

教育是文化的重要组成部分，而教育理念又是教育文化的精髓。世界大学已有近千年的历史，在其发展的过程中，逐渐形成了各种有代表性的教育理念。概括起来，主要有英国约翰·纽曼的理性大学理念、德国威廉·洪堡的文化大学理念和美国克拉克·克尔的多元化巨型大学理念。这些理念在高等教育的发展历史中，虽然曾经起到过积极的作用，但随着云时代的到来，它们显得不适应了，需要以崭新的教育理念代替。

中国近代大学是从欧美模式克隆过来的，民国时期的大学在借鉴西方教育经验的基础上，也形成了独具特色的大学理念。近一二十年，一些大学也不断在提出各自的办学理念，但基本上没触及教育的本质。绝大多数大学的校训，都是流于形式的对偶排比句。现在看来，教育理念必须与时俱进，根据教育的本质设计一种崭新的教育理念，这就是以开启智慧为宗旨的"大智慧之光"理念。

### 大智慧与学历高低无关

人类发展历史上，推动社会变革和前进的都是最富有智慧的人物，是他们以"大智慧"创造了奇迹，而他们也就成了国家的精神路标。

在政治社会领域，先后发生的英国资产阶级革命、法国大革命以及美国《独立宣言》的发布等，都是由一些思想前卫、富有智慧的人物推动的。例如，乔治·华盛顿既是美国独立战争的总司令，又是建国的首任总统，在任满两届总统后，他不谋求续任，而是再次回到弗农山庄，当起了一名

---

＊　本文发表于《南方周末》2015 年 4 月 23 日刊。

农夫；托马斯·杰斐逊是美国《独立宣言》五位起草人之一，也是执笔人，他先后担任过弗吉尼亚州议员、州长，国务卿，副总统和总统，被认为是美国历史上最有智慧的总统之一，但是，他在自己的墓碑上仅仅写了《独立宣言》起草人、《弗吉尼亚宗教自由法案》起草人和弗吉尼亚大学创建人，只字没提他担任过诸多领导职务。像华盛顿和杰斐逊这些大智慧人物对行政官职都是不屑一顾的。

在科学技术领域，哥白尼的"日心说"，不仅证伪了托勒密的"地心说"，而且改变了人们的宇宙观。对达尔文进化论的质疑声音虽然一直不断，但宇宙中万事万物无不处于变化或进化之中，应该是符合古希腊哲学家赫拉克利特的"除却变化，别无永恒之物"的至理名言。爱因斯坦创立的相对论，本身就是大智慧的体现，它极大地改变了人类对宇宙和自然的"常态性"的观念。正如一位法国物理学家对他的评论："在我们这一代的物理学家中，爱因斯坦将位于最前列，他现在是，将来也还是人类宇宙中最光辉的巨星之一。"

14世纪，从意大利开始的文艺复兴运动，使伟大的思想光芒辐射到全欧洲。这是智慧的光芒，它孕育出了意大利文坛上的三杰：但丁、波特拉克和薄伽丘。在艺术领域，也出现了美术"三巨匠"：达·芬奇、米开朗基罗和拉斐尔。他们的艺术成就达到了光辉灿烂的巅峰。达·芬奇被称为地球上最后一位通才，他不仅是绘画的巨匠，而且在物理学、天文学、建筑学、水利、机械、地质学等领域都有重大建树。他设计了第一张汽车图纸、第一款直升机，甚至设计出了初级的机器人。他留下了7000多页科学发明手稿——如果他的发明都得以实现，至少可以使人类的文明进程提前100年。

其实，达·芬奇只受过初等教育，并没有高学历，他的学问都是自学而来的。他的诸多绘画杰作和科技发明是怎么完成的？这就是他的高明之处，是他的大智慧成就的伟业——这说明智慧基本上与学历、学位高低无关，甚至也与知识的多寡无关。有知识的人不一定有智慧，没学历而有智慧的人，也可以有效地获取知识，甚至创造出新知识。智慧是获取知识后的内心顿悟而产生的，只有当头脑、心灵和身体真正和谐时，智慧才存在。

应当说,生理发育正常的人,都有潜在的智慧,但需要通过悟性来开启。智慧与创造是因果关系,因有智慧才导致创造活动。智慧是知识与灵性的结合体,因此,提高灵性是人们获得智慧的唯一途径。智慧是不能教授的,只能在无焦虑、无恐惧和无贪婪的心境中,通过精神灵性的修炼而获得。遗憾的是,中国人绝大多数不懂精神灵性,也不鼓励冒险的品质,而是执迷于对物质的索取,这也是中国人缺乏创造力的主要原因。

## 只有智慧才是力量

17世纪英国哲学家弗朗西斯·培根的名言"知识就是力量"已流传了300多年了。其实,知识不等于力量,只有智慧才是力量。很显然,以传授知识为目的的教育理念已经过时了,重建教育理念势在必行。

人们惊奇地发现,自20世纪后半叶以来,最具智慧的大师级人物和流芳百世的巨著越来越少了,不仅不能与天才云集的17世纪相比,也远远逊色于19世纪。原因何在? 我们不能不从教育上去深究根源,正是教育的保守性窒息了受教育者的智慧。

美国edX首任总裁阿南特·阿加瓦尔道:"教育在过去500年,基本上(本质上)没有什么变化,上一次变革还是印刷机和教科书出现。"中国近代大学的出现与欧洲中世纪诞生的大学相比,要晚了800多年,迄今为止充其量只有120多年历史。要说保守性,我们的大学堪为世界之最,除了沿袭欧美大学的老框框以外,还渗进了传统上某些保守、集权和功利的因素,泯灭了许多人的智慧。正如爱尔兰剧作家、诺贝尔文学奖获得者萧伯纳所说:"我生下时很聪明的——教育把我给毁了。"

难怪世界各国的有识之士要发出呼吁,大学到了彻底改革的时候了,甚至还有人无奈地喊出要"杀死学校"。

我们应该看到,当今全球的大学已经远远落后于时代的精神,它们的保守性主要表现在教育的"游戏规则"错了。大学数百年以来的"游戏规则"都来自"知识游戏":一切以"知识为中心",课堂上传授的是知识,考试是背诵知识,评价人才优劣也是以考试成绩高低来衡量。因此,我们必须以一种新的"游戏规则"代替"知识游戏"。为此,我经过长期的思考,提出

"大智慧之光"（light of great wisdom）的教育理念。众所周知，灯塔是轮船航行的路标，没有灯塔亮光的指示，船只就会迷失方向。同样地，人类前行也需要亮光指引，这个亮光就是人类的智慧，特别是大智慧，它是人类的精神路标。

古希腊时期是一个充满创造的鼎盛时期，其哲学、天文、数学、艺术、雕塑等领域里的成就深刻地影响了欧洲，成为欧洲文明的源头。古希腊创造的黄金时代，按照亚里士多德的说法，取决于三个因素：惊异、自由、闲暇。实际上这也是哲学产生和发展的三个条件。

哲学的英文词汇是"philosophy"，它是由希腊文的"philos"和"sophia"二词合成的，意思是"爱智——爱好智慧"。所以，哲学就是智慧科学，而教育则是传播智慧的学科，二者是天生的姊妹学科。西方最著名的教育家都是哲学家，如柏拉图、亚里士多德、康德、洛克、斯宾塞、罗素和杜威等。然而，中国当代的哲学家是不研究教育学的，更不参与教育改革的实践，而研究教育学的人又没有深厚的哲学功底，所以中国没有世界级著名的教育家就不足为奇了。

## 理想大学应当是智慧型大学

大学怎样才能成为传播智慧的中心呢？英国著名的教育家、哲学家和神学家约翰·纽曼曾深刻地指出："探寻真理需要离群索居，心无二用，这是人类的常识。最伟大的思想家对自己思考的对象极为专心致志，不许别人打断。他们心不在焉，行为怪诞，或多或少对课堂及公共学校退避三舍。'大希腊之光'毕达哥拉斯曾一度居住在洞穴里。'伊奥尼亚之光'泰勒斯终身未娶，隐居一生，并多次拒绝王公贵族的邀请……"无论是"大希腊之光""伊奥尼亚之光"，还是法国思想启蒙之光、意大利文艺复兴之光等，实际上都是智慧之光。有鉴于此，大学应当成为一座"智慧的灯塔"，成为孕育大智慧人才的摇篮。

《智慧之光》是缅甸大禅师帕奥·西亚多的著作。他说，在佛陀看来，佛眼能够看到智慧的光明。但在我们普通人看来，智慧之光是个比喻，表示智慧照亮人生之路，智慧能够成就伟业。一般说来，出家人大多文化程度不高，有的甚至目不识丁，但通过修行，不少人成为佛学大师。例如，台湾星云(李国深)大师,他12岁出家,只读了四年私塾,但经过潜心修行,他成为拥有100多部著作的佛学大师,并独创了一笔字书法;他做的善事无数,获得的荣誉无数,这一切都是他超人的智慧所成就的。星云大师法号"悟彻",是彻底的觉悟者。正如他所说:我们的智慧是修来的。佛是智慧具足。多修多得,少修少得,不修不得。

其实,教育培养人才与出家人修行是一个道理,教育应当从佛教顿悟中得到启示。当今,教育的失败就在于背离了做学问所需要的"清静、淡泊和无欲"的境界。大学变得越来越功利和浮躁,越来越行政化和官僚化。我国世界级艺术大师齐白石曾说:"画家的心是出家的僧。学画其实走的是一条艰辛的路。"广而言之,任何成功人士的心,又何尝不是出家的僧呢?如果没有出家人的执着、淡泊和无欲的精神,是不能获得智慧的,也不能获得事业上的成功。我认为,至少研究和传承终极真理的理想大学,应当借鉴佛教修行的经验。

当今,我们面临的是大数据时代的挑战。电子化教学已汹涌澎湃地袭来,诸如智能手机、谷歌眼镜、定位手环、智能手表,甚至"谷歌大脑""尤金"等机器人也参与到人们的学习与生活之中。面对这种形势,以"传授知识"为中心的教育已经完全不能适应了,必须进行彻底变革。变革的核心是确立"大智慧之光"的教育理念。应在这种理念的指导下,营造"阅读、静思、顿悟"的学习境界,设计"智慧教室",培训"智慧型的教师",编写智慧教材,开展智慧性的课题讨论,等等。

所有这些措施,都是为了培育具有大智慧的人才。以"大智慧之光"的理念,引导我国大学走出盲目追求高分数、高学历、高学位、高职称、高待遇的误区。如果不摒弃"唯知识论"的僵化教育理念,像华罗庚、陈景润、梁漱溟、钱穆、叶圣陶、启功、贾兰坡、陈寅恪、罗家伦、朱自清、沈从文、钱锺书、莫言、雷军、马云、马化腾等有智慧的人,统统会被扼杀。这绝非危言耸听,我们应该深刻地反省了!

实事求是地说,在人类历史的各个时期,富有大智慧的人始终是极少数,其他人不是不能成为有智慧的人,而是他们缺少了成为大智慧者所必需的理想和执着精神。同时,应认识到,一个国家既不需要又无可能把大批人培育成为大智慧者,因此必须摒弃一刀切的平均主义思想。成为一个什么样的人,是每个人的自由选择,是万万不能强制的。但是,一个民族必须在各学术领域滋养出一些具有大智慧的人物,他们将以颠覆性的成就和富有智慧的著作,引领和提升全民族的智慧。这是穷究终极真理的需要,也是人类自我救赎的需要,理想大学应义不容辞地承担这个使命。

天才的理论物理学家斯蒂芬·霍金和牛津大学人类未来研究所的科学家们,先后不断发出警告,认为人类生存处在危险之中。这绝非危言耸听,我们必须采取切实的措施,以免遭遇不测。在我看来,最重要的措施,就是确立"大智慧之光"教育理念,孕育出具有大智慧的人才,如此方可化解人类当前面临的诸多危机,也才能从根本上拯救人类未来。


# 大学要营造创新校园文化 *

教育与文化息息相关。广义上,教育属于大文化范畴,而校园文化则是文化建设的具体内容之一,是大学精神的具体体现。所谓校园文化,是以校园为主要空间,以学生为主体,以课余的文体活动、文学艺术创作和学术研究与交流活动为主要内容的群体文化。建设高水平的大学,需要从硬件和软件两方面加强学校的建设。硬件包括教师队伍、图书期刊资料、教学与研究的仪器设备、计算机网络和教学与研究需要的建筑物等;大学的软件包括办学理念、大学精神和校园文化,以及学术诚信和师生品德的教育等。我国历来有"见物不见人"的偏向,即重视硬件而忽视软件,认为硬件看得见、摸得着,是能够起作用的东西,误以为软件是虚无缥缈的,似乎是无足轻重的。有鉴于此,我特别强调校园文化的建设,它是文化力在办学中的表现。从本质上说,文化的价值在于推陈出新,如《礼记·大学》的名句所说的"苟日新,日日新,又日新"。因此,文化的生命力就在于创造,这也是我强调校园文化建设的目的之所在。

---

\* 本文发表于《齐鲁晚报》2014 年 10 月 12 日刊。标题与媒体发表时可能有不同,下同。

英国牛津大学前校长科林·卢卡斯曾深刻地指出:"大学可以成为创新的发动机";在谈到中西教育差别时,他指出:"提出挑战性的质疑,恰恰是聪明的中国学生所欠缺的。"大学要成为创新的发动机,需要创新校园文化环境的滋养,需要培育独立思考和批判精神。哈佛大学前校长陆登庭也介绍了他们的经验。他说:"哈佛大学给予学生最宝贵的财富,就是自由的公共发展空间。"而且,他自问自答道:"什么样的条件才能产生最好的研究和教育? 在哈佛,创新的空间随处可见。"他所指的空间,就是校园文化环境,是充满创新气息的大学精神。

我们不无遗憾地说,中国还没有一所能够称为"创新发动机"的大学,我们离这一目标还差得很远。目前,我国在科学(物理、化学和生理学与医学)领域的诺贝尔奖依然是空白。不仅如此,几乎在所有科学、工程技术和社会人文领域设立的单项大奖也仍然是零纪录,如菲尔兹奖(数学)、图灵奖(计算机)、沃尔夫奖(物理、化学)、爱因斯坦科学奖(物理)、堆维茨奖(医学)、维特勒森奖(地质学)、泰勒环境成就奖(环境生态学)、普利策奖(新闻)、格莱美奖(音乐)等等。这绝非疏忽或是不公,而是我国学术界原创性缺失的表现。

俗话说,当事者迷,旁观者清。其实,对于中国人缺失创造力的问题,国际各界早有尖锐的评价,只是我们充耳不闻罢了。

那么,中国人为什么缺失批判精神呢? 我认为主要原因有三:首先是儒家中庸之道的思想影响很深,许多人都无形中接受了"和为贵"和"求同存异"的传统思想。然而,在学术研究中,更应当强调求异和求不同的观点,各抒己见,营造一种百家争鸣的氛围。其次,我国古时曾有"书香之邦"的美誉,读书和思考是传统的美德。可是,在市场经济转型的过程中,很多人迷失了方向,一味地追求金钱和物质,而不再沉浸于读书和思考,导致现在我国是世界人均读书最少的国家之一。不少人读书如蜻蜓点水,不求甚解,因此对于各领域的学术观点,既提不出质疑,也提不出新的见解。再次,中国人思维的特点之一是同向思维,也就是趋同思维。他们信奉"附和哲学",往往是人云亦云,随波逐流,没有或者不愿意公开自己的独立见解。从创造学上说,没有异见,就不可能有创造发明。

创新校园文化的重要性是显而易见的,它是使大学成为"创新发动机"的必要条件。那么,我们怎样营造创新校园文化呢？我认为应当从三方面做起：

第一,在大学开设创造学方面的系列课程。自 20 世纪 30 年代创造学作为一门学科在美国诞生后,创造工程学、创造技术学、创造技法、创造教育学等,也陆续进入美国各大学的课堂。可是,创造学于 20 世纪 80 年代初才传入我国,而且由于传统思想的阻挠,在实施创造教育方面困难重重。因此,非常有必要在各大学开设有关创造学的课程,借以强化创新意识、传播创造技法、弘扬创造精神、点拨创业的思路、促进大学生创业成功。我国大学毕业生创业人数仅有 2％,而成功的不到 1％,与美国大学生 20％—23％的创业率相比,差距实在是太大了。目前,我国大学毕业生就业困难是一个客观的事实,我们应当转变思维方法,认识到只有创业者多了,求职者才会少,就业率也自然就高了,这就是美国解决毕业生就业难的经验。

第二,普遍开展多学科的讨论会,促进交叉学科的发展。在 20 世纪 80 年代,武汉大学的学生社团多得就像是雨后春笋一样。其中,有一个叫"快乐学院"的社团,是那时武大创新校园文化的一个缩影。这个社团实际上是一个多学科讨论会,是由哲学、数学、中文、历史、生物、计算机科学、图书情报学、经济等系的学生组成的。他们的确是一批想当"九头鸟"(形容十分聪明的人)的非常快乐的人。这使我想起了古希腊亚里士多德的名言"创造源于惊异、自由和闲暇",而快乐学院是符合这三个条件的,这批学生也是一批富有创造力的人。他们每周三晚上雷打不动地聚集在学生会会议室,每个人都有备而来,既要带来新见解使其他人耳目一新,又准备批驳别人的观点。他们的宗旨是:为了不一致才走到一起,以获得新知为最大的快乐。

我是这个"快乐学院"的顾问,常常被他们的精神所感染。他们总是辩论得面红耳赤,经常是一个人主讲,其他人则群起而攻之,常常使主讲人下不了台。但是,他们彼此没有隔阂,都是知心朋友。当年这个社团的几批毕业生,后来大都成了大学的名教授,也有不少人成为大企业家。应当说,这个社团是创新校园文化哺育出来的,而他们创造性的活动,又进一步丰富了创新校园文化,在物质和精神两方面都获得了丰收。这就犹如控制论的创始人诺伯特·维纳所说:"在科学发展中,可以得到最大收获的领域是各种已经建立起来的部门之间的被忽视的无人区。"现在看来,这样的社团和争论的风气,应该在各大学普遍推广,使校园中的创新活动蔚然成风。

第三,设立创新奖,激励每一个创新者。创新校园文化虽然是以学生为主的,但学校的教师并不是旁观者。教师既是大学创新的主体,又是大学生们创新活动的指导者。因此,大学设立的创新奖应面向学校的每一个人,在营造创新校园文化方面永远没有旁观者。

美国著名的管理学家米切尔·拉伯夫经过20多年的研究,发现了一个在效力上任何其他原则都无法比拟的管理原则,那就是,我们奖励什么就会得到什么。美国心理学家、创造学家E.P.托兰斯在考察了大量创造行为之后作出一个有名的论断:"要激励创造性行为必须有奖。"这与拉伯夫的观点不谋而合,真是天下英雄所见略同。

拉伯夫的发现被认为是世界上最伟大的管理原则。所以,我们要营造创新校园文化,必须奖励每一个创新的优胜者。与此同时,我们还应当奖励那些有价值的失败者——道理也很明显,没有失败哪里会有成功呢?美国硅谷之所以为世界各国所效仿,就是因为它是一个"创新谷"和"创新场"。"场"是物理学上的一个概念,它的实质是相互作用力的形态。创新一旦形成了场,说明它的作用无处不在。美国硅谷文化鼓励冒险、宽容失败、支持竞争、保护公平。可是,我国是一个对失败并不宽容的国家,所谓的"胜者英雄败者寇"就是这种思想的集中反映。而且,这种思想的社会基础非常深厚,以至于许多人因为怕失败而不敢冒险。什么是冒险?从实质上说,冒险就是一连串的追逐想象力的游戏,一旦想象力枯竭了,哪里还有创造力呢?

除了上述的条件以外,一所大学能否营造创新校园文化,从根本上说取决于大学的校长。创新是校园文化的核心,而校长是大学的灵魂。因此,只有创新型的校长,才能意识到创建创新校园文化的重要性,自觉地深入大学生中,发现新事物,支持大学生们的创意,为他们分忧排难,真正把学校建设成为国家创新的"发动机"!我国现在有近2000所大学,虽然不能奢望所有的大学都成为创新的"发动机",但如果有10所大学能够达到这个目标,那么我国就能够早日建设成为创新型的国家!

# 一个可行的创造教学模式*

人类已经跨入 21 世纪,这是一个急剧变革、以创造为特征的时代。知识经济竞争的核心是创新,这就向沿袭了数百年的传统教育提出了严峻的挑战,同时呼唤新的大学精神,企盼构建新的教育模式。我研究创造教育近 40 年,我的第二个"教学改革五年计划",重点就是实施创造性的教学模式,致力于培养创造型人才。根据多年的研究,我设计了在大学实施创造教育的"SSR 模式",认为它具有普遍推广的价值。

早在 30 多年以前,联合国教科文组织在谈到教育改革困扰时曾尖锐地指出:"像今天这样零星地进行一些教育改革,而没有一个关于教育过程的目标与方式的整体观念,这已不再是可取的了。"该组织还特别提到:"经验证明,内部改革之所以没有成效,或造成人才和精力的巨大浪费,通常是因为上面的管理与下面的行动之间缺乏沟通和协调不好。这样便使得那些具有创造性、富于想象力的改革家们被孤立起来了。"

30 多年过去了,我们大学的教育状况如何呢? 当然,我们不能说没有一点进步,但这些进步主要是量的增长,或者是一些添枝加叶的改良而已。从根本上来说,教育观念仍是陈旧的,教育模式是保守的,教学方法是死板的。旧的教育观念,主要表现为"三型三性",即封闭型、重复型、记忆型与专制性、权威性、统一性。很明显,它们是与现代教育的开放型、创造型、思辨型与科学性、民主性、多样性的理念相悖的。我们大学的改革之所以没有革命性的进步,一方面是因为没有摆脱旧教育观念的束缚,另一方面是因为没有形成新的教育观念。美国学者 C.W.莫里斯曾形象地比喻:"观念是人类文化的原子弹。而观念来自有思想、能说善写的人。"这就是说,观念的力量是十分巨大的,它既可以阻止社会的变革,又可以

---

*  本文发表于《上海教育发展研究》2000 年第 12 期,被该刊评选为年度优秀论文一等奖。

把社会推向前进。

据报道,在国内某重点大学,一个已毕业而未获得博士学位的学生,一纸诉状把母校推上了法庭。事情的起因是,该生的学位论文通过了答辩委员会的答辩和系学位评审委员会的表决,但在校学位评审委员会审查和表决时,却以一票之差而未获通过。在反复申诉未果的情况下,该生才行使了法律诉讼权,且法院受理了。经过调查和辩论,一审判原告胜诉。对此,议论纷纷,赞成者有之,反对者亦不乏其人。很显然,问题不在于人而在于制度。这种由不同学科的专家组成的校学位评审委员会,看似科学,其实并不科学;以无记名投票表决,看似民主,其实并不民主。这起诉讼,从多个角度反映了我国教育的"三性"保守观念。然而,对于这种不科学、不民主的评审制度,年复一年,校校如此,竟没有人提出质疑,更无人敢于去改革一下。

从教育模式看,我国大学的教学仍深深地陷在"传授知识—接受知识"旧模式的窠臼之中。以教师为中心、以课堂为中心、以课本为中心的"三中心"教学制度,依然顽固地统治着今日的大学。这种模式和制度的保守性在于:以教师为中心也就是以教师为主体,把学生当作被动的客体,维护教师的绝对权威,这与当代教育的自由平等原则是相悖的;以课堂为中心的弊端在于"满堂灌",使教学脱离了实际、脱离了社会,特别是脱离了日新月异的新技术革命;以课本为中心致使学生的知识面狭窄,妨碍了学生广泛阅读、深刻思考,不利于创造型人才的培养。

"三中心"的教学制度,最早始于17世纪捷克著名教育家夸美纽斯提出的"分班教学"。他强调以教师为中心,认为教师是一个"稽查长",认为"教师的嘴就是一个源泉,从那里可以产生知识的溪流"。夸美纽斯的功绩在于,他是第一个企图发现教育的规律性并根据人的本性来组织教学过程的教育家。他针对中世纪经院式的死寂空气,改革传统的个别施教为分班教学,使教育发展为全民的事业成为可能。因此,夸美纽斯受到教育界的尊重,他本人也被尊称为教育史上的"哥白尼"。

但是,"三中心"教学模式正式的创立者是19世纪德国著名教育家约翰·赫尔巴特,该模式迄今已有200多年了。遗憾的是,世界范围内所进行的一些改革丝毫没有触动到这个教学模式,它们被依然视为教学工作的金科玉律,致使我们的大学教育与时代精神格格不入。为了使大学教育适应 21 世纪的需要,我们必须对陈旧的教育模式和制度进行彻底的改革。我们可以预见,一场教育观念上新的"哥白尼式"的革命,将在全球范围内展开,且这场改革将是全面的、深刻的和连锁式的。历史经验表明,一次巨大的变革,将会涌现出适应这种变革的出类拔萃的人物,并最终产生出当代教育的"哥白尼"。

古希腊哲学家、教育家柏拉图有句名言:"最先和最后的胜利总是征服自我,只有那些能够科学地认识自我、正确地设计自我、严格地管理自我的人,才能站在历史的潮头去开创崭新的人生。"这话虽然是 2000 多年以前讲的,但现在听起来仍然振聋发聩。这句话的重大意义在于,它第一次提出了人的自我设计思想,这是每一个人走向成功的必由之路。

教育是什么?这好像是一个不言而喻的问题,其实我们并不完全明白它的真谛。据查,在文献中,给教育下定义的表述多达 65 种,可谓见仁见智。不过从根本上说,把教育定义为"设计和塑造成功人生的实践历程"是符合现代精神的。如果这个观点得到认同的话,那么设计实现这一目标的教育模式就是至关重要的。我们过去的教育之所以不成功,就是因为设计不正确,塑造的模具不适用,教育的模式太保守。

那么,21 世纪的大学教育模式应当是什么样的呢?未来学家预言:21 世纪是以创造为特征的世纪,是个充满未知的时代,也必将是揭开众多科学奥秘的时代。很显然,适应这样时代需要的人,只能是那些具有创造力、具有智慧的人才,而他们也唯应通过创造教育来培养。这是合乎逻辑的必然。

设计大学创造教育模式,首先必须树立正确的教育观念。正如前世界首富比尔·盖茨所说,教育观念必将被改变,也许被改得几乎面目全非。这一点是十分重要的,如果没有大无畏的改革精神,不破除旧的教育模式,那么新的创造教育模式就立不起来。因此,设计新的大学创造教育模式,也就是教育再发明。为此,我们必须以 21 世纪为坐标,以人生的最大价值为目的,以成功人生的各项优良素质为参照系,唯有如此,才能设计出培养创造型人才的新的教育模式。

其次,新的教育模式必须具有可操作性。目前国内某些大学开展创造教育的做法是,开设创造学、创造技法或创造教育学的选修课,以传授创造学的基本知识。应该说,这种做法是有益的,对推行创造教育是一个进步。但是,它丝毫没有触动到旧的教育模式,在总教学计划中,仅仅起到点缀作用。然而,新构建的创造教育模式不仅要传授创造学的知识,而且要带动课程设置、教学内容和教学方法的彻底改革;不仅要启迪创造思维方法、激励创造精神,还要催生发明创造成果。

再次,新的教育模式必须具有可推广性。教育模式是由一定教育观念抽象出来的标准教育形态,或可以让人们照样子去做的标准教育方案。因此,设计一种教育模式不是为模式而模式,而是为了解决教育实际问题。一个模式正确与否,唯一的判断标准是要经过实践检验:它能否推动创造型人才的培养。检验不是靠行政领导的干预和评判,而是靠模式本身的实效而决定。

在多年研究的基础上,我逐步构想出了大学实施创造教学的一种模式,我把它称作"SSR 模式"。第一个"S"是英文词组"study independently"的缩写,可译为自学或独立地学习,是由学习者自己完成学习的一种方式;第二个"S"是英文单词"seminar"的缩写,指大学生在教师指导下进行课堂讨论的一种形式,有时也指讨论式的课程;"R"是"research"的缩写,意思是研究、探索,它是由前缀"re"和词根"search"组成的,因此也可译为再寻找、再探索。

自学既是一种古老的学习方式,也是现代最值得提倡和推行的学习方法。我们说它古老,是因为自孔子到现代的许多著名大学者,无不是靠自学成才的,他们的知识也主要是靠自学而获得的。在面向 21 世纪之际,联合国教科文组织明确提出:"新的教育精神使个人成为他自己文化进步的主人和创造者。自学,尤其是在帮助下的自学,在任何教育体系中,都具有无可替代的价值。"因此,自学是一个广泛的概念,不光适用于那些没有机会进入学校的人,也包括具有一定文化基础的人,特别是大学生、研究生,都要普遍采用自学的方法来学习。

早在 19 世纪,德国大学就开始使用课堂讨论方法。英文单词"seminar"是从拉丁语"seminis"衍生出来的,意思是"种子"。这个词意很有意思,因为在讨论中形成的灵感或新观点犹如种子,而讨论则能起播撒种子的作用。然而,把课堂讨论正式纳入教学计划,作为一种补充教学方法,还是美国哈佛大学于1904年首创的。目前,这种教学形式在国外十分流行,形式也多种多样。

把科学研究引入大学中,是德国著名教育家洪堡于1809年倡导的。他认为,大学教学中,首先要使学生对于教学和科研的统一性有相当了解,其次要培养学生从事研究的能力。教师的任务应当是对学生从事研究的一种引导,学生的任务应当是独立研究。20世纪初,美国引进了德国的"教学和科研相统一"的新体制,造就了一批世界闻名的研究型大学,既出了成果又出了人才。

SSR为什么能成为一种创造教育模式呢?主要是基于以下三点:第一,SSR代表了世界古今教育之精华,特别是经过百多年的实践,证明了它们是最具有推广价值的成功的教学方法。第二,这三种教学方法的共同特点是创造,是与"三中心"的灌输式的教学法根本不同的。自学是从学习者本人出发,是依靠学习者的主动性、积极性和创造性的有效学习方法。课堂讨论是双向交流,营造一种自由民主的氛围,以达到激励灵感和产生新思想的目的。科学研究是学习的最高境界,它不是为了掌握现成的知识,而是要应用已有的知识去创造新的知识。第三,SSR既反映了教学内在的联系又是符合认识规律的。自学是基础,是学习的初级阶段,是自己发现、提出和解决问题的过程。课堂讨论是在教师的指导下,选择自学中提出的有代表性、启发性的问题,依靠集体智慧,展开自由讨论,以达到既解决问题又训练思维方法的目的。科学研究是学习的最高阶段,在课堂讨论的基础上,选择那些既有研究价值又具备研究条件的难点和疑点,深入进行研究,以获得新的发现和发明。

总之,SSR分别代表三种学习的方法,它们既是独立的又是相互联系的。同时,SSR又代表三个学习阶段,由初级到高级,一环扣一环,一步比一步深入。SSR分别作为单个的学习方法,本早已有之,本文的创新之处在于运用组合思维方法,把它作为大学的创造教育模式,以挑战"三中心"的"传授知识—接受知识"的旧模式,并希望由此而引起大学教学领域里一场全面的、深刻的教学革命。

教育是以人为对象的实践学科,任何教育理论、教育模式,必须能够付诸实践,并且接受实践的检验。这时,我们方可以说某个教育理论或模式是正确的。同样地,提出"SSR 创造教育模式",尽管有其依据,但它也有待实践的检验,只有到那时,我们才能认定"SSR 创造教育模式"推广的价值。

"SSR 模式"是一个普遍的教学模式,不仅适用于重点大学,也可在普通大学推广;不仅适用于文科学生,也可在理科学生中试行;不仅适合于高年级的学生,也可以在低年级学生中采用;不仅适用于专业课,也可以拓展到基础课。尽管如此,我们应当清醒地看到,实施"SSR 创造教育模式"还存在一些困难和阻力。我们要像对待其他新生事物那样,为它的顺利实施创造条件:

(1)转变观念,排除思想障碍。经验反复表明,任何一个重大的改革措施出台时,都会遇到传统观念和习惯势力的阻挠,有时甚至是拼死的反抗。同样地,推行"SSR 创造教育模式",也不可能是一帆风顺的。思想障碍主要有三:在自学上的依赖性、在课堂讨论中的泛式性和对待科学研究的神秘性。

人们大多认为,自学是个好办法,但是真正采用自学成才的人却只有极少数。特别是在学校教育中,推行自学更是困难重重。难在何处呢?依我看,自学的阻力既来自学生也来自教师,但归根到底还是来自法定的讲授制度。就学生而言,主要是怕艰苦,对教师有依赖思想。对教师来说,主要是受讲授制度的束缚,不明白教师的作用在于引导,他们能够给予学生最大的贡献,乃是帮助学生学会学习。那么,妨碍自学的主要借口是学生看不懂,教学必须循序渐进。对此,有一个很有力的例子,可以说明其理由是站不住脚的——据报道,16 岁的安徽学生赵梅生,于 1996 年高考时,以 634 分的优异成绩考入了中国科技大学,可他却是一个农村穷学生。他自小学四年级开始一直坚持自学,学完了从小学到高中的全部课程。他的体会是:"自学是靠自己提出问题,又由自己去解决问题的过程,再难的问题都由自己去解决。"赵梅生的成功,再一次证明了自学是一个普遍的学习方法。一个仅有小学文化程度的学生,能够通过自学而获得成功,难道大学生和研究生们还不能够自学吗?

鉴于中国学生大多数性格内向,不爱提问题,怕争辩,因而课堂讨论的效果都不大好。有的开会不发言,有的仅仅提些知识性问题,难于就一些实质性问题开展思想交锋,更不敢提出独特的见解,不能发挥讨论课对启发思路和激励灵感的作用。我所说的泛式性,就是指在课堂讨论中的形式主义、情面观点、泛泛而论的习气。为了克服这些不良的学风,须花大力气,否则推行"SSR创造教育模式"就会落空。

从世界范围来看,教学方法受到普遍批评的原因,就在于忽视了教育过程的复杂性,而不是通过科学研究进行学习。大学生进行科学研究的关键是要破除对科学研究的迷信,打破人为在教学和科学研究之间设置的鸿沟。科学研究是探索求知,而未知的现象,充斥在我们生活的各个角落,只要你是一个有心人,那么时时、处处、事事都可以有所发现或发明。世界上有许多著名科学家,如数学家高斯、天文学家伽利略、物理学家爱因斯坦和化学家鲍林等,在大学期间就开始了研究,并在相关领域里获得了重大的发现或发明。他们的成功经验,证明了科学研究并不神秘,大学生开展科研是可行的,每个大学生都应坚定不移地走自己的成功之路。

(2)转变教师职能,提高教师的素质。美国教育家里欧·巴士卡里雅曾说:"我们的学校教育不成功,因为我们从不帮助老师们撕下教师的面具,平平易易地做人,从来不使他们认识到老师的作用只在于引导。"这话听起来似乎有点偏激,却点到了问题的要害,也是符合时代精神的。

在传统教育中,教师的主要职能是讲授课程,而学校里的课程内容和教学方法又多半是从教师出发的,而不是根据学生的需要而制定的。教师讲授课程的特点,倾向于重复过去,并且容易导致形式化、公式化、标准化。这种"讲说章句"式的教学,严重地背离了时代精神,所以改革已是刻不容缓的事了。

按照"SSR创造教育模式",课堂教学基本上将被学生的自学所取代,但这并不意味着教师将被取消。在新的教学模式中,教师的作用仍然是不可少的,只不过他们的职能发生了转变。同时,网络学习(E-Learning)的兴起,也在促使教师职能的转变,教师不再是传授知识的媒介。未来教师的主要职能是:培养学生的道德品质,启发学生的创造思维能力,指导学生进行科学研究工作。

就大多数教师而言,目前要担负起新的职能还是有困难的,这主要是因为他们本身接受了知识面很窄的专业化教育，仅仅只能担当教学中的单一角色。为了适应新的教学模式的需要，每个教师必须努力提高自己——主要是加强人文素质修养，拓宽专业知识面，掌握创造思维方法，提高管理能力，学会做科学研究工作。唯有如此，教师才能在推行新的教育模式中，找到自己的位置，也才能真正发挥教师的主导作用。

（3）精简课程，编写便于自学的教材。目前，大学里课程设置太多，内容陈旧，课时太长，统得过多，致使学生负担太重。这些问题由来已久，改革的任务是艰巨的，必须作为一项系统工程，由国家组织力量方可完成。从课程改革方向看，应当有利于学生从整体上掌握知识，多开设短课、研究型课、选修课、思维方法课，促进学生创造力的开发。从教材内容看，应当贯彻"少而新"的原则，突出重点、难点和疑点，使之既便于自学又适于开展课堂讨论。

总之，改革课程和教材是实施"SSR 创造教育模式"的重要环节，是培养创造型人才素质的基础，一定要抓紧抓好。设计和实施"SSR 创造教育模式"，是大学教育迎接新技术革命的对策之一，是引发高等学校全面改革的突破口。尽管实施"SSR 创造教育模式"不是件易事，但也绝不是令人望而生畏的难事。只要我们发扬改革和创新的精神，不断实践和总结经验，就定能创建一种反映当代大学精神的创造教学的新模式！


# 为大学文科改革献三策*

自 20 世纪 80 年代初，教育界的不少有识之士，大力呼吁实行通才教育，以克服大学生知识面太窄的弊端。他们指出，一些理科学生不会写论文，家书也写得文句不通；文科学生缺乏最基本的自然科学知识，不知道核能是怎么发出来的，不懂得电灯的维修。30 多年过去了，这种状况依然没有得到根本的改善，甚至一些学校利用设立专业的所谓自主权，建立

---

* 本文发表在《光明日报》2003 年 2 月 27 日刊。

了更多、专业面更窄的新专业。大学生知识面过窄是一个普遍的问题,但是在文科教学中表现得尤为突出,这是多种原因造成的。现在,文科教育似乎到了必须彻底改革的时候了,否则就很难适应知识经济和信息时代的需要。

我国大学文科教育到底如何改革呢?我在30年以前任武汉大学校长期间,曾提出了三大改革措施,这些是我准备在第二个五年改革规划实施的设想,但时至今日,仍然具有现实意义。

第一,废除分文理科招生的办法;面对全体考生,文理并重,择优录取。

从20世纪60年代初开始,大学开始分文理科招生,高中也分文理科班进行教学。就我所知,高中分文理科班基本上是按照学生的数理化成绩来划分的,也就是说,那些数理化成绩差、升理工科大学无望的学生才被分配到文科班。当然,不是说没有学生是由于兴趣而自愿学习文科的,但绝大多数学生是因为考理工科大学无望而学文科的。很显然,这种分文理科班的做法,是为了提高升学率而采取的措施,是应试教育造成的。本来,中学生处于打基础阶段,应当全面发展,无论文科或理科知识对他们培养良好的素质都是重要的,因此二者不可偏废。

人才学的普遍规律告诉我们,人的才华是相通的,很难想象一个数理基础很差的学生,将来会成为一个很优秀的人文社会学家;反之亦是,一个人文素质很低的人,将来也不太可能成为出色的科学家。这种例子在科学史上是很多的,例如诺贝尔不仅是发明大王,还有很多文学佳作;化学家霍夫曼不仅因发现了"分子轨道对称守恒定律"而获得诺贝尔化学奖,还出版了多本散文、诗歌和评论著作。同样地,在社会学家中,也有很多人具有很高的数理素养,如马克思、恩格斯、黑格尔、罗素等,对数学都有很深的造诣。当然,少数特殊偏科的例子也是有的,但这是特殊的个案。我们既不能忽视那些特殊的人才,也不能以特殊案例代替普遍规律。

第二,设计和创建相关实验室,实行直观教学,克服文科脱离科技实践的状况。

长期以来,似乎文科与科学技术是不相干的,其实这完全是人为划分的。为什么文科教学只能是一支笔、一张纸,只能空对空地讲说章句、背诵经文呢?为什么只提理工结合而不提文理相互渗透呢?在科技不发达的情况下,文理分离似乎是可以理解的,但是在高新技术高度发达的今天,文科与技术分离的状况已经显得不合时宜了。

在文科院系能否建立相关的实验室呢?对待这个问题,必须用一种新的思维方法来看待,应当认识到这是知识经济时代的需要,是文科面临的新挑战。当然,建立文科实验室没有现成的模式和经验可以借鉴,我们只能根据需要去创造。应当说,现在优越的科技条件、文理科相互渗透的需要,为我们创立这些新的实验室提供了可能。

我在 1988 年设计的改革方案中,曾经提出建立以下的实验室:在法学院建立模拟法庭、法医与刑事检测实验室、环境法与技术检测实验室;在文学院建立文物博物馆、计算机文字与语言信息处理实验室;在经济学院建立经济信息实验室、计量经济模型实验室、证券模拟实验室;在图书情报学院建立图书情报检索实验室、图书微缩与修复实验室;在哲学系建立心理学实验室、脑科学与思维实验室;在新闻学系建立大众传播实验室;在历史系建立考古与文物复制实验室;等等。这是一件十分有意义的改革措施,对于文科教学内容、教学方法都会起到革命性的改变。这些设想是否有可能性呢?在技术高度发达的今天,应当说这些实验室是可以建立起来的,当然也有一个从无到有、从小到大、从不完善到完善的发展过程。从经费上说这也是不成问题的,建立这些实验室并不需要很多的钱,比建理工科实验室的费用将会少得多。

第三,开设文理科相互渗透的选修课,合理建立文科学生的知识结构。

在知识经济时代,无论是记者、作家、律师、经济师、会计师或是部长、省长、厂长、经理,都不可能再是科盲。今天,文盲已不再指不识字,而是指不会使用电脑,不懂得最起码的科学技术常识。知识经济就意味着知识和经济已经融为一体,因此不懂技术就不能从事经济工作,更不能领导经济工作。我认为,自然科学家是建设国家的,而社会科学家是管理国家的,这是由科学分工所决定的。如果学自然科学或工程技术的人都去做官,那还要人文社会科学干什么呢?然而,我国许多的官员都是技术官僚,这是极其不正常的。

为了培养管理国家的人文社会科学人才,使他们能够参加和领导国家的经济建设工作,我们必须培养具有合理知识结构的人才。因此,我们应当为文科学生开设一些自然科学和技术方面的选修课。例如,自然科学概论、自然辩证法、科学技术发明史、创造思维方法、高新技术常识、生命起源、人类与环境、人类文明简史……当然,需要开设的课程远不止这些,根据不同的系科需要,我们还可以开设出更多、更有针对性的选修课,以增强文科学生对未来工作的适应能力。

要实施以上三大改革措施,虽然不是一件容易的事,但是只要下决心去做,我想是没有不可以克服的困难的。从实质上说,这些改革措施的困难只体现在行政措施(如招生)和物质条件等方面,相对比较容易解决。然而,改革中的思想阻力要比物质条件的困难大得多。因此,我认为最困难的还是转变教育观念和提高教师的素质,这应当是我们改造文科工作的重点。如果这些问题不能很好地解决,即使物质方面的问题解决了,改革文科的方案也不能顺利地实施。

# 到底几个和尚挑水好?
## ——从大学党委书记校长之争说起*

2020 年 10 月 15 日,四川成都警方发现成都大学党委书记毛洪涛溺水身亡,并排除刑事案件的可能性。这是一场悲剧,起因据说是党委书记对校长的独断专行、营私舞弊、不讲政治、排斥异己等行为的不满,并以死明志。这次悲剧本是可以避免的,如果在大学领导层有健全的民主生活制度,把分歧摆在桌面上,用批评与自我批评的方式展开辩论,以明辨是非、坚持真理、修正错误。如果仍然不能解决问题,可以向上级反映,由上级组织或纪律检查部门作出结论和处理意见。

--------

* 本文发表于《中国新闻周刊》2020 年 12 月 21 日刊。

可惜的是,现在大学领导层没有这种优良的风气,以至于在高校"宫斗"的剧本里,书记与校长之争屡见不鲜。据我所知,有校长赶走书记的,也有书记架空校长的,更多的是书记和校长根本不能推心置腹地议事、真诚合作共事,而是各行其是。他们到底争什么呢?从心态上说,是争谁大谁小、谁多谁少。实事求是地说,书记的工作是虚的,但又是一把手,处处要人尊重,以正确自居;校长的工作忙得不可开交,但往往又受制于书记,这就注定了他们之间的矛盾是不可避免的。

痛定思痛,最重要的是我们应当从悲剧中吸取教训,从体制上杜绝矛盾的继续发生。这使我想起了20世纪80年代初的电影《三个和尚》,它是根据我国古代一则流传很广泛的民谚改编的,说的是"一个和尚挑水喝,两个和尚抬水喝,三个和尚没有水喝"。这则民谚寓意做一件事,责任不落实,相互推诿,谁都怕吃亏,这是在我国根深蒂固的"不患寡而患不均"的平均思想的反映。

"三个和尚"的民谚,使我想到大学党政领导干部怎么配备的问题,大学党政体制到底是一驾马车好还是两驾马车好的问题。所谓一驾马车就是由党委书记兼校长,而两驾马车是由两人分别担任党委书记和校长,组成两套班子。在理想的情况下,两匹马驾车,如果同向而行,那就形成合力,起到的是事半功倍的效果;如果背向而行,那就会使力量相互抵消,只能是事倍功半。但是,理想情况又是很罕见的,大多数的情况是"南辕北辙",相互掣肘,内耗大,效率低。很显然,从管理上的"效率原则"来看,无疑一个和尚挑水是上乘之选。

其实,在我国高等教育发展的70多年中,有一些很好的经验,其中书记校长"一肩挑"就是非常成功的。例如,蒋南翔同志自1952年至1959年,担任清华大学党委书记兼校长7年;陆平同志自1960年至1966年担任北京大学党委书记兼校长6年;朱九思教授担任华中工学院(现为华中科技大学)党委书记兼校长35年;匡亚明先生先后担任吉林大学和南京大学党委书记兼校长15年;吴玉章先生担任中国人民大学校长17年;成仿吾同志担任山东大学党委书记兼校长16年;等等。实践证明,这些大学都是办得非常成功的,他们也都从实践中逐步成长为功勋卓著的职业教育家。

我在武汉大学任党委副书记、校长总共近8年。在我第一个校长任期,党委书记是庄果同志,他十分开明,我们配合默契。在我第二个校长任期,庄果同志退休,没有再配备党委书记,由我履行党政一把手的职责,所以我能够放手地大力推行教育改革,趁着改革开放的大好形势,扎扎实实地做成了一些事情。否则,如果我遇到一位貌合神离的书记,相互掣肘,可能我什么事情也办不成。

从以上成功的经验,我认为有两点是值得借鉴的:第一,选拔挚爱教育、勇于献身教育的教育家担任党委书记兼校长,而绝非那些沽名钓誉者。这是符合教育规律的,有利于心无旁骛、专心致志地治校。目前,选拔院士或者纯学者担任校长,并不是最佳选择,因为他们是"校长和学术"一肩挑,其主要的精力仍然放在学术研究和培育研究生上,不能做到全心全意地治校,搞不好他们还会利用权力营建自己的学术山头,造成学术不公。第二,大学书记和校长绝不能按照公务员的任期制轮换。凡是治校有方、政绩卓著、师生拥戴、身体健康者,应按照个人愿意,不受任期的限制,可以任10年、20年、30年,这是办好"百年树人"教育事业的需要。

我们应当"以史为鉴",认真总结成都大学书记校长之争的悲剧,亡羊补牢未为晚也。我认为,吸取教训最好的办法就是,借这一事件推进大学党政领导体制的改革,应用书记校长一肩挑的成功经验!


## 大学潘多拉盒子 *

自20世纪90年代初,我国高等教育开始进入高速发展的快车道,高歌猛进了20多年。其间从没有反思、调整或整顿,当然也就谈不上巩固和提高,致使大学的问题频仍,从而引起社会各界和民众的一片斥责声。最有代表性的评论者是丁学良,他是哈佛大学社会学博士,现为香港科技大学社会学教授,担任的兼职有美国卡内基国际和平基金会高级研究员、

---

\* 本文写于2012年1月29日。

澳大利亚国立大学亚太研究院通讯研究员、天益网学术委员等。丁学良的研究领域包括转型社会、比较发展和全球化。他对教育也有深入的研究，曾出版了《什么是世界一流水平的大学？》《辩论"中国模式"》等著作。他对中国大学教育的总评价是："中国大学当前的问题太多了，哪一方面都存在问题，七天七夜也谈不完。"

广州《同舟共进》杂志 2011 年第 3 期发表了我撰写的《中国高教在转型中迷失方向》一文，这是我对中国大学乱象的概括分析。湖南省作家协会著名作家金振林先生看到这篇文章后，抑制不住激动的心情，立即给我写了一封信，以挂号信的方式寄给武汉大学校长办公室转交。但他不放心，同时把信的抄件寄至《同舟共进》杂志编辑部，请他们务必把信转交给我。用他的话说"这是双保险"，目的是确保我能够看到他的信，分享他的兴奋与感想。

他在给我的信中写道："近阅您在《同舟共进》（2011 年第 3 期）的大作，一口气读了两遍，在短短五千字的文章中，您以翔实的资料，作了非常有说服力的剖析，涵盖了多么沉重的内容，真是痛快淋漓！多年来，淤积胸臆的对'教改'（新的'三座大山'之一）的怨愤与深恶痛绝，似一吐为快！这篇针砭时弊的文章，一针见血，可谓大快人心！"

"我是个作家，曾任《小溪流》杂志主编、《法治月刊》主编，似乎与教育不搭界。可是，这些年以来，教育界（不仅是高校）的倒行逆施，真让人愤慨不已！"

类似的评论实在是太多了，真可编纂成一本大典。可是，国家教育主管部门领导人视而不见，充耳不闻，拒不回应民众的质疑和批评，以至于在错误的道路上越滑越远，真是"炮声隆隆岂奈聋子何"。

为什么中国大学教育问题丛生，而且屡禁不绝呢？原因就是大学的潘多拉盒子被打开了，于是所有的邪恶和丑陋的东西都冒了出来。

20 世纪 60 年代初，我在前苏联科学院留学，攻读副博士研究生。在一个周末的休息日，我到"古姆"（莫斯科国立百货商店的俄文省略语的简称）去购物，礼品柜上摆放着琳琅满目的各式礼品，其中彩绘的"套娃"引起了我的额外注意。套娃是俄罗斯最有名的工艺美术品，是送给亲朋的好礼物。

由"套娃"联想到潘多拉盒子,是否也有潘多拉的"套盒"呢?虽然在古希腊神话中没有,但从人为造成的灾害来看,确实存在一个套着一个的潘多拉"套盒"。不仅在教育领域,各个领域里都存在潘多拉"套盒",例如极端气候灾难也是一个潘多拉"套盒"。最典型的是今年3月11日在日本近海发生的9级特大地震,而地震引起海啸,海浪高达十多米,吞噬了万多人的生命,建筑、农田被毁。地震使福岛第一核电站爆炸,引起核泄漏,农牧产品受污染,并引起全世界核恐慌。现在,大陆闹得沸沸扬扬的"毒奶""瘦肉精""塑化剂""起云剂"等,屡禁不绝的矿难、高铁事故……也都是一个套着一个的潘多拉盒子,一旦被打开了,其产生的恶劣后果是不堪设想的。

如今,人们都说大学教育是一个"死结",为什么解不开呢?就大学教育问题来说,它是一个潘多拉盒子,而大学的每一个领域又各有潘多拉盒子,所以教育中的问题,犹如一个套着一个的潘多拉盒子,所以就成了"死结"。从"大学潘多拉盒子"所逃匿出来的恶魔不只是6种,而可能是60种甚至更多,这就是教育问题层出不尽的原因。

20世纪90年代初是我国高等教育重大的转折时期:教育改革回潮,左倾思想重新抬头。最主要的表现是,第二次浪潮的"好大狂"思想代替了改革的主旋律,只求发展而忽视了改革,改革的口号不再响亮了,一批改革者受到非难和打击。

第二次浪潮亦即工业文明,是指自19世纪中叶到20世纪60年代的100多年的时间。在人类的历史上,各种文明都有潜在的法则,工业文明的思维方法和管理原则是什么呢?归纳起来就是六大原则:标准化、专业化、同步化、集中化、好大狂和集权化。作为第二次浪潮时期的人,会本能地运用这些原则,坚持和保卫这些原则。自20世纪70年代开始,以电脑和光电子技术为特点的第三次浪潮,凶猛地向人们袭来。作为第三次浪潮的人,出于把社会推向前进的需要,发起了对第二次浪潮管理原则的挑战,"好大狂"的思想从来没有像现在这样受到非难。

非常可惜的是,我国在掀起现代化建设高潮的同时,却没有号召人们转变观念,自觉地放弃第二次浪潮时期的六大管理原则。在我国高等教育高歌猛进的20年间,教育界却顽固地坚持工业文明时期的标准化、专业化、同步化、集中化、好大狂和集权化，这是与信息时代精神完全相悖的。难道不是吗？我国统一办学方向、统一考试、统一教学评估、统一专业目录等，甚至连行政管理机构的名称也要统一，这些正是标准化的结果；60年前学习前苏联专业化教学的"经验"，至今依然主导各大学的教学，通才教育难于实施；集权化更为明显，国家教育部几乎垄断了一切教育资源，剥夺了大学应当享有的独立自主办学权，从而导致全国大学"一副面孔"的局面；等等。在六条原则中，"好大狂"的思想更是受到高等教育界的热捧，几乎成了我国教育界自上而下的指导思想，毫不夸张地说，我国高等教育发展中出现的所有问题，都是"好大狂"思想所煽动起来的！

中国大学合并运动始于1992年，率先合并的是南昌大学，它是由原江西大学、江西工业大学和后来的江西医学院合并而成。平心而论，组建南昌大学确有需要，因为解放前本有南昌大学，1951年院系调整时肢解了南昌大学，把它的有关系科分别合并到了其他重点大学，致使本就薄弱的江西高等教育更加落后。新组建的南昌大学，得到了国家政策和财政支持，并顺利地进入"211工程"，对于加强江西高等教育的发展是有促进作用的。

在当代中国，素来喜欢"刮风"，群众中也有人习惯于跟风。凡是一个政治运动或是一个政治口号的出现，马上就会形成一股势不可当的潮流。在创建世界一流大学的幌子下，一场由长官意志驱动的合校运动，一直持续了十多年。这次合校运动是1951年院系调整的"反动"，那次是以剥离为主，这次是大肆吞并，那次只涉及部分地区和大学，而这次合校波及29个省市自治区。据统计，除了少数几所大学没有合并外，其他2000多所大学和专科学校都进行了合并。有人讽刺说，中国高校的合校堪比大跃进运动，是世界教育史上的"奇迹"。

大学合并绝不是什么重大改革举措，而是追求"好大狂"的典型表现。实行强强联合是一个堂而皇之的托词，追求强是假，贪大求全才是真正的目的。全国把众多的专科学校、干部培训学院和二本、三本大学合并在一起，这怎么是强强联合呢？实践是检验真理的标准，大学合并后的各种矛盾已经逐步显露出来了，如：校园分散，管理成本骤增；原来各校的特色消失，一个学校重点太多，必然出现"多中心即无中心"的状况；人事关系复杂了,相互争权夺利;机构臃肿,人浮于事;大兴土木,债台高筑⋯⋯据吉林大学披露,该校负债已高达30多亿,按照企业破产法,该校早应该破产了。难怪,该校一个教授以羡慕的口吻对南开大学的教授说:"还是你们不合校的好!"

1951年院系调整的副作用持续了60多年,专业化的教学模式,至今还没有改变,以至于通才教育难于实施。可以预见,这次大学合并潜在的矛盾,也会逐步显现出来,并将在很长的时间内,影响我国大学的学风、教学质量和学术水平。这是不以人的意志为转移的客观规律。

一个国家应当有若干所高水平的大学,但是这些大学都不是靠规划搞出来的,或是由领导人发出号召而形成的,而是需要经过长期的学术积累而自然成长起来的。因此,任何期待立竿见影的做法,以刻意"打造"的方式来建设一流大学,都是违背教育规律的。

可是,中国依赖于通过引进和模仿,使中国经济迅速崛起,成为"制造"大国。而在盲目追求GDP高速增长的同时,也刺激了高等教育迅速崛起的冲动。为此,国家以计划经济思维的套路,自上而下先后推出了"211工程""973计划""985工程"等,都是为了打造世界一流水平的大学。

1991年7月27日,国家教委向国务院呈报的《关于重点建设好一批重点大学和重点学科的报告》,后来演变为"面向21世纪,在全国办好100所大学的计划",简称为"211工程"。随后,我国于1992年制定了211工程大学的目标,以及申请和评估的办法。

所谓"985工程"的缘起是——1998年5月4日北京大学建校100周年校庆时,江泽民同志在大会讲话中向全世界宣布:"为了实现现代化,中国要有若干所具有世界先进水平的一流大学。"

1996年国务院和教育部打算从第一批"211工程"的15所大学中,选出10所作为重中之重,打造中国的"航母"型大学,通过国家投入巨资,建设世界一流水平的大学。这就是"985工程"的原型。1999年"985工程"终于揭开了面纱:最后确定的不是10所而是9所。它们是北京大学、清华大学、复旦大学、上海交通大学、中国科技大学、南京大学、浙江大学、西安交通大学和哈尔滨工业大学。应当说,最初确定9所大学作为建设世界一流大学的思路基本上是正确的,既实事求是又是能够达到的目标。

可惜,在中国一哄而起的思想根深蒂固,主要表现为国家一抓重点,下面就出现千军万马争重点的景观。于是,2004 年国家教育部公布的"985 工程"大学名单不是 9 所,也不是 15 所,而是 34 所。但是,这份大名单仍然摆不平,各大学和各省市依然不肯善罢甘休,并采用各种手段公关,最后共有 39 所大学纳入了 985 工程。国家准备投入中央财政的 1%(估计 300 亿元以上),作为 985 工程的资金,1999 年北大和清华各获得 18 亿的拨款,这也令各大学垂涎三尺!

纵观世界各国一流大学的概况,除了美国以外,作为大学的起源地,欧洲高等教育已有近千年的历史,但像英国、法国、德国也只有三五所世界一流水平的大学,而其他国家只有一所,大多数发展中国家连一所也没有。很显然,中国要在不太长的时期内,建成 39 所世界一流水平的大学,无论是师资水平或是财力都是不可能达到的,完全是不实事求是、浮夸作风的表现。

面对重点大学不断增加的情况,教育部部长袁贵仁于 2011 年 3 月 7 日,在全国政协十一届四次会议上宣布:"'985 工程'和'211 工程'已关上了大门,不会有新的学校加入这个行列。"可惜呀,门关得太晚了,该进来的都进来了,不该进来的,即使不关门也进不来。问题不在于关不关门,而是指导思想错了,以计划经济思维运作的机制也违背了教育规律。实事求是地说,这 39 所大学中为数不少的学校,不用说 10 年或 20 年,即使 100 年,也成不了世界一流水平的大学。说到底,对那些千方百计争建一流大学的人来说,建设一流大学无非是一支安慰剂,仅仅是满足虚荣心的需要!

按照传统的马克思主义观点,在上层建筑与经济基础的关系中,首先是经济基础决定上层建筑,而上层建筑是经济基础的反映。依此而论,我国高等教育的发展速度必须与国民经济的增长速度相适应。可是,自 1999 年开始,根据国家教育部的统一部署,全国各大学以大跃进的速度扩招大学生,这是典型的计划经济的行为,那些口口声声说"要以马克思主义为指导"的人,却把这条基本规律忘得一干二净。

在 1998 年以前,国家高等教育招生都是以 8.5% 的速度递增,可是 1999 年决定净增加招生人数为 51.32 万,相对于 1998 年增速的幅度为 47.4%。与此同时,在九五期间(1996—2000)国民经济增长率平均为

8.3％，如果按照国民经济增加速率来扩招，就可以完全避免大跃进扩招带来的恶果。

自 1999 年到 2005 年的 7 年间，大学生增速平均为 25％。到 2002 年，大学生在校人数已达 903.36 万人，大学的毛入学率从 1998 年的 4％ 骤增至 23％，比原计划于 2010 年实现高等教育大众化（15％）提前了 8 年，真堪为大跃进的速度。然而，西方发达国家实现高等教育大众化，一般需要 50 至 100 年的时间，而中国只用了 8 年时间，这是以牺牲质量换得数量发展的典型表现！

根据我国现代化建设的需要，适当扩大招生的规模是需要的，但我国大学扩招中犯了两个大错误：一是扩招的速度太高，10 年平均增速为 25％左右，最高年份达到 47.4％，堪与 1958 年"放卫星"的速度相比；二是犯了一刀切的错误，包括北大、清华在内的全国少数重点大学，本不应当承担扩招的任务，因为它们是负责提高的任务，应培养少而精的理论和研究型的人才。

中国大学扩招十年，带来的恶果是多方面的，归纳起来主要有五个方面：

第一，扩招致使大学教育质量急剧下降。根据北京市对 50 多所大学的调查，65％的大学缺少师资，86％的大学硬件严重不足，经费严重短缺。于是，又不得不临时抱佛脚，紧急建教学用房，聘任临时教师代课，教学质量完全不能保证。据多数用人单位反映，现在的本科毕业生的工作能力还不如过去的高中毕业生。

第二，导致大量的毕业生找不到工作，浪费了宝贵的教育资源。据统计，全国大学毕业生就业率大约不到 70％。如果大学招生按照 GDP10％左右的速度增长，毕业生数量正好与人才市场的需要相适应。本来，不少农村子弟上大学是为了改变命运，但是他们花费了不菲的学费，不仅没有改变命运，反而成了蜗居的"蚁族"，这是多么不公平的现象啊！

第三，极大地冲击了职业教育和民办教育，进一步强化了文凭至上主义。国家教育部门本应借扩招之际，调整我国高等教育的结构，使得研究生、大学本科、大专职业和中等职业教育形成一个合理的布局，以满足社会对各类人才的需要。可是，国家教育部门忽视了这个重要的问题，把扩招主要面向大学本科教育，造成了普通本科大学吃不了，而大专职业学院又吃不饱的现象。其结果是，许多本科毕业生就业困难，而社会需要的技术人才又供不应求。

第四，大学扩招使义务教育流于形式，导致城乡教育的严重不公。农村基础教育一直是薄弱环节，教师缺乏，没有教学设备，能够读完初中的学生很少。大学实行收费以后，出现了不少农村高中毕业生"三放弃"的现象，即放弃报名、放弃参加高考和放弃入学（即使考取了也不上），因为大学毕业即失业，不如干脆就不读了。从长远看，农村大学生急剧减少的情况，将使社会结构失衡，使建设和谐社会成为空谈，使重点大学失去了培养杰出人才的宝贵资源。

第五，十年大学扩招，使各大学背上了沉重的债务。与扩招同时，全国大学疯狂地扩充校园用地，大建楼堂馆所。某些大学原有的校舍本来可以使用，但也要一个学院建造一栋大楼，豪华的办公室、娱乐设施和地下停车场一应俱全。其结果必然导致两个恶性循环：其一，扩招—贷款—再扩招—再贷款，造成了 2500 亿元的债务；其二，扩建—招标—贿赂—再扩建—再贿赂，滋生了一批贪官。

对本科教学质量进行教学评估，是促进教学和提高教学质量的措施之一。问题是，我们应当怎样进行评估，如果以正确的指导思想和方法进行评估，就能够达到促进教学和提高教学质量的目的；反之，不仅达不到预期的目的，还会助长不良的风气，甚至造成破坏。因此，教学评估也是一个潘多拉盒子：由错误的指导思想导致假评估，进而又助长了浮夸和弄虚作假的作风，到头来受害的是广大学生，最终是国家的损失！

根据国家教育部的安排，自 2003 年到 2007 年，历时 5 年对 500 余所大学本科教学进行了评估。2008 年 4 月 8 日，教育部公布了对 198 所大学评估的结果：160 所获得优秀，占被评估大学的 80.8%；38 所获得良好，占 19.2%；没有合格和不合格的。另外，根据我的统计，2004 年到 2007 年评估的 427 所大学中：获得优秀的 310 所，占 72.4%；获得良好的有 100 所，占 23.4%；获得合格的仅有 17 所，占 4.0%。这是一个皆大欢喜的结果，是一个平均主义的结果。难怪，某些进入优秀行列的大学，年终向全体教职工颁发奖金，以示庆贺。没有获得优秀的大学，虽然无可奈何,但至少没有生存的威胁。

这样的评估结果有多大的可信性呢?人们纷纷质疑。只要有一点常识和良知的人,都会作出正确的判断——这是一次轰轰烈烈走过场的假评估。这是因为评估的结果与以下事实不符:

首先,自1999年到2005年,是我国大学急剧扩招的时期,平均每年以25%的速度扩招,造成教学资源紧张,怎么可能有如此多的大学获评优秀呢?其次,自1998年提出创建一流大学以后,大学合并、改名、升格等,闹得乌烟瘴气,本科教学怎么会受到重视呢?第三,在建设研究型大学口号的鼓噪下,各大学争相扩招研究生,甚至连那些教学型大学也拼命争上硕士和博士点,导致大学功能混乱,严重冲击了本科教学。第四,近年大学学风不佳,教师备课不认真,到处捞外快,怎么保证教学质量?第五,大学普遍把教师分为三等:一等的搞科研,二等的上专业课,三等的上基础课。试问:有几个院士、名家和博导给大学生上基础课?如果没有,那怎么保证教学质量?

曾几何时,大学中的学术腐败,已经蔓延到令人触目惊心的地步。究其原因,是学术上的潘多拉盒子被打开了,各种丑恶的现象都被释放出来了。

根据谷歌网站的搜索,约有648000条符合学术腐败的词条,也有人搜寻发现每年披露的大学中的学术腐败有100多起,这是触目惊心的。值得注意的是,在同一个国度和相同的环境和政策下,从事科学研究的中国科学院,却少有暴露出学术剽窃和造假的,工业应用研究部门也几乎没有发现学术抄袭的。这就说明,学术腐败具有教育部门的特征,它与教育部制定的大学扩招、合并、升格、评名师和相互攀比等政策的导向有着密切的关系。

中国大学暴露出来的学术腐败,仅仅是冰山一角。相对于整体而言,涉嫌学术腐败的人虽然是少数,但他们的危害性极大,其恶劣的影响将是深远的。问题是,搞学术腐败的人,并不是都被揭露出来了,还有变相腐败或学术不端的人,那就不是少数人了。

学术腐败的形式是多种多样的,手法无所不用其极,花样不断翻新。据披露,学术腐败的形式有:抄袭剽窃、伪造数据、冒名顶替、弄虚作假、侵占他人成果、一稿多投、搭便车签名、霸占第一作者位置、骗取研究经费……发生在大学的学术腐败,已经严重玷污了大学的形象,污染了这片圣洁的土壤。大学中的学术腐败,不仅规模庞大,而且形成了三大特点:一是广泛性。学术腐败几乎涉及每所大学,既有重点大学也有普通大学;既有学校的校长、副校长也有教授和博导;既有院士也有研究生。二是疯狂性。江西井冈山大学的两个讲师,居然两年在国际《晶体学报》发表了70篇论文,平均每年发表35篇。荷兰教授斯派克用软件发现是造假,《晶体学报》宣布一次性撤销全部论文,并把该校列入黑名单,造成了极坏的影响。三是学术腐败的产业化——出现论文造假公司,形成了造假人、公司和学术刊物一条龙——有人推算一年论文交易额竟高达10亿人民币。

为什么学术腐败如此猖獗呢?首先是教育部门的政策导向错误,各种量化的评比,只注重数量而忽视质量,使得某些人名利思想恶性膨胀;其次是诚信教育、管理和监督的缺失,使得学术诚信丧失殆尽;再次是学校某些领导人不能以身作则,或本身有学术不端行为,或态度暧昧,或姑息养奸。五年前,西安交通大学教授、博士生导师、长江学者李连生以造假成果,先后获得国家科技进步奖二等奖和教育部科技进步奖一等奖。自2007年12月,该校陈永江等六名退休教授,实名举报李连生获奖成果造假,历时两年多。其间,学校党政负责人用各种手段包庇李连生,对揭露成果造假者施以宴谈、引诱、分化、威逼、谩骂、人身攻击和打击报复等,无所不用其极。经过漫长的举报之路,在铁证如山的情况下,上级有关部门不得不撤销了李连生所获得的奖项,追回了奖金,给予了免职和开除的处分。这是一起典型的包庇学术造假事件,但各种容忍和变相包庇造假者,绝非个别。事实充分说明,学术腐败的根子在于学术制度和学术政策;在一定程度上说,某些学校的领导人也起到了保护伞的作用。

德国著名哲学家康德曾提出:"大学是一个学术共同体,它的品性是独立追求真理和学术自由。"蔡元培先生在就任北大校长演说时说:"大学者,研究高深学问者也。"这些都表明,大学是一个学术机构,而不是一个行政化了的官僚主义机构。可是,随着大学规模的急剧膨胀,学风日益浮夸和浮躁,大学也逐步变得行政化了。

什么叫行政化?行政、行政机关、行政管理和行政领导,本身是中性词,并没有褒与贬之分。可是,问题就在于"化"字上,大学一旦变得行政化了,对大学的破坏作用就非同小可了。所谓的大学行政化是指:完全按照政府机关的办法任免校长,规定级别和任期;既不经过民意测验也不经过民主选举,完全由上级有关部门任命校长、副校长;大学的领导者们官僚主义严重,高高在上,从家门到办公室只有咫尺之远,上下班却要专车接送,严重脱离群众,以至于不仅普通教师和学生见不到校长,即使是院系负责人也难得向他们汇报工作;现在大学的办公条件已经够好了,但学校的工作会议都要到风景区或疗养地的宾馆召开,吃住高标准;一些"飞鸽牌"的书记或是校长,节假日都要回居住地休假,往返旅费报销,置工作于不顾;等等。更重要的是,行政化表现在权力的高度集中,不按照教育和科学规律行事,而完全以计划经济思维方式推行各级领导机关的旨意。

国外大学一般只有一个副校长,我国解放初期也是这样,教务长和总务长起着举足轻重的作用。可是,现在大学中正副书记、正副校长、党委常委和校长助理一二十人,分工很细,人浮于事,各自为政,工作效率低下。实际上,配备这么多的领导人,完全是为满足一些人的级别需要,结果形成了一大批既得利益者,这也是大学行政化的重要表现。

在深圳创办南方科技大学,本意是想要创建一块教育改革的试验田。朱清时校长也提出了"去行政化、教授治校和'三自方针'"的改革措施,却遇到了难于逾越的困难,不仅去行政化没实现,反而被行政套得更牢了。地处改革前沿阵地的深圳如此,可想而知内地大学行政化是多么严重!因此,我国大学的改革已经陷入解不开的死结,看来不动"刀斧"是无济于事的!

在 20 世纪 80 年代,一个获得共识的观点是,大学生是学校的主人,大学的一切工作都是为学生成才服务的。在推行教育改革中,大学生既是教学改革的依靠力量,又是改革成果的检验者。可是,现在这个口号却消失了,大学生们已经被边缘化了。他们既不能参与教学改革,也无权表达对教学改革的意见,更谈不上检验教学改革的成效了。

一所大学办得好与坏,究竟由谁说了算呢? 教学、科研和社会服务是大学的主要功能,所以检验大学的水准,当然要从这三方面进行评估。但是,大学作为培养人才的主要阵地,培养高质量的人才始终是其最基本任务。因此,大学培养的人才既要听取被培养者的声音,又要接受社会的检验。

国家教育部不是经常说,要办人民满意的教育吗?大学生们对此是最有发言权的。虽然我离开校长职位20多年了,但我一直保持与校内外大学生们通信,也常常接待全国各地来访的大学生,这使我能够了解他们的一些真实的想法。因此,我们不妨听一听大学生们的声音,这对于全面认识教育的状况是有益的。

一个名牌大学的毕业生,在反思自己的大学经历后,根据所见所闻,以"大学九宗罪"为题给我写了一封长信。由于篇幅所限,我不准备列出这九宗罪,仅仅列出几条,就可见一斑。例如:

许多教师上课都是灌输式的,把学生当作机器,使其被动地接受来自教师的书本知识。因此,大学生们没有独立思考的能力,缺少批判精神;

思想教育工作完全流于形式,不是培育人们的诚信品德,反而逼迫学生说假话,导致不少人学会了投机取巧;

学生组织的公益活动,往往成为装样子的秀场。到养老院做义工,不是诚心帮助孤寡老人分忧排难,而是为了拍照做样子和捞资本。某些学生在校就学会了官场上的一套手法:假情假意,说官话、假话和套话。

大学生的教学实习完全取消了,导致大学生不了解社会,缺乏分析和解决问题的实践工作能力。

……

网上曾公布了某重点大学一个毕业生的公开信,他一开始就自言自语地问道:"究竟是我疯了,还是这个社会疯了?"这是一个优秀的学生,本抱着报效祖国、报效父母的宏愿走进了校园。五年过去了,用他的话说:"我看清了中国大学的本质,不愿再自欺欺人地学下去。于是,主动辞去了分团团委副书记职务,放弃了保研名额,退出了用青春和热血换取一纸毫无真实内容和分量的文凭游戏,退出了中国虚伪可笑的'精英学历社会',不想用镀金的文凭来糊弄自己,也糊弄别人!"

这是一个有良知的大学生的反思,披露了自己的内心世界,也说出了对当今大学的真实感悟。楚三闾大夫屈原在《楚辞·渔父》中所说:"举世皆浊我独清,众人皆醉我独醒。"这位大学生无疑是一个另类,是一位保持着清醒认识的思考者,真是难能可贵啊！问题是,更多的学生由于受到困扰,还不敢或不愿说出大学种种的弊端,否则,大学的信誉将丧失殆尽啦！

如果说具有创造性的校长是大学的灵魂,那么合格的教师就是大学的精神支柱,优秀的学生就是大学的名片。可惜,如今双肩挑的大学校长,大多没有真正做到心无旁骛地治理学校,在"鱼与熊掌"之间游移,其结果是两方面都没有取得重大建树。

就教师队伍而言,如今的院士、硕士导师和博士导师,可能是我国近现代高等教育史上人数最多的时期,可是就其真实的水平和学风来说,也是最差的时期,因为我国当今已没有了像王国维、陈寅恪、钱穆、梁思成、钱学森、李四光、华罗庚、苏步青、卢嘉锡、谈家桢这样的学术大师了。教育上有句名言,"有什么样的教师就会有什么样的学生",以此而言,我国今天这样的教师队伍,究竟能培养出什么样的人才来呢？

今年8月22日,华东地区一所著名大学的几位大学生,夜晚寻访到我的住所,希望我为他们释疑解惑。次日上午我与他们交谈了两个多小时。在谈话中,他们告诉我,老师在课堂上告诉他们:现在的学风就这样,如果你们想混的话,就继续读下去,如果要想学到真才实学,你们最好申请出国学习,别浪费了青春才华。

我对这些学生说:"这位老师说的是实话,他的建议可供你们参考。可惜呀,像这样说真话的老师太少了！"

大学教育的潘多拉盒子已经打开了,灾难也已造成了,问题是怎样把它关上。俗话说,"解铃还须系铃人",实际上潘多拉盒子也是潘多拉自己关上的。那么,大学的潘多拉盒子怎样才能关上,又怎样消除已经释放出来的祸害呢？

这使我想起了1958年教育大革命的破坏作用,以及后来如何消除那些破坏作用的影响:1958年教育大革命是大跃进的组成部分,在破除迷信口号的号召下,全国各大学也掀起了一场教育大革命,大学生们不上课了,参加大办工厂,大搞土法炼钢。文科学生走出校门,以社会为工厂,以大批判为主课。某些大学的理科学生提出要破除门捷列夫周期表,要砸烂牛顿三大力学定律,爱因斯坦的相对论也遭到了批判……霎时间,一股非理性的反对科学的思潮充斥校园。更有甚者,学校领导以打擂台的形式,组织学生与教师唱对台戏,尊师重道也荡然无存了。

那时,瞎指挥风、冒进风盛极一时,正是这"两风"把当时大学的潘多拉盒子打开了,致使学校全乱了套。虽然1958年的教育大革命只持续了一年多的时间,但危害性是严重的。面对教育领域出现的混乱,于1960年冬,党中央决定进行调整,缩短教育战线,裁并高等学校和中等专科学校,压缩学生规模,等等。到了1961年3月,根据中央的指示,教育部部长杨秀峰同志组织起草整顿大学的《高教六十条》。1961年4月,在中宣部部长陆定一同志主持下,《高教六十条》获得通过。1961年8月23日至9月16日,毛泽东同志在庐山主持了中央工作会议,任务之一就是审定了《高教六十条》。对这个条例,毛泽东给予了肯定,他说:"总算有了自己的东西。"

根据《高教六十条》,全国高校进行了全面整顿,很快使乱了套的大学走上了正轨,从而开创了自1962年到1965年我国高等教育的黄金时期。历史经验值得借鉴。

# 4

## 中国开展创新到底缺少了什么？

# 中国开展创新到底缺少了什么？ *

最近，国务院颁发了《关于加快构建大众创业、万众创新支撑平台的指导意见》；而之前国家科技部也印发了《发展众创空间工作指引》，鼓励积极利用众包、众筹、众扶等手段发展众创空间。根据中央的指示，全国各省市自治区也迅速跟进：据报道，全国迅速采取的措施达 2000 多条，而且不断呈指数级增加的趋势。霎时间，在全国又一次掀起了一股"双创"宣传的热潮，"双创"的话题也被各种媒体热炒。

其实，关于创新的热炒这已不是第一次了。大约在 1998 年 5 月，国家领导人头一次提出："创新是一个民族进步的灵魂，是一个国家兴旺发达的不竭动力。"当时，大多数中国人对"创新"一词比较陌生，这个口号给人们以新鲜的感觉。随即，全国各地有关创新的宣传铺天盖地，各条战线迅速召开了各种创新的会议，纷纷提出经济创新、教育创新、科技创新、文化创新、体制创新、企业创新、服务创新等等。在那一拨宣传中，还提出了许多新鲜的口号，如自主创新、源头创新、创新极、创新板、创新树、创新团队等，真是让人眼花缭乱。本来，我国就是一个惯于喊口号的国度，这是形式主义的典型表现。

可是，自那一拨宣传创新至今快 20 年了，我国又有多少堪称为原创性的成果呢？虽然不能说完全没有，但肯定是寥若晨星。与此形成鲜明对比的是，山寨工厂、山寨商店、山寨一条街和淘宝村等，却遍布全国城乡。这种明明是侵犯国外知识产权的剽窃行为，在各制造行业也是屡见不鲜的，但人们见怪不怪，执法部门也睁一只眼闭一只眼。这是利己主义的表现，因为这些能够增长 GDP，也能够缓解就业的压力。然而，这些功利主义行为，对创新却是最大的打击。

我不得不指出，创新的理念在我国至少滞后了差不多一个世纪，这是导致我国科学技术落后的主要原因。创新一词最早出现在 1912 年，时年 29岁的美籍奥地利经济学家约瑟夫·熊彼特创立了创新理论（Innovation Theory），他也一举成为世界著名的经济学家。100 多年以来，创新理论已

---

＊　本文发表于《光明日报》2017 年 6 月 13 日刊，腾讯思享会全文转载。

经被欧美发达国家广泛应用在经济、文化、科技等领域,从而促进了这些国家的科学技术和经济的高速发展。可是,在相当长的时间内,我国却缺失了对创新理论的学习、认识、宣传和践行。当然,这是由历史和现实诸多因素造成的,但我们必须要补上这一课,以迎头赶上西方发达国家,这可谓是时不我待啊!

针对我国当前经济发展的需要,国家大力倡导创新,同时从根本上遏制一切剽窃、抄袭、仿造等急功近利的行为,并及时推出"双创"活动是十分必要的。但是,在指导意见中,不免沿袭了套话、空话,使用了文牍主义和形式主义的文风,如双创(大众创业、万众创新)、三众(众包、众筹、众扶)和五个需求(法律需求、制度需求、资金需求、服务需求、信息需求)。其实,这些套话都是多余的,如大众与万众有什么区别? 这明明是故弄玄虚嘛! 创新和创业是什么关系? 没有新的创意,何以会有创业呢? 给我的感觉是,这些都是文秘工作者搞的文字游戏,对创业不会有丝毫的指导作用。

一家颇有权威的大报,在一篇带有引导性的时评中写道:"'双创'最需要的首先是资金,用好政府的'双创资金',首先要防止套利现象。"这里使用了两个首先,可见把资金看成是"双创"成败的关键。创新和创业需要一定的资金,但资金绝非最重要的因素,何况有些发明创造根本不需要或者不需要太多的资金。例如,牛顿发现万有引力、爱因斯坦发现相对论、达尔文创立进化论、哥白尼发现日心说等,不都没有科研经费吗? 又如,只有中专学历的潘旭华,完成了约 40 项发明专利,他攻克的高精度数控机床达到世界领先水平,自己却是一个"三无"(无大专学历、无职称、无立项科研经费)的发明家。

我浏览了各地为开展"双创"推出的众多措施,大多是见物不见人,也就是说只强调了物质性的条件,而根本就没有分析中国人缺乏创造性的原因究竟是什么。为什么呼唤创新是雷声大雨点小? 为什么中国的科技论文和专利都高居世界第一,却少有原创性的成果? 为什么山寨货大行其道? 为什么仿冒产品充斥在我国汽车、电子产品、建筑、服装、鞋帽和工艺美术品等行业? 因此,开展"双创"活动绝非仅仅是资金问题,我们必须深挖阻碍中国人发明创造的思想根源,唯有如此才能解开束缚国人创新的枷锁!

依我陋见,国务院所颁发的《双创支撑平台指导意见》也好,科技部印发的《众创空间工作指引》也好,都没有对症下药,恐怕医治不好"创新贫乏症"的沉疴。究其原因,主要是他们闭门造车,既没有听取从事研究创造学的专家们的意见,也没有吸收众多发明家的有益经验。我大胆地预言,这一次"双创"活动,可能也不会比第一次开展创新活动获得更大的成效。但愿我的判断是错误的。

我研究创造教育学 30 多年,既关心创造型人才的培养,又极力倡导大学毕业生积极创业,因为这是解决大学毕业生就业难的关键。那么,我国开展创新到底缺少什么呢?根据创造学的理论和国际创新型国家的经验,我认为我国开展创新,最缺少的就是创新文化。如果说物质的力量是巨大的,那么文化的力量就是灵魂,是成就事业的驱动力、原动力和核动力。文化是以物质为基础而抽象出来的精神现象,虽然不能直接改变什么,但文化能够改变人,而人可以改变世界。

英国《自然》杂志网站在评论中国创新时指出:"中国大力驱动创新战略,但反观现实,存在巨大的差距,瓶颈到底在哪里?从根本上来说,创新尚未真正形成一种文化。"那么,衡量创新文化是否形成,其主要的标志又是什么呢?一般来说,最主要的标志有三点:首先是社会创新的风气浓郁,人们不仅谈论创新,而且身体力行地践行创新;二是创新的实体组织遍布,既相互激励又互相竞争;三是人心所向,以创新为荣耀。当人人内心都有一种创新的冲动,创新成为人们朴素的情愫和价值观的时候,创新文化不仅形成了,而且已步入高境界了。目前,世界创新型国家排名前列的瑞士、瑞典、英国、荷兰、美国、日本、德国等,都已经形成了这样的创新文化,所以他们拥有最多的创新成果。

我们必须清醒地看到,我国离形成这种创新文化还有很大、很大的距离,这需要我们艰苦和持久的努力。当然,创新文化是一种精神现象,它包含着丰富的内容。根据我的研究,为了创建我国的创新文化,至少应当从以下三个方面做起:

首先是营造自由、民主、宽松的学术环境,创造性的果实只生长在自由的园地里。自由是创新文化的灵魂,没有自由就不可能有发明创造。

什么是自由？自由最早源于古希腊，意思是从束缚和虐待中解放出来。按照创造学的原理，创意最初都源于个人的灵感，而所谓的"众包、众筹、众扶"不免有"大锅饭"之嫌。创意是一位高贵的客人，请之不易，而遁去又无影无踪，因此任何束缚、压抑或是行政干预都会扼杀发明创造。同时，我们还必须认清自由与民主的关系，自由不会妨碍民主，但有时候民主却会扼杀自由。因此，自由是人们不可被剥夺的自然权利，必须以立法的形式保护每一个创业者研究和探索的自由。

其次是鼓励质疑、批判和求异的精神，保护异见者。质疑是通向发明创造的入口，没有质疑就没有创新。文艺复兴时意大利一位哲学家说，追求真理的学者应当是一位异见者。然而，在传统思想的人看来，异端或异见是贬义词，是不允许存在的，或者是遭到排斥的。可是，从创新的观点来看，只有容纳异己，方能成就伟大，因为异见往往导致发明创造。在科学发展的历史上，许多伟大的科学家，相对于传统的学说，都是异见者。如：相对于牛顿的经典力学，爱因斯坦是异见者；相对于托勒密的地心说，哥白尼是异见者；相对于有线电话，第一个发明手机的马丁·库帕也是异见者……因此，世界上没有永远正确的理论和永远适用的技术，一切先例都是会被打破的，而未来的新理论和适用的新技术，都将由异见者们发现或发明。

再次是支持冒险精神，为有价值的失败唱赞歌。冒险绝非一味地勇敢，更不是鲁莽，它是一种创新者的精神特质。从发明创造的规律来看，是人类的好奇心引起冒险的冲动，而冒险又是一连串追逐想象力的过程，它会点燃创新的思想火花。史蒂夫·乔布斯被称为"打不倒的冒险家"，正是这种品格使他成为创新的魔术师，不仅创建了苹果公司的王国，而且留下了"创新精神不死"的精神财富。苹果公司的创新文化有一种黏性，它能够同化人、激励人和改变人，这也是创新文化的魅力。硅谷是美国乃至于世界创新的热土，那里已经形成了所谓的"极客文化"，其核心就是好奇和冒险，这就形象地说明了冒险与创新存在着内在的联系。

可是，我国的传统文化是不鼓励冒险的，具体表现为家庭和学校的教育都不提倡冒险，甚至把冒险视为异端和危险。日本著名作家中野美代子评论说："与欧洲人常常为开拓、认识世界奔向未知土地而进行鲁莽的旅行及冒险的传统不同,中国人的伦理理念是把认识的疆界限定在五官可及、手脚可触摸的领域中。"我认为,正是这个原因,才导致近代科学没有在中国诞生,也使得模仿思维在我国占据主导地位。我国有一句古谚是"胜者英雄败者寇",于是爱面子、怕失败、怕讥笑等,就成了许多国人不敢冒险的原因。因此,我们必须肃清这句话的消极影响,不妨反其道而行之,对于有价值的失败给予鼓励,甚至要给予奖赏,因为失败乃成功之母。

马克思在《哥达纲领批判》中说:"一个实际行动胜过一打纲领。"我体会他的意思是强调实事求是,力戒空谈,这是事业获得成功的保证。创新之父熊彼特在弥留之际留下遗嘱,其中写道:"行动——光有理想和理论是不够的,只有行动起来,努力改变现状,才是真正对理想的拓荒。"这些都说明,开展"双创"活动,贵在实际行动。我们只有切实地着力创建创新文化,才能彻底根治我国"创新贫乏症"。有一句古话说"三岁看到老",这句古谚已得到科学的证明。如果幼儿时期的想象力受到伤害,必将导致成年人缺乏创造力。因此,提高我国人民的创造性素质,必须从改革我国基础教育着手,学校的教育要从"知识游戏"转变为"思想游戏",以开发广大青少年的想象力,这样才能提高我国人民的创造性素质,以有效地推进创新活动,确保实现在 2020 年建成创新型国家的目标!


# 第二个《创造宣言》*

陶行知先生是家喻户晓的伟大的人民教育家,他于 1943 年 10 月 13 日发表了《创造宣言》,呼吁:创造之神,你回来呀!可是,70 多年过去了,创造之神依然没有回来。正如他在宣言中所说,创造主未完成之工作,让我们接过来,继续创造。同样地,陶行知先生没有实现的宣言,我们后辈应责无旁贷地继续创造,把创造之神恭敬地迎接回来,故而我特发出第二个《创造宣言》。

---

\* 本文写于 2020 年 12 月 5 日。

创造（creation）与创新（innovation）是两个完全不同的概念：前者是指从无到有，特指首次、第一、率先、旷古绝伦的行为，创造学已形成一门学科；而创新是从旧到新，特指改进、改良、刷新、革新等，它仅仅是一个理论或理念，而不是一门学科。中国大多数人只提创新，也仅仅当作口头禅，基本上不懂创造的内涵，更鲜有敢于颠覆性创造的先行者。

创造力分为潜创造力、前创造力（或类创造力）和现实的创造力（真实创造力）。每一个生理发育正常的人，都具有潜创造力，在适当的条件下，如果加以正确的指导，施以创造性的培育，都能够将潜创造力转化为现实的创造力。

然而，现实的情况是，绝大多数国人缺失原创力。令人遗憾的是，在自然科学领域里，几乎没有一个理论是由中国人创立的，这与具有5000多年文明历史的大国是绝对不相称的。近50年以来，无数人致力于回答李约瑟之问，"为什么近代科学和工业革命没有在近代中国诞生？"但此问至今仍然没有被破解。我国只有技术的改进和积累，而没有科学传统，且科学理论落后，这已是不争的事实，正是这个软肋导致我国在诺贝尔奖项上的尴尬局面，也极大地制约着我国从制造大国向创造大国转变。

在技术领域，小至交通、通信、医疗设备、科学仪器、机械装备、太阳能电池板等，大至人造卫星、导弹、原子弹、宇宙飞船、无人机、机器人、纳米技术、基因工程、超导材料、石墨烯材料等，我国无不是模仿国外技术，只不过是利用人多势众把它们做得更大和更强而已。这正是第二次浪潮"好大狂"思维的表现，也是与第三次浪潮"小就是美"的思维格格不入的。这一切都说明，模仿思维占据了国人的思想主导地位，甚至存在着"模仿癖好"的痼疾。

那么，是什么压抑或窒息了中国人的创造性思维呢？第一，一个民族或国家的思维方法在很大程度上受制于语言文字的影响，而汉字源于象形文字，于是模仿的元素潜移默化地影响着国人的思维方法。因此，鲁迅先生发出了极而言之的呼吁："汉字不灭，中国必亡。"当然，汉字没有灭，中国也没有亡。问题的关键是，我们要极大地抑制模仿思维，最大地开发创造性的思维，这才是我们教育者必须肩负的重任。

第二，人的大脑分为左右两个半球，左脑被称为"知识脑"，而右脑被称为"创造脑"。我国基础教育历来重视语文和数学,忽视技术制作和音乐、美术。而前者主要是训练左脑,后者则是开发右脑。这种几十年一成不变的课程设置,导致了我国少年儿童"创造脑"欠发育的缺陷。

第三,频繁的考试是应试教育的主要特征,这种教育制度导致学生负担太重,致使学生重背诵和记忆,而忽视思考和理解。应试教育最大的弊端是压抑了学生的个性,窒息了学生的好奇心和想象力。因此,只有解放学生的个性,保护他们的好奇心,才能发挥他们的想象力和创造性。

在教育学上,有一个白板理论,它是英国哲学家、教育家约翰·洛克在研究人的认识起源时提出的,意指儿童最初的心灵如同一张白纸,什么也没有,他们的知识、经验和创造能力都是通过后天的教育而形成的。根据洛克的理论,开发人的创造力也必须从儿童开始——趁他们思维没有"定势"以前,训练他们的右脑,养成他们奇思妙想的习惯,激励他们的想象力,鼓励他们的大胆质疑和批判精神,这一切都是构成创造力不可缺少的元素。

中国人原创力缺失,与我国没有抓住幼儿创造力开发的关键期有关,因此必须补上这一课。早在 20 年以前,我就设想创办天开假日发明创造学校,这是我毕生的夙愿。虽然我已经是 88 岁的高龄,但年迈未敢忘忧国,希望一切有志之士和渴望孩子成为创造型人才的父母们,积极支持这个于国于己功德无量的伟大事业,让我们共同把创造之神唤回来!

初生婴儿其貌必丑,但新生事物是有强大生命力的,相信它将像星星之火,必将燎遍神州大地!

今日桃李,明日栋梁,谁是创造之神?掌握了创造力的青少年就是我国未来的创造之神!

西班牙天才画家巴勃罗·毕加索,是一个创造魔术师,也是 20 世纪最富有创造性和影响最深远的艺术家。他曾经说过:"我不知道什么是抽象派,什么是立体派,我只知道创造、创造、再创造!"

亲爱的孩子们,你们要创造吗?那你们就要海阔天空地去想,就要敢于质疑和批判,就要敢于挣脱强加于你们的不自由状态,就要敢于改变司空见惯、不合理的现存旧事物,就要敢于做一个传统的叛逆者,敢于闯入科学上的无人区。创造的果实只生长在自由的园地里!

要创造,必须营造创造的文化氛围。当人人想创造,时时想创造,处处有创造,创造的实体组织遍布,那么创造的文化氛围不仅形成了,而且已经进入高境界了。这时,我们方可以说,创造之神回来了。让我们张开双臂热烈拥抱创造之神吧!我们要像法国雕塑大师罗丹所说:"只要有一滴汗,一滴血,一滴热情,便是创造之神爱住的行宫,就能开创造之花,结创造之果,繁殖创造之森林!"

约瑟夫·熊彼特是美籍奥地利经济学家,他于 29 岁创立了创新理论,一举成名。他于 1950 年 1 月 8 日逝世,在弥留之际留下遗言:"行动——光有理想和理论是不够的,只有行动起来,努力改变现状,才是真正对理想的拓荒。"这话对我国具有非常强的针对性,只有行动起来,才能把开发我国少儿创造力的想法落到实处,也才能彻底改变我国原创力缺失的窘况!

让我们立即行动起来,大力普及创造教育,开发我国 3 亿多少年儿童潜在的创造力!

亲爱的孩子们,当你们学会了创造,你们就是中国未来的创造之神,建设民主、自由、繁荣、富强、伟大祖国的历史使命将落在你们的肩上!

祖国的未来属于你们这一代人!

努力吧!前进吧!创造吧!


# 对中国诺贝尔奖缺失的反思

阿尔弗雷德·贝恩哈德·诺贝尔,是瑞典化学家、工程师、发明家、军工装备制造商和"黄色安全炸药"的发明者,也是作家和诗人。他一生拥有 355 项专利发明,并在欧美等五大洲 20 个国家开设了约 100 家公司和工厂,积累了巨额财富。他在逝世的前一年(1895 年),立下遗嘱将其遗产的大部分(约 920 万美元)作为基金,将每年所得利息分为五份,设立诺贝尔奖。诺贝尔奖分为物理学奖、化学奖、生理学或医学奖、文学奖及和平奖五种奖项(1969 年瑞典银行增设经济学奖),授予世界各国在这些领域对人类作出重大贡献的人。

## 世界最高的科学荣誉

诺贝尔奖自 1901 年首次颁奖至今已经整整 120 年了,总共有 930 人获奖,其中获奖者最多的国家是美国、英国、德国、法国、瑞典、瑞士、日本、俄罗斯、加拿大和意大利。这些获奖者绝大多数分布在世界著名的大学中。获奖最多的十所大学是:哈佛大学(151 人)、哥伦比亚大学(101 人)、剑桥大学(90 人)、芝加哥大学(89 人)、麻省理工学院(83 人)、加州大学伯克利分校(69 人)、牛津大学(58 人)、斯坦福大学(58 人)、耶鲁大学(52 人)和巴黎大学(50 人)。

国际学术界一致公认,在诸多科学奖中,诺贝尔奖是最权威、最公平、学术水平最高和影响最大的奖项,这是诺贝尔生前及其亲属都没有预料到的。同时,诺贝尔奖对科学和技术发展所起的促进作用,也是任何一个其他奖项都无法望其项背的。正是由于诺贝尔奖的崇高地位,它也成了众多科学家的毕生梦想,激励着无数青少年立志勇攀科学高峰!

## 获诺奖的"黄金律"

在我国古汉语中,世的异体字是卋,意指 30 年为一世,即一代人之意。因此,无论个人、集体或国家,30 年都是成就一番事业的时间节点。有的科学史学家研究得出一个规律:凡是一个新兴国家建国 30 年内,必将有诺贝尔奖获得者诞生。前苏联、东欧各国、印度、巴基斯坦、南非以及拉美国家都证实了这条被认为是"黄金律"的现象。令人不解的是,中国却没有遵循这条规律,甚至 60 年也没有出现诺贝尔奖的获得者,直到 63 年以后的 2012 年莫言才获得诺贝尔文学奖,66 年以后的 2015 年屠呦呦获得了诺贝尔生理学或医学奖。我国诺奖得主的人数与一个文明古国和世界第一人口大国的地位是极其不相称的,应当引起我们深刻的反思。

江崎玲于奈是日本著名物理学家,他因为发现量子力学中的半导体晶体管隧穿效应,获得了 1973 年的诺贝尔物理学奖。他经过认真的反思,总结出了获得诺贝尔奖的规律,概括起来主要有以下几点:第一,不要迷信权威,不要失去了自由奔放的灵魂,否则想象力就枯竭了;第二,不要让无用的信息塞满了脑袋;第三,不要失去孩子般的天真好奇心。

对于诺贝尔奖,绝大多数人都有急切渴盼的情结,也有不少科学家在为此而默默耕耘。但也有不少人认为,诺贝尔奖没有什么了不起的,没有诺奖并不影响我国学术论文攀上世界第二的地位,也阻挡不了我国 GDP 很快将超过美国。但是,这些人都错了,我国的学术论文多少是有原创性的呢?我国的 GDP 也基本上是靠引进和模仿,到头来还是要受制于西方发达国家。我国光刻机、芯片、超导材料等受到外国的制裁,这不就是很深刻的教训吗?这就说明,一个国家如果没有科学理论的储备,没有重大颠覆性的技术创造,最终就不可能有独立的科学技术,也不会有独立的经济。

对我国在诺贝尔奖榜单上的尴尬局面,我苦苦地思索了 30 年。阻碍我国科学家获得诺贝尔奖的原因究竟是什么呢?虽然原因是多方面的,但我认为必须深刻认识和解决以下几个问题:

## 重提"李约瑟之问"

李约瑟本是英国著名的生物化学家,但他对中国古代科学技术的成就很好奇,于是以毕生的精力执着地研究中国古代科学技术史,出版了《中国科学技术史》巨著,并一举成名。他在其著作中写道:"尽管中国古代对人类科学技术作出了很多重要贡献,但为什么近代科学和工业革命没有在近代中国发生?"美国经济学家肯尼思·博尔丁于 1976 年把李约瑟的提问称为"李约瑟难题",或者"李约瑟之问"。

"中国近现代无科学"这个命题能够成立吗?如果我们抱着实事求是的态度,抛弃狭隘的民族自尊心和虚荣心,应当承认这个事实。道理很简单,从两个方面就可以证实这个命题:第一,迄今为止,在自然科学领域里,几乎没有一个科学理论是由中国人创立的,更没有形成一个科学学派。这是与具有 5000 多年文明的大国的地位极不相符的,真是令我炎黄子孙蒙羞。第二,技术尤其是颠覆性技术的突破,都是以基础理论为指导的。例如原子弹和原子能的和平利用,都是建立在欧内斯特·卢瑟福的放射性和原子结构理论的基础上。然而,我国的技术发展基本上也是亦步亦趋地模仿发达国家的技术,小到玻璃试管、石蕊试纸、外科手术刀,大到原子弹、人造卫星、宇宙飞船、无人侦察机等,都是靠模仿或技术改良的,只不过利用我国人多势众才做得更大和更强而已。

我国为什么总是走不出模仿的窠臼呢?国内和国外的科学家和科学技术史家,对这个问题进行了广泛的研究。任鸿隽先生是中国《科学》杂志的创办人之一,也是我国科学事业的开拓和奠基人之一,他早在1915年就在《科学》上撰文《说中国无科学之原因》。在该文中他写道:"其察物也,取其当然而不求其所以然。其择术也,骛于空虚而引避乎实际。此之不能有科学不待言矣。"

嗣后,试图回答"李约瑟之问"的人越来越多,他们从各个方面剖析这个长期困惑我国科学界的难题。其中,有的认为我国缺乏古希腊哲学思想,中国古代与古希腊的自然哲学观亦不相同。有人认为,自古我国就有重文而轻自然科学的偏向。也有人认为是东西方人思维方法的差别,如中国人重视整体性与综合性,而西方人注重个体性;中国人擅长形象思维,而西方人逻辑思维能力强;中国人求同不求异,而西方人则喜欢求异不求同;中国人偏向模糊,而西方人更注重精确;等等。

显而易见,西方人的思维方法更有利于科学的发展,而中国人的思维方法却不利于科学尤其是理论的研究。但是,从整体上说,更多的人是从我国古文字的缺陷中寻找原因,他们认为汉字逻辑性缺失,中国古文字对于科学的发展,有着无法弥补的缺陷。对此,鲁迅先生也极而言之:"汉字不灭,中国必亡。"但是,汉字没有灭,中国也没有亡,问题的关键是我们要克服象形文字模仿的缺陷,而吸取拉丁文字的优点,以扬长避短。

分析和寻找制约我国科学发展的原因是必要的,但最重要的还是要制定振兴我国科学理论的对策。这正如创新理论的发明者、美籍奥地利经济学家约瑟夫·熊彼特在遗言中所写的:"行动——光有理想和理论是不够的,只有行动起来,努力改变现状,才是真正对理想的拓荒!"这话对我国具有很强的针对性,坐而论道,不如起而行之。振兴我国科学理论,是我国全体科学工作者义不容辞的重任。我们一定要认识到,没有科学理论的储备,我国永远不可能屹立于世界先进之林,到头来我国也不可能有独立的科学技术和经济。

# 重启科学的新启蒙

近代自然科学诞生于欧洲绝非偶然,这是由于欧洲的文艺复兴解放了人的思想,人们从"以神为本"转到"以人为本"。因此,16 到 17 世纪是自然科学从神学中独立出来并迅速得到发展的世纪。它有以下标志:牛顿力学体系的创立,哥白尼《天体运行论》的发表,哈维的《心血运动论》的提出,伽利略发明了自然科学实验方法等。

日本科学史家汤浅光朝发现了一个科学中心转移现象,依序由意大利转移到英国、法国、德国,每个中心平均维持 80 年左右,直到 20 世纪 20 年代才转移到美国。在 19 世纪末,美国实用主义盛行,以工程和技术发明而闻名,对基础科学研究并不重视,他们也是亦步亦趋地模仿欧洲的技术。针对这种情况,美国著名物理学家、美国物理学会第一任会长亨利·罗兰在美国科学促进会上作了《为纯科学呼吁》的演讲,被称为美国科学界的"独立宣言";该演讲内容后来发表在 1883 年 8 月 24 日的《科学》杂志上,在美国科学界引起了强烈的反响。

他在该演讲中说道:"人们将应用科学与纯科学混为一谈,这并不是罕见之事,特别是在美国的报纸上。为了应用科学,纯科学必须存在。假如我们停止科学的进步,只留意科学的应用,我们很快就会退化成中国人那样。多少代人以来,他们都没有什么进步,因为他们只满足于科学的应用,却从来不追问他们所做事情的原理。这些原理就构成了纯科学。中国人知道火药的应用已经若干世纪了,如果他们用正确的方法探索其特殊的应用原理,他们就会在获得更多应用的同时发展化学甚至物理学。但是因为他们只满足火药爆炸的事实,而没有寻根问底,中国人已经远远落后于世界的进步……"

罗兰的演讲,可以认为是对当时美国科学界的一次科学启蒙,正是这次呼吁,才开启了美国的科学新时代。欧洲的杰出科学人士纷纷移民到美国的大学和研究机构,导致美国科学水平突飞猛进,几乎囊括了大部分自然科学领域的诺贝尔奖和经济学奖。至于如何看待罗兰对我国科学理论缺失的评论,可能是见仁见智,但我个人认为他的评价击中了我国科学落后的要害,我们应当从中吸取教训。其实,我国近当代科学的状况,与当时美国的情况有极为相似的地方,如果我国想要走出科学迷茫的窘境,也必须进行科学的新启蒙。

在我国近代历史上,曾经有过一次思想启蒙,那就是 1915 年陈独秀先生在《新青年》上提出了"德先生"(Democracy)和"赛先生"(Science),即民主与科学的口号,该口号遂成为新文化和五四运动向封建势力进攻的两面旗帜。这是我国近代史上第一次思想启蒙,也是一次民主与科学的启蒙。但是,由于这次启蒙的局限性和封建势力的顽固性,虽然五四运动的具体目标达到了,思想启蒙却半途而废,无论科学或是民主的观念都没有在民众中扎根。

"科学"一词虽然在唐代就有了,但它并不是现代意义上的词语,而是泛指"科举之学"(简称"科学")。现代意义上的"科学"二字,始于日本科学启蒙大师福泽谕吉把"science"翻译为科学,而康有为等于 19 世纪末又将该词引入我国,此后现代意义上的"科学"一词便广泛使用起来了。由此看来,我国古代并没有科学意识,也没有科学的传统,于是科学理论落后就不是偶然的了。即使在当今,为数不少的科学工作者,仍然分不清科学与技术的区别,甚至"文革"中"理论危险论"的余悸尚存,这就是我国需要进行科学新启蒙的必要性。

那么,科学与技术的区别是什么呢? 1911 年,梁启超先生在《学与术》一文中精辟地诠释道:"学也者,观察事物而发明其真理也;术也者,取所发明之真理而致诸用者也。……学者术之体,术者学之用。"德国马克斯·普朗克科学促进会主席彼得·格鲁斯说:"基础科学研究回答'这是什么?'或者'这是为什么?'而应用研究回答的是'这有什么用?'"基于这种理念,德国有两个庞大的研究机构:一个是马克斯·普朗克科学促进会,下属 80 个研究所,专门从事基础理论研究;另一个是德国夫郎禾费协会,下属 58 个研究所,专门从事应用研究。

纵观我国学术界,不仅科学观念薄弱,而且大学与研究机构之间的分工亦不明确,有时互相串位,致使我国科学理论落后。为了使我国科学立于世界先进之林,必须进行科学新启蒙,使一小部分科学家,不受晋升职务的影响、不朝思暮想去评奖,而是皓首穷经地从事基础理论研究,这样才能在重大科学理论上有所突破,也才能在诺贝尔奖上获得重大的建树!

# 重铸求是之精神

中国具有悠久的文明历史,是世界四大文明古国中唯一香火不断的最古老的国家。在春秋战国时期,曾经出现了百家争鸣的盛况,为祖国留下了丰富的文化瑰宝。但是,我国古代文明与古希腊文明不同:古希腊重视科学与哲学,所以它们成了欧洲文明的源头,而我国古代的学术则重文轻技,除了农学和中医以外,基本上不涉及自然科学,致使我国缺失科学的传统。

但是,在诸子百家鼎盛时期,他们通过观察、考据、游学和论辩,充分体现了求是的治学精神。据《说文》诠释,所谓"求"就是追求、探究、求索之意,"是"即"真"也,亦即真理、真谛、规律、本质等。从广义上说,"求"也指探求自然、社会和人体的运动的奥秘,指追求真理的态度和科学精神。在这方面,以老子、孔子和孟子为代表的先哲,给我们后人留下了宝贵的财富。老子的学问渊博,但一生只写出《道德经》一书,仅有 5000 余字,却是仅次于《圣经》的被翻译语种最多和印数最多的著作。孔子一生没有著书立说,仅仅由弟子们根据他的讲授,凭回忆整理出《论语》一书,但并不影响他至圣先师的地位。他游学 14 年,足迹遍布卫、陈、鲁、宋、郑、楚等国,目的就是践行"读万卷书,行万里路",这是古代读书人的最高境界。

可是,这种严谨求是的态度,在我国近现代史上逐渐式微,直至当今浮躁之风替代了求是的精神,这是我国科学危机的明显征兆。因此,我们必须重铸求是的科学精神,这是发展我国基础科学的当务之急。为此,必须做到以下三点:

第一,必须遏制科学研究中的实用主义倾向。我国洋务运动与西学东渐大体是发生在同一个时期,而"中学为体,西学为用"则是洋务运动的主要指导思想。实际上这是一个实用主义的口号,它的主要目的是阻止西方自然科学向中国的传播。这个口号影响深远,误导了中国近百年。实际上,它并没有阻挡西学在中国的传播,正是在这股西学东渐的影响下,现代数学、物理、化学、生物、地质学、气象学等才传播到中国来。这个实用主义口号的另一个副作用表现在教育上:在洋务运动时期从西方引进了100多所新式学堂,如北洋电报学堂、上海机械学堂、福建船政学堂等,实际上都是技术专科学校。当时,尽管西方大学已经创立了600多年,但中国没有引进一所真正意义上的综合大学,这也是导致我国自然科学理论落后的原因之一。

第二,必须根除浮躁和浮夸的风气。当今,我国学术界的浮躁和浮夸之风盛极一时,求量不求质的思想几乎渗透到一切学术领域,论文抄袭、剽窃、造假现象屡禁不绝。老子在《道德经》中说:"轻则失本,躁则失君。"轻浮就失去了学术的根本,而浮躁就失去了方向和人格。导致这种不良现象的原因,与我国职称评审和成果评定体制与标准有关——它们严重误导了广大科学研究人员,必须进行彻底的改革。要坚持严谨、公开、公正的评审,坚决做到宁缺毋滥,这样才能树立求是的学风。

第三,必须杜绝立竿见影的歪风。"十年磨一剑"是一句古训,它是指做学问必须耐得住寂寞,唯有精雕细刻方可以出精品,而急于求成只能导致粗制滥造,产生的不是废品就是次品。我国近代史学大师韩儒林先生,曾经有一句名言:"板凳要坐十年冷,文章不写半句空。"这是他在1950年就重印《文心雕龙》一书致人民文学出版社的一封信中提出的。可是,在当代的学术界,已经少有这样坐冷板凳的人了——一个作家一年出版几本大部头作品,一个学者一年发表几十篇论文——可是他们究竟有什么创意呢?无非是"天下文章一大抄"而已。

我国古代的学问家们,都秉持"无意得之终究得,刻意追求偏不得"。实际上,众多诺贝尔奖获得者,也是"只问耕耘不问收获"的典范,当他们接到诺贝尔奖评选委员会电话通知时,往往都感到十分惊讶,好像"天上掉下个林妹妹"一样,因为他们压根就没有太重视个人荣誉,始终沉浸在探索未知真理的乐趣之中。

根据英国《自然》杂志统计,1940年以前,11%的物理学家,15%的化学家和24%的生理学家或医学家,获得诺贝尔奖需要等待20年以上。1985年以后,这三个数字分别变为60%、52%和45%。这就说明获得诺贝尔奖需要长久的等待,其原因是这些成果需要经过时间的检验,也必须获得同行们的认同。在诺贝尔奖历史上,印裔美国物理学家钱德拉塞卡于19岁时,通过计算创立了恒星演变理论,50年之后的1983年,他才因此获得诺贝尔物理学奖。这种例子在诺贝尔奖历史上是屡见不鲜的。然而,那些抱着立竿见影想法的研究者,是永远不可能发现真理的。因此,我国科学界必须深刻反思,应树立严谨、求是的学风,抱着心无旁骛和安贫乐道的精神,唯有如此,我们才能摆脱在诺贝尔奖榜单上尴尬的局面!

# 中国为什么出不了比尔·盖茨?*

美国微软公司创始人比尔·盖茨堪称真正的传奇式人物。他于1973年考进了著名的哈佛大学商学院法律预科,1977年辍学离开学校,与中学的好友保罗·艾伦一起创办了微软公司。他们致力于软件开发,使软件更易使用、更省钱和更有乐趣。他们的创业获得了成功,比尔·盖茨31岁成为有史以来最年轻的首富,37岁荣获美国国家技术奖章,39岁时他的财富超过了股神巴菲特。自1995年到2007年连续13年间他一直是世界首富,此后还数次重返首富位置。事业的成功,使他获得了无数荣誉,被赞颂为计算机奇才、软件帝国的皇帝、"计算机界的拿破仑"。

盖茨的传奇性还表现在:一个法律预科的肆业生,竟创造了计算机软件的帝国,而美国那么多的计算机教授、博士却没做到;2008年,年仅53岁时他宣布退休,不再担任首席执行官,彻底淡出微软公司,同时宣布把全部580亿美元财产捐赠出来,不给子女留下遗产。2007年6月,哈佛大学授予盖茨荣誉法学博士学位,并且称他是"最成功的辍学生"。他说,自己是美国制度的受益者,在政策力所不能的地方,应该拿出自己的力量,以最能产生正面影响的方法回馈社会。

实际上,盖茨只是一个符号,一个创业者和慈善事业的代表人物,像他这样成功的创业人物和慈善家,在美国并不鲜见。苹果公司的创始人史蒂夫·乔布斯就是一个美国式英雄。他与斯蒂夫·沃兹尼亚克创办了"苹果",从而改变了一个时代。他几起几伏,依然屹立不倒,使苹果公司

* 本文发表于《同舟共进》2012年第7期。

成为世界最具创新力的公司,2011 年年底市值达 3375 亿美元,成为全球市值最高的公司。创业的成功使乔布斯获得了诸多荣誉,如 1985 年获得里根总统颁发的美国国家级技术勋章。一个私生子,一个在三流学院仅仅就读了 6 个月的辍学生,能够获得这样巨大的成功和荣誉,这正体现了美国的创新文化。

被称为"盖茨第二"的马克·扎克伯格也是一个神奇人物。他与盖茨同为哈佛大学二年级肄业生,都是约 20 岁开始创业,不同的是盖茨学的是法律预科,而扎克伯格学的是心理学。扎克伯格被称为"程序神人",他创办了社交网站脸书,身家达到 213 亿—284 亿美元,远远超过了谷歌公司两个创始人佩奇和布林。扎克伯格今年只有 28 岁,未来的路还充满变数,却义无反顾地表示要捐出自己资产的一半。他知道很多人都是到了生命的后半程才作出捐赠,但他不想等下去,因为慈善事业不能等待。扎克伯格是犹太人后裔,而以色列人无论是商家大贾或是小商小贩,每年都自觉把利润的 10% 捐赠出来。

与以色列人形成鲜明对比的是,很多中国人都缺乏公益意识,虽然也有个别做慈善的富人,但为数不少的富人却是"葛朗台"。最能说明问题的是 2010 年秋巴菲特和盖茨的中国慈善行,其计划于 9 月 29 日晚邀请 50 位中国富翁在京郊拉斐特城堡举行晚宴,可接到邀请的一半富人拒绝参加。不仅如此,在民众中还出现了"挺宴派"和"斥宴派"。有的富豪公然表示,他不会捐赠,理由是要为社会管理好财富。这简直是奇谈怪论,你捐赠的就是社会的财富,不捐赠的是你自己的财富,怎么是为社会管理好财富呢? 据说,中国亿万富翁人数已位居世界第二,仅次于美国,然而美国慈善家的这次中国之行,并没有达到他们宣传慈善理念的预期。

2012 年美国公布了十大年轻富豪,30 岁以下和 40 岁以下各有 5 人,都是成功的创业者。美国从 1996 年设立青年科学家总统奖以来,每年大约有 60—100 名青年科学家获此殊荣。这对于促进青年科学家的成长和创业,起到了巨大的激励作用。

我国没有像比尔·盖茨那样年轻的成功创业者,也没有像马克·扎克伯格这样的青年慈善家,究竟是什么原因?

依我陋见,主要原因有三:其一是"唯名论"的思想作祟,凡事都要论资排辈，压抑了名不见经传的小人物。所谓的"名"，泛指名分、名节、名声、名气、名望、名誉等，于是"名"也就成了一个人的"话语权和行事的资本"。例如，关于"金砖四国"的翻译，就是典型"唯名"思想的反映。美国高盛证券公司首席经济学家吉姆·奥尼尔，于 2001 年发表了文章《全球需要更好的经济之砖》，其中把巴西（Brazil）、俄罗斯（Russia）、印度（India）和中国（China）的英语的第一个字母连起来写作 BRIC，发音跟英语的"砖"（brick）一样。可是，翻译成中文时却加上了一个不知由何而来的"金"字，明显篡改了作者的原意。这几个国家真是富得流油、遍地黄金吗？非也，它们依然属于发展中国家。俄罗斯和巴西的人均收入略高于世界平均值，而中国和印度都是世界人均收入较低的国家。

"嘴上没毛，办事不牢"是一句流行的老话，这也是唯名思想的一种反映。中国是一个老年社会，看重老年政治、老年科学、老年权威。"老"也是一种名望，一切都是"以老为尊"。"名正言顺"是儒家的伦理，它也是束缚人们思想的紧箍咒。如果以这种伦理衡量，乔布斯是被收养的非婚私生子，怎么算得上"名正"呢？这事如果发生在中国，不用说创业艰难，各种蜚短流长也会使他抬不起头。按照孔子的说法是"名不正则言不顺，言不顺则事不成"。然而，乔布斯不仅言顺，事业也非常成功，他逝世后还被美国《财富》杂志评为世界最伟大的企业家。

其二是"唯学历论"误导了无数的青年人，他们盲目追求名校、高学历和高学位，深陷为选择好专业而烦恼的误区。学历是什么？学位是什么？专业是什么？它们仅仅是学习时间的一份记录，是随时都会被忘记或淘汰的专业知识，并不代表一个人的真才实学，更反映不出学习者的创造能力。哈佛大学是美国甚至世界排名第一的名校，可是盖茨、扎克伯格、莫斯科维茨等都从哈佛大学辍学了，他们对自己的决定没有任何遗憾，而且他们创业的成功与其所学专业无关。试想在中国，如果不是因病休学，有谁会退出被认为是"黄金般的学业"呢？可是，即使熬到大学毕业又能怎么样？无非是又增加了一批求职的待业者，一味地希望被人接纳，而少有敢于自己创业的人。而一个国家，只有创业者多了，才可能从根本上解决大学毕业生就业难的问题。

我记得，在 20 世纪 60 年代，日本索尼公司创始人盛田昭夫出版了

《学历无用论》一书，至今已40多年了。这本书被认为是人力资源管理的经典著作，是日本企业界几乎人手一册的畅销书。为什么盛田昭夫说学历无用呢？他解释说："学历，与其说是一种客观评价的标准，倒不如说是一种偷懒的手段，所谓学历标准只不过是管理者避免花力气评价员工的一种借口而已。"创新能力是决定企业竞争胜负的核心因素，不少企事业单位在招聘人员时，把本科以上学历作为门槛，这实在是荒唐之极。如果按照这个逻辑，古今中外的一大批大作家、大学者、大画家、大发明家、大富翁岂不是都要被扼杀吗？

唯学历论在中国颇有市场，这种思想根深蒂固。为什么择校、培训班、补习班、奥数班、争状元久盛不衰？都是为了上名校，获取高学历、高学位，以获得一份所谓的好工作。学历至上，不仅使中专、大专和职业教育边缘化，导致国家教育结构比例失调，更重要的是忽视了对学生想象力以及质疑、反思和批判思维的培养，而这些能力恰恰是创造型人才不可缺少的重要素质。这正是我国出不了比尔·盖茨的主要症结所在。

其三是不敢冒风险，不少人安于现状，不求有功但求无过。这种思想有着深远的历史根源，我国古人把认识的范围局限于五官可及和四肢可触摸的领域，这是与西方人为了探索未知疆域敢冒风险的精神不同的。中国人缺乏好奇心，少有追求终极真理的精神，并抱持不敢冒风险的胆怯心态，这是近代科学不能诞生在中国的主要原因。

最近有一则新闻报道，格外引起了学术界的注意：美国斯坦福大学终身教授塞巴斯蒂安·特伦宣布辞职。起因是2011年秋天他与另一位教授把AI(Artificial Intelligence)课全面网络化，任何人都可以上这门课并参加考试。为了帮助非英语国家的学生学好这门课程，志愿者把特伦教授讲授的内容翻译成多达40多种语言文字。这门网络课程在世界上引起了极大的反响，结业的学生多达2.3万人，而斯坦福大学平常修学该课的学生只有200人，这充分显示了网络教学的优越性。之后，特伦教授宣布辞职，成立了一个名叫Udacity的网络大学，以满足更多人的需要，同时寻求自己更大的成功。这也是一种冒险精神。

如果在中国，作为一个著名大学的终身教授，是没有人愿意冒辞职的风险的。其实，这种冒险精神在美国非常普遍，不管男女老少，无论是总统或百姓,都敢于冒险。2009年6月12日是老布什总统85岁生日,他以跳伞来庆祝,并高空跳伞成功。几年前,7岁女孩杰西卡在教练的陪同下,试图驾机穿越美国全境,但不幸坠机身亡。她的母亲到达现场,虽然很悲痛,但赞扬了女儿的冒险精神,说杰西卡做了自己想做的事,为有这样的女儿而无比骄傲!这几乎就是美国的国粹,有了这种精神,还愁没有强大的、创新型的国家吗?

对比之下,我们缺少这种冒险精神,所以也就出不了像比尔·盖茨这样的创新型杰出人才。究其原因,归根到底是几千年封建文化的束缚,致使某些糟粕潜移默化、代代相传。例如,"明哲保身""不求有功、但求无过""树大招风""出头的椽子先烂""枪打出头鸟""小不忍则乱大谋""和为贵""宁为鸡头不为凤尾""各人自扫门前雪,哪管他人瓦上霜"……看来,我国到了需要一场真正的思想领域启蒙的时候了,需要进一步推进体制改革,更新人们陈旧的思想观念。


## 改革院士制度之我见 *

纵览世界科学发展的历史,科学院大致诞生于17世纪的欧洲,于1666年创建的法国皇家科学院则是首开先河。随后,俄罗斯圣彼得堡皇家科学院和普鲁士皇家科学院相继成立。美国科学院的成立比欧洲晚了一个多世纪,但后来居上,美国现在的三大科学院(科学院、工程院和医学院)则是世界学术水平最高和影响最大的私人学术团体。各国科学院的规模和职能不尽相同,但它们都由院士组成,这一点是无争议的。

我国早在1928年6月9日就成立了中央研究院,第一届院士共83人。中华人民共和国成立后,旋即于1949年11月就成立了中国科学院,但院士制度的确立却滞后了6年的时间。1955年科学院颁布了学部委员评选条例,首批评选了233位学部委员,而且最后是经过国务院批准

＊　本文发表于《中国新闻周刊》2021年3月22日刊,总988期。

的。很显然,这是学习前苏联的做法,但出于意识形态的考虑,当时回避似有资产阶级名利思想嫌疑的"院士"一词,而以"学部委员"替代。

1993 年 10 月,由"院士"代替了"学部委员"。迄今中国科学院总共有 1370 多名院士。中国工程院成立比中国科学院晚了 30 多年,但工程院院士以飞跃的速度增长,其数量也快赶上科学院院士的数目了。但是,工程院院士却鱼目混珠,从一开始就饱受质疑——把部长、市长和公司的老总评上院士,这种做法导致官与学不分、商与学不分、学与术不分。

根据章程,从 1997 年开始,每两年增选一次院士,两院同步。2021 年又是增补院士的年份,因而什么人申请、什么人获得候选人资格,备受人们的关注。据报道,贵州省科协推荐了茅台酒集团股份有限公司总工程师、首席质量官王莉入选候选人,一时引起了全国热议,称她是"白酒院士",而此前已有"烟草院士""工地院士"等。有人讽刺说,工程院院士变成了"攻城院士""公关院士"。甚至有人调侃说,如果不尽快遏制这些乱象,"龙井茶院士""瓷器院士""花卉院士""大厨院士""狗不理院士"也可能为期不远了。

为什么会造成这种混乱的局面呢?从根本上说,这是我国院士制度弊端造成的,因此必须从源头抓起,既不能搞添枝加叶的改良,也不能搞削足适履的蠢办法。何为源头?所谓源头就是改革院士制度,我以为需要从以下三方面进行改革:

首先是改革中国科学院一院独大的体制,克服中国科学院的院本位主义。现在实体的中国科学院与属于院士的中国科学院是合二为一的,这是 20 世纪 50 年代初在"一边倒向苏联"政策导向下,学习苏联造成的。这种体制最大的弊端是,造成科学院在遴选院士中的"马太效应",即科学院享有推荐和评审权的人越多,本院被评选上的人就越多。现在中国科学院 114 个研究所拥有院士 234 人,无论总数或是占比都高居全国榜首。其实,有些科学院的院士并不合格,而不少合格的又不能被评上,这就是"近水楼台先得月"。改革的方向是把实体的中国科学院改名为中国科学研究院,变成下属各研究所的管理机构,而中国科学院则是面向全国的、独立的,负责受理院士申请、评审和管理的机构。

其次,一定要把官、学、商各领域的关系界定清楚,不能再混杂在一起,从体制上杜绝腐败。我国自古把人们的职业划分为士、农、工、学、商等,他们各谋其道,各守其业,互不串位。但是,我国现在的院士制度却搅乱了不同的职业区分,表现出赢者通吃的状况。所谓赢者就是有权有势的人,他们既要当官,又要高薪,还想往院士里挤,这是极其不公平的。自古就有"道不同不相为谋"的箴言,因此,官员应该安心做官,当一名廉正清明的好官,即便他以前做过学术研究,且有所成就,但当官以后不再做学术,那就不能申请院士;同理,企业公司的老总,实际上都是商人,也不能申请院士。至于如何对待他们的成就——他们已经得到了回报,晋升高官、高管或获取了几百万年薪,应该是知足了。

反观美国那些大型公司,如贝尔实验室拥有万余名研究人员,大致每天获得一项发明成果,但他们没有人申请院士。像美国国家航空航天局、洛克希德·马丁公司、微软公司、苹果公司、谷歌公司、太空探索技术公司都是人才济济、成果累累的技术研发单位,其中任何一家都比中国的某些央企要强得多,但他们都没有人申请院士。两相对比,更显示出我国一些人的虚荣心是多么严重,这与十多年以前官员和老板涌向校园争戴博士帽如出一辙,只不过院士头衔更显赫罢了。我们必须强调,无论是科学院院士或是工程院院士,核心是做学问;不是专心致志做学问的人,就不能当院士,这是世界各国院士资质的通则。

再次,一定要维护院士荣誉的纯洁性。由于院士分布严重不平衡,一些没有院士的地方政府和单位,就以公关的手法,搞"院士零的突破";也有的地方以高薪挖院士,把院士定位为副省级,或者在街心花园给院士矗立铜像、发院士补贴、设立资深院士等等。这些都是在炒作院士,亵渎院士的圣洁,因此,绝不允许一切不良的风气侵袭这个中国学术界最高的荣誉。


## 学术研究可以慢下来 *

学术研究贵在创造,轻浮和狂躁是学术研究的大敌。学术奇迹只青

---

＊ 本文发表于《光明日报》2017年3月28日刊。

睐有心人,他们应当是那些清心寡欲和安贫乐道的学人,只有持之以恒,耐得住寂寞,学术奇迹才会光顾。

我提出这个命题似乎是不合时宜的,因为在新的技术革命时代,随着市场竞争的加剧,人们都是以追求高速度、高效率和快节奏为时尚。我之所以提出这个问题,是从国际慢城联盟的宗旨得到的启示。自信息革命以来,随着经济和文化的全球化,人们的生活节奏越来越快,这不仅没有给人们带来美好的生活,反而使城市人口的发病率和死亡率不断攀升。于是,1999 年 10 月,在意大利奥尔维耶托市诞生了国际慢城联盟,它的宗旨是"以人为本,实现人居终极理想"。慢城联盟如今方兴未艾,已有 24 个国家的 135 个城市加入,似有席卷全球之势。应该说慢城诞生绝非偶然,是对一切求快的反叛,这也应验了物极必反的规律。如果说人们生活和公共社会节奏要慢下来,那么鉴于学术研究的特殊性,学术研究更需要慢下来,唯有在"冷环境"中,才能穷究宇宙的终极真理。

## 学与术之别

什么是学术?学术一词,含义甚广,早在司马迁的《史记》中就有多处提及。如果专指学问和学识的话,南朝(梁)何逊在《赠族人秩陵兄弟》诗中有:"小子无学术,丁宁困负薪。"北宋苏轼在《十八大阿罗汉颂》中也有诗句:"梵相奇古,学术渊博。"通常,人们都把学术当作一个词汇来理解和使用。权威的《现代汉语词典》对此的诠释是:"有系统的、较专门的学问。如学术界、学术思想、学术团体、钻研学术。"

其实,"学术"一词是由"学"与"术"二字组成的,它们分别指称两种与学识有关的不同概念。梁启超是清末民初思想启蒙的代表人物,他于 1911 年在《学与术》一文中,第一次对它们作出了明确的界定。他写道:"学也者,观察事物而发明其真理者也;术也者,取其所发明之真理而致诸用者也。""学者术之体,术者学之用。"著名翻译家严复也认为:"盖学与术异,学者考自然之理,立必然之例;术者据已知之理,求可成之功。学主知,术主行。"两位学术大师对学术的释义是完全一致的。仅就"学"而言,与《牛津高阶英汉双解词典》里的"academic"的注释也是一致的,它的释义是:"学术是与学校、学院有关的,学者式的、非技术或非实用的,仅仅注重理论的。"

以知识为基础的科学是分类的,现代通常把科学分为三类,即基础科学、应用科学和开发技术。既然科学是分类的,那么承担科学研究的部门也应该是有分工的,一般地说,科学院和少数研究型大学承担基础科学研究,工业技术部门从事应用技术研究,而技术学院和企业则是从事技术开发研究的。这一模式基本得到了国际共识。以德国为例,该国有两个最大的学术团体:一是马克斯·普朗克学会,下属 70 个研究所,它们更重视基础研究;二是德国夫郎禾费协会,下属 38 个研究所,主要从事应用科学研究。它们的区别是什么呢? 对此,德国马克斯·普朗克学会主席彼得·格鲁斯给出了科学简明的回答,他说前者是创造作为研究的知识平台,而后者是在现有知识平台上进行研究。简单地说,基础科学研究是回答:这是什么? 这是为什么? 而应用技术研究是回答:这有什么用? 这有什么效益?

但是,纵观我国科学研究的情况,各部门的分工并没有这样清晰,以至于各大学相互错位。例如,某些研究型的大学,却提出"要上经济主战场",花费极大精力从事应用技术研究,结果"捡了芝麻,丢了西瓜"。然而,另一些非重点大学,出于虚荣心的需要,拼命地往研究型大学里挤,不自量力地拼凑博士点,搞基础科学研究,结果劳而不获。我国基础科学研究落后,这已经是不争的事实,其主要原因是实用主义在科学研究中占据了主导地位,因此我们必须充分认识基础研究的重要性,以便赶上发达国家先进的学术水平。

## 浮夸是学术研究之大忌

20 世纪 90 年代初是我国经济发展史上的一个拐点,其标志就是追求 GDP 指标。在高等教育领域,大学合并、学院更名、专科学校升格、大跃进式的扩招,一浪高过一浪,一直持续了近 20 年。大学中的科学研究领域,无论是论文或是专利,都求多不求新,求量不求质,抄袭、剽窃屡禁不绝,身陷其中的既有校长、院长,也有院士、博士生导师,严重地玷污了大学这片圣洁的领地。一个好的学风,需要几代人培育,而一旦学风遭到破坏,又将殃及几代人。

中国科技研发人员 8114 万人,雄踞世界第一;科技论文连续 6 年世界第二,专利申请数量连续 5 年世界第一。其实,这些第一并不能证明一个国家真实的科学水平,更反映不出一个国家的创新能力。一个鲜明的对比是日本——人口尚不到中国的十分之一,迄今却已有 22 人获得了诺贝尔奖,涵盖物理、化学、生理学或医学和文学多个领域,尤为突出的是最近 14 年,几乎每年都有一人获奖,获奖的速度已经超过美国。中国就相形见绌了,在科学领域仅仅只有一项生理学或医学奖,而且含金量并不高。

就发明专利而言,虽然中国发明专利数量连续 5 年雄踞世界第一,但是含金量究竟有多高? 发明专利包括新产品,新方法,产品的形状、包装以及外观设计等,而我们在后者上居然占了 60% 以上。中国的一些大公司每年申请专利多达数万件,这是商人们保护自己利益的作为,算不上有什么实质性的创新。据介绍,美国许多企业的主要盈利来自知识产权,产权交易每件是 37 万美元,而中国产权交易的收入可以忽略不计,这就是我国专利的硬伤。

在文学创作中,也一味地追求短、平、快:一部电影三天杀青,一周写出几十万字的"大部头",有些剧团一个月就抛出一部"鸿篇巨制"。我国电影年产量为六七百部,电视剧年产量为两万多集,每年出版长篇小说四五千部,但销量如何呢? 有不少作品,还没有进入市场,转身就进了仓库。莫言是我国第一位诺贝尔文学奖得主,他的获奖作品《蛙》首印也仅仅印刷了 20 万册,这与那些世界名著动辄发行几千万甚至上亿册相比,简直是小巫见大巫。

去年 6 月,上海召开了电影票房论坛,有人提出中国电影票房即将超过美国。对此,两次获得奥斯卡最佳导演奖的李安是最有发言权的,他认为:"中国电影工业刚刚起步,慢慢来。我希望它是开始,而不是高峰,不要让年轻人浮躁,电影工业不是一蹴而就的。"

我们必须冷静地看到,在我国学术研究、文学创作、专利申请、出版、电影制作等领域,不同程度存在浮夸现象,其恶果就是粗制滥造。老子在《道德经》中有言:"轻则失本,躁则失君。"轻浮和狂躁是学术研究的大敌,学术研究只能在冷环境中求索,应当治一治"虚火"太旺的病症。我们应当看到,热环境或群众运动式的研究,只能导致浮夸和粗制滥造。学术研究要慢下来,首先我们的科学家、作家、发明家和出版人的心态要静下来,倡导"板凳要坐十年冷"和"十年磨一剑"的精神。唯有如此,才能诞生传世经典。

## 学术奇迹需要漫长等待

纵观人类科学发现和发明的历史,一切重大的学术奇迹,都不是一蹴而就的。什么是学术奇迹? 我认为,能够称得上奇迹的,应当包括:科学领域的诺贝尔奖,各一级学科世界大奖,创立颠覆传统理论的科学学派,旷古绝伦的重大发现和发明,传承百年甚至千年的学术经典著作等。显而易见,这些成就的取得,绝非毕其功于一役而为,需要百折不回的持久求索。

就拿诺贝尔奖来说,据统计,在 114 年中,共有 889 人获得这一殊荣,其中美籍人氏占了四成。在这些获奖的成果中,除了极少数是偶然幸运所得以外,绝大多数都是皓首穷经的结果。例如,美国物理学家雷蒙德·戴维斯,对宇宙中微子的研究长达 40 年,于 2002 年才获得诺贝尔物理学奖;2004 年诺贝尔化学奖的获得者是两位以色列化学家和一位美国化学家,他们的研究经历了长达 35 年的漫长过程。又如,英国剑桥大学生理学教授罗伯特·爱德华兹被称为"试管婴儿"之父,他用 20 年的时间,经过反复试验,终于培养出了首个试管婴儿路易斯·布朗,但他于 85 岁才获得诺贝尔生理学或医学奖,滞后了 32 年。

最近,媒体报道了世界耗时最长的 5 个科学实验,其中之一是沥青滴漏实验,这是由澳大利亚物理学家托马斯·帕内尔等人进行的。他们耗时 85 年,观察到看似固体的沥青也能够流动。在这项实验中,每 6 到 20 年会有一滴沥青滴落,迄今只滴出了 8 滴;其间只发表了一篇论文。此项实验的意义在于发现物质的固态和液态是相对的,也是可以转化的,问题是要找到它们的临界点。这项研究获得了 2005 年搞笑诺贝尔物理学奖,它的意义不在于科学贡献,而在于对历史文化的影响。实验者们还计算出了沥青的黏度——水的黏度的 2300 亿倍,真是天文级别的数字,仅此一点,就可以流芳百世。

在文学创作方面,也能体现"慢工出细活"的规律,急功近利只能出劣质品。例如,曹雪芹的《红楼梦》批阅十载,增删五次;司马迁写《史记》耗时约 14 年;李时珍撰写《本草纲目》用了 27 年;徐霞客写作《徐霞客游记》历时 34 年;托尔斯泰创作《战争与和平》历时 6 年;歌德毕其一生之精力,用 60 年创作了鸿篇巨制《浮士德》;等等。这类例子是不胜枚举的,与当今中国文学界的某些急就章的作品相比,简直是天壤之别,应当引起人们深刻的反省。

上述的事例都充分证明,学术研究贵在创造,而创造是从无到有的过程,是做出第一的、率先的和旷古绝伦的学术成果。因此学术奇迹只青睐有心人,他们应当是那些清心寡欲和安贫乐道的学人。只有持之以恒、耐得住寂寞,学术奇迹才会光顾你。如果有谁不愿意付出,那他就休想有收获;如果没有踽踽独行的毅力,也休想品尝有学术奇迹的人生况味!

# 下篇　教育答问录

# 1

## 培育创造性的人才

## 立学以读书为本 *

已进入数九寒冬，本应是万物休眠的季节。但是，两位耄耋之年的学者——已经101岁的著名历史学家刘绪贻先生和81岁的武汉大学前校长刘道玉先生，却仍然在忧国忧民地思考着中国当前诸多的社会问题。他们既是师生关系，又是志同道合多年的挚友。

**刘道玉**：绪贻先生，您是我国著名的美国史学术大师，今天能够与先生交流，是我一生最荣幸的事，将会受益无穷。北宋欧阳修四岁丧父，母亲郑氏为他四处借书，他靠抄书和自学成为一代儒宗，是闻名遐迩的唐宋八大家之一。因而，他最懂得读书的重要性，故发出了"立身以立学为先，立学以读书为本"的醒世恒言。下面，我们请绪贻先生畅谈您读书的经历、方法和经验。

**刘绪贻**：读书的问题就我说，刚开始并非就是"乐陶陶"的。我小的时候，家里条件是很不好的，使得我最初读书时，不利条件很多。第一，我父亲虽然是一个小学教师，但当时家里孩子很多，有五个孩子，所以家境清贫。我家里也没有什么书，只有一个大约半人高的书箱，只有这么一点书，可说是家无藏书，我读书的时间也很少。这是第一个不利的条件。后来，我成人以后，虽然能够有机会读一些书了，却又遇到了政治运动连绵不断的时代，造成知识分子读书的局限性很大，这是第二个不利的条件。第三个不利的条件，是我学习语言的能力不强。我除了中文、英文以外，还学过半年的德文，自修过俄文，但都不成器。所以我读书的语言也只有中文和英文。由于这几种原因，可以说我读书读得不多，不是那种博览群书的人，是读书读得很少的人。

有关我读书的经历和所读过的书，我回忆起来大致分成这么几个阶段。我曾经读过两年小学，其余时间读私塾，一直到22岁高中才毕业。我大约5岁开始和我的父亲一起读书，一直到我高中毕业，其间我读过的书现在也记不太清，但大致有《三字经》《千家诗》和《唐诗三百首》，这都是和我的父亲一起读的。读私塾的时候主要是读"四书"、《左传》《古文观

---

\* 本文由王郢撰写，于2014年发表于《书屋》杂志。

止《昭明文选》《东莱博议》,小说读了《西厢记》《水浒传》《聊斋志异》《红楼梦》《镜花缘》《孽海花》《封神榜》《官场现形记》《儒林外史》等等。

**刘道玉：**绪贻先生,您读的书很多,也很超前啊,像《西厢记》《镜花缘》这样的一些书,我到现在都没有读过。这些都为您成为学问大家奠定了基础。

**刘绪贻：**我到了大学的时候,读了《西洋文学史》《西洋哲学史》《英国文学史》《堂吉诃德》《中国哲学史》《中国文学史》。我在美国芝加哥大学的时候,主要读了这么几本：一个是《社会变迁》,这是跟着我当时很喜欢的一个老师一起读的。这本书现在有中文翻译本。还跟另外一位老师读了《意识形态与乌托邦》。另外,当时大学里还特别重视数学、高级代数和高级统计学等等。我在美国期间,自己在课外还读了弗洛伊德的《精神分析学》、杜威的哲学书,凡勃伦的《有闲阶级论》以及《文化人类学》。我对文化人类学特别感兴趣,也很喜欢,所以自己读了好几本这方面的书籍。1947年我回国以后,读了一些新书,例如《毛泽东选集》《邓小平文选》,以及武汉大学校友李锐的几本书,还有李慎之先生的文章、梁伟英先生的文章、中山大学袁伟时的文章、国防大学辛子陵的书以及高文谦的《晚年周恩来》等等。大概就是这些书。可惜这些书有一些已经不再出版了。

**王郢：**您到现在都坚持每天读书吗?

**刘绪贻：**是的,反正我现在每天在家里也没有别的事情,读书和写作成为我生活的重要部分。我现在当然精力有限,难以坚持长时间和高强度的阅读,每天读书的时间可能也没有八个钟头。但我仍然坚持每天读书和写作。在所读的这些书中,我认为最受益的,是读了以后能够背下来的书,能背下来的最有用。中国古人说"开卷有益",但我并不认为所有的书开卷了就都有益。有一些书我读完了以后,就几乎与我再没有什么关系,例如《封神榜》这本书,虽然我当时读的时候也觉得很好玩,但对我后来平生做人、为学却没有什么影响。有些书是白读了,但有一些书对我的写作技巧帮助很大,例如《聊斋志异》《古文观止》《东莱博议》等这些书,就对我的写作技巧很有帮助。其中,《古文观止》这本书,不仅提高了我的写作水平,还对我人品的形成很有帮助。《红楼梦》这本书对我的婚姻恋爱观也很有影响。

文学家陶渊明说他自己是"好读书,不求甚解"。但我认为真正要做到读书有益,最好的办法还是要背诵。这些读过的书背诵以后,在写作的过程中就会自然地流露出来。当然也不是所有的书要全部背下来,但是能够背诵的书最好还是要背。

**王郢**:但现在的书又多又厚。如何能够背下来呢?

**刘绪贻**:是呀,现在就很难了。有时候一本书都很难读完。比如我的老师费孝通先生说他一生读书很少有从头到尾完整读完的。以前我在读私塾时,读《孟子》《中庸》《论语》《大学》这些书的时候,都要求背诵,而且都背得滚瓜烂熟,甚至可以倒背。不过我想我读书时背得最熟的是"四书",其次是《左传》。"四书"的篇幅不算长,所以我通篇背诵下来。你刚才说很多书你们现在都已经看不到了,那你以后想看就到我这里来,我这里都有。

**刘道玉**:关于背书一直是一个有争议的问题,但是我认为死记硬背与增强科学的记忆力是不同的。人的记忆力是各种思维能力的组成部分之一,不可能有记忆迟钝的天才科学家。我至今仍然保持着比较强的记忆力,这与我在年轻时注意加强记忆力锻炼有关,这就犹如高尔基所说,记忆力就像肌肉一样,越练越强。

绪贻先生,我向您请教一个问题。清朝有个文学家叫作张潮,他有一本书叫作《幽梦影》,书里写道:"少年读书如隙中窥月,中年读书如庭中望月,老年读书如台上玩月。"这是不同年龄对读书不同的心态和感觉。因为不同年龄对于读书这件事情的感受是不同的。您现在有没有"玩月"的感觉啊?

**刘绪贻**:是的,不同年龄读书的感受的确很不同。因为你年纪很小的时候,由于阅历有限,所以理解的能力也不是那么强,到了中年,你读书的时候心境更开阔、视野也更开阔,老年更是如此。

**刘道玉**:所谓的"玩月",我的理解是一种欣赏的态度,从一些有价值的书中获得乐趣。对于我们这些老人来说,基本上没有了读书的功利思想,因为文凭、学位、仕途和金钱对我们来说,都没有任何的吸引力了。我还想提出另一个问题:现在普遍反映,当前我们的国人不读书的现象比较严重,是世界平均读书最少的国家之一。不读书自然也不买书,也不藏书,这是否潜在着文化的危机？对于这种状况您有什么建议吗？

**刘绪贻:**我当然是要劝人读书啊。特别是对于到我这里来的那些年轻人,我更是要劝他们一定要多读书,而且不仅是要多读书,还要读进步的书。对于那些课堂上授课的书,倒无需太重视,反而要特别重视社会上广大群众、喜欢读书的人在读和喜欢读的书。以前一些到我家来访问的年轻学生,甚至都不知道刚才我说的那些书,也从没有听说过。他们的视野和思想都非常窄狭,所以好多问题难以作出判断。当然,我想有些人也跟他的既得利益有关系,受毒害太深了。

**刘道玉:**今天能够跟绪贻先生谈话,我很荣幸。您是跨世纪的老人,集德高、学高和寿高为一身。101岁仍然坚持写作,学富五车、学贯中西,是名副其实的学术大师。听您的一席话我真是终身受益。我读书和您走的是完全不同的道路。您是学社会科学的,我是学自然科学的。您列举的那些书我基本都没读过。我自己读书大体经历四个阶段:

第一阶段是私塾教育的传统文化启蒙阶段。我受了两年的私塾教育,当然和刘先生您所读的私塾不能相提并论。当时我在农村的私塾,读得很浅,就是《百家姓》《千字文》《增广贤文》,连唐诗都读得不多,但李绅写的一首《悯农》,是农家孩子必读的诗句,全诗是:"锄禾日当午,汗滴禾下土。谁知盘中餐,粒粒皆辛苦。"由于目睹农民的艰辛,我从小就养成了节约和爱惜粮食的习惯。

第二阶段是正规的国民学校教育。离开私塾以后,我上了正规的小学,后来又连续地读完了初中、高中和大学,基本上都是照当时规定的教科书来读书。在教科书以外,我基本上没有读过小说。我当时抱着这样的思想:"学好数理化,走遍天下都不怕。"数理化以外的任何书都不读,小说也不读,以为学好数理化就真的走遍天下都不怕了。其实这是一个误导,我就是受了这句话的误导。在"文革"之前我连小说都没读过,我认为那是在浪费时间。当时的我就是读数理化,化学系的课程选了以后我还选物理系的课程,武汉大学的课程读完以后我还选毗邻的武汉水利水电学院的工程力学课,就是抱着"学好数理化,走遍天下都不怕"的宗旨。这是我读书的第二个阶段。

第三阶段是根据工作需要阅读教育学著作的阶段。"文化大革命"之后,我被推到武汉大学校长的位置,根据工作的需要,我开始读教育学的著作。这使我跳出了"学好数理化,走遍天下都不怕"的误区。我读了很多教育的书。例如柏拉图的《理想国》、夸美纽斯的《大教学论》、卢梭的《爱弥儿》、纽曼的《大学的理想》、杜威的《民主主义与教育》、福禄贝尔的《人的教育》等我都读过。

**刘绪贻:**我问一句,蔡元培、梅贻琦关于教育的著作你读过吗?

**刘道玉:**我都读过。共四卷的《蔡元培全集》、共六卷的《陶行知全集》我都读过,而且不止一次地反复阅读。

第四阶段是广泛阅读完善自己的阶段。我卸任校长以后,读书的境界又开阔了。

**刘绪贻:**境界提高了,视野开阔了。

**刘道玉:**是的。因为我没有负担了,校长也不做了,化学研究也不做了,读书也就更开阔了。这个时候我读的书,包括西方哲学,例如叔本华、康德、罗素、萨特等人的,我都读,涉及历史、哲学、社会学、心理学等等。这个时候读书比较广泛,这个阶段读书是为了完善自己,觉得自己以前读书太少,是一种遗憾,为了要弥补过去的损失,要完善自己,要广泛读书。

我们中国是一个书香之国,关于读书的方法有很多很多,像诸葛亮的观大略读书方法、宋朝陈善的出入读书方法、华罗庚的厚薄读书方法等等。其中,华罗庚说读书要从薄读到厚,再从厚读到薄,这就是厚积薄发的意思,对我启发很大。我自己的读书方法,就是"读记法",一边读书一边记笔记。

**刘绪贻:**钱锺书也是这样。

**刘道玉:**我现在的读书笔记有几十本。我虽然已经中风 17 年了,右手已经不能写字,但我仍然坚持锻炼用左手做笔记,一年至少要写完两本16 开的笔记本。笔记的内容,主要有三类:一是一些统计数字。数字虽然枯燥,但有时候数字却是某些观点最有力的证明论据。记下来以后,要用的时候就不用再去查找,能信手拈来。比如说,中国现在科技期刊有5000 多种,其中英文期刊只有 239 种,只占到总数的 5%,但中国的期刊总量占世界期刊总量的 50%。可见我国英文期刊的缺乏。更为可惜的是,我们这么多期刊,在各学科中位于世界前三位的学术期刊,却一本都没有。二是记录一些名言警句，例如19世纪美国作家梭罗有一句名言："说真话需要两个人，一个人说，一个人听。"我曾经就此写过一篇文章，我说现在说真话难，听真话更难。说真话的人现在还有一些，比如像绪贻先生我们这些人都是说真话的，可是需要当局领导们来听真话，这样的人少之又少，而流行的却是"假大空"一类的套话。第三，记录一些自己的读书体会。读完书以后有什么读书体会，三言两语地把它记下来。这是我一生读书都坚持的方法。

现在我谈谈读书的几点感想：第一，我不读中国当代哲学家的书，但冯友兰的中国哲学、朱光潜的美学等等我还是读的，艾思奇的哲学书我也是在大学时当作教科书读了。但现在那些所谓的哲学家的书我是不读的。我跟青年人谈话时，也劝他们不要读中国当代哲学家的书。因为现在中国将哲学政治化、庸俗化和工具化了。哲学的真正意义在于追问事物的本源，人从何而来，世界从何而来，这才是真正意义的哲学，但现在的哲学却都是工具，给领导人起草讲话稿，给他们的讲话作注释。所以这样的哲学书我就不读。

第二点体会，我劝导青年要放弃"学好数理化，走遍天下都不怕"的观点，这是不正确的，误导了我，我希望现在的青年人不要再被误导。而且我的体会是，真正要学好数理化，必须打好人文基础，没有人文基础是不可能学好数理化的。因为人文基础给你提供了阅读的能力、思考的能力、写作的能力和语言表达能力，没有这些能力，怎么能学好数理化呢？我们化学系就有个教授动手能力很强，能够解决很多技术实验问题，但论文写不好，一篇论文都没有。他就是因为人文基础太差，文字能力太差，写不出文章来，所以讲课的效果也很差。这就是片面强调数理化所带来的副作用。所以我要劝告当代的青年，真正要学好数理化，必须打好人文基础。人的才华是相通的。所以现在高考中的文理分科是不可取的。至于少数具有文科特殊天赋的人才，是录取时需要考虑的问题，但不能因为有个别的特别有天赋的人，就让所有人都按照文理分科来教学，这也是导致我国当代青年人文素质低下的原因之一。

刚才说到张潮的那句话，我觉得我也进入"台上玩月"的境界了。读书的最初阶段当然是为了应用，但最高的境界就是为了欣赏，欣赏知识的内核和美。所以我也想借此机会谈谈自己的读书的心得，求教绪贻先生。

**刘绪贻**：你看那些到我家里来的学生，我问他们那些能够启发人思想、开阔人视野的书，他们都不知道。他们所读的东西，多半都是课程内的东西，这真是太可怕了，所以资中筠说，中国的教育这样继续下去，人种都要退化。

**刘道玉**：我完全同意绪贻先生和资中筠先生的意见。我国当前不读书的状况确实是非常危险的，应该引起国家高层领导者们的重视了。一个西方哲人说过一句很深刻的话：一个人的精神发育史，应该是一个人的阅读史，而一个民族的精神境界，在很大程度上取决于全民族的阅读水准。因此，我们国人应该清醒了，要铭记高尔基的名言："热爱书吧——这是知识的泉源！"


# 造就面向 21 世纪的新型人才 *

**《国际人才交流》**：邓小平同志为我国发展提出了三大战略步骤，最近国家又制定了我国经济建设和社会发展的"九五计划"和 2010 年远景目标。面向 21 世纪，对人才的素质有哪些要求？换句话说，具有什么素质的人才才能适应我国经济建设和社会发展的要求？

**刘道玉**：今年 3 月，第八届全国人民代表大会第四次会议上，制定了我国"九五规划"和 2010 年远景目标纲要。这是一个跨世纪的宏伟纲领，是实现我中华民族几代人梦寐以求的现代化的重要步骤，也算是我国迎接 21 世纪到来的一个重要对策。

历史经验表明，每当世纪之交的前后，都伴随着巨变，这既表现在社会变革上，也反映在科学技术的发现与发明方面。从现在到 21 世纪，只剩下 4 年不到的时间了。因此，世界各国的未来学家、经济学家和政治家

---

\* 本文为 1996 年 5 月 8 日接受《国际人才交流》杂志记者林黎采访的问答。采访得到闭良干先生的特别关注，闭先生时任《国际人才交流》编委会副主任、总编辑，中国国际人才交流信息研究中心主任、中国国际人才交流与开发研究会秘书长。

们都在思考着大致相同的问题：21世纪将是一个什么样的时代？我们如何为进入21世纪做好准备？未来的教育将是什么样的模式？未来的人才将是什么样的规格？他们在解决人类面临的各种问题中，将发挥怎样的作用？

美国未来学家保罗·肯尼迪在新作《为21世纪做准备》一书中，分析了影响21世纪的各种因素，他把教育列为首要的关键因素。为什么教育如此重要呢？说到底，教育是培养人才的事业，它的重要性主要体现在人才的重要性上。这也验证了毛泽东的一句话："只要有了人，什么人间的奇迹都可以创造出来。"

那么，21世纪的社会形态和产业结构将发生怎样的变化呢？这些变化对人才的素质又提出了哪些要求呢？这些问题已受到各方面的关注，一些教育家和心理学家从未来学的角度作了不少的研究，许多国家也都把培养21世纪新人作为迎接新时代挑战的主要对策。什么是21世纪的新人？我认为，21世纪的新人应当具备五种能力：

（1）自我设计、自我实践和自我调整的能力。每个人都是自己命运的设计者和实践者，因此，要正确地设计自我，勇于实践自我，并根据未来社会和产业的变化而不断地调整自己的职业和知识结构。

（2）获取、加工和使用信息的能力。未来社会是信息社会，信息是资源、是资本，善于掌握和使用信息，就享有分配资源的权力，也就等于掌握了通向"成功之门"的金钥匙。

（3）开拓、创新的能力。开拓和创新犹如孪生的姐妹，前者是指"敢入未开化的边疆"，后者是指"敢探未发明的真理"。这是未来人才必须具备的两个重要素质，它们像是一把双刃剑，掌握了它们，就可以所向披靡。

（4）运用多种技术的能力。技术是架设在理论与实践之间的桥梁，没有桥就不能过河，就不能把先进的理论变成应用或成果。这里所说的技术是多方面的，如计算机技术、多媒体技术、光电子技术、通信技术、驾驶技术、修理技术等。只有掌握了这些必要的技术，才能成为一个全面的人，也方能成为一个成功的人。

（5）具有系统的管理能力。管理不仅仅限于领导者，每一个生活在群体中的人，都应该具有系统的管理能力，这既是管理自我的需要，又是提高工作效率所必需的。管理学家认为,人的管理是现代管理的核心。因此,每一个未来的新型人才,都应当学会处理复杂的人际关系,既要敢于竞争,又要善于与人合作共事。

**《国际人才交流》**:根据您的这个理论,与国外比较,您认为我国现有人才群体的素质有哪些优势?还有哪些与新世纪要求不相适应的?

**刘道玉**:按照 21 世纪新人的要求,我国人才群体素质既有一定的优势,又有严重的缺陷。我认为,主要的优势是:(1)思想品德素质好,这既得益于长期的思想教育,又受到中国儒文化的影响;(2)具有勤奋、严谨和忍耐的美德,这无论对于从事学术事业或是开拓创业,都是十分重要的素质;(3)受到了良好的基础知识训练,特别是数学教育有着优秀的传统。今年以来,我国中学生参加国际奥林匹克竞赛,几乎囊括了数理化三科的全部金牌就是最好的证明。

但是,我们也应看到,我国人才群体素质也存在着严重的缺陷,上面所列举的 21 世纪新人的五种能力,恰恰是我国人才素质最薄弱的。除此之外,还有几点也是我国人才群体素质中所缺乏的,主要是:(1)缺乏批判和质疑精神,不敢冒险,求稳怕变,安于现状;(2)受专业制度的影响,专业知识狭窄,知识更新能力差,独立工作能力差;(3)团体意识差,不善于合作共事。

**《国际人才交流》**:在如何造就人才的问题上,您认为国外有哪些好的经验值得我国借鉴?

**刘道玉**:我有一个小孙女在国外,她到上小学的年龄了。为了让她学习汉语和接受中国文化的熏陶,我们向儿子和媳妇建议把她送回到国内小学学习一段时间。但是,儿子儿媳均表示不同意。他们认为,送女儿到国内读书,只能制造"考试的机器",她的个性会受到压抑,孩子会被教得呆头呆脑的。

这件事令我深思。我们可以看出东西方教育的确有很大的差异,具体表现为:在教学的目的上,中国注重传播知识,而西方注重培养创造能力;在教学方法上,中国强调灌输,西方主张启发;在教师的作用上,中国重视讲授和解惑,西方注重启发思想和指导研究;在学生的任务方面,中国强调记忆,西方主张深入思考和举一反三。从总的特征上看,中国培养人才的特征是:知识渊博,局限于老框框,习惯于模仿;西方国家培养的人才的特征是:新思想丰富,自由思考。从这些对比可以看出,西方国家在教育上的某些有益经验是值得我们借鉴的,例如民主教育、发展个性、指导研究和激励创新等等。

**《国际人才交流》**:您认为要造就面向 21 世纪的新型人才,我国需要进行哪些改革? 应采取哪些改革的对策?

**刘道玉**:在 21 世纪到来之际,为了培养适应 21 世纪的新型人才,世界各国都在研究和制定教育改革的对策。

1993 年 2 月,中央制定了《中国教育改革和发展纲要》,这是指导我国 90 年代乃至下个世纪初教育改革和发展的一个纲领性的文件。文件是有,但到底能得到贯彻,那就是另一回事了。文件虽然面面俱到,但重点不突出,对于更深层的问题并没有剖析,也未能找到我国教育问题的根源,看来只能治标而不能治本。

当前,教育行政领导部门、教育理论研究工作者都应当思考和回答 21 世纪的教育改革问题。对于这些问题,我也思考了很久,逐渐形成了一些想法,我愿意抛砖引玉,以引起大家对这些问题的研究和解决。

我认为,由于我国教育保守思想的根基太深,致使我国教育改革的阻力很大,靠小敲小打式的改良是不能奏效的,必须从整体上进行全面的改革。从教育体制上,必须打破千校一面、万人一格的"大一统"的教育体制,鼓励竞争,允许办不同风格的学校。从教学制度上,必须坚决克服应试教育的弊端,大力推行素质教育,包括文化科学素质、个性素质、心理素质、特长素质、创造性的素质和身体素质等。从学校的功能看,必须把基础教育与职业教育分开。现在,在各级学校教育中,基础教育与职业教育混杂不清,这是很不正常的。我国重点大学本应是教学中心和科学研究中心,担负起培养高级人才和攀登科学技术高峰的重任。但是,现在不少重点大学为了创收,花了很大的精力去发展各类成人教育,其规模远远超过了本科生与研究生的人数,这实际上是"杀鸡用牛刀",做了职业大学应当做的事。从培养目标看,必须大力推行创造教育,开发人人具有的创造力,培养创造型人才。这是一项战略任务。不仅在学校,而且要在全社会推广"创造技法"促进发明创造,提高我国科学技术和经济的竞争实力。

从教学手段看,必须打破代代相传的"以教师为中心、以课堂为中心、以课本为中心"的教学体系,大力推广"多媒体"教学,集图、文、声、意为一体。这是教学上的一次深刻革命,我们应当以积极的姿态迎接它的到来。从教学方法上,要真正地实行孔子倡导的,但两千多年都未能实行的启发式教学,做到教与育相结合、外因与内因的统一,教学生学会学习、学会生活、学会关心、学会生存,使他们成为成功的人。

《国际人才交流》:你们现在自筹资金创办一所学校的初衷是什么,与以上您关于造就新人的主张有无关系?

刘道玉:我一向认为,国家兴亡,匹夫有责;教育兴衰,教育者有责。我毕生从事教育工作,担任高等教育的领导工作有四分之一世纪,从而使我与教育结下不解之缘。我54岁时,被免去了武汉大学校长之职,对此我并不在意。但是,我遗憾的是失去了教育改革的舞台,颇有壮志未酬之憾。

不过,对于一个创业者来说,如果没有或者失去了舞台,那就应当自己去设计和创造一个适合自己的舞台。于是,我就萌发了创办武汉新世纪外国语学校的想法,并以超常的速度,把它变成了现实。

我的初衷有三:第一,我仰慕古今的思想家、教育家,崇尚他们的改革精神。纵观历史,一些教育家在推行他们的教育改革主张时,一般都亲自办一所实验学校。例如,公元前4世纪古希腊哲学家柏拉图,为了实现他的《理想国》的模式,就创办了柏拉图学园,学园历时900多年,培养了像亚里士多德这样的学术泰斗。17世纪捷克的伟大教育家夸美纽斯,为了推行他的大教育理念,创办了夸美纽斯实验学校,以推行他的三段式教学法。19世纪末,美国的教育家杜威创办了杜威实验中学,亲任校长,以实现他的现代实用主义的教育理念。我国近代史上的陶行知先生,创办了晓庄试验乡村师范学校,以推行大众教育为宗旨。我创办武汉新世纪外国语学校,正是为了步先贤之后尘,作今日教育改革之文章,把它作为我进行教育改革的"试验田"。

第二,我国各级学校教育之间,存在彼此重复又互相脱节的现象。用一句话来说,它们犹如铁路警察各管一段的状况,互不通气。我长期从事高等教育,并且积累了一定的经验,但不熟悉基础教育,我创办集中小学为一体的基础教育学校,其目的就是加强对基础教育的感性认识,了解我国教育的全过程,揭示我国教育到底存在什么问题,并探讨有益的教育改革经验。

第三,为克服应试教育作一些探索。当前,我国各类学校中应试教育的状态十分严重,尽管各级教育行政部门三令五申要予以制止,但只是"干打雷不下雨"。原因何在呢?最主要的原因还是高考升学压力。可以肯定地说,高考指挥棒一天不放下来,应试教育的压力就一天不会消除。为了改变这种状况,我提出了"大、中、小"或全程教育模式。我希望在这个模式的小系统中,实行直荐升学,重荐不重考,重智力而不重分数。其目的是把学生从频繁考试的压力下解放出来,使他们有充分的时间广泛地阅读,自由思考,自己动手做实验,以使他们在宽松、愉快的环境中,按照人才的规律被培养。这就是我们创办武汉新世纪外国语学校的初衷,也是我们从事教育改革最根本的目的。

武汉新世纪外国语学校从创办到现在还不到一年的时间。但是,由于全方位地开展教育改革,依靠"三优"(优秀的教师、优良的教学设备和优美的教学环境)的办学条件,教学质量大幅度提高,特长教育全面实施,科技制作已出成果,参加的各科竞赛也多人获奖。因此,学校的校誉日增,生源不断扩大,学校前景一片光明。下面特赋诗一首,仅表心意:

### 办学情怀

从教育英数十年,双鬓斑白不甘闲。

借得改革春风雨,躬耕一方"试验田"。

的确,在我的一生中,还不曾有任何事物像教育改革这样梦魂萦绕似的牵引着我。过去,我曾说过,教育乃我生命。现在我再补充一句:我剩下的生命仍然属于教育。我将一如既往深情地追随教育改革,我期盼 21 世纪的崭新教育,更渴望 21 世纪新型人才苗壮成长!

# 培育创造型人才是时代的要求 *

据悉,新年伊始,湖北省刘道玉教育基金会启动了"创造教育成果奖"的申报与评审活动。为此,《光明日报》湖北记者站夏静对湖北省刘道玉教育基金会会长刘道玉进行了采访。

**《光明日报》**:请你介绍一下为什么设立"创造教育成果奖"?

**刘道玉**:创造教育是教育学的一个分支学科,它是介于教育学与创造学之间的交叉学科。大概是 20 世纪 80 年代,创造教育被介绍到我国,可是并未引起我国教育界的足够重视,再加上人们对创造教育与创新教育混淆不清,致使对创造教育缺乏深入的研究。而创造教育理论的落后,必然影响到对创造教育实践的实施,极大地妨碍了我国创造学人才的培养。

我国有各级教育基金会,颁发教育学奖的也不在少数。可是,迄今为止,尚没有看到设立创造教育成果奖的。因此,湖北省刘道玉教育基金会有意弥补这个空白,希望借此推动创造教育理论的研究,鼓励开展各类创造教育的实践活动,以有利于创造型人才的成长。

**《光明日报》**:设立这个奖项的指导思想和目的是什么?

**刘道玉**:创造的本质只有第一,没有第二。因此,"创造教育成果奖"是奖励在创造教育学某一个范围内的第一(即新颖性)的成果。鉴于创造教育学(是一门学科)与创新教育的本质区别,故本奖项不包括创新教育(实际上是指教育改革)研究的成果。这就是本奖项评奖的指导思想。

我是国内最早研究创造教育的人之一,武汉大学出版社的"名家学术"系列出版了我的"创造教育书系",全系列共五册计 140 多万字,它们是我 30 多年学习和研究创造教育的心得。《光明日报》和《南方周末》先后发表了长篇书评,给予了较高的评价。

转眼间,我已到耄耋之年,但我的创造教育情结依然未了。鉴于我国传统教育观念根深蒂固,人们的创造教育观念淡薄,推行创造教育阻力重重,培养创造型人才不能得到落实。一个十分明显的问题,就是关于"钱学森之问",它已经提出 9 年了,可是至今仍然没有引起教育界的重视,更

---

* 本文为 2013 年 1 月 13 日接受《光明日报》记者采访的问答。

没有得到回答。那么,"钱学森之问"究竟是问什么?有人说是问"为什么冒不出杰出的人才",有人说是问"为什么培养不出大师"。其实,这些都没有回答出问题的本质。什么是"钱学森之问"的本质呢?2005 年 7 月 29 日,钱学森先生当着温家宝总理的面是这样说的:"现在中国没有完全发展起来,一个重要原因是没有一所大学能够按照培养科学技术发明创新人才的模式去办学……"因此,"模式"才是问题的本质。为什么很多人都读不懂钱学森先生的建言呢?因为他们没有创造教育的概念,没有认识到按照创造教育模式办学乃是培养杰出人才的关键措施。因此,我们设立创造教育成果奖的目的之一,就是希望推动教育界回答和落实"钱学森之问"。

《光明日报》:你们通过什么方式评选出创造教育成果奖?

刘道玉:我们基金会聘请了国内教育界著名的学者,组成了有 21 人参加的评审委员会,根据申报者的材料,举行初评、二评和终评,得票超过三分之二者,方可获得创造教育成果奖。创造与创新是不同的,创造是从无到有,而创新是从旧到新。因此,创造教育成果奖,特别强调创造性,也即第一的、率先的和他人没有研究过的开创性的研究成果。

《光明日报》:创造教育成果奖有哪些奖项?

刘道玉:我们设立的创造教育成果奖分为三类:一是优秀论文,每次评选 3 篇,每篇论文奖励 1 万元,要求是公开发表的、有新颖学术观点的理论成果,在学术界有大的影响;二是创造教育学术专著,每次评选一本,奖励 5 万元,要求是公开出版的言他人之未言的系统性学术著作;三是创造教育实践成果,每次评选一项,奖励 20 万元,要求有新颖的设计方案,并且以一个学校或一个年级或一个班级为实验对象,经过一定周期的实践,对于提高学生的想象力和创造力具有明显的效果,且具有一定的推广价值。

总之,每一类成果都必须从严掌握,宁缺毋滥。当选的成果须公示一个月,在没有异议以后方能正式认定。然后,在适当的时候举行颁奖仪式,为获奖者颁发证书和不同金额的奖金。

创造教育成果奖每两年评选一次,逢双年份进行。

《光明日报》:你对当前深化教育改革有什么建议?

刘道玉：我们应当看到,我国各类教育均得到了很大的发展,财政性教育经费支出已实现了占 GDP 4％的目标,办学条件有了很大的改善,统一高考改革也正在稳步推进,《光明日报》开辟的教育综合改革的讨论也激起了很大的反响。但是,我们必须认识到,我国教育还存在着诸多深层的问题,必须坚持不懈地深化教育改革。为此,我有以下的建议：

第一,希望大力进行转变教育价值观的教育与宣传。我认为,我国教育中的诸多问题都是由于教育价值观错位而造成的。我们应当认识到,我国教育价值观仍然是建立在儒家思想基础上的,即重视实用而轻视理论、重视分数而轻视能力、重视传统而轻视创造、重视教育的外在价值而忽视教育的内在价值。那么,什么是教育的内在价值呢？教育意味着启蒙人和解放人。正确的教育价值观应当是：呵护自由、培育兴趣、树立诚信、启迪智慧、激励创造、享受快乐。

第二,大学应当在去"行政化"上下大功夫。去行政化的关键在于克服官僚主义,坚持密切联系群众的优良传统。现在,大学的领导班子过于庞大,党政领导干部加上党委常委和校长助理总共十五六个人,这与解放初期一正一副校长的编制不知扩大了多少倍。这种体制必然导致人浮于事,决策与管理效率低下,而且必然滋生官僚主义的作风。

第三,应该下大力气抓素质教育的试点。我们必须正视,现在的应试教育情况比 20 世纪 90 年代更加严重了,到处都出现了"超级高考工厂"。但是,不能简单地从克服应试教育抓起,而应当以正确的教育价值观为导向,以成功的素质教育的典型来抵制日益猖狂的应试教育,这样才能起到以正压邪的作用。


# 不拘一格降人才 *

刘道玉：今年是著名经济学家杨小凯逝世 10 周年,他的经历非常坎

---

＊ 本文为 2014 年 4 月 27 日接受凤凰卫视电视片《我的中国心》摄制组编导张小玲专访的问答。节目播放时间为 2014 年 7 月 5 日。

坷,是在监狱中自学成才的。1982年初,杨小凯被武汉大学调进并破格聘任为助教,后晋升为讲师。1983年8月杨小凯赴美攻读博士学位,1988年6月获美国普林斯顿大学博士学位,1990年获聘澳大利亚莫纳什大学终身教授,1993年当选澳大利亚社会科学院士,是当时出国留学的30多万人中,第一个晋升为院士的人,曾经两次被提名为诺贝尔经济学奖的候选人。这些足以说明他是我国百多年历史中罕见的经济学界的巨人。

**凤凰卫视**:你们是怎样发现杨小凯的?

**刘道玉**:为了适应市场经济发展的需要,我校在全国率先创办了经济管理学系,从校内外调进了多名跨学科的教师。刘鹰是从数学系调过来的,我们派她到中国社会科学院经济研究所进修计量经济学,这时正好杨小凯也在该所做临时工,他们经常讨论经济学方面的问题。刘鹰对杨小凯的学识和见解极为赏识,她写信给经济管理系党总支书记胡春芳,希望把杨小凯调入到新建的经济管理系任教。胡春芳带着刘鹰的推荐信找我,他说我们管理系新建,正好缺少数理经济学的教师,应争取把他调进来。听了他们的介绍,我也认为杨小凯是一个难得的人才,一定想方设法把他调到武汉大学来。

根据我的判断,一个19岁的青年,在监狱蹲牢房10年,不仅意志没有被摧垮,还坚持自学,学完了马克思的《资本论》、凯恩斯的《货币论》、高等数学、英语,并且运用高等数学分析劳动价值理论,运用拉格朗日原理推出了戈森定律。他的自学能力是惊人的,他的成果是普通大学生难以比拟的。据此,我断定,杨小凯日后必将成为杰出人才,也一定会作出非凡的学术成就。

正好,1981年5月,我到湖南长沙参加招生工作会议——因为湖南是我校每年招生的大户,招生的数量仅次于湖北省。会议是在湘江饭店召开的,我想利用开会的间隙去拜会湖南省省委书记毛致用,于是向湖南省委办公厅通报了我的请求。让我感到意外的是,毛书记是一个礼贤下士的领导人,一天傍晚他亲自来到我下榻的湘江宾馆——他是从湘潭考察工作返回直接来看望我的,仅此一点就说明他是一位亲民的人民公仆,令我十分敬佩。

我开宗明义地说明意图:我校新建经济管理学系,急需数理经济学方面的教师,希望把杨小凯调到武汉大学工作。毛致用书记对杨小凯是熟悉的,对他的遭遇是同情的。他毫不掩饰地说:"杨小凯受迫害是左倾路线造成的,我们正在与中央有关部门商量为他平反的事,你们可以先把他调过去,这对他改变环境是有好处的。"对毛书记爽快的应允,我表示了感谢,同时我又提出了三点要求:一是杨小凯事件发生在湖南,希望湖南省委一定给他彻底平反,不留尾巴;二是冤案的材料一律销毁,不能随档案转到武汉大学;三是杨小凯的妻子女儿一并随调,不能再造成两地分居。毛书记表示完全同意我的要求,将责成省委组织部尽快办理此事。

为了做好细致的工作,我还拜会了杨小凯的父亲杨第甫同志,他是一位令人尊敬的老革命家,一生坚持说真话,因而在 1959 年的"彭黄张周"反党集团事件中,被列为第 5 号人物,受尽了折磨,文革中再次受到批判,导致夫人陈素自缢身亡。他的小儿子杨小凯因张贴了"中国向何处去?"的大字报,被公安局逮捕,并被判有期徒刑 10 年,他们一家人受尽了折磨,都是极左路线的牺牲品。

**凤凰卫视:**一个没有学历的人,你们破格晋升为经济学讲师会遇到阻力吗?

**刘道玉:**那时思想解放,人们盼才若渴,我也没有请示任何上级领导部门。1982 年 3 月,杨小凯顺利地调入武汉大学,破格评定为助教,次年又晋升为讲师。说闲话的人当然有,但实践是检验真理的标准。在武汉大学工作期间,他先后开出了《经济控制论》《数理经济学》两门课程,撰写出《数理经济学基础》和《经济控制论初步》两部专著,写了《湖北微观经济模型》等十多篇论文,还担任了武汉洗衣机厂的经济顾问。这些成果,是一般教授都不能比拟的,充分显示了他的才华。看到这些成果,某些质疑的声音自然销声匿迹了。

这一年 7 月,美国普林斯顿大学计量经济中心主任邹至庄教授访问我校,杨小凯与他进行了学术交流,他对杨小凯的才华极为欣赏,表示要邀请他去攻读博士学位。很快小凯收到了邹教授的邀请函和办理赴美国留学的全部资料。可是,那时刚刚开启对外开放,左倾思想还占据主导地位。我把杨小凯申请赴美国留学的报告提交到党委常委会会议上讨论,可是大多数常委不同意他出国,认为他坐过十年牢,在政治上是不可信任的人,这关系到培养什么接班人的问题。我据理力争,说既然平反了,就不再是反革命分子了。但是,我是少数派,他的申请没有获得通过。

**凤凰卫视**:杨小凯是怎样去美国留学的?

**刘道玉**:他去美国留学,走的是曲线道路,这需要有一点胆识。在学校党委讨论争执不休的情况下,我单独找杨小凯谈话,说你现在只能绕道走,希望你给邹至庄教授写一封信,请他给赵紫阳总理(邹是赵总理的经济顾问)写一封信,如果总理批了,你出国就有希望了。杨小凯接受了我的建议,果然总理的外事秘书李湘鲁在邹教授的信上批示"请武汉大学办理"的字样。这个批示很明确,不是要我们研究,而是让我们办理。这是一把尚方宝剑,有理由绕开武大党委,我直接批准了杨小凯出国的申请,他也就顺利地办好了出国的一切手续,于1983年8月飞往美国普林斯顿大学攻读博士学位。

他在离开武汉大学时,我们进行了一次推心置腹的谈话。我说:"小凯,你经历了不少磨难,但你有钢铁般的意志,这次出国的机会实属难得,希望你利用美国的有利研究条件,向着经济学的高峰攀登,争取拿到诺贝尔经济学奖。"小凯显得十分激动,他说:"刘校长,只要你还是武汉大学校长,我学成以后,一定回校辅佐你办好武汉大学!"这是我们二人的心愿,是我们彼此信任和相互支持的决心。

**凤凰卫视**:在清理精神污染中有没有涉及杨小凯?

**刘道玉**:1983年下半年,全国开始进行清理精神污染运动,校内个别左倾思想严重的人,试图拿杨小凯向我发难,认为调入和重用杨小凯是自由化的表现。我坚持走自己的路,任他们说去。好在这次清理精神污染运动,由于有扩大化的趋势,被总书记胡耀邦制止了,仅仅持续了27天。

但是,我认为杨小凯没有问题,他的那些言论都是关于经济体制改革的范畴,因此我敢为他打包票。然而,清理精神污染的消息,很快传到国外去了,杨小凯也得知有人意欲诘难我。他在1983年12月12日给我写了一封信,他写道:

刘校长:您好!

我也听说,国内有人要批判我的观点,对此希望领导多多及时地指点,相信我是经过风浪的人,不会为一点风波而动摇。两周以前,我收到了赵紫阳总理外事秘书李湘鲁的来信,信中有一段话,我觉得非常正确。他写道:"国内的形势你大概知道一些。反右,与经济无关,主要是思想、文化界的事,但有些好事者,认为经济理论战线也有清理污染的任务,矛头指向你正在学的那些东西。许多是因为不懂,你应该明白的,社会科学院和高等学校里这类人不少,正好有事做了。我认为你完全不必在意,虽然有点讨厌。"

他在 1983 年 12 月 22 日的来信中写道:

> 妻子在来信中说,学校目前在批判精神污染,您表示对我的东西完全负责,这使我深深感到您对我的关怀,令我十分感动。

他在 1984 年 5 月 24 日的信中写道:

> 尊敬的刘校长:
> 　　您的信早收到了。普林斯顿大学的教授告诉我,您亲自给普大校长写信,请他们关照我,您的关怀使我非常感动,只要您负责武汉大学的工作,我终究是会回武大的。

小凯在美国和澳大利亚期间,我们先后有 12 封书信往来,这是我们的友谊和互相信任的表现。我们是君子之交,没有丝毫个人的利益,他支持我振兴武汉大学,而我鼓励他向经济学研究的高峰攀登,虽然我们都没有实现自己的终极目标,但我们都竭尽了自己的一切。

多年以来,我一直有一个愿望,希望到澳大利亚看望小凯。机会终于来了,1989 年 7 月 2—7 日,第 27 届国际配位化学学术会议在澳大利亚布里斯班召开,我向大会提交了《非线性光学性能的金属有机化合物》一文,被大会审查通过。我已经办理好了出国签证,缴纳了 50 美元的注册费,预定了机票。我与小凯约定,会后我飞往墨尔本与他会晤,以叙我们的友谊。可是最终我没有成行,给我们留下了终身遗憾!

邹恒甫是武汉大学毕业的另一位著名的经济学家,是解放以后首位获得哈佛大学经济学博士的中国人。2017 年全世界 5 万名经济学家排名中,他位于 460 名,是世界华人经济学家中唯一进入前 500 名的人。他热爱祖国,热爱母校,于 1994 年在武汉大学创办了全国第一个高级经济学研究中心,致力于双语、双学位的教学,希望彻底改革落后的中国大学经济学教学。他借助个人的人脉,从国外聘请经济学家自费来授课,而杨小凯就是他聘请的著名经济学家之一。

**凤凰卫视**:杨小凯出国后是否回过武大?

**刘道玉**:1996 年 7 月,邹恒甫邀请杨小凯到武汉大学高级经济研究中心讲学,这是小凯出国 13 年后第一次回到武汉大学,我们都感到非常高兴。可是,小凯是高高兴兴而来,含着悲愤而去。原因是,当时的武汉大学党委书记坚决不准杨小凯在武大讲学,并且在杨小凯住房的左右派保卫处两名干部监视他的行踪,简直是骇人听闻!杨小凯气愤地说:"我能够在北京大学、复旦大学、香港大学和台湾大学讲学,但不能在我工作过的大学讲学,简直是岂有此理!"

当得知这一荒唐的事件之后,为了平复小凯不快的心情,我和夫人商量,我们自费邀请杨小凯、邹恒甫和黄训腾副书记等人,在校门口集贤楼餐厅聚会,既排遣他胸中的不快,又抒发我们别后的友情,同时为小凯饯行。在餐叙中,小凯畅谈了他目前在经济学前沿领域的研究工作,我们都对他的研究寄予厚望。小凯严肃地对我说:"刘校长,您已经不再是武大的校长了,我收回当年对您的承诺,我不会再回武大了。"我也对他说:"是的,你不必再把回武大一事记在心上,我们都与武汉大学无关了。你现在的唯一任务就是向经济学研究的最前沿冲刺,希望你登上诺贝尔经济学奖的高峰。"他说:"我会努力的,感谢你们大家的支持!"餐叙之后,小凯回湖南长沙探望亲人,我们遥祝他旅途一路顺风!

**凤凰卫视**:您是怎么知道杨小凯罹患不治之症的?

**刘道玉**:1997 年 7 月,是我最后一次见到小凯,在此后的几年中,我们的联络中断了。我知道,他太忙了,也许他身体不好。后来听到的信息,印证了我的猜测。2001 年 9 月,他罹患了肺癌,同时皈依了基督教,并且两次作了见证。虽然身患绝症,但他并没有放弃研究,同时与病魔作顽强的抗争。我听说，到了 2002 年 12 月，他的身体进入一个新的境界，癌细胞居然完全消失了，我为他感到由衷的高兴，并为他虔诚地祈祷！

2004 年 6 月，邹恒甫再一次到武大讲学，我们在珞珈山麓散步时相遇。我问他，小凯的身体怎么样？他说小凯的身体很不好，已经不能说话了，只能用手写东西。很可惜，拿诺贝尔经济学奖不是没有可能，只是没有时间了。听后我的心情霎时阴沉了下来，但愿上帝保佑他平安。

**凤凰卫视**：杨小凯的逝世的确是国际经济学界的巨大损失，您的心情肯定是非常悲痛的。

**刘道玉**：是的，我没有料到，不幸的消息竟然来得如此之快。7 月 12 日晚饭后，儿子刘维东告诉我，网上报道杨小凯已经去世了。我立即给邹恒甫打电话求证，他说是的，是 7 月 7 日逝世的，他还代表董辅礽、黄训腾和我，给小凯的夫人吴小娟打电话表示悼念和慰问。7 月 13 日，我又亲自给小凯的夫人发了悼念的电子邮件。从网上得知，小凯的追悼会将于 7 月 14 日下午 2 时，在墨尔本 Waverley 路的 Anglican 教堂举行。我感到十分遗憾，由于远隔重洋，我不可能前往参加他的追悼会。于是，我立即写了悼念诗三首，以邮件发给他的夫人，现抄录于下：

## 沉痛悼念杨小凯院士

（一）

十年铁窗苦自学，

横贯中西博与约。

喜有伯乐识良驹，

珞珈山上露头角。

（二）

坚守信仰尚独行，

疾恶如仇不苟俗。

崇尚民主与自由，

敢为改革鼓与呼。

（三）

历经磨难成正果，

学术前沿勇开拓。

不幸罹难不治症，

痛惜巨星早陨落。

刘道玉　哀挽

2004 年 7 月 14 日晨 6 时 30 分

# 2

## 大学校长与改革

# 生不愿封万户侯*

1993 年，刘道玉满了 60 周岁。他为《传记文学》写了篇自传《生命六十始》，对自己的一生作了番回顾和反思。他把自己前 60 年大致分为四个阶段：头 30 年是读书生涯，他单纯、热情、迷惘、胸怀大志。"文革"前后20 余年，他多少有些无奈地被卷入政治的惊涛骇浪而无法自制，这令他心灵深处至今仍隐隐作痛，不断地追问自己，青年时代那无辜的迷失到底有多少是投其所好，多少是迫不得已？几乎整个 20 世纪 80 年代是刘道玉一生最辉煌的时期，1981 年至 1988 年，他一直担任武汉大学校长。他是当时中国最年轻的大学校长，一扫高教战线的沉沉暮气，锐意改革。我们很多读者所了解、所熟知的，便是这时的刘道玉。

记得一位名记者曾受国家领导人万里之托，准备写中国教育战线的"四进士"，刘道玉便是其中之一（其余几位分别是当时的华中工学院院长朱九思，上海交通大学校长邓旭初，中国科技大学化学系讲师温元凯）。"四进士"名头之响，20 世纪 80 年代初如雷贯耳。如今时过境迁，他们都音讯渺茫，很少有人旧事重提了。当然，也并不是被忘得那么彻底。

1988 年，刘道玉不得已亦不服气地离职以后，开始了人生的新阶段。他又回到书房，回到实验室，做了一个平头教授。他对笔者说，60 岁以前，他多少还是为别人而活着，那么 60 岁之后，他将仅仅为自己、自己的心、自己的理想而活，他说，这才是"人的真正有意义的生命"。

刘道玉现在仍住在武大校园里。美丽的珞珈山下，是他一生成长、奋斗和热爱的地方。1953 年考进武大化学系时，他还是一个心比天高、蔑视世俗、发奋横空出世的湖北枣阳的乡村少年，除了 60 年代初留学苏联两年、70 年代末任了两年临时京官外，他一直没有离开武大。32 岁当副教务长，40 岁当武大党委副书记，45 岁当国家教育部党组成员兼高等教育司司长，48 岁当了校长，54 岁被免职又回头当教授。

近 8 年来，刘道玉一直在坚持搞科研、带研究生，去年还破例去英国参加了学术会议。但他念念不忘、穷追不舍的事情，还是参与中国教育的

---

* 本文发表于《今日名流》杂志 1995 年第 5 期，采访记者曾楚风。

改革。中国古人曾赞美一种精神——"虽九死其犹未悔",这种精神在刘道玉身上表现得特别突出。

刘道玉说,我现在是一介布衣匹夫,但"天下兴亡,匹夫有责",我现在干的事,也就是"布衣匹夫之事罢了"!

## 官是不想做的,向往"桃李满天下"

20世纪60年代初刘道玉被誉为"反修斗士""反修英雄",主要是因为他在苏留学期间曾积极参与了反修斗争的各种活动,最后被对方宣布为五名"不受欢迎的人"之一,限时48小时回国。1963年7月1日,当这几位反修斗士到达首都机场时,受到了陈毅副总理兼外长和数千名群众盛装欢迎。陈毅外长说:"修正主义不欢迎你们,党中央欢迎你们,祖国人民欢迎你们!"

7月3日,周总理在人民大会堂接见他们,并问到了刘道玉的学习工作生活情况,邀请他留在军事科学研究院工作,刘道玉婉拒了。他想回武大搞科研。但"反修斗士"是新闻人物,刘道玉此后一直也没有摆脱掉新闻媒介的关注和组织部门的考察。不管他自己怎么想,此后断断续续的二十几年里,总是时不时要将他考察一番,打倒或是委以重任。

他过去、现在都公开宣称自己不想当官。很多人嘴上这么讲,怀抱却各有隐私。有些人是出于无奈,有些人则是期待更高,但我相信刘道玉是真心的。原因有二:其一是按他说的,他"没有做官的禀性"。做官便成了官场一分子,官场有官场做事的规矩、做人的世故,是非遵守不可的,除非你德高望重,才有本钱偶尔出格。刘道玉倒还没有幼稚到不谙世故,但他生性太过耿直,说话也锋芒毕露,决不肯用心敷衍。说他是傲慢、清高都可以,我倒觉得他这样做,主要是他不在乎官场的得失。所谓志不在此,心有旁骛,自然不计后果。刘道玉曾在某时某地某种环境下说过一句话:"燕雀安知鸿鹄之志哉!"其二是他太老实,他一直认为干什么就要懂什么,不懂就不要干,否则就容易祸国殃民。他一再拒绝诸如省委副书记、武汉市市长一类的职务,原因很简单,就是觉得自己不懂政治和经济。

1983年中央派出一个工作组,对湖北省和武汉市的领导班子进行考察和配备,当时内定刘道玉是省委副书记分管文教。他拒绝了。又有一天,工作组找他谈话,要他当武汉市市委副书记兼市长,这把刘道玉吓了一跳。他四处活动,拒绝这一职位,令人惊奇地固执和认真。

你不懂,可以学嘛,交点学费也不妨嘛!

他一个劲地说他不懂经济,管不了市民们的饭碗。他说武汉这么大,几百万人口,工农兵学商,经济要起飞,还有米袋子和菜篮子,我拿不出方案来,也负不了这个责!后来胡耀邦出来说话,主张不必用人所短,为难他,此事才作罢。吴官正当了市长,刘道玉给他做了两届咨询委员会主任——他倒是乐于在幕后出主意,当智囊,做布衣卿相。

很多知识分子不喜欢当官,也有贪图清静的想法。人说功名利禄好吧,很多书生偏爱"两耳不闻窗外事,一心只读圣贤书"。刘道玉虽也是书生本色,爱慕苏东坡、曹雪芹的淡远,但并不想关门读古书、闭耳谈风月。他是自小由一个严厉而饱读诗书的枣阳塾师陶冶出来的聪明孩子,一方面向往宁静致远,另一方面则更渴望立言、立功、立德,兼济天下。

他达成目标的途径,是办教育。他喜欢当一个大学校长。说到这里,我觉得刘道玉这个火爆的枣阳汉子,对大学有一种近乎浪漫的看法。

曾有一位英国议员问他:"一个大学校长对社会的贡献是什么?"他说,一个大学校长或是一个真正有灵魂的大学校长的贡献,应该是用开明的治学思想培养造就一批杰出人才,报效、建设国家。对他来说,当校长不是做官,而是成为青年的朋友和导师。他喜欢青年人,喜欢影响他们心智的成长、思想的成熟,他渴望以这种方式,去影响一些人、一代人的命运,甚至以自己伟大的一面去主宰他们的心灵。他特别迷醉于桃李满天下的美景,他最向往孔子,有三千弟子、七十二贤人,他的思想通过他的学生变成民族文化的源泉。他渴望能站在大学的门廊下,看熙熙攘攘、络绎不绝的往来的学子,今天入门来的是懵懂无知的青年,明日出去都是仁人志士、国家的栋梁,在心中慨叹"天下英雄尽入吾彀中"!这便叫作"以一人之功成千万人之事业"。多了不起!

刘道玉经常说:如果我的学生中,有一个成了爱迪生,整个世界就会因此受惠千百年;有一个成为普希金,整个世界又会因此得到多少欢乐和喜悦。就为了那一个、那几个,他愿付出全部心血。也正因为用情如此之深,所以他对现在有些大学校长颇不满意。他说,很多人都不是真正的校长,是在做官儿！这话打击了一些人,却道出了一种真实,一种希望。

刘道玉被公认是与学生最亲近的校长。据说若有几批人同时求见刘校长,那么他第一批见的是学生,第二批是教员,第三批才是行政官员。直到现在,他仍积极参加青年的活动,与很多青年人密切交往、频繁通信。

刘道玉是靠读书的好成绩走出农村的,因此特别感激公平的教育给了他出路。由己及人,也特别同情那些因为没有好的读书机会而前途黯淡的青年,所以在武大的改革中,他坚持学分制,坚持转校转系制度以及插班生制度……虽遭到一些人非议,却也有很多人心怀感激。现在这些做法有的在不断完善,有的正在改进,有的已经中止……可惜的是,他本人再也无能为力了。

## 心不服口亦不服

刘道玉记性极好,当年发生的每一件事,时间、地点、人物,前因后果,丝缕分明,清晰如在目前。他可以背诵 1988 年 3 月 10 日《中国青年报》的一则报道,据说此报道后来被选作新闻学教材。

当时的新闻界条条框框比较少。有报道说:"最近,武汉大学领导班子进行了调整。6 日下午,在该校中层干部会议上,国家教委干部局负责人传达了国家教委党组的任免通知。54 岁的化学教授刘道玉被免去校长职务,58 岁的数学教授、原武大副校长齐民友被任命为校长……有关负责同志在讲话中指出,武大校长易人属正常换届。"

刘道玉多年来一直是新闻人物,是高教改革的招牌之一,因此他的免职引起很大震动。明眼人一下就看出该报道中的一些词语显示了此次换届的微妙之处。比如特意标明一任一免两教授的年龄,再如特别强调是"正常换届",都说明此事发生颇有曲折。事实上的确也有两点不太合乎情理:一是换届时间提前了半年;二是任免不公开。刘道玉在此事宣布前基本上一无所知,而且此次任免也没有广泛征求学生、教师与干部的意见。刘道玉得知内情后自然是拍案而起,掉头而去,心不服,口亦不服,拒绝任何谈话、解释。

任命已下,刘道玉只能接受现实。他悲哀的是他想把武大搞成一个高教改革试验田的想法就此破灭。人走茶凉,各有各的想法与主张。他说话没了分量,他的措施也办得走了样子,他的目标愈来愈黯淡。武汉大学重新调整了自己在中国高教改革事业中的位置。

作为由国务院总理亲自任命的大学校长之一(1985 年后,只余下六所大学的校长由中央任命,其余则由教委代办),中央领导很关心他的上下。这年 8 月,李铁映特地请刘道玉到北戴河谈话,问他想到哪里去工作。建议他去北京可以,去沿海城市也可以,去国外使馆当参赞也可以。刘道玉当时在致谢之后,表示既然下来了,就下得彻底一点,就当个老百姓好了。他真实的考虑有两点:一点是他多年来因人事纠葛劳心劳力,想过点平静的日子;第二点,是想保持一点尊严吧。

8 月以后,刘道玉开始写《创造教育概论》一书,直到 1989 年 3 月才交稿。随后他又到香港去参加了一个章太炎、黄侃的学术讨论会,他的报告题目是《学习章、黄严谨治学的优良传统,将高教改革推向新阶段》。

次年 4 月初回到武汉,他就得到胡耀邦逝世的消息,这令他万分悲痛。胡是他最敬仰的政治领导人之一。他喜欢他真诚,表里如一,没有丝毫的伪装,是性情中人。搞政治的人,血性少而理智多,胡耀邦便尤其可贵。

接下来的几年里,刘道玉很冷清,最糟糕的是,他没什么机会参与教育改革工作。光阴流逝,岁月蹉跎,刘道玉感到自己创造的黄金时代已过,他很痛心。但他始终坚持自己的观点。他说,他永远也不要双重人格。换句话说,他不愿心里一套,嘴里一套。他坚持自己要表里如一,心口一致,哪怕吃亏、吃苦头也是如此。今日里做人讲究"不吃眼前亏",他这种人,倒像珍稀动物了。

很多朋友给他出主意,说他有三条路可走:一是复出——机会是有的,只是他没兴趣;二是单纯做学问,但他觉得这样对国家对民族没什么意义;第三种,有人劝刘教授,"沧海横流方显出英雄本色",下海吧!刘道玉拒绝,他认为做生意既非他所长,亦非他所愿。

1988 年以后,也曾有许多地方邀请他去搞教育工作,比如福建省邀他主政厦门大学,广东省请他主持暨南大学,海南省约他主管海南大学,他都以各种理由回绝……主要想法是,在现有条件下,官办大学环境过于复杂,很难实现他的目标。他曾说,在武大干不下去,在厦大、暨大或其他正规名牌大学也一样无能为力。

他想换一种活法。

他是个喜欢自我设计的人,他为自己设计了三条工作战线:第一条,学术研究还是要搞,学者要发挥自己的长处。他这个人有才华,有毅力,从1988年至今,已发表了80多篇科学论文,参加了几十次学术会议,还培养了数十名研究生。在高教改革研究方面,写了一本23万字的《创造教育概论:谈知识·智力·创造力》,最近又完成了《创业与人生设计》一书,此外还有十几篇单篇论文。第二条战线是积极参与社会活动,担任了不少社团的负责人,还当企业的顾问,上到大股份公司,下到乡镇企业,乐此不疲。第三条也是最重要的一条战线是参与教育改革。他再也不能、再也不想、也再不必干一个官办大学的校长了。社会变迁,现在民办大学也是教育改革极好的舞台。

1988年,他琢磨着要搞一所"黄埔大学"。他一直很倾慕黄埔军校,因为它造就了中国近代史上许多杰出将领、英雄豪杰,从不同角度影响了中国历史。那年代是军事救国,现在是经济救国,所以想办一所黄埔经济大学。他和学生造了个方案,也去黄埔旧址凭吊考察过,终因条件不适宜而告吹。

1992年,他又提出一个计划,办一所中国实验大学,《光明日报》还在内参报道过。当时刘道玉大胆地把中国高等教育的大形势作了一番考订,摸了脉,辨了症,还判了个重刑,同时提出一种改造的想法。这个方案雷声大,雨点小,有不少反馈,却得不到任何支持,一出娘胎就死定了。

1992年10月,他又有一次机会。广西改革开放的前沿城市北海要兴办北海联合大学,对方邀请刘道玉一起策划。刘道玉对我说,北海的海滩美极了,月色美极了,但美得太寂寞了。北海是一个面向柬老越、背靠十万大山的中国西南角最边儿上的一个沿海城市,很难办出大的影响。于是他又撤退了。

几番进退,刘道玉的看法也变了。他确定了两个方针:一是不必再急于办大学,要现实一点;第二是不再舍近求远,就在武汉开展工作。

1992年底开始,他筹划成立一个教育基金会。这个号称"武汉路石教育改革基金会"的基金会于1994年3月8日在武汉成立。刘道玉的事业至此是"山重水复疑无路,柳暗花明又一村"。

我一直以为,做大事、成大器的人,不喜恋旧,也不易伤感。繁华也好,冷落也好,他们重视的是向前看,如毛主席所提倡的"放下包袱,轻装前进"。刘道玉就这样,总那么乐观,有信心。这是一种让人羡慕的性格,没那种小布尔乔亚的多愁善感,有着那种创业初期的布尔什维克风格。

退下来这几年,工作以外,刘道玉也很注意修身养性。他常告诫自己:做人要学儒家之忠诚,亲君子远小人;做事要学法家之精神,改革、法制、前进;管理决策要借鉴兵家之眼光,讲究战略战术;修身养性要信仰释家之超脱。心宽体健,许多疾病倒不治而愈,精神头很足。

这几年他还喜欢作诗。依我看,他的诗不论新旧体都更像顺口溜。但诗言志,那些顺口溜倒的确是他思想的火花。这也可以说是"生活出诗人"了。

## "忠诚于党的教育事业",一个好园丁

刘道玉跟我解释这个基金会的名字有两个关键词语:路石,指他和他的同事乐于为教育改革、为创造型人才成长、为通向 21 世纪,铺路奠基。这个名字大约来源于喻杉的小说《女大学生宿舍》,小说里写了一个好校长路石,原型是刘道玉。道玉,路石,对得挺工整。

另一处是改革。中国现有不少教育基金会,大多以扶贫、挽救失学青少年、奖励优秀教师学生和改善办学条件为目的,与教育改革无关。而这个基金会的重点是学习、研究、资助、奖励、推动教育改革,特别是从事高等教育改革的人物。这是一个为改革者设的奖。

申请基金会现在不容易,刘道玉也很担心。但实际情况出人意料,他得到了中国人民银行武汉市分行行长张静、市教委主任魏华强和市民政局局长李杰矩的大力支持,从领导到具体办事人员无不急公好义地帮他一把。在银行,三天批复;在市教委,当天批复;在市民政局,三天批复。准备"下定决心,不怕牺牲"的刘道玉大声感叹:人间正道是沧桑啊。

基金会不富有,有一些底金,全是刘道玉的学生捐赠的。刘道玉当年对学生用情甚多,种瓜得瓜,种豆得豆。

去年,基金会在蒲圻(赤壁市)办了一所"华中法商专修学院",当年招生 108 人,第一个学期结束后,参加省里的自学考试,三门课(哲学、公共关系、国际贸易)成绩都很理想,合格率达 93%。

学校买下了原蒲圻市委大院,有 5 栋房子 35 亩地,绿地很茂盛很漂亮,刘道玉觉得是个学习的好地方。他自己也常去讲课,以致不少外地学生慕名而来。不过这所学校也引起了省教委的一点非议,认为该校在具体操作中有违反规定的地方。刘道玉对此不以为然,他认为规矩是死的,现实是变化的,要顺其自然,而不能削足适履。当然,现在看来,这点分歧是微不足道的。

基金会同时在武汉筹办"新世纪外国语学校"。刘道玉认为中国的外语教学水平太差,学生学了十几年,还看不懂、说不出,实在是极大的浪费。他打算在这所学校里,力行自己对教育的理想。目前学校的征地工作已经完成,大约 140 多亩地,位于汉口谌家矶乡。董事会已经组成,校园的建筑设计也大致完成,有趣的是,按刘道玉的设计,学校的建筑,在整体上将建成"明"字的形状,所有的楼宇也将以"明"字命名。如教学楼为明德、明智二楼,行政楼为明政楼,公寓有明慧宫,餐厅叫明珠餐厅,文体活动中心有明丽中心、明星广场、明媚亭、明镜池……在刘道玉的理想里,孩子们的世界应是一片光明吧。

他希望 1995 年夏季招收第一批学生。那么"新世纪"的第一届中学生将毕业于新世纪的第一年 2001 年。

基金会的另一项重点工作是属于学术范畴内的了。基金会成立之初,就成立了一个 12 人的学术委员会。以刘道玉的号召力,加盟城下的自然都是教育战线的名家、权威。大家一致襄助,1995 年夏季在京举办"全国高等教育改革论坛会"。这个论坛会今后将一年一度、一度一题、一题一案。今年的话题是:探讨高等教育与市场的关系。高等教育能否市场化、商品化?会后将出版《论坛集》,即使不能为当局决策者所参考,至少也算是对历史负点责,留下这一阶段一些忧国忧民者的思考吧。

刘道玉想得很多。有时朋友们也劝他盘子要小一点,一是时间有限,二是金钱有限。但他不同意。对他来说,人如果有一个理想,就让它完美而高远,让我们跟着理想飞翔,越飞越高。

刘道玉的确与众不同。人生在世,拦不住别人的指点,评说会各有褒贬,但我不能不承认,他是一个令人敬佩的有理想又有恒心的人。

有志者,事竟成。

# 大学校长应当是理想主义者和思想家 *

几年前,武汉大学老校长刘道玉出版了《一个大学校长的自白》,向世人痛陈一位教育改革者的心曲与艰难历程。这本自传出版后在知识界和教育界引起热烈反响,也引发了人们对高校教育改革的新一轮思考和讨论。最近,刘道玉以"拓荒与呐喊"为题,推出这本自传的增订本,而书名从"自白"到"呐喊",似乎也折射出作者的不同心境,联系到作者近年为教改发出的种种呼声,这本新书理当引起教育界的再思考。

## 大学教改需要卓识和胆识

**《新京报》**:在采访你之前,我与《拓荒与呐喊》的责编有过讨论,知道你之所以同意修订再版这本书,是因为"教改情结"仍在心头。你的教改情结是怎样产生的?

**刘道玉**:首先是我挚爱教育,认为它是值得为之献身的伟大事业,正如人民教育家陶行知先生所说:"教师的成功是创造出值得自己崇拜的人,先生之最大的快乐,是创造出值得自己崇拜的学生。"对此,我有切身体会,我从学校培养出来的大量成功的学生中,获得了无限的快乐和幸福!

其次,我既受过保守的私塾教育,又接受过前苏联自由开明的研究生教育,这正反两方面使我感受到我国传统应试教育的落后和保守性,进而激发了我的教育改革意识。

再次,我执着于研究创造教育,致力于培养创造型人才,然而我国传统教育是压抑甚至是埋没创造型人才的,因此不改革僵化的传统教育,不实施创造教学的模式,就培养不出杰出的人才。

这个情结一直萦绕在我的心头,是我踽踽独行在教育改革道路上的精神支柱,我终生都渴盼创办理想的新式教育。

**《新京报》**:对于当下有志于推动教育改革的人来说,现在的社会环境,与你当初的环境相比,是否好很多?

---

\* 本文发表于《新京报》2011 年 11 月 15 日刊,记者朱桂英。

刘道玉：在 20 世纪 80 年代，人们思想解放，有一种改革的强烈氛围，不少大学都自觉地进行教育改革的尝试，涌现出了一批教育改革的代表人物。当然，改革中两种思想的冲突是不可避免的，改革者受到的压力或打击是可想而知的。

可是，现在没有了这种氛围，似乎也没有敢于率先吃螃蟹的胆大妄为者了，不是现在改革的环境好了，而是人们的改革意识淡漠了，似乎因人们相安无事，所以也就不存在改革者受压的问题。

我始终认为，教育改革需要"两识"，即卓识和胆识。前者是知道需要改革什么，什么是改革的契机，这需要有智慧；而后者是要有"我不下地狱，谁下地狱"的大无畏精神。目前，高教改革解不开这个死结，原因之一就是当今的大学领导人缺乏这"两识"。

《新京报》：你是学理出身，投身教育改革，则需很多人文类知识背景，这意味着你自己定是有一个宏大的阅读世界，可否谈谈影响你较深的那些书籍。

刘道玉：对，读书是我最大的爱好，这是从大学时代形成的。在大学十个寒暑假我都没有回过家，其间都是在图书馆中度过的。我的自传第二章是"读书到苦方觉甜"，那就是我读书的一种境界。我爱书，喜欢买书，也收藏了近万册图书。

我的书房叫"寒宬斋"，也体现了我读书的价值观。除了专业书籍以外，我喜欢西方教育、哲学、历史、心理学方面的书籍，大多围绕个性养成、思维方法、教育理念和人生价值方面，例如，中国大儒辜鸿铭的《中国人的精神》、英国约翰·密尔的《论自由》、美国爱默生的《自立》、德国恩斯特·卡西尔的《人论》、前苏联伊·谢·科恩的《自我论》等。

现在，我已到耄耋之年，但仍然学而不倦，思考不止，笔耕不辍，为推进我国教育改革尽微薄之力！

## 教师——肩负知识分子的使命

《新京报》：你曾以"乱"概括大学问题，大学乱象丛生，原因纷乱，你觉得其根源是什么？

刘道玉：我始终认为，当今大学的诸多问题，根源都是在于领导体制，具体地说是大一统和官本位主义的领导体制。在这种体制下,国家教育领导部门制定的各种"工程"越来越多,各种量化评比也越来越多,贪大求全和相互攀比成风,急躁浮夸风也越刮越盛,这是导致大学中造假、抄袭和剽窃的根源。

《新京报》:那么,在现行体制下,一个普通的大学教师(大学内的非领导群体),应该怎样保存自己内心的教育、学术理想?怎样与体制相处?

**刘道玉**:在这种情况下,教师们又能怎样?要么洁身自好,要么走上追逐名利的错误方向。我就亲身遇到几个年轻教授,他们实在看不惯大学中肮脏龌龊的现象,准备辞职去西藏面壁一年,思考大学何以沦落到如此地步。

我问他们:"此举能否感动国家教育当局?能否改变大学的现状?如果能够,我也与你们一起去面壁。否则,没有必要作这样无谓的牺牲。"

他们问我应当怎么办?我建议说:第一,要洁身自好,绝不与歪风邪气同流合污;第二,要以更严肃认真的态度做好教学与研究工作,教书育人,不辱使命;第三,坚持真理,抨击腐败,斥责官僚主义,扶持弱势群体,自觉地肩负起知识分子的使命。

他们接受了我的建议。我愿意借此机会,把这些建议奉献给心怀理想的广大青年教师,以资互勉。

《新京报》:您在自传中对理想的大学校长作过描述:"一个理想的大学校长不仅仅是属于学校的,也应当是属于社会的。他们最大的贡献除了向社会输送大批优秀人才外,还应该是思想家,应始终站在社会变革的潮头,以他们的新思想来影响社会,推动社会向前发展。"要产生你说的"理想校长",需要怎样的外部条件?

**刘道玉**:一个大学校长应当是理想主义者,唯有理想主义的校长才能培养出有理想的学生。一个大学校长又必须是思想家,唯有思想家才知道教育需要变革什么和变革的契机,不断引导学校前进。

我的这个想法虽然产生于瞬间,但它是符合教育发展规律的。其实,这种理想主义的大学校长,在世界高等教育发展的历史上并不少见,例如担任哈佛大学校长40年之久的查尔斯·艾略特、英国都柏林大学创始人约翰·纽曼、日本庆应义塾大学创始人福泽谕吉、柏林洪堡大学校长威廉·洪堡、以色列建国前希伯来大学创始人哈伊姆·魏茨曼等,他们都是风骨凛然的教育家,如果没有他们的出现,兴许这些国家甚至是整个世界的教育状况将是另外一种样子。

我国 20 世纪初期的蔡元培和梅贻琦,也属于这样的教育家,他们的远见卓识至今仍然被人们所传颂。

现在我国已经很少有这样风骨凛然的校长了。原因是多方面的,但首先是连绵不断的政治运动的干扰。其次是遴选校长体制的弊端,制约了思想家式的大学校长的成长。目前,主要是从拥有院士头衔的技术专家中任命校长,他们身兼多职,"鱼"和"熊掌"都要占有,而且又比照政府领导干部规定他们的任期任职,这种体制不仅出现不了思想家,甚至连想成就一番事业也是不可能的。存在决定意识,既然我国没有这样"理想的校长",当然也就不能创建学术水平达到世界顶尖的大学了。

## 学生可以掌握自己的命运

《新京报》:你觉得中国"尊师重教"之传统经历最为严重的创伤是在何时?这种传统之伤,对现在教育发展有何影响?

刘道玉:"尊师重教"是我国的传统美德。解放前,无论城市或是农村,户户人家中堂的神龛上,都供奉有"天地君亲师"的神牌,把"师"与"天地君亲"并列,说明教师在人们心中的崇高地位。

可是,20 世纪 50 年代中后期"尊师重教"受到创伤——自 1957 年以后政治运动连绵不断,教育是重灾区,教师是改造的对象,学术权威受到批判。直到"文化大革命",教师成了"臭老九",从而使"尊师重教"荡然无存。

1978 年拨乱反正以后,落实了知识分子的政策,教师成了工人阶级的一部分,尊重知识、尊重人才成了社会的共识。但是,自 90 年代以后,在教育大发展的同时,没有对尊师作必要的宣传,特别是在"一切向钱看"的误导下,教师的表率作用被削弱了,师生关系成了雇佣关系,这是与"尊师重教"背道而驰的。这种情况,对教育的发展,对于教书育人、提高教学质量都产生了重大的消极影响。

《新京报》:你曾经质问大学何为,可否具体阐述一下?

**刘道玉**：德国诗人海涅说："播下的是龙种，收获的却是跳蚤。"对此，达尔文也深刻地指出："人的一端是几乎不会使用任何抽象名词的野蛮人，另一端是牛顿和莎士比亚。"怎样才能尽可能地把"野蛮人"培养成为牛顿和莎士比亚呢？这就是教育的作用，有什么样的教育，就会有什么样的人才。

**《新京报》**：大学生们怎样可以避免"被毁"呢？

**刘道玉**：首先是摆脱对大学的依赖思想，你虽然不能改变僵化的教育体制，但可以掌握自己的命运，每个人都是自己命运的设计者和实践者。正如蒋方舟所说，学习是自己的事，她对学校的教学不抱任何希望。

其次，一定要掌握科学的学习方法，特别是学会自学。古今中外成功的大科学家、大发明家，许多都是靠自学成功的，如莎士比亚、达·芬奇、爱迪生、高尔基、齐白石等等。他们的经验表明，掌握学习方法比掌握知识重要，没有任何东西能够比良好的方法使你走得更远。为什么在同样僵化的体制下，也有学生获得了成功呢？我想也许他们在这些方面比其他的学生做得更好。

再次，一定要从狭窄的专业知识学习中解放出来，转而在知识的整体上进行学习，学科的交叉与综合领域是最富有创造性的领域。

## 记者手记：独行者，改革梦

很多年了，中国大学争创世界一流的口号，似乎只有声音在激荡；大学教育评估，也只是演绎一番励精图治的气象。身居校园的学者们忙着或闲着搞学术，在论文制度和职称评比制度的照耀下，一大群人热闹又严肃地"谋在位之政"，学术造假此起彼伏。

不久前，大学科研经费之腐败问题，再次成为大众关注的焦点。一边是急速扩张，一边是利益均沾，中间充斥着各种腐败虚浮。

这一切，对于武汉大学老校长刘道玉来说，若有切肤之痛。

六年前，刘道玉的自传《一个大学校长的自白》出版，道尽了他作为一个教育改革者的艰辛，也尽情释放着他作为一位教育理想者的荣光。曾立改革潮头，踩过荆棘之路，为了铸就一所理想的大学，他仗胆改革，涉及从教学内容到管理体系的各个环节。七年后，刘道玉便失去了他的改革舞台。

从教育实践一线,被逼退至旁观者的位置,并未浇灭他的教改热情。他决意终生献身教育,并引屈原诗句"亦余心之所善兮,虽九死其犹未悔"。告别校长一职后,他仍坚持亲自办学以探索更好的教育理念与模式,然而民间社会毕竟空间狭窄,他的办学实验多以失败告终,只留下丰富的教学经验,供后来者汲取。

人们称他为当代中国真正的教育改革者,然而他始终寂寞,称自己是踽踽独行在教育改革道路上。"我对自己也很不满意,很少有开心的时候,我既是一个教育救国论者,又是一个教育危机论者。"

《拓荒与呐喊》是刘道玉自传的修订本,所增章节,除人生感悟之外,多与教育改革有关。他把近年来在媒体发表的文章以及所接受的采访,重新梳理成文,构成"教育改革的呐喊"一章,无论是大学校长遴选机制、学术腐败的治理,还是大学教学评估、教改之启蒙教育,他皆条分缕析,出具药方。

曾经是教育改革的拓荒者,至耄耋之年,仍当教育改革的呐喊者,这是刘道玉自传修订本书名的来源。从拓荒到呐喊,壮心未与年俱老,全因"教改情结"。


# 他是"武汉大学的蔡元培" *

对很多人来说,刘道玉的名字也许陌生,而对于武大学子而言,73 岁的刘道玉是他们心中的一段传奇,一种向往。刘道玉被誉为"武汉大学的蔡元培",他首创并推行的一系列高教改革,如学分制、插班生制等等,使武大成为当时教育改革领域上的急先锋。电影《女大学生宿舍》中的校长路石就是以刘道玉为原型创作的。但 1988 年,刘道玉因为改革激进,被突然免职。在沉寂了十几年之后,刘道玉带着他亲笔撰写的自传《一个大学校长的自白》,重新出现在公众面前。尽管已是古稀老人,但刘道玉的

---

* 本文发表于《南方都市报》2005 年 10 月 12 日刊,记者许黎娜。

思维依然敏捷锐利。"中国的大学要做世界一流的大学,至少还有30—50年的差距……"在回答记者问题时,刘道玉就中国教育侃侃而谈。

**《南方都市报》**:在中国的大学校长中,您可能是第一位为自己写自传的。在20世纪70、80年代,您是中国高等教育界的一个风云人物。但从1988年您离开武大校长一职后,这十几年逐步淡出公众视野。您为何在古稀之年要抱病写自传?

**刘道玉**:我经历过新中国以来的种种政治运动,也曾经当过"工具"。中国有句古语:"七十而从心所欲,不逾矩。"我到了七十古稀之年,对一切都已置之度外,写这本书时,我已经没有什么顾忌了,"我手写我心"。我从69岁开始着手写这本自传。写这本自传,是出于我的一种怀旧情结,也是我对自己的一次全面彻底的反省,回忆检查自己一生所经历的主要事情,让大家知道我为人所知的一面,也让大家知道我鲜为人知的一面。是给我自己一个交代,也是给社会一个交代。

**《南方都市报》**:除了出于您个人的一种生平总结外,从社会大环境而言,是不是也使您想公开地表达自己的一些看法?

**刘道玉**:我出这本自传,我想,也是现在教育形势下的一种需要。现在高等教育的情况,是大众议论的一个热点。这种关注,第一是因为大众认识到教育是兴国之本;第二是因为大众对中国的教育有着种种不满。教育原来是一片圣洁的净土,现在也腐败了。我感到很焦急。我认为,作为一个有良知的知识分子,我应该出来说话了。

## 如果我还是校长我会留住陈丹青

**《南方都市报》**:在大学教育界,这几年的确出了不少震动的事件,比如清华大学教授陈丹青辞职、清华大学博士生王垠申请退学等等。您对这些事件怎么看?

**刘道玉**:我认为,像陈丹青这些人的举动是出于对中国大学教育现状失去信心的一种无奈之举。我理解他们,他们的举动是一种勇敢之举,因为他们洁身自好,不愿滥竽充数。

如果我还当大学校长的话,如果他们在我的大学里,我会劝阻他们,请他们留下,尽量尊重他们的意愿,给这些教授、学生更灵活的自主权。可惜,我一直没有看到这些教授、学生所在校方的一种回应,对此,我感到失望。

## 教育部应该放权

《**南方都市报**》:"文革"之后,您为中国高教战线上的拨乱反正和恢复统一高考起到了很大的作用。高考在中国已恢复了近 30 年,现在公众对高考的批评却不少。

**刘道玉**:"文革"后,恢复高考是时代的需要。现在的统一高考制度已经不适应经济、社会发展的需要,进行改革也是必要的。现在教育部门也对高考制度进行了一些改革,但我认为这是添枝加叶式的,关键还是要从源头抓起。教育部应该要放权,让高校招生有自主权,比如一些重点大学可以自主出题、自主招生。选拔考生,不能再光看分数。现在经济都多元化了,考试也应该多元化。

## 大学校长应是职业教育家

《**南方都市报**》:大学校长在中国是一个特殊的职位。今年由博客中国网站发布的一个"中国大学校长公众认同度调查问卷"的结果表明,有 69.87% 的受访者认为当下中国大学校长的总体形象更接近官员。您认为,理想的大学校长是什么样的?

**刘道玉**:我把现在中国的大学校长归为学者型的、双肩挑式的校长,因为既要做学术,又要管校务,因此既要保住博士帽,也要保住乌纱帽。我认为一个好的大学校长应该有良好的学术背景,有人文素养。但是当他当上校长,他就要下决心不再做自己的专业研究,而应该做一个职业的教育家,掌握教育的规律。而怎么样当好这个校长?怎样调动教职员工的积极性?靠提拔、靠发奖金,这不行;应该要抓改革,校长要亲自以实验来推动教育改革,是英雄还是好汉,在教育改革中比比看。

## 教育改革情结难消除

《**南方都市报**》:十几年前,有人说您是因为改革过于激进而被免去校长职务。现在,您还是把改革挂在心中。

**刘道玉**:教育改革的情结在我心中一直挥之不去。这是我的理想主义。我会把我这本书的稿酬捐给刘道玉基金会,让基金会为中国的教育改革做一些事。我在教育战线上是改革的弄潮儿。我想,我会呼吁教育改革一直到我生命的最后一刻。"子规夜半犹啼血,不信东风唤不回",我相信教育改革的东风一定能唤得回!

为什么被免职后不做官或离开武大?我为什么不愿当官?道理很简单,那就是做官与做学问是两个道,"道不同不相为谋"。我为什么在这里挨整而不愿离开呢?因为我在这里度过了浪漫的青春时代,贡献了人生最宝贵的壮年时代,经历了如火如荼的改革的黄金时代。……那些整我的人,既没有把我打倒,也未能把我整垮,唯一能做的就是要把我赶走,如果我调离学校,那不正是中了他们的计谋吗?

## 教育改革的着眼点:培养创造力

**《南方都市报》:**当年您走马上任当武汉大学校长时,认为当务之急要开刀改革的是哪些问题?

**刘道玉:**我被任命为校长,完全出乎意料。本来我辞去教育部的官职回到珞珈山,是要从事我的化学教学和科研业务,没有想到回来不仅没有摆脱行政管理事务,反而还把我推到了校长的位置。不过自古华山一条路,上任了我就不能退却。既然报纸上说我是"年轻校长",就得有年轻校长的样子——朝气蓬勃,立足改革,我提出"卧薪尝胆,十年雪耻"的口号,要改变武大"老牛拉破车"的落后状态。

我当时最想做的,首先就是营造一个民主、自由、宽松的教育环境和学术氛围。我既崇拜蔡元培,也崇拜马寅初:蔡元培提出的大学独立、学术民主、自由的办学理念,是世界各著名大学办学之通则。他在《对于新教育之意见》一文中表达过:"政治家是以谋现世幸福为其目的,而教育家则以人类的终极关怀为其追求。故而前者常常顾及现实,而后者往往虑及久远。"马寅初因《新人口论》而挨批,他写了一份《附带声明——接受〈光明日报〉的挑战书》说:"我虽年近八十,明知寡不敌众,自当单枪匹马,出来应战,直至战死为止。"他们的办学理念对我影响很大,一个校长,应该有这种瞻望民族前景的长远目光,应该有这种坚持追求真理的独立精神,在校内创造适合科研和教学的自由空间。

第二个,是着力培养学生的创造力。当时我推行了一系列教学制度的改革,允许冒尖,允许跳级,就是为了在制度上适应学生的个性与兴趣,尊重学生的选择权,为富有创造力的人才能脱颖而出,从制度上给予保证。

当时我在武汉大学实行转学制时,没有请示任何人,认定我作为校长就有权这么做。这个制度实行后,学生在校内可以转系转专业,文理科可以互转,校外的也可以转来——北京大学、上海同济大学、中国科技大学、武汉医学院等校都有学生转到武汉大学来。平心而论,我们的学术水平和师资力量不一定赶得上他们原来的学校,但为什么这些学生向往武汉大学呢?就是因为我们有比较自由民主的学术环境、尊重学生志趣的气氛。

第三,办学要确立"学生是主体"的观念,学生既是受教育者,也是办学的参与者;既是改革成效的检验者,也是教学改革的依靠者。我就花了很多时间参加学生的活动,接待学生,与学生通信——这也有利于防止我的思想僵化。

## 被免职最遗憾的是壮志未酬

**《南方都市报》**:您得知被免职时是如何想的?

**刘道玉**:自从我选择改革那一天起,就没有准备后退。我预料到我的下场可能不妙。果然,我的任期还没有满,就突然地、以电传的方式免除我校长职务。我本来不想当官,对这个校长职务本身我并不留恋,如果说有遗憾的话,主要就是我正在制订的武汉大学改革的第二个十年规划,还没有出台,更没有来得及实践——至今我那些设想还没有人提出来呢。

例如,我要改变"文理科分科招生"的模式。现在我们实行的分科招生,其实是为了提高升学率。1949年以前和20世纪50年代学生学理科学文科,都是因自己真正有兴趣。如钱锺书、吴晗这些人为何选择文科?因为他们热爱。但1957年之后,分文理科主要是为了升学率,部分考生认为自己数理化基础不强,进大学把握不大,于是就转向文科。这就造成了某些学生的素质缺陷。

其次,我要改革文科的教学模式。文科到现在还停留在表述性的教学模式上,基本上没有形成形象化、实践性的教学手段。我当时准备在文科建立五大实验室:以哲学系为基础建立心理学和思维科学实验室;在经济学院建立经济模型实验室;在法学院建立模拟法庭,拥有民事审判的正式权限,有法官、庭长、书记员一整套编制——美国就是这样,他们的一流法学院就有民事审判权;在图书情报学院建立信息工程实验室;在新闻学院建大众传媒实验室,可以制作影视作品。这样就把理工和技术手段引进文科,彻底改造文科教学。

第三,如果说我80年代中期重点是放在教学制度的改革上,那么第二个十年想推出来的,是教学体系、课程设置上的改革。多年以来我们的课程设置体系,都是重视知识的传授,而不重视科学思维方式的传授,我们90％的课程都是知识型的——像你们这一辈学生都是"灌"出来的,中文系开设那么多小说选读课,老师一篇一篇去讲主题、结构!我想大幅度地改革课程,将大部分、至少一半学时,来培养科学的思维方法。

这些想法不能付诸实践,才是我最大的遗憾。到现在我没看到哪个学校想到这些问题,更没谁推出改革措施。

## 讳疾忌医不利于教育健康发展

**《南方都市报》:** 在您被免职17年后的今天看中国教育,我承认,我对中国教育当局的思路十分困惑。从表面上看,主管更迭了好几届,都并未"因人废言",没有由于您个人的悲剧性遭遇而否定您的教改实践、您的教育观念,甚至也没有阻挠您率先创立的那些现代教育制度在各大学推广、施行。但是,他们对您教育思想的核心——培养创造型人才,都避而不谈;他们与您所憧憬的前景,似乎南辕北辙,渐行渐远。您对教育现状怎么看?您认为中国的教育到底出了什么问题?

**刘道玉:** 时至今日,不管是一般市民还是关心教育的广大知识分子,教育成了大家议论的热点,这既体现了民众对教育的关注,也反映出了民众对教育的不满。

大学合并,闹得天翻地覆;大学扩招,弄得天怒人怨;研究生、本科生质量下降,学术腐败日益蔓延,学者剽窃抄袭时有报道;教授数量扎堆但素质严重下滑,有些人不务正业,在外兼职捞外快成风。学术成果不能说没有,但是真正原创性的、能够跟国外的重大发明创造相提并论的成果几乎没有……当前的危机,我觉得可以概括为一句话:大学失去了理念,失去了正确方向,失去了严谨学风。

这一切的原因是什么? 有缺乏民主制衡和监督机制的问题;也因为市场经济导致消费急剧增长,人们一切向钱看;从学术上讲,没有自由民主,影响到学术的健康发展。现在的中国,不仅是一个没有宗教信仰的国家,简直就是一个没有任何信仰的国家。我们年轻的时候还信仰马克思主义,信仰为人民服务,信仰奉献精神,现在什么信仰都没有了,就是信钱。金钱成了人们最想要、唯一想要、永远没有满足的东西。西方资本主义发展中也经过了早期敛财致富的过程,为什么没有中国这么乱? 他们的基督教对人们的道德起到了规范和制衡功能。中国没有这个东西,就什么制衡都没有了。根子追到哪里? 我想去想来,可能还得归结为教育主管部门决策管理上的失误。

"教育产业化"的口号究竟最先是谁提出的? 教育部后来否认说没有这么提。我觉得问题不在于口号,而在于实际上怎么做。大学合并尽管遭到许多人反对,但还是要强行合并,从上一直合到下,提出要"打造教育界的航空母舰",牌子是谁批的? 教育界掀起持续的"升格热",中专升格为学院,学院升格为大学,大学的系升格成院……是谁点头的? 建设"211工程"(即"面向21世纪建设100所重点大学"),是谁制订的? 建"世界一流大学"的口号,是谁提的? 还有,各个学校急剧扩大招生,"人有多大胆,地有多高产",在拉动教育消费的思想指导下,超过学校承受能力的高速扩招指标,又是谁下达的?

现在不少重点大学积极参加"高校教育成果交易会",签订那么多毫无约束力的"意向合同",这不是"产业化"又是什么? 美国虽然是高度发达的市场经济国家,但他们也没有要求学校自给自足,中国是经济不发达的国家,怎么反要求搞创收呢? 现在大学都在搞"圈地运动",校园越来越大,楼房越来越高,办公室越来越豪华,勤俭办学的宗旨早就忘得一干二净了。据说某重点大学创办了三个"科技园",还在全国各地建了五个研究院,大力发展所谓"成人教育学院",实际上是降格以求的变相本科教育……这不是搞以创收为目的的"产业化"又是什么呢? 国家安全靠国防,国家兴旺靠教育,这是民族生存发展的两个命根子,保证国家安全的国防,谁都知道不能当成买卖;保证国家兴旺的教育,怎么可以当买卖呢?

这是最危险最可怕的买卖！有些部门和学校在这个买卖中巧取豪夺，教师在这个买卖中弄虚作假，百姓在这个买卖中不堪重负。

创建"一流大学"是中央领导人在北京大学百年校庆时喊出的口号，接着便出现"千军万马争'一流'"。"一流大学"是靠提口号建起的吗？哈佛大学有名，是在300多年的历史中逐渐自然形成的。世界一流大学都不是一朝一夕建成的，竖一个竿子就能见到影子吗？世界著名大学都是长期的甚至是上百年的积累的结果。

教育决策失误是从什么时候开始的呢？大致上是20世纪90年代初，那是个分水岭。譬如"211工程""校长学者化""振兴教育行动工程"……都是在那时候；"一流大学"、大学合并、"985工程"、大学扩招、研究生大发展等也都是90年代末的事。在80年代，中国大学还有一批职业教育家，他们都有比较强的决策能力，全心全意办学，按照教育规律办事。可是，90年代初以后的大学校长都是"双肩挑"的学者，多数人没有自己的教育理念，没有独立办学权，只能上传下达，照章办事。中国历来有刮风的习惯，上面一刮风下面就跟风，教育领域的问题就越来越严重了。

想到教育问题，我就想用"醉汉"来比喻，酒鬼明明喝醉了，他就是不承认；教育明明出了问题，教育主管部门也是不承认，反而自我感觉良好，沾沾自喜。这是非常危险的，讳疾忌医，到头来只能酿成大病，现在中国教育就是一个患了浮肿病的"病人"。

# 校长不下山 *

## 永远的校长

80岁以后，刘道玉先生基本不到"外面"走动了。2008年春末的一个晚上，他为武汉大学学生作了一场题为"中国需要一场真正的教育体制变

* 本文发表于《人物》杂志（大师版）2015年第8期，记者葛佳男等。

革"的闭门讲座。演讲结束后,他宣布:今后不再为校内外的学生演讲;不再参加重大社会活动;不再担任任何社会兼职。

他已经在武汉大学校园里生活超过 35 年,天气好的时候,会绕着珞珈山散步,上午、下午各一次,总遇到熟人,要被问一声刘老校长好。这一叫,周围的人都知道了,"所以我现在有很多朋友",修鞋的、报摊的、卖菜的、收废旧物品的,"这些人我都认识"。他还有许多"小朋友",年轻学生的邮件常常塞满了他的邮箱,他来者不拒,端坐在小书房里,拿一只放大镜对着电脑屏幕,慢悠悠地看,慢悠悠地回复。

这位改革开放以后中国高等教育改革最重要的开路者,至今仍是这座校园里最有声望的校长,在当代中国,他或许是最没有权力却最有影响力的教育家。担任武大校长期间,他倡导平等、自由、民主、开放的校风,高歌猛进地进行教育方法和制度改革,使珞珈山成为全国高校学生和教师的"向往之地";卸任校长之后,他也不曾离开教育改革的阵地,长年探索创造教育的方法,尖锐抨击中国教育的积弊,也提出积极的建言。

学校里如今没有刘道玉的任何题字,也没有任何一座建筑、任何一条道路冠上他的名字。1988 年,刘道玉在毫无准备的情况下突然被免职,原因众说纷纭。有人认为是改革过于激进,触犯了某些高层的利益,也有人认为是刘道玉性格太硬,在政治上"过于单纯"。在很长一段时间,武大校长的名册里甚至没有刘道玉的名字,校报也不刊登他的文章。然而,《人物》接触的每一个武大学生都告诉记者,刘道玉校长是这所学校的精神力量,是他们"永远的校长"。

刘道玉今年 82 岁了,近 20 年来,一直隐居在武大幼儿园对面的一座家属楼里。他和老伴在阳台上养了许多兰花,暗翠的叶子争先恐后从防盗栏杆里伸出来,老远就能看见。一大早,记者还在楼下,他就打开门探出头,笑眯眯地打招呼:"欢迎各位啊,你们路上辛苦了。"坐下来,先用一张武大抬头的信纸记下了所有人的名字,老先生有点得意地说自己还是"中年人的记忆力",这些年来,每一个来访学生的名字都一字不错地记得。

他形容自己现在是"随遇而安,随遇而眠,随遇而学,随遇而写",80多年走过来,波澜荣辱都归于平静。每天早上 5 点起床,保健按摩 40 分钟,然后洗漱,给老伴做早餐,白馒头就着果酱和花生酱,再冲一小碗葛根粉。"这是老年人的作息时间,苏东坡的养生方法是:'无事以当贵,早寝以当富,安步以当车,晚食以当肉。'"刘道玉信奉这些箴言,他说,对现在的生活状态已经没有什么不满足。

他的耳朵已经不太灵光,但是他丝毫不以为意,平日也不爱戴助听器。"这让我没有任何的事情要顾虑,我很乐意。你知道耳不听,心不烦嘛,是不是啊。"他侧过头,让记者对着自己的左耳说话,"左耳好,我不爱听保守的意见,只听改革的声音。"

改革是刘道玉一生的关键词,际遇、世故、权力甚至岁月都无法从他身上夺走对教育改革的执着。2011 年,由于中风的后遗症,刘道玉的右手无法写字了,他从 78 岁开始练习用左手书写,平均每年记两厚本读书笔记,写 15 篇文章。近 20 年,他总共出版了 18 本著作,发表文章 300 多篇,积累了两本未出版的书稿。"虽然我不敢说语不惊人死不休,但不谦虚地说,文无新意不发表。我认为自己的文章基本上都有创意,因为我是研究创造教育的。"如今,他每天固定工作 4—5 个小时,读书,写文章,给青年学生回邮件,了解最新的教育形势。

学生们说,老校长并非脾性圆融之人,早在他当校长的时候,就有不少人见过他为了保护学校和学生的利益公开跟省里领导叫板,批评某位省委领导"连生产队长的水平都不如"。现在年纪大了,说起如今中国的教育体制,刘道玉还是很容易激动,他看不惯的现象愈发多了,常常感叹:"我爱莫能助呀!"

他对记者说,"我姑妄言之,你们姑妄听之,能写的就写,不能写的你们不写,你们不能丢饭碗,是不是啊? 我无所谓了,我饭碗也可以丢,头也可以杀,做之认之,如果没有这个担当你就枉然当了一个知识分子。就像钱穆说的,只认得真理,不认得利害,即使放到刀俎上,也只认真理,所以我这一生很坎坷,就是我的性格决定的。"在加拿大念书的小孙女大前年回来,刘道玉带她逛校园,路过树林中某一位前任校长的雕像,小姑娘用生硬的汉语问他:"爷爷,你的石头在哪里?""我说爷爷没有石头,不要石头。"2007 年首届作家班的 22 位作家准备捐款给刘道玉建一座铜像,校方以"校园没有合适的地方"为由拒绝了。对这一切,刘道玉显得很平静。

2007年,文化学者易中天回母校武大演讲。他是1981年武大中文系的代培硕士毕业生,按照当时的国家政策必须返回生源地新疆工作,刘道玉看重他的才华,层层争取,甚至把官司打到了教育部。最后,双方达成协议,武大用5个本科生的名额交换他留在武大任教。导师胡国瑞告诉易中天,当年他希望就此事约见校长,刘道玉在电话里是这样说的:"自古以来只有官员拜见学者,没有学者拜见官员的道理。我去看胡先生。"演讲当中,易中天提到这位改变他命运的、20年前离任的老校长,台下坐的大多是85后、90后一辈的学生,他当时还想是不是该作点说明。但出乎意料,话刚落,台下掌声立刻就炸响起来。

"20年前的事情他们又怎么会知道呢?"易中天说,"那就只能说明是一代一代地在流传。"

## 改革的黄金时代

20世纪80年代,刘道玉带领下的武汉大学是中国高校的一面旗帜。那是改革浪潮席卷中国的时代,人们连走路都是在跑步前进,教室、图书馆和实验室里昼夜灯火辉煌,教师自觉加班,誓要把"文革"耽误的时间抢回来。在成功推动高考恢复之后,刘道玉在1979年主动从教育部高等教育司司长任上请辞,回到历经政治动荡、百废待兴的母校,发誓要重铸武汉大学历史上的辉煌。

1981年,他48岁,成为当时中国重点大学当中最年轻的校长,也是最富有改革精神和勇气的一个。

1978级历史系学生、现任武大政治学院副院长的张星久还记得,当时的武大充斥着希望蓬勃、欣欣向荣的氛围,"就是感觉每天都有一种新气象,每时都有新的空气"。学分制令有想法的学生获得充分空间,周围的同学有写小说写出了名气的,也有不少人在本科时期就发表了在学术界引起轰动的文章。一大批社会作家通过插班生制度进入学校,成为一个教室里的同学。可以随意选修其他专业的课,可以谈恋爱、跳交谊舞,可以穿最时兴的大喇叭裤,还有超过400个学生社团可以自由选择。自学和创造得到充分鼓励——校长在开学第一天就讲,如果老师的课讲得不好,你们可以不听,自学是最好的学习方法。

"追求自由可能是武汉大学的一个特点，"武大哲学系教授赵林评价，"我觉得在很大程度上是刘校长当校长的时候培育、营造出来的一种氛围，一直到今天还是能看到他的一些影响。"

　　那是刘道玉最怀念的年代，经年累月之后回忆起来依旧有热烈之色，"人人思改，人人思变……改革的黄金年代啊！"他忽然又黯淡下来，"现在呢，一切向钱看，人人思钱，除了金钱以外什么都没有了。"

　　制度层面之外，刘道玉给学生和老师们的印象是毫无行政味道的"一个知识分子"。他家里总是门庭若市，学生来找他，一定会接待，老师在工作中可以直接否定他的意见，从来不觉得有什么不得了。"他很平常，大家也很平常。"以至于学生们慢慢养成了这种习惯，从转专业到社团活动报批，"好像一搞事情就直接找校长"。毕业时节，每个学生都要跟他合影，成百上千张照片里，校长总是"面目和蔼，举止优雅"。

　　2015 年的 5 月，武汉潮热，刘道玉穿一件熨帖的蓝衬衫，外头罩着面料挺括的西装马甲，一双老式粗布鞋，如学生们描述的一般优雅。采访之前，他花一下午时间准备了三大张手写提纲，细细密密的小楷，整整齐齐。

　　好几个老一辈的学生告诉《人物》记者，即使是在突然被免职的那段最艰难的日子里，老校长也没有失去一个知识分子的体面。那时候他生病住院，硬是被拉出来检讨，大会小会上都要点他的名，但他拒绝写一个字的检讨。学生们去看望，见他头发梳得一丝不苟，虽然清瘦了些，但是面色从容平静。

　　1985 级武大学生、《刘道玉传》的作者野莽在一次采访中回忆，刚被免职的时候，刘道玉内心其实是有埋怨的，"他有岳飞式的愤怒，屈原式的牢骚，怎么就不能理解他教育改革的一片良苦用心呢？当时他认为这是上面领导的压制"。直到 70 岁以后，他完全放下了，"七十而从心所欲，他的心灵好像彻底解放了"。

　　这次采访之前，刘道玉特意强调，希望"一定要在文稿当中适当的地方反映我的观点"。"我不是大师，真的，我不是大师，我不是谦虚，而是实事求是。我仅仅是一个热爱教育、一个执着的教育改革者而已，仅此而已，别的什么名誉啊、荣誉什么对我来讲都是身外之物，都是附加给我的。"

　　不过，武大学生以及所有关心教育改革的人们更愿意把这看成一种谦词。1989 年年中,张星久去鄂西北的一个偏僻县城讲课,当地领导是老三届的大学生,饭桌上第一杯酒举起来,敬的是刘校长。"他就是大家心目中一个大学校长,一种说不清的,就是应该这个味道。"在张星久和他的老校友们看来,刘道玉已经成为一个参照系,后来人会不自觉地将其他校长与老校长进行比较。"他之所以那么持续地得到大家敬仰,是因为大家可能看得更清楚,尤其在我们现在的教育某些方面有些不尽人意的时候,我们可能更觉得他写的东西弥足珍贵。"

## 生不用封万户侯

2015 年元旦前夕,刘道玉终于完成了《我的理想大学》的写作。这本书占据了他耄耋之后的主要精力,伏案三年,提纲换过五次,最后五个提纲全都推翻了。他解释说:"创意是不能事先计划好的,它只能通过顿悟而突如其来。正因为如此,我不能请助手用口述的方式来写。"2012 年动笔之际,他创办的刘道玉基金会在北京召开"《理想大学》专题研讨会",刘道玉在给与会者的邀请信中写道:"余年近八旬,且右耳失聪,右手已不能书写,基本上是一个残疾的老年人。但我不甘寂寞,心中教育改革的炽热之焰未灭,追求理想大学的情结仍没有消失。于是,准备积个人 30 多年的经验、教训、学习心得和对未来大学教育的期盼,着手撰写《我的理想大学》一书。"

然而完稿之后,刘道玉却把它锁了起来,谁都不能看,连他自己也看不了。今年年初,《中国青年报》前副社长、武大 1977 级中文系毕业生谢湘去家里看他,他告诉谢湘,《我的理想大学》是他的封笔之作,一定要等到自己百年之后才会拿出来。

某种意义上,刘道玉教育生涯的另一扇门是在整整 20 年前打开的。那是 1995 年,他 62 岁,按照学校的规定正式退休。此前,他是教育改革的亲历人、实践者;此后,他成了一个教育学者,研究理想的教育制度和创造性教育,时常出现在公共视野当中,就教育议题发表意见。他的意见以批判呐喊为主,针砭时弊,甚至比年轻时的改革措施激起了更广泛的社会影响。

他谈论大学文科教育的缺陷,建议高考应该取消文理科分开招生,在大学建立文科实验室，克服纯表述性教学，开设文理渗透选修课程；他在《南方周末》发表《彻底整顿高等教育十意见书》，被称为"教育改革的一剂良药""教育改革的春雷炸响了"；他质疑当前的大学校长遴选机制，提出遴选校长是去行政化的关键，"我说由治学的人来选治校的人是天经地义的，这是符合教育规律的"；他批判中国目前的教育价值观，家长将考高分、高学历与成才画上等号，"这是传统的教育价值观，'学而优则仕'就是教育最大的功利主义。纵观我国历代劝学的名言，都是以功利主义为诱导的"。

77 岁的时候，他还给清华大学百年校庆筹备委员会写了一封公开信，毫不客气地指出，"整个校庆活动依然没有摆脱传统格式化的思维窠臼——大造舆论，邀请名人捧场，极尽评功摆好之能事"，与麻省理工学院建校 150 周年的纪念活动相比，"没有看到清华大学有任何一项反思活动"，这就是"清华大学与麻省理工学院之间在思想境界上的巨大差距"。这种反思精神的缺乏存在于包括教育部在内的各大学中，使中国高教问题越来越严重。公开信发表出来，"哎呀，反响大得不得了"，从 2011 年 10 月校庆到当年年底，"国内外的大学教师都互相传这一封信，包括清华的校友，也都跟我联系，支持我"。唯独清华大学官方没有任何反馈，"我有些失望，对清华大学领导人的气度失望"。

在某种程度上，刘道玉已经习惯了这种失望。20 年间，民间和官方对他的评价完全相反，他获得过无数民间发起的奖项和致敬，但他的呐喊几乎从未收到相关部门的正面回应。有知情的老朋友告诉他，教育部部长曾在某次会议上提到他的《彻底整顿高等教育十意见书》，说"有人把我们的教育说得一塌糊涂，这不符合事实嘛"。唯一的一次正面反馈是在《大学校长遴选机制改革刻不容缓》发表之后，他通过几个路径得知，中组部部长批示主管大学干部配备的副部长：这篇文章有参考价值，希望你们认真研究。"但是研究没有结果，还是不了了之。"

《人物》记者问他，如果当初在教育部里面继续任职，或者做到更高层，有没有可能从体制内部更好地推行自己的教育理念？

老先生想也不想，回答：不可能。"我要做部长，我能身由己吗？我要身由己，我就公开出来叫板，中国这个现实允许我叫板吗？我的看法是，部长也好,司长也好,只不过是大办事员和小办事员的区别。"这些年他拒绝过的职务包括武汉市委副书记、市长、团中央第一书记、厦门大学校长、海南大学校长以及驻国外大使馆教育参赞等。他说:"我的性格不适合做官,如果我要做官,我这 20 本书、300 篇文章就写不出来了。"他极喜欢唐朝诗仙李白在《与韩荆州书》中的两句名言:"生不用封万户侯,但愿一识韩荆州。""一生中先后至少有五次拒绝了堪为高官的任命,因为我钟情教育,励志做一名教育改革的探路者。"

60 岁的时候,刘道玉和老伴以及小儿子一家搬进了这间稍微宽敞些的房子,他在耳顺之年终于拥有了一间属于自己的书房,大概 8 平方米,堆满书籍和资料。他晚年的大部分研究都在那里完成,说不上为什么,他总感觉一坐进去就特别有灵感。刘道玉给这间小书房取名"寒戍斋",寓意他崇尚"寒窗苦读",同时一个人要想获得成功,就必须克服面前的艰难困苦,掀掉压在头上的"盖子"。

2009 年 10 月,中国科技大学前任校长朱清时在这里拜访刘道玉,两人谈了三个半小时。刘道玉当时并不知道朱清时正在筹备后来被称作"中国当代高等教育试验田"的南方科技大学,"他是有备而来的,我是无备而谈的"。这是中国当代最负盛名的两位教育改革者之间的对话。刘道玉说,如果当时知道南科大筹建的背景,他会劝朱清时办一所私立大学而不是公办大学,请市政府把土地和资金捐给学校的董事会,然后市政府就退出大学。否则,在政府的管辖下,是不能办好这所大学的。

## 我的历史在珞珈山

从 1981 年到现在,大部分时间,在教育改革一途上,刘道玉是一个踽踽独行者。他教育生涯的节点,几乎与改革开放以后的中国思想意识和政治环境变迁相伴。

1977 级学生谢湘是《中国青年报》前副社长,她一直与刘道玉保持着密切的联系,进入媒体行业之后数次对老校长做过访问,算是刘道玉多年历程的见证者。她说,在多数的时候,老校长肯定是孤独的。"他是一个理想主义者……他真的就需要那种坚定的信念、坚韧不拔的意志,面对所有的、他想得到和想不到的东西,他都要迎着风雨而去,要去承受。包括孤独,包括理解和不理解,包括最后被遗弃。"

学生的成就和信任或许能令他稍感欣慰。每年春节,他都主动给学生写贺年片,贺词的开头写着"爱生某某"。80岁那年,学生们为他办了四回生日宴,北京、上海、广州、武汉各一场,从不吃请的刘道玉这次没有推辞,而是把它当成与各地校友联络感情的大聚会。武大插班生、作家野夫参加了北京场的欢聚,他记得寿宴刚开始,就有功成名就的学生端着酒杯跪倒在刘道玉面前,感谢老校长改变了他的一生。野夫不知道那个学生跟刘道玉之间发生过怎样的故事,但他对那种情绪感同身受——他本人也因为刘道玉改革的插班生制度而有机会入读武大、改变命运。后来他因政治风波身陷囹圄,最孤立困苦的日子里,刘道玉是唯一一个去监狱里看望他的师长。

"刘校长那种对学生的爱护和保护我觉得就是他的本色,就是那种爱才、爱生如子,"谢湘说,"而且我觉得对学生他有一种信任,一种担当,这个是很难得的。"至今,刘道玉的家门随时随地为学生敞开。曾经有四个苏州大学的学生跑到武汉,在晚上9点来敲刘道玉的家门。她们问这位老校长:我们老师在课堂上公开讲,如果你们不想混日子的话就离开学校,您怎么看?"我说这个老师是有良心的老师,他跟你们说了真话。"其中一个女孩回去之后马上离开了学校,现在在伦敦政治经济学院读研究生,依然跟刘道玉保持联系。

退休以后,刘道玉的工资很低,从未享受过校长应有的待遇,申请六次政府特殊津贴均遭否决。现在,他的工资加各种补贴也只有6000元多一点。在长达20多年中,只有现任校长李晓红多次到家探望他,征求他对学校教育改革的建议。他有无数的机会重新进入体制内走到更高的位置,但他都选择了拒绝。包括《人物》记者在内的很多人问过刘道玉为什么,他是这样回答的:"我就是死守珞珈山,我的历史在珞珈山。我多次有下山的机会,但是我不下山。为什么?我热爱这一片山林、山清水秀的环境。这是一种气节的问题。"2015年,他将12年间写的45万字的随笔集合成册,取名《珞珈野火集》,交由四川人民出版社出版。在自序中他写道:"我在珞珈山学习、工作和生活已经62年了,挚爱这里的一草一木,也很欣赏白居易16岁时的成名诗句'野火烧不尽,春风吹又生',故取名《珞珈野火集》也就是必然的选择了。"

他已经在 12 年前写好了遗嘱,过身之后,不发讣告、不搞遗体告别仪式,将一切有用的器官捐给青少年,遗体交给医学院的学生作解剖和研究之用,然后做成教学标本。他说,做了一辈子教育工作,也要"按照一个教育工作者的思维方式和价值观来处理自己的后事"。

在 80 岁的时候,刘道玉写了一首诗,《浪淘沙·八十抒怀》。"生命是长河,力争上游,迎风破浪立涛头。人生百味都尝遍,笑到最后。岁月易蹉跎,已到霜秋,老骥奋蹄意何求?教育改革情未了,呐喊不休。"窗外正下雨,风声、雨声一波接一波溢进屋子,但刘道玉浑然不觉,一句一句,把整首诗背了出来:"这就是我 80 岁的情怀。"

### 附:答记者问

1. 您听过最好的人生建议是什么?

1992 年初,我前往珠海考察,看中了珠海香洲唐家花园(中华民国首任内阁总理唐绍仪的私邸)毗邻的一块地,计划在那创办私立亚洲高等管理学院。可是,珠海市政府想办公办大学,对私立大学不感兴趣。我不免有些失望。在珠海,我认识了中建三公司澳门快乐实业有限公司总经理袁尚瑜先生,他是武汉人,我们都有相识恨晚之感。袁尚瑜向我提出了人生最好的建议,成立一个教育基金会,作为自己进行教育改革的舞台,如果能够募集到足够的资金,可以办私立大学。湖北省刘道玉教育基金会已经成立 21 年了。它每年暑假举办一期乡村教师培训班,还设立"刘道玉创造教育奖金",致力于培养具有创造性的人才,目前已经在两所中学和一所大学启动了这项评奖活动。

2. 您最怀念哪一个年代或年份?

最怀念的是 80 年代,那可是改革黄金时代啊。那时学风纯正,社会风气良好。人们思想解放,人人都奋发图强,大学生们都自觉地刻苦学习,沿着自我设计的方向努力成才。高考时没有家中几代人陪考,也没有车水马龙护送到学校报到,没有陪读的,新闻报纸也没有炒作状元的,一切都非常平静。大学的教师教书育人,教学和科研一肩挑,都能够为人师表,从没有贪腐、受贿、抄袭和剽窃的现象发生。

3. 您最希望这个世界或者这个国家发生怎样的一点改变？

我是一个和平主义者，反对一切杀人武器。人类应当应用智慧，发明非致命的器械或方法，既能够缓解冲突和矛盾，维持安定，但又不至于置人于死地。总之，我希望世界和平、安宁，也希望中国逐步走向民主、自由、繁荣、富强和公平！


# 现在的大学领导一代不如一代 *

刘道玉至今还记得他和池田大作的对话。那是在 1987 年 11 月 1 日，时为创价大学建校 17 周年的纪念日，创价学会名誉会长池田大作邀请刘道玉参加该校的庆典。晚宴席间，一直在苦思高校改革之路的刘道玉忽然发问："池田先生，您认为理想的大学应当是什么样的？"

"不仅要有优美的校园、一流的教授、高的教学质量、高水平的研究成果，更重要的还要有先进的教育理念。大学既要做高深的学问，但又不能钻进象牙塔内；既要联系社会实际，但又不能陷入功利主义。大学教育应当是一种探索，教育青年理解人生的意义和目的，找到自己在社会中的位置和生活方式。"池田大作回答说。

就各自国家的教育现状展开深入交流之后，两人都深深觉得，大学应该培养创造型人才，他们还从中国古代的"人师""经师"之说出发，重新定义大学教授：美好德行和专业知识、能力兼具的表率。他们展望未来，寄希望于青年，对两国的教育前景都信心十足。刘道玉心里，一个教育改革的宏伟蓝图也有了雏形。

后来，刘道玉大展手脚，实施了学分制、转学制等改革策略。20 世纪 80 年代的武汉大学，因他的锐意创新而成为中国高校改革的一面旗帜，武汉也被称为"高教战线上的深圳"。但在 1988 年 2 月 10 日，雄心万丈的刘道玉刚刚制订好《武汉大学第二个五年教育改革纲要》，就被国家教

---

* 本文发表于《锦绣》杂志 2011 年 2 月刊，记者刘君。

委的一位官员叫进东湖宾馆谈话。当晚,他被免去了武汉大学校长、党委副书记的职务。许多人感到震惊、不解。一位教授安慰他说:"你被免职是因为你的观念超前了,改革的步伐太大了,致使那些'九斤老太'不能容你。"

今天,刘道玉在《一位大学校长的自白》一书中回顾了这段历史,且毫不沮丧。尽管被剥夺了职务和种种待遇,刘道玉仍拒绝了来自各地高校的邀请,坚守在武大校内一间简朴的三居室内。他执拗地认为,只要自己还在这里,武汉大学改革的历史就没有结束。

**《锦绣》:** 你如何看武汉目前的高校教育现状?

**刘道玉:** 武汉高校和高等教育,处于国内前三甲的地位,这是人们普遍的看法。中国高等教育的城市排名,80年代首属西安,现在北京、上海和武汉排在前面。这些城市大学数量多,国家部委所属重点大学比较多,这是从统计意义上来说,不能说明水准,数量和质量不是一个概念。

应该说,武汉市高等教育有一定实力,但这个实力没有很好地发挥出来;它受到两个因素的制约:首先是本地的大环境,20世纪80年代武汉就开始人才外流,"孔雀东南飞";其次和高校的领导有关,90年代后,武汉的大学领导更换频繁,且用人失当——我历来是口无遮拦地发表自己的看法,现在大学领导是一代不如一代。这不是大学校长本人之过,而是组织人事部门的遴选之误,选拔了不合适的人;校长缺乏能力,自然影响教授们积极性和创造性的发挥。

**《锦绣》:** 国内其他城市的高等教育是否也存在同样的问题?

**刘道玉:** 对。就拿北大来说,我原来还是很崇敬这所学校的,而且武大和北大有渊源关系。清末民初,一批北大的湖北、湖南籍教授,意识到中国中部需要一所高水准的学校,就南下创办了武昌高师,就是武大的前身。现在的北大令我非常失望。钱理群教授我认识,他也说现在的北大他不爱。北大的校长们,也就是丁石孙先生主政时还有所作为,后来就不行了。这不是北大本身的问题,是整个社会转型所造成的。

我一直主张,大学要有职业化的校长,不能兼搞学术、带研究生。这是世界著名大学的共同经验。耶鲁大学校长理查德·莱文,十多年来不教一节课,不带一个研究生,不做一个课题,他不是没有能力,而是在心无旁骛地治校。用陶行知的话来说，一个学校小则关系到几百人的学业前途，大则关系中华民族兴衰，这样的事业难道不值得一个校长全心全意去追求吗？在陶行知的时代，学校规模很小，现在高校动辄万人，校长要兼顾管理和学术，哪来那么多时间？

《锦绣》：除了自身定位问题外，中国大学校长还有没有其他误区？

**刘道玉**：还拿北大为例，它就该是中国少数的顶尖大学、象牙塔式大学、精英大学，不能求规模，不能搞实用主义，就得像历史学家韩儒林所写的那样，"板凳要坐十年冷"。北大现在出了什么"醉侠""最好的坏人"，这些人在我的学校一定会被开除。陈佳洱是我的好朋友，他当校长时提出主动适应经济建设需要，从边缘走向中心。这就错了，完全错了！

这种想法是被套上了"紧箍咒"，这也正是中国大学变成今天这样的最重要的原因：为意识形态治学，用计划经济思维。蔡元培当初提出的"思想自由"是很好的理念，现在北大历届校长谁还敢提这个。闵维方还在《读书》杂志上批判蔡元培，说他的理念只有在半封建半殖民社会才有意义，多荒唐啊！

《锦绣》：你被免职之后，曾有许多任命，南北高校也都发来邀请，为什么你都拒绝了？

**刘道玉**：首先我特别不愿意在北京——京官难当，天子脚下难走路。走快了说你"冒进"，走慢了说你"保守"，这造就了一批庸官。我当初之所以能在武大进行改革，就是因为离北京远，监督管不着，而不是因为武汉开明。曾有记者问我：既然整个机制僵化，你为什么还能进行改革？我告诉他：圆和圆相交终有空隙，这就是我的"空隙理论"。80年代我就是根据这个理论做了一些事情。

海南大学、厦门大学、暨南大学——很多学校要我过去，厦门大学经过党委常委集体讨论，向中央组织部提交报告要我过去。我也不去。因为那些都是教育部的领地。孙悟空逃不出如来佛的手掌心。我不走是对的，如果我走了，武大改革的历史就结束了。不走，故事就远远没有终止。

《锦绣》：你80年代在武大进行的改革反响很大，有评价说，当时的武汉就是"高教战线上的深圳"，但这股星星之火终未形成燎原之势，你觉得原因在哪里？

**刘道玉**：是中国体制的问题。说到底教育改革是政治改革，教育归属意识形态领域，也是计划体制的最后堡垒；体制不改，教育就改不下去。今年国家发布了关于"十个教育改革试点"的通知，我在想，谁来抓教育部的改革呢？没有人。《人民日报》下属的一家媒体对我有个专访，我建议他们用这个标题：中国高等教育还处在粗放型发展阶段。为什么？第一，求量不求质，牺牲质量追求数量；第二，高校还在延续高、大、全的思路，这是工业文明时代的特征；第三，一味地引进和模仿，使大学丧失了原创性。在诺贝尔奖所涵盖的数学、物理、文学、生物学及医学等领域中，中国一项大奖都没有，这当然不是诺贝尔奖评选委员会的问题。

**《锦绣》**：有人评价你的改革想法超前，这些"超前"的想法是如何产生的？

**刘道玉**：我一生都在超前，32岁在讲师的位置上当了副教务长，39岁任武大党委副书记，43岁当上教育部高教司司长，48岁任武大校长，54岁被免职，任职超前，免职也超前。我的思想轨迹跟我个人经历有很大关系，我从私塾、小学读到大学，亲身体会到传统教育的僵化，也深知其害，才立志创办新式教育。

当然也跟我个人性格有关，我历来说直话，从小就是理想主义者，追求完美——一个改革者必须是一个理想主义者。现实主义者对现实的一切司空见惯，认为存在即合理，不想改变，只想使用；理想主义者对现实中不健全、不合理的东西，总想去改。这种理想主义是要付出代价的，理想主义者往往都是悲剧性的人物，我也不例外。

我深受蔡元培先生的影响，当然许多想法也还是从实践和交流当中来的。我坚持有信必回，有错必纠。即使有小学生写信给我，我也认真回信。比如，我是如何萌发创立转学制度想法的呢？这要得益于我和大学生之间的沟通，我们之间没有代沟，他们不仅把我看作一校之长，而且把我当作他们的朋友。他们之中的一些人，从来不称呼我的职衔，而昵称"刘道"，甚至是"我们的刘道"。除了经常参加他们的活动以外，我还常常收到他们写给我的信件，其中有批评、有建议，也有他们的烦恼与要求。

**《锦绣》**：你推崇哪些高校和大学校长？他们给了你哪些启发？

**刘道玉**：都柏林大学前身爱尔兰天主教大学的纽曼，哈佛大学校长艾略特,以色列希伯来大学校长魏兹曼,明治维新时日本庆应义塾大学校长福泽谕吉,还有德国教育改革家、柏林洪堡大学创办人洪堡,是我最崇敬的五位校长,而这些大学也是人类历史上的精华,可以说,没有这五位风骨凛然的校长,人类可能是另外一个样子。

《锦绣》:你曾说自己的一生是"悲喜交加的一生","喜"和"悲"都体现在哪里?

刘道玉:"悲"就多了。"文化大革命"期间,我差点被打死。五十多岁被免职,第二个十年改革计划中途夭折,壮志未酬。我不是留恋职位,"悲"的是事业戛然而止。后来,我的校长待遇被剥夺,现在也就是拿退休金。他们还想剥夺我的教授资格,但是失败了——这是学术委员会评定的,没有经过重新评定,谁也没资格剥夺。这些人说,要把刘道玉扫地出门,赶出武汉大学,走也得走,不走也得走。至今武汉大学还在去"刘道玉化",但我就是不走。他们又奈我何呢?

现在,很多学生经常到我家来,我跟他们保持对话。我不在乎学校不提供讲坛,学生总是有办法,能帮助我找到最好的会场。他们学会了公关,给管场地的工人送一瓶酒,他们就开门了。我相信,未来的年轻人会有智慧的。有人问我对中国教育是否悲观,我说既悲观也不悲观,未来会有人创办中国的新式教育,下一代一定会好一点。

《锦绣》:这么说,你觉得年轻一代是可以沟通的,其中有没有人给你留下特别的印象?

刘道玉:2008年我在武汉大学宣布举行最后一次报告。报告结束后,有个武大新闻系的女孩子的提问让我印象深刻。她问道:刘校长,1957年"反右派"把中国知识分子的脊梁骨打断了,你觉得是否可以修复?我回答说可以修复,今天科学技术如此发达,一定能找到手术的方法修复被打断的中国知识分子的脊梁骨。

第二年我在武大校园里碰到了这个提问的女孩子,她叫赵晓悦。我就问她:你当时为什么问这么敏感和尖锐的问题?她告诉我,她爷爷就是"右派"。毕业之后,她收到了英国伦敦大学的录取通知书,却请求暂缓一年,因为要帮刘绪贻教授整理口述自传。经过一年时间,她完成了这个工作,2010年8月才去了英国。这说明这个学生很有头脑,也非常尊敬教师,富有乐于助人的情怀。

《锦绣》:刘绪贻先生曾是武汉思想界的领袖人物之一,你如何看他的主要观点?

刘道玉:刘绪贻今年已经97岁,写文章还是很尖锐,他在退休之后甚至都没有地方住。他反对国学,在芝加哥大学的毕业论文就论述儒学是为统治阶级服务的工具。中国历朝历代,改革派都反孔,保皇派都尊孔。胡适反孔,毛泽东也反孔。我们现在很多人还不明白国学是多么荒唐。当然,孔子的教育思想有很多可取的地方,但政治上就一无是处。我很尊敬孔子,家里还挂着一张他的画像,但绝不会捧到天上去。


# 中国教育改革的杰出代表*

网易:首先恭喜您获得了"网易2011年度中国贡献者"的称号。您能向网友们说说您的获奖感受吗?

刘道玉:我首先感谢网易组织了这次评选活动,感谢广大网友对这次评选活动的积极参与,感谢评审组专家们严肃、严谨和公正的评选!我能够获得网易首届中国贡献者的称号,这既是一个莫大的荣誉,也是对我的巨大鞭策,我将一如既往地关注我国的教育改革,研究教育改革,继续为我国教育改革而呐喊!

网易:您能谈谈对"中国贡献"的理解吗?

刘道玉:"中国贡献"是一个很大的题目,我的理解是,贡献有广义和专义之分。从广义上说,在各条战线上的每一个工作者,都在不同的岗位以不同的方式为国家的现代化建设作贡献。从专义上说,国家各有关部门都设置了评选各类贡献者(或劳动模范)的标准,凡是达到这些标准并通过正式的评审者,被授予某种荣誉称号,这就是特种意义上的贡献者,犹如网易这次评出的首届中国贡献者一样。作为一个退休近20年的老

---

* 刘道玉获得"网易2011年度中国贡献者"称号,并接受网易记者王复安采访。

教育工作者,我深感自己精力已衰,贡献微薄,本不足挂齿。但是,网易组织的评审组评选我为首届中国贡献者,并不是说我作出了多么大的成就,而是对我踽踽独行在教育改革道路上的精神认可。我将以孔子的"三忘"精神为勉励,做到"年老未敢忘忧国",为步履艰难的中国高等教育改革竭尽绵薄之力!

**网易:**您曾说过,要是南科大不进行"思想解放"就难继续发展。"思想解放"对当下的南科大意味着要做些什么?

**刘道玉:**中国现在并不缺少一所大学,也不在乎多招或少招几千名大学生,而是希望南科大成为一个高教改革的试验田,以带动步履艰难的中国高等教育改革,这也就是朱清时校长办学的初衷。虽然我对深圳市政府设计的南科大模式并不甚满意,但我对朱清时校长提出的"三自"(自主招生、自授文凭和自授学位)方针是坚决支持的。但是,朱校长履职已两年多了,南科大的筹备遇到了巨大的困难,争论也一直不断。这里涉及诸多问题,解放思想是个关键问题,这个问题不解决,当下南科大遇到的困难就难以解决,要想办成教育改革的试验田更是难上加难。

我说的解放思想,包括南科大的办学者,但更主要的是指中央、省、市三级政府要解放思想,大力放权,减少甚至放弃对学校的干预,赋予南科大真正的独立自主的办学权。对于南科大办学者,绝不能沿袭任何大学的办学模式,无论是中科大或是港科大。在教育体制、教育方针、教学制度、教学模式、教师管理、大学招生等方面,一定要突破旧大学的窠臼,走一条崭新的路子,这样才能称为名副其实的改革试验田,对其他大学也才有借鉴的意义。

**网易:**您从事了多年教育工作,认为我国高等教育体制主要存在哪些问题?面对这些问题,您做过些什么努力?这些努力得到什么回馈?

**刘道玉:**我从事高等教育领导与管理工作先后共22年,退休后继续研究教育和倡导教育改革又有23年,总共45年了。20世纪80年代担任大学领导者的人中,目前依然研究教育改革的,可能我是唯一的了。根据我长期的体验和观察,我国高等教育体制上的问题主要有:以集权为特点的大一统的教育体制——国家教育主管部门几乎垄断了一切教育资源,把持着一切决策和管理的权力;以计划经济思维方法指导全国高等教育工作,动辄制定名目繁多的"教育工程"或者规划,使大学丧失了独立性和特色;以唯意识形态正确为标准,使独立之精神和自由之思想成了禁区,使思想教育工作流于说教式的形式主义;以"好大狂"指导高等教育的发展,从而导致了高等教育追求大而全,使形式主义盛极一时;以官本位为主导,领导干部官僚主义化,行政部门衙门化,严重脱离群众;等等。

针对我国高等教育存在的问题,在20世纪80年代,我大胆地进行教育体制改革,首创了一系列崭新的教学制度,营建了自由民主的校园文化,甚至把政治辅导员制度都给取消了,以导师制取而代之,收到了良好的效果,使那时的武汉大学被赞誉为中国高校的"深圳"和"解放区"。我被免去职务以后,失去了改革的舞台,于是我由教育改革的实践者变成了教育弊病的评判者和教育改革的呐喊者,这是受到了我的职业良知的驱使。

近20年是我国高等教育冒进的时期,也是我发表批评意见最多的时期,我总共发表了200多篇评论文章。其中,既有批评也有积极的整顿和改革的建议。我的呐喊在民众中得到了积极的反响。例如,2009年2月26日在《南方周末》发表的《彻底整顿高等教育十意见书》,就引起了强烈的反响。据不完全的统计,全国几百家报刊和网站转载,有5000多条正面的评论,如"为刘道玉先生的檄文叫好""教育改革的春雷炸响了""教育改革的一剂良药"……听到民众的这些声音,我已知足了,我的呐喊没有白费!

**网易:**清华百年校庆之际,您在《看历史》上写了要求清华反思的文章,为何选择在欢庆的气氛里反思?您后来是否得到了清华的回应?

**刘道玉:**我一向是说真话的,非常反感人云亦云的趋势思维方法,也反对歌功颂德和搞形式主义的做派。《大学需要有反思精神》一文就是在这样的思想指导下写的,这也是《看历史》杂志编辑部主动约请我写的,他们许诺文章体裁、篇幅和观点都不受限制。正因为有了这个前提,所以我才同意撰写。适逢今年是美国麻省理工学院建校150周年,而他们不搞豪华的庆祝活动,却用150天进行反思:该校如何继续走在世界科学研究的前沿?怎样解决人类面临的最紧迫的问题?然而,我国大学却没有反思,所以我就借清华百年校庆之际,说出了我最想说的问题。我没有得到清华大学官方的任何反馈,但是我的问题在民间却引起了强烈的反响。一段时期以来,国内外华人学者纷纷议论这封信,各大学的师生也都通过电子邮件传递这封信,这使我感到很欣慰。一位著名作家在给我的信中写道:"你的大作拜读了,极好,是一篇有着自己独特观点的文章、属于思想家型的佳作。人家校庆,所有人都会说一些歌功颂德的话,讨个喜庆;唯独你直言不讳地针砭清华大学乃至于我国教育的时弊,是真正的人文精神。我写过一篇文章,讲述人文的主要功能是批评时弊,我们是不谋而合。"

**网易:**您 2009 年提出取消自考,把办学中的浮夸风压下去。在您看来,长此以往的话,我国的高等教育会发展成什么样子?

**刘道玉:**我提出取消自学考试有个前提,即我国大学毛入学率已经实现了大众化,有三分之一的省市甚至实现了高等教育的普及化(毛入学率超过 50%)。可是,在 1978 年,我国大学毛入学率尚不到 1%,所以出现了千军万马争过独木桥的状况。为了缓解上大学的压力,也为了满足部分学生上大学的需要,当时全国教育工会主席方明同志提出自学考试的建议,并获得了教育部的同意。30 多年以来,自学考试发展凶猛,成为全国第一大考。虽然自学考试满足了部分学习者的需要,其中也不乏真正的成才者,但不可否认的是,自学考试沿袭了"文凭至上"的弊端,同时各种弄虚作假的现象频频发生,现在到了不得不整顿的时候了。

取消自学考试并不意味着忽视自学,恰恰相反,我们应当大力提倡自学,它是学习成才的关键。古今一切大学问家、大学者,无不是通过自学而获得成功的。继国学大师章太炎、黄侃之后公认的国学大师是钱穆和张舜徽,然而钱穆没有上过大学,而张舜徽连一天校门都没有进过,但他们是真正的国学大师。

当前,我国大学犯了狂躁病,"好大狂"成了发展高等教育的唯一指导思想。这种浮躁风不制止,就不能营造安静的治学环境,学者们也不能安贫乐道地探求高深的学问。最后,势必降低教学质量,也将严重影响我国大学的学术水平,"一流水平大学"不是离世界越来越近了,而是越来越远了。

**网易:**如果想要根治教育体制中存在的问题,应该从哪些方面入手呢?

**刘道玉:**俗话说,"冰冻三尺非一日之寒",用这话来形容我国高等教育是恰如其分的。20 多年了,我国高等教育一直是在瞎指挥和冒进中进行的,而1958年的教育大革命只搞了不到两年。1961年中央在庐山会议上制定了《高教六十条》,通过整顿和调整,迅速使我国高等教育走上了正轨。可是,我国当今的高等教育已经高歌猛进20年了,其间从来没有进行过调整或是巩固,所以问题积重难返。

怎么办?以我之见,似可以采取以下措施:

首先,制定新的《高教六十条》,对我国高等教育进行彻底整顿,我发表的《彻底整顿高等教育十意见书》可供参考,但更需要在较大的范围内征求各界的意见,以便做到集思广益。应当看到,我国高等教育是"带病"运行的,讳疾忌医只能酿成大病,其结果是不堪设想的!

其次,应当以立法的形式确定我国各大学的功能,限定研究型大学和博士学位点的数目,各类大学各司其职,不准乱窜位;大学教授严格实行定编,坚决克服近亲繁殖,营造自由、民主、争鸣和批评的学风。

再次,国家教育部必须转变职能,坚决下放权力,把大学从唯意识形态和计划经济思维中解放出来,把办学权归还给大学。国家成立独立的全国考试委员会,实行考与录分开的做法,从重考转向重选拔;成立全国教育拨款委员会,按照拨款法增加和分配教育经费,杜绝人情和行贿、受贿;成立独立的评审委员会,对各类学术、职称、成果、教学质量进行评审。这三个委员会,实际上是对教育部削权,迫使教育部逐步过渡到宏观管理上面。

**网易**:在经历了一些挫折后,您对教育工作的热情和坚持依旧一如既往,是什么信念支撑着您一直坚持下去呢?

**刘道玉**:我的确经历了一些挫折,但是我对教育改革的追求一直没有动摇,这是由我的个性和信念决定的。我的个性是"说话不留余地,办事不留后路",我有着"我不下地狱,谁下地狱"的使命感和担当。如果要问是什么信念支撑着我?这个信念就是对教育的挚爱,是挚爱教育使我百折不挠;在困难面前,我从没有言退,更没有言弃。我是一个理想主义者,办理想大学一直是我的追求,改革者和理想主义者是一致的,因为只有理想主义者才想变革不合理的现实。我毕生研究创造教育,求新、求变、求特是我的座右铭,凡事我都是追求完美无瑕。但是,理想主义者往往也是失败者,因为理想是无止境的,一个人终究不可能去实现其理想。但是,我相信后来者一定会沿着改革者的足迹前进,去追求人类美好的理想!

我坚信这一点！

网易：现在越来越多的企业也投身到社会公益中发挥自己的作用，您认为企业应当充当怎样的贡献角色呢？

刘道玉：企业家投身到社会公益事业中，这是一件值得称道的大好事，是社会文明进步的表现。社会公益事业范围很广，包括教育、医院、扶贫、赈灾等。我们现在看到的多是在办希望小学、扶贫、赈灾、助残等方面，但少有捐助大学教育的，这是我国与发达国家差别最大的一个方面。我国的富豪越来越多，向公立大学捐款绝不是最佳的选择，因为那毕竟是填不满的"大锅饭"。我希望中国的企业家和富豪们，在创办中国高水平的私立大学方面充当主要的角色，使我国在未来有自己的"常春藤"那样高水平的私立大学！


# 一位大学校长与《中国青年报》的改革之缘 *

9月27日上午，在儿子的陪同下，身着一套青灰色西装的刘道玉出现在北京21世纪教育研究院主办的"回顾与展望：中国教育改革开放三十年"研讨会上。

这位20世纪80年代中国教育改革的"风云人物"、武汉大学前校长今年已经75岁了，他面色凝重，略显消瘦的脸上很少露出笑容。作为此次论坛首位发言的嘉宾，他用音量不大却掷地有声的声音强烈呼吁："中国需要一场真正的教育变革。"

回首已过去的30年，刘道玉表现出了对20世纪80年代的怀念。他将1980—1988年这一阶段称为我国教育改革的黄金时代，"那个时候，在中央解放思想的号召下，全国高等教育战线犹如百花齐放，各个学校都积极开展改革试点，大有英雄比武之势"。

他兴奋地列举了当年上海交大的人事制度改革、中国科技大学的少年班实验、深圳大学的党政体制改革，而他所带领的武汉大学则选择从改

---

* 本文发表于《中国青年报》2008年10月19日刊，记者谢湘、李斌。

革僵化的教学制度开始,首推了多项至今仍为许多高校效仿的制度,如学分制、主辅修制、转学制和导师制等。

在老人缓缓的叙述中,当年风云激荡的教育改革一幕一幕重现出来,老人因改革与《中国青年报》近30年的真情交往也一幕一幕重现出来。

## "发扬开拓精神 培养创造型人才"

### ——《中国青年报》的两组大讨论使武汉大学声名远播

在本报图书馆,收藏于20世纪80年代的报纸已经发黄了。从1984年至今的10本《中国青年报》合订本中,与刘道玉相关的报道有几十篇。

《中国青年报》关于武汉大学教育改革的报道,最早见报于1984年10月16日。

这天报纸一版最上面的突出位置,横着一个醒目的大栏题——"发扬开拓精神 培养创造型人才"。头条消息是本报记者麦天枢撰写的——《谨慎果敢地革除传统模式之弊 武汉大学教学改革起步不凡》。左下并转二版的是武汉大学校长刘道玉署名的长篇文章《改革与创造型人才》。

这组报道的开头还加了一个较长的编者按。

编者按指出:建设有中国特色的社会主义没有现成经验可循,需要大批开拓型、创造型人才;面对新技术革命的挑战,我国要不失时机地迎头赶上,屹立于世界先进之林,需要大批开拓型、创造型人才;要使对外开放、对内搞活的重大决策获得更大的成功,也需要大批开拓型、创造型人才;培养大批开拓型、创造型人才成了人们日益关注的话题,成了教育事业的当务之急。

培养开拓型、创造型人才要从学生时代抓起,这是教育思想中一个十分值得重视的问题。教育要改革,教育思想必然要改革。

仅隔几天,10月20日的本报头版头条再度挂上"发扬开拓精神 培养创造型人才"栏题,又发表了两篇来自武汉大学的消息:《扬长避短 鼓励冒尖 注重智能和成果 武大在教改中确立新的指导思想》和《培养尖子学生是时代的需要 武汉大学召开"尖子"新生座谈会》。

10月27日,本报在一版右下位置又开辟一组讨论——"他们算不算好学生?",发表了本报记者刘学红和麦天枢联合采写的一组在校园引起震动的报道——《宿州师专的"能人"》和《不爱上课的学生》。那位不爱上课的学生是武汉大学生物系酷爱文学而不愿解剖兔子的田贞见。

从 10 月 16 日到 12 月 4 日,"发扬开拓精神 培养创造型人才"的专题讨论(共 7 期)和一组"他们是不是好学生?"的座谈会(6 期笔谈、共 21 篇文章)轮流在本报展开,学校领导、教师和学生来稿踊跃,当时的清华大学副校长腾藤、北京师范大学校长王梓坤、华中工学院院长朱九思、南京工学院生物医学工程系主任(后担任教育部副部长)韦钰、景山学校校长敢峰等都参加了讨论。讨论最后以很大篇幅刊登的《培养创造型人才教育要作大变革——京津地区部分高校负责人座谈会纪要》作为收尾,非常有力,影响巨大。

持续数十天讨论、笔谈,一次次把刘道玉提出的"学校一切工作都要紧紧围绕以学生的成长为中心"的教育理念不断地加以放大和强化。

这还没有完,1985 年的新春之初,本报在 1 月 11 日、12 日连续两天以两个整版的篇幅发表了湖北作家祖慰写的长篇报告文学《刘道玉晶核》,再一次使武汉大学和刘道玉校长声名远播。被称为"高教战线上的深圳"的武汉大学,成为教育改革一面高高飘扬的旗帜,吸引并召唤着全国千千万万的学子。

"正是报告文学中那位壮志凌云的校长和电影《女大学生宿舍》中武汉大学美丽的校园风光感染了我,吸引我报考了武大。"中国证监会信息中心李为博士回忆说:"我最早知道刘道玉校长是从《中国青年报》刊登的报告文学《刘道玉晶核》开始的。那是 20 世纪 80 年代中期,我在机械部下属的一家研究所任翻译,正准备硕士学位入学考试。从这篇报告文学中我得知,刘道玉推行了一系列改革措施,如学分制、转学制、插班生制、主辅修制、双学位制、导师制等,《女大学生宿舍》中的校长路石就是以刘道玉为原型的。"

## 患难时刻见真情

——中青报登载刘道玉下台的消息成为新闻学院典型教学案例

没有人能想到,正当年富力强的刘道玉满怀激情地进一步推进教育改革时,从京城飞来了一纸免职通知。

本报 1988 年 3 月 10 日头版刊登了一条关于此事的百余字小消息，全文如下：

## 武汉大学领导班子调整

最近,武汉大学领导班子进行了调整。6 日下午,在该校中层干部会议上,国家教委干部局负责人传达了国家教委党组的任免通知。

54 岁的化学教授刘道玉被免去校长职务,58 岁的数学教授、原武汉大学副校长齐民友被任命为校长,原中共湖北省科教部副部长任心廉任党委书记。

有关负责同志在讲话中指出,武大校长易人属正常换届。

落款为:鄂记,即湖北记者站。

当时我们在北京编辑部的人,都知道这条消息是当时的学校部主任"精心"操作的。此条消息篇幅虽然极小,却依然引起了新闻界及各方面的注意。当时的中国人民大学新闻学院把这条消息当作典型的教学案例。主讲老师分析说,这条消息可以说是一篇最典型的客观报道,文中没有一个字的评论,没有一句带情绪的话语,通篇所引述的全部是一个个具体的事实。然而细细体味,读者还是可以从中看出作者的意思和倾向性。可以说,不着一字,尽得真义。

这个分析是准确的。在改革开放初期,中国任何一个大学校长的任免并没有所谓"换届"一说,全部是上级直接任命的。

这年的 8 月,被免职近半年的刘道玉,突然被正在北戴河休假的新任国家教委主任李铁映约见。

李铁映同志耐心地听完他的介绍后表示:"关于武汉大学的改革,方向是正确的,成绩是主要的,教育界的反映也是好的。你富有改革精神,事业心强,工作作风踏实,密切联系群众,这些都是必须肯定的。关于武汉大学领导班子的调整,我完全不知道情况,因此我说不清当中有什么问题。不过既然已经调整了,就要面对现实,承认现实。我希望你向前看,改革的成绩是任何人也否定不了的,是非将来自有公论,现在就不必再提了。我觉得重要的是把你的工作安排好,继续在改革中发挥作用。"

1988 年 9 月 1 日,一个新学年开始的日子。

本报这天的头版头条给了年初已经离任的刘道玉,请他以亲切、说理的口吻向全国的青年朋友们致以《新学年寄语》。落款用括弧特别注明:作者是武汉大学原校长、教授。

为什么要把这珍贵的版面提供给已经下台的刘道玉?据当时的学校部主任回忆:

"我认为李铁映谈话的内容是积极的,充分肯定了武大的改革。我想请刘道玉给全国大学生写一封信,做一个隆重的再亮相。我原以为会在一版右下的位置见报,没想到安排在一版头条。影响很大,有点改革者归来的意思。"

有位武汉大学校友至今还为这一天的《中国青年报》激动。"新学年开学这天,暑气尚未退去,早晨突然从广播中传来了刘校长给全国大学生写的'新学年寄语'。此时的刘道玉已不在校长的位置上,可是《中国青年报》居然请他来发表寄语,而且登在头版头条。就在那一刻,珞珈山似乎沸腾了!每一扇窗户都被打开了!枫园的、桂园的、梅园的、樱园的很多同学都把头探出来,大声叫道:'快听,刘道玉的寄语!'这样的场面是绝无仅有的,它说明了校长在学生心目中的地位和影响。"

这是《中国青年报》一种宝贵的文化传统:它并不因为一个人的去与留而失去正常的价值判断,抛弃曾有的价值认同。对刘道玉这面中国教育改革的旗帜,本报依然给予了应有的历史尊重,武大校园激起的巨大反响可以说是对这种做法的积极回应。


## 为改革而生的理想主义者永远不老 *

"啊?你说什么?声音请稍微再大一点!"面容清癯的刘道玉侧着头,用右手附着右耳大声说道。

---

* 本文发表于《中国青年报》2012 年 5 月 3 日刊,记者谢湘。

4月22日,由刘道玉教育基金会举办的"《理想大学》专题研讨会"在北京饭店举行。研讨会为期一天,年近八旬的刘道玉在会场认认真真地端坐了一天。无人知道,右耳已失聪多年的他究竟听清楚了多少发言者提出的意见和建议。然而,只要在瞬间凝望一下这位紧锁眉头、面部神情严峻而忧郁的老人,一种尊敬、感动与痛惜相互交织的复杂感情便油然而生。

再有几个月,刘道玉将正式进入他生命的第八十个年轮。他的学生和朋友早早开始串联,想筹办一个别具一格的祝寿活动,向这位"永远的校长"表示敬意。但刘道玉婉言谢绝了。盘旋在他脑海里的最好方式,莫过于在80岁之际再动笔写一本题为《我的理想大学》的新书,"作为这一生的收官之作"。

从1977年时任教育部高教司长参与向邓小平建言"恢复全国统一高考"开始到今天,中国改革开放30多年的历程中,刘道玉命运坎坷,起起伏伏,但没有人能否认,他是中国教育改革绕不过去的话题。

## 教育改革的"出头鸟"

刘道玉的名字开始为人所知,是改革开放给他带来的幸运。

1981年8月22日,《人民日报》头版刊发了新华社一条带有黑色电头的消息:

经中央批准,48岁的刘道玉,被任命为武汉大学校长。他是我国解放后自己培养的大学生中第一个担任大学校长的人,也是全国重点大学中最年轻的校长。

有关部门认为,任命48岁的刘道玉担任全国重点大学的校长,这对于在人才济济的高等学校中打破论资排辈的现象,大胆提拔优秀中青年干部到主要领导岗位上来,将会产生积极的影响。

20世纪80年代,是中国改革开放的黄金时代:农村推行家庭联产承包制,企业试行厂长责任制,经济特区在沿海地区创建,中共中央关于经济体制改革的决定、关于科技体制改革的决定、关于教育体制改革的决定相继出台,胡耀邦总书记"允许改革犯错误,但不允许不改革"的名言响彻神州大地。

被冠以全国最年轻校长之名的刘道玉没有辜负这改革的时代。他以培养创新型人才为目标，以一切有利于学生成长为改革动力，在教学领域积极实施了一系列重大改革。当年许多改革创新之举已成为当今中国高校普遍实行的基本制度。

不仅仅是教学制度的改革，刘道玉还给武大和其他高校带来一种全新的校园风气和文化氛围。著名教授易中天谈过他在武汉大学上学的感受：领导生活简朴，作风民主；师生思想活跃，言论自由；研究生论文答辩，可以当面顶撞评审委员；本科生学术演讲，校领导坐在下面洗耳恭听。校长、副校长、书记、副书记的家，敲敲门就进去了。教员上课，学生开会，讲什么，怎么讲，没有人横加干涉，自由、民主、开放。这就是当时的武汉大学。

由此可以理解刘道玉为什么被武大学生称为"永远的校长"。作为中国教育改革的风云人物，他的名字将被历史永远铭记。

## 从基础教育改革抓起

历史总是经常会表现出两种力量的相互作用。1988年春节前夕，年仅54岁的刘道玉突然被宣布因年龄原因免去武汉大学校长的职务。本想大干一场的改革者一时失去了大显身手的舞台，其痛楚的心情可想而知。但刘道玉并没有因此而丧失对教育改革的追求。

不是要做官，而是要立志进行教育改革的刘道玉，已看明白了体制内的公办学校没有独立自主的办学权，不可能出现理想的试验田，因而谢绝了去暨南大学、厦门大学、华侨大学、海南大学任职的机会。他一方面开始腾出精力来撰写他计划已久的"创造教育三部曲"，另一方面把目光投向民办教育。

1994年，刚刚写完自述——《生命六十始》不久的刘道玉，怀着一种获得自由和解放的喜悦之情，出任了武汉新世纪外国语学校的校长。

有人奇怪，一个堂堂的大学校长为什么要转过身来做小学校长。大学是出科学家的，中小学是出教育家的——苏联一个流行说法曾深深地影响了刘道玉。出于对教育家的崇拜，对改革事业的向往，他在《办学情怀》中抒怀：从教育英数十年，双鬓斑白不甘闲。借得改革春风雨，躬耕一方"试验田"。教育改革，成了刘道玉心中永远挥之不去的情结。

为了倍加呵护这块试验田,刘道玉将自己从社会中募得的 15 万元交给学校,还赠送了 800 本个人藏书和收集的 20 多本各国精美的画册给校图书室。这期间刘道玉教育改革的最大收获就是"创造教育三部曲"的出版。《创造思维方法大纲》《创造教育概论——谈知识·智力·创造力》和《创业与人生设计》,是他在武汉大学十年教育改革的理论总结,同时他还把创造课直接开进了中学生的课堂。

## 摔倒了,爬起来还要往前走

2001 年夏季的一天,在好心学生的暗中帮助下,刘道玉夫妇从武大校园悄悄搬进了华中科技大学紫菘公寓一套尚未装修的毛坯房。夫妻俩与世隔绝,终日只能相对而坐,境况极为凄凉。

他们是在不得已的情况下出来避难的。2000 年年底的一天,由于投资人私自携款潜逃,办学近六年、已具相当规模的武汉新世纪外国语学校被迫关门了。接着,数十名学生家长到学校要求退还学费,时常还有上门讨债的汽车直接就停在他们的家门口。

刘道玉上当受骗了!在学校最后一次教师和干部会议上,心情沉重的他当着大家的面失声痛哭,他为之奋斗了五年的一套办学理念和改革举措,不得不随着"试验田"的辍耕而停止,他所承担的创造教育实验研究课题,也不得不半途而废。而他的身体,也因为两次住院、两次开刀变得每况愈下。有人评论说,刘道玉一世英名,毁于一旦。

在年近古稀之时遭到暴风雨般重创的刘道玉还能何为?

虽九死而不悔的刘道玉没有倒下。2005 年秋天,在位于北京长安街的泰康人寿保险公司,携带由长江文艺出版社为他出版的自传《一个大学校长的自白》的刘道玉,受到了武汉大学在京学生最热烈、最热情、最隆重的欢迎。

这本自传的写作,大体上用了一年的时间。此时的刘道玉由于疾病的困扰,不仅写作进度缓慢,而且吃了不少苦头。特别是脑梗死的后遗症,使得他右手写字颤抖,必须着力方可使字形可辨。但他并不气馁,而是以积极的进取心学会了使用电脑。他不仅用心为自己写传,还用心给他的学生写传——《大学的名片——我的人才实践与理念》一书也在国内外出版。

## 由教育改革的实践者转为批评者

公办教育体制不愿再碰,民办教育改革实验夭折,过了人生七十这道坎后,刘道玉的教育改革事业似乎已黯淡渺茫,历史注定不会给他机会了。

热爱教育、钟情教育的刘道玉不因年龄而止步,他很快实现了新的转型,由当年教育改革的实践者转变成为教育改革的评论者和批评者,开始用思想和声音来影响中国的教育改革。

他密切关注着中国教育的风雨变幻。关于世界一流大学建设问题、关于大学校长职业化问题、关于大学校长的遴选机制问题、关于怎样根治大学学术腐败的问题、关于高校去行政化问题、关于需要怎样的教学评估等众多重大问题,刘道玉以开阔的国际视野、教育家的专业眼光作出了有理有据的分析与论述。其中最重要的《彻底整顿高等教育十意见书》,经《南方周末》发表后,上百家网站转载,网友正面评论5000多条。媒体的调查问卷表明,90%的人支持意见书,这广泛唤起了人们的教育改革意识。

2011年4月,清华大学百年校庆。刘道玉写了一篇致清华大学的公开信——《大学需要有反思精神》,提出有必要向美国麻省理工学院学习,对学校办学的得失、大学精神进行"严肃的反思"。此文在海内外引起强烈反响。刘道玉再一次以教育改革家的形象赢得社会的尊重。

## 勾画心中的《理想大学》

大学是为理想而生存的。

壮士暮年,雄心不已。在致与会者的邀请信中,刘道玉这样表明心迹:余年近八旬,且右耳失聪,右手已不能书写,基本上是一个残疾的老年人。但我不甘寂寞,心中教育改革的炽热之焰未灭,追求理想大学的情结仍没有消失。于是,准备积个人30多年的经验、教训、学习心得和对未来大学教育的期盼,着手撰写《理想大学》一书。

在研讨会开始之前两天,刘道玉关于《理想大学》的写作提纲已经修改了第三稿,雏形已见。这份写作提纲,让人们看到一个至死不渝的教育改革者的最高理想。

任何一所理想大学都是个性化的。刘道玉心目中的理想大学的基石是：以人为本、大学独立、思想自由、学术至上、民主学风和创造不止。

马云在谈创业时的一句话很适合解释刘道玉在武大的经历："今天很残酷，明天更残酷，后天很美好，但是绝大多数人死在明天晚上，看不到后天的太阳！"刘道玉就是在后天的太阳升起之前，重重地跌倒了。

他的一些学生说，看到刘道玉，让人想起夸父、愚公。愚公命好一点，感动了两个神仙帮他把大山搬走；而夸父则牺牲在追逐太阳的路上。

有人说，刘道玉是个悲剧性人物，钟情改革却英雄无用武之地；有人说，刘道玉是过时的人物，不甘寂寞不过是为了顽强地表现自己的存在。而对于年事已高、几乎丧失听力的刘道玉来说，闲言碎语已经无足轻重，重要的是眼前即将动笔的凝结自己教育改革教训与心得的《理想大学》！刘道玉心里很清楚，时间对于他已经不多了，他心目中的理想大学在有生之年很难看到，所以，他想到写出自己和身边教育资深人士的理想大学。正如司马迁形容《史记》，可藏诸名山五百年，等待后人的发现。《理想大学》是他给自己暮年生活的一份礼物，是留给当代人的遥远曙光，更是留给未来、曾经的一个教育理想主义者不屈追寻的历史背影。


# 大学之美在哪里？ *

## 象牙塔是做学问的最佳境界

**《新周刊》：**蔡元培先生曾提倡"美育替代宗教"，但就现今看来，大学的美育功能似乎并未起到应有的作用。

**刘道玉：**美是艺术追求的最高境界，也是教育应该追求的最高境界。在人类的历史上，宗教在兴办学校、传播知识和陶冶人的美德方面，有重要的作用。但是，中国没有原生的宗教，绝大多数人也不太信仰宗教。因此，蔡元培先生 1917 年发表文章《以美育代宗教说》，这篇文章从中国情

---

\* 本文发表于《新周刊》2010 年 6 月刊，记者胡赳赳。

况出发,对于陶冶人们高尚情操有着巨大的作用。可是,美育在中国一直命途多舛,蔡元培这篇号召的响应者也不是很多。解放以后美学、心理学、社会学都被斥为资产阶级学科,统统被取消了。美育真正在教育中得到重视,恐怕还是在粉碎"四人帮"以后,在解放思想的指导下才逐步恢复。但是,美育在中国教育的状况不是很令人满意,并没有发挥应有的作用。

如果我是北大校长,首先恢复蔡元培提出的校训,不折不扣地按照他的理念办学。国外大学一个好的理念,可以沿袭几百年不变。在我们中国不行,再好的理念也会因为制度的更迭或领导人的变更而朝令夕改。中国官场上有一个恶习,就是后任否定前任,前任再好的东西也不继承,要别出心裁地提一个口号,哪怕是蹩脚的他也要提,因为这是他们的政绩啊。

**《新周刊》**:"象牙塔"是精英教育的代名词,当精英教育向大众教育甚至是产业化教育转变时,"象牙塔"变成了"权力之塔""金钱之塔",这也意味着大学美学趣味的迁移——由学术之美变成了权力场和名利场。

**刘道玉**:我曾经写过一篇文章,《从大学的起源来看西方教育的精髓》,西方大学的历史近千年了,起源是自发的,自发就意味着它有独立权,不受政府管辖也不受教会干预。经过千年的延续,西方大学的精髓就是十个字:独立、民主、自由、质疑、批判。这是大学精神之美,这种精神又是引发发明创造之美所必不可少的。所以,有评论说:"艺术大师罗丹首先是创造家,其次才是雕塑家。"罗丹一生作品林立,在巴黎罗丹美术馆展出的 300 幅精品,件件都是美如冠玉之作,也是创造之美的再现。

大学之美还表现在环境美。古代格言说,天下名山寺占尽。我觉得从选址来看呢,大学和寺庙应是一个思路,就是要远离尘世,可以静心地修炼和专心致志地做学问。当年,我们考入武汉大学时,没有公共汽车,都是碎石路,但是进了武汉大学就觉得进入仙山了,郁郁葱葱的树木、湖光山色、琉璃瓦宇,美景片片。现在环境也不美了,已不是圣洁之地了。

追求真理应该是大学最美好的理想和目的。我们怎么样营造追求真理的环境?就是远离功利的象牙塔。例如,法国年仅 30 岁的律师费马,于 1637 年提出的一道数学猜想题,曾困扰了一代又一代世界数学家。

美国普林斯顿大学数学家安德鲁·怀尔斯,用了7年时间证明了这个350多年未被证明的费马大定理。在1993年成功的那一刻,安德鲁该是多么高兴,那是获得真理后最美妙的感觉。

我必须强调,象牙塔式的精英大学与为现代化建设服务的应用型大学,是并行不悖的两种类型,各有自己的使命。我们不需要所有的大学都进入象牙塔,也不需要每个大学都走出象牙塔,切忌一刀切。世界上那些顶尖的精英大学,无疑符合美的标准,是世界各国大学效仿的楷模。为了追求大学之美,我国应当建成少数几所世界一流的大学,但必须营造象牙塔的学术环境,否则就不可能出现世界公认的大师,形成世界公认的科学学派,得到旷古绝伦的发明创造成果。

## 90年代初是大学美丑分界线

**《新周刊》**:中国的大学,在你看来什么时候是美的?

**刘道玉**:中国大学的起源要追溯到洋务运动和戊戌变法,最早应是1861年的京师同文馆,后来合并到京师大学堂。武大和北大抢第一是没有道理的,我是不赞成的。心思不用在做学问上,靠搞校庆造势来争第一,没有一点意思。应当说,在中国大学百多年的历史当中,曾经有过美丽的大学,或者在某种程度上有美丽的大学,这是我的评价。

首先是五四运动以后到解放前的30多年。从蔡元培等人的办学理念就可以发现,那个时候的大学是美丽的,以追求高深学问为己任。最典型的是在战乱年代组成的西南联大,尽管条件极其艰苦,但它是最美丽的大学。在8年的办学中,西南联大的教师和毕业生中涌现了2个诺贝尔奖获得者、3个国家最高科技奖获得者、8个两弹一星元勋科学家和171个两院院士。

第二段是解放以后到1956年,也是中华人民共和国成立后大学历史上短暂的美丽一面。那个时候真是党风、民风、学风最好的时候,我们进了大学,就犹如进入一个梦想剧场。每个人都有理想,不是要当爱因斯坦就是诺贝尔,要么就是居里夫人。同学之间没有互相猜疑,亲密无间、亲如手足。那个时候就是一帮一共同进步,没有谁对谁保密,看到别人好就感到由衷地高兴。吃的是小灶,四菜一汤端吃端喝。我们不仅不收学费,而且书籍费、讲义费、电影票、洗澡票、理发票全是发的,生了慢性病还可以住疗养院。那真是精英教育——我是从农村来的,过去的地主都过不上这样的生活。

第三段是 1980 年到 1987 年这一段,这不仅是武大的黄金时代,也是中华人民共和国成立以来高等教育的黄金时代,在国家改革开放总方针的号召下,人们解放思想,大干快上。甩掉了臭老九的帽子,砸碎了头上的紧箍咒,你能想象知识分子的心情该是多么舒畅。实验室昼夜灯火通明,人们争先恐后地涌入图书馆、阅览室,旷野、草地和林间小道处处是琅琅读书声,那种感觉真是美妙极了!现在这一切都不复存在了。

## 大学之丑:乱、脏、臭

**《新周刊》:** 现在丑陋的大学有哪些表现?

**刘道玉:** 大学之丑归纳起来就三个字——乱、脏、臭。

乱——现在中国的大学乱了套。对大学一定要有准确的功能定位,大学必须各司其职。现在大专、专科院校也都成为大学了,但它们只是知识或技能的培训机构,没有资格成为大学,这就从本质上亵渎了大学的真谛。大学之乱,怎么个乱法?请看:独立学院不独立(它是二级学院,但又不隶属某大学,说它独立吧,又要接受母体大学的限制)、成人教育没有成人(实际上是招收高考落榜生,变相搞文凭教育赚钱)、函授学院要面授、自学考试要上课(集中阶段上课,考前搞串讲,实际上是变相漏题)、普通大学乱篡位(很多地方大学也要搞一流大学,也要建研究型大学、大量培养研究生)、重点大学不务正业(搞应用型研究,办培训班,办分校,搞开发区等)。

脏——肮脏,个别导师要跟女研究生上床、潜规则,院长上妓院,大学教授组织换妻俱乐部,这不肮脏?博士生导师拉研究生打牌也有潜规则:学生只能输不能赢,简直是斯文扫地!

臭——经济腐败、学术腐败、学术造假还不臭吗?而且现在经济腐败、学术腐败暴露的仅仅是冰山一角。为什么呢?因为都有错综复杂的人事关系,有保护伞。我发现一个现象:同是作科学研究,中国科学院和各部门的应用研究院,基本上没有在报纸上被披露学术剽窃。很显然,学术剽窃具有高等学校的特征性,这就与相关部门的政策和政策导向有直接关系,相关部门对学术腐败应负直接领导责任。

我所谓的臭是什么呢?铜臭,衙门臭。用这两个"臭"来概括现在的大学的确很形象。铜臭不用说了,一个知名作家在某重点大学兼职三年,与人朝夕相处,耳濡目染,他说这个大学就是一间大公司,从上到下人人都在赚钱——作家的眼光是敏锐的,洞察入微啊。后来,他又自费到俄罗斯考察月余,俄国人告诉他,现在的俄罗斯只有莫斯科大学和圣女公墓是干净的,而我国像莫斯科大学这样的大学也没有了。

**《新周刊》:**我国大学的 2500 亿债务,谁来买单?

**刘道玉:**债务也是个灾难,2500 亿啊,按照公司破产法这些大学都该破产了,利息都还不起了。谁来买单?都是公办大学,当然由国家买单,但是国家买单又不公平,因为巨额债务都是腐败、浮夸造成的,由纳税人给你买单,对于没有债务的学校是不公平的。所以我主张允许债务沉重的学校破产、拍卖,允许国外来购买。最近 5 年,美国有 66 所大学破产,既有公立的也有私立的,既有专科的也有本科的。这样做一举两得:第一减轻了我们国家的债务负担,第二就是加快了国内私立大学的进程。如果按照我们国内民办大学的路子走下去,100 年都出不了高水准的私立大学。

如果我们选一两所债务重的大学,把它们拍卖了,美国一流大学买了,又有什么不好呢?他们搬不走啊,还是为中国培养人才,有什么可怕的呢?用他们的钱、先进的办学理念,培养我们中国的人才,这才是真正的对外开放啊!

## 不进行教育改革的启蒙,何谈改革?

**《新周刊》:**有人形容,中国面临教育灾难。你也表达过类似看法,有人甚至用"中华民族到了最危险的时候"来形容。这是否过于耸人听闻了?

**刘道玉:**是不是灾难可能看法有分歧,分歧主要来自体制内和体制外的人,俗话"当局者迷,旁观者清"就是这个道理。体制内的人往往由于本位主义或是利益所限,不可能看到问题之所在。但是,危机是客观存在的,真正热爱教育的工作者,都能实事求是地作出评价。教育灾难是个笼统的概念,承认危机也不是什么可怕的事。灾难也就是危机,包括哪些方面呢,人们所指的更多的是高等教育。现在有句话,挨骂最多的是大学,其次是中学,小学骂的人少。对于基础教育来说,现在的素质教育只不过是说说而已,自我安慰,宣传秀,实际上还是应试。教育部的一位领导说,光骂教育不能解决问题。其实人们并不是光骂,也提出了许多积极的建议,可是你们充耳不闻嘛!

我们只教会学生考试,全社会推崇的还是上名校、考高分、补习、奥数。所以我说现在全社会需要一场教育改革的启蒙运动。从教育部到民众都不懂什么叫教育改革,应当改什么。启蒙就是去掉蒙昧,启迪文明。现在的大学教授们、院长们也在考虑为孩子择校啊——据说某大学四个教授常年雇一个小轿车,把孩子送到市内上重点,早上送、晚上接,真是不惜血本呀。为什么现在公务员热、70%的博士都在官场,都是学而优则仕的反映。这是一个广泛的概念,不光是做官,而是把学习目的极度地功利化,如颜如玉、黄金屋和千钟粟等,广义上都是学而优则仕的体现,这是造成学生压力大和负担重的主要原因。欧美国家的教育,会教学生提出问题,特别是稀奇古怪的问题,学会质疑和辨别是非的能力。他们并不要求学生考高分,而是注重创造思维能力的培养。这是与我国传统教育根本不同的,我们应当深刻地反思,尽快走出应试教育的误区。

**《新周刊》**:过去十年间,在政府的要求下,多数公办大学每年以30%的速度增加招生人数,并大规模开辟新校园或扩建校舍——法不责众,你一己之力,又能何为?

**刘道玉**:对于大学合并运动我的观点是:强强合并不可取,强弱合并似可虑,弱弱合并有其需。当初,合并运动有两个理由:一个是创建世界一流大学,建造学科齐全的航空母舰。但世界任何一个名大学都不一定是一个学科齐全的大学,哈佛大学就没有农学院,普林斯顿大学就没有法学院、商学院和医学院,所以这是站不住脚的说法。搞强是假,"好大狂"才是真的。

第二个理由是中国的大学太多了不好管,合并了以后好管,这也是站不住脚的。合并前中国有890多所大学,不是太多,美国有4000多所大学。还有一个简单的道理,是大了好管还是小了好管呢?这是一个很浅显的道理,明明是强词夺理嘛。功利主义思想诱导人们合并,为什么呢?因为合并以后就能进"211工程",不合并就成不了教育部直属重点大学。比如在贵州,新贵州大学是7所大专学校合并起来的,合并之前该校进不了"211",合并之后就顺利进了,而且7所当中有4所专科学校,这就戳穿了"强强联合"的谎言。

《诗经》有云:"知我者谓我心忧,不知我者谓我何求?"是的,我一己之力的确不能改变什么,但我还是会像"子规夜半犹啼血"那样不停地呼唤,希望唤回教育的春天,找回我国大学之美!

在汉字中,世和代是相同的概念,一世也就是一代人,往往是指30年。许多人尚没有意识到,中国大学的危机,二三十年后将更为严重,因为三个因素的影响将是持久的:一是学风坏了,一个好的学风需要几代人培育,好学风遭到破坏,又将殃及几代人;二是人才的素质大大降低了,不合格的人将培育出更不合格的人,形成恶性循环;三是大学合并背上的沉重包袱和负面影响将会是长远的,至少影响50年——1951年院系调整的不良后果至今尚没有完全消除就是证明。


# 校长之暖*

## 右手退役、左手接班

"唉,这是没办法的办法呀。"83岁的刘道玉用左手写完一行字之后,不禁对记者感叹。

珞珈山11月末的这个午后,刚下过雨,云团未散。时值周末,怕打扰家人休息,刘道玉请记者到书房采访。这间朝北的小书房面积七八平方米,三面被书占据,阴天里,开着灯也不甚明亮。

刘道玉,这位中国最著名的前大学校长之一,许多武汉大学毕业生心

---

* 本文作者孙亚萍。

中"永远的校长"，如今每天在这间斗室里工作约5个小时。他打开电子邮箱，查找一篇文稿。"我用电脑是幼儿园水平，"他笑着自嘲，"总是点错，很麻烦的。"

72岁时，刘道玉因中风右手写字不便，于是开始学习使用电脑。现在，他每天要花数个小时看新闻、收邮件、回复邮件。记者看到，这位老人操纵着鼠标的右手不由自主地频频抖动，他有时要用左手去压住右手，两手配合才能完成一次正确的点击。

他解释，这是书写痉挛症。"拿筷子吃饭它不抖，拿水果刀削水果它也不抖，就是拿笔抖，可能跟写字太多有关。"他的语气颇为无奈。

刘道玉1981年被任命为武汉大学校长，时年48岁，是当时中国最年轻的大学校长。1988年，他突然遭到免职。一起一落，在中国教育史上都掀起了巨大波澜。

免职后，刘道玉投身于教育改革研究，成果丰硕，出版了《创造教育概论》等18本著作，发表文章300余篇，还有尚未出版的两部书稿。加上这些年来他累计手写的数十本读书笔记，刘道玉右手的工作量可想而知。

此外，刘道玉自就任武大校长起就有信必回。书房西墙书柜的顶层，满满塞着捆扎整齐的一万多封信。这是他收到的来信，他手写的去信或回信，不少于这个数目。他的右手积劳成疾。

"没办法的办法"就是右手退役、左手接班。2011年，他的右手抖得彻底无法写字，时年78岁，他开始练习用左手写字。4年多来，左手记录的读书笔记也已有厚厚的七本。

现在他收信回信以电子邮件为主。左手和右手紧密配合；点错、重来，敲错、修改。每天这样回信给谋面或未谋面的许多学生，回答他们的问题，交流思想和近况。记者采访到的多名武大毕业生，都保存着刘道玉的多封书信和邮件。

武大1977级中文系学生谢湘毕业后，每年圣诞节和新年前夕，都会准时收到刘道玉寄给她的贺卡和通报近况的来信。"他是我们的校长和长辈啊，却平等地向他的学生介绍他所思所想。"谢湘把这视为不同寻常的礼物。

武大1985级研究生李为在回忆刘道玉的文章中写道："他给学生的

每一封信都字迹工整,在书信中常常谈他的读书体会和写作计划,谈他一年来的办学成就、写作成就。字里行间,你会感受到他的执着和乐观精神。"

等待刘道玉回信的,还有一些为孩子教育问题而困惑的父母。1998年,为了教育好四岁的儿子,安徽南阳村的一位农妇写信给刘道玉校长,得到了他详细的回复。此后的 12 年里,刘道玉有问必答,指导她如何启发和引导孩子好学、会学,后来,这位农妇的儿子考上了安徽医科大学的研究生。

只要为了育人成才,刘道玉总是充满热情,即便因他颤抖的手和戴着老花镜的眼,要耗费很长时间。

## "我的校长"

1985 年的新春之初,《中国青年报》在 1 月 11 日、12 日连续两天以两个整版的篇幅发表了祖慰的长篇报告文学《刘道玉晶核》。当时刘道玉已担任武汉大学校长 4 年,4 年之间,改革初见成效,武大形成了自由民主的校园空气,学分制、主辅修制、插班生制、导师制等制度改革领风气之先,拉开了中国高教改革的序幕,武大被誉为"高教战线上的深圳",刘道玉被誉为"武大的蔡元培"。

和许多人一样,蔡胜铁就是看到这篇报告文学后,知道了刘道玉其人。蔡胜铁是福建某民办大学校长,自 80 年代中期,他就一直关注刘道玉。

1997 年在南京召开的一次民办学校立法的研讨会上,蔡胜铁终于见到了刘道玉。彼时刘道玉早已卸任武大校长,但依然是校长——武汉新世纪外国语学校的校长。这是一所民办寄宿制中小学,创立于 1994 年。

从大学校长到小学校长,有人说刘道玉"大材小用"了,但他说,对于育人成才、培养创造思维来说,小学更为关键。他把在高等教育体制改革上未竟的探索,转移到中小学教育体制改革和方法研究上来,并在 1996年写出了《爱的学校》一书。在南京的这次民办教育研讨会上,刘道玉将《爱的学校》送给蔡胜铁,并和他建立起持久的通信交流。

"他的精神感动了我,我后来做的很多事,都是刘道玉精神在鼓舞我。"电话那头,蔡胜铁略带激动、语速飞快地对记者说:"他没有舞台,自己创造舞台;被免职后,他不变初衷,执着于教育理想;他身体不好,进行了五次手术,还是非常乐观;他每次出来都衣冠楚楚⋯⋯这些都给我非常大的影响。"

在武汉新世纪外国语学校,刘道玉从校训开始,研究制定了一整套先进办学制度,还开设了创造思维方法选修课,亲自给学生们上课,启发孩子们的创意思维。

然而,由于投资人欠款逃匿,2000年12月,这所民办学校被迫关门。在各种努力挽救学校未果后,刘道玉失声痛哭。"学校就是我的孩子,自己孩子夭折了,怎能不痛心疾首呢?"教育改革蓝图再次被腰斩,这是刘道玉人生中经历的又一次重创。让他聊可慰藉的是,这所学校的毕业生中不乏优秀人才。

刘道玉是一个意志顽强的人,这次打击依然没有改变他对教育改革的执着。"他还是当年那个刘道玉,想他人之未想、言他人之未言,每年都有颇具新意的论著发表和出版。"李为说。

近十年来,刘道玉的文章都聚焦在教育最迫切的问题:《彻底整顿高等教育十意见书》《大学校长遴选机制刻不容缓》《怎样根治大学的学术腐败》《民主选举大学校长是去行政化的关键》《我们需要怎样的教学评估》《中国需要一场真正的教育体制变革》《教育改革需要进行新的启蒙》⋯⋯似大医精诚,他开的处方都直指根本。

读刘道玉的书和文章,能感受到他的理科出身:文字不事雕琢,陈述观点直接明了,论证观点严谨翔实,表达态度也直截了当、不绕弯子。

"有一次,刘校长在邮件里说:'我今年五篇文章,有三篇被评为优秀论文一等奖。'我看到这个,真是太受触动了!"在刘道玉的感召和鼓励下,蔡胜铁也将自己的研究写作出版。他说:"虽然我不是武汉大学毕业的,但我受教于他,他就是我的校长。"

## 校长的冬天

冬天是刘道玉最畏惧的季节。武汉冬天湿冷,没有集中供暖。刘道玉出生于湖北枣阳,体质的原因,他从小怕冷。在没有暖气和空调的家中,他穿着棉裤、棉靴,上身一件棉坎肩、两件棉外套。

寒冷之中,刘道玉的户外散步基本取消,但仍每日五点起床,七点开始在书房里工作,他有一系列待写的文章,还有待修改完善的书稿。每有灵感,他都会记录下来,留待思路完善了、资料准备充分之后动笔。这样的灵感清单,从 2004 年至今,列到了第 109 条。

记者来访时,刘道玉正在为自己即将出版的《高等教育改革论》一书进行整理汇编。与这本书主题相关的各种杂志、文稿,都被刘道玉翻出来摆放整齐。年轻时高强度学习所训练出来的超凡记忆力,让他不仅能记住许多经年往事的细节、确切日期、数百名来访者的名字,也让他准确知道哪本杂志、哪篇稿子放在什么地方。

家中不安装空调,是因刘道玉的夫人刘高伟身体之故。

刘高伟是刘道玉的大学同班同学,从进大学伊始,扎着乌黑辫子、有着甜甜酒窝的她,就给刘道玉留下了极好的印象。刘道玉在自传《一个大学校长的自白》中描述,刘高伟"充分展示出女性青春活力的美""爱笑,笑得很甜、很爽朗,往往未见其人先闻其笑声"。

岁月把青春少女变成了眼前依然笑容可掬的瘦弱老人。数十年来,她辛苦持家,洞明而坚定地支持着丈夫的教育改革和研究,支持他不当官、不从政。刘道玉一生至少五次拒绝了堪为高官的任命,从武汉市市长到教育部部长、共青团中央书记等。

在刘道玉人生的两次寒冬中,也是妻子刘高伟支撑他渡过难关。"文革"中,刘道玉被游街示众、刑讯逼供,打得伤痕累累,妻子边哭边给他清洗伤口、敷药包扎,悉心照顾调理,相互鼓励坚持到曙光来临。免职后,刘道玉被多次调查,甚至重病中不允许就医,刘高伟找到调查组,当面怒斥。

因一生多次为丈夫担惊受怕,刘高伟现在体弱多病,四季需要通风,如果空气不流通,就会头晕。因此,刘道玉家中一直没有装空调,他也因此心甘情愿地忍受武汉冬天的寒冷,并感悟出"过四季气候"的好处:"夏天,该出汗就要出汗、皮肤排毒;冬天,(皮肤)该收缩就要收缩。"

## 来者不拒 30 年

一年四季,刘道玉的家里访客不断。这位武大"永远的校长",怀抱随时为学生敞开。

在记者来访前一天的下午,来自武汉地区四所高校的五个大学生来找刘道玉,向这位已卸任多年的武大老校长倾吐困惑和疑问。这样的学生来访平均每周都会有一两拨,来自全国各地。

曾经有四个来自苏州的大学生,晚上9点来敲门,倾诉他们对于学业选择的困惑。"这样一拨一拨的学生来,对我的工作休息虽然是有影响,但是对于他们每一个人来说,是抱着很大期待、鼓起很大勇气来找到我的。所以我不能拒绝。"

来者不拒,自刘道玉1981年就任武汉大学校长起,就是他恪守的原则。当年,48岁的他是全国最年轻的大学校长,上任之初就到火车站迎接军训归来的学生,席地而坐与学生们谈心。他平易的作风广受学生拥戴,学生们昵称他为"我们的刘道"。刘道玉喜欢这个昵称,并把自己微信的名字、邮件的落款,都写为"刘道"。

来者不拒,作风平实是20世纪80年代初武大领导班子的整体写照。学者易中天回忆刘道玉在任时,"整个学校的领导——书记、副书记、校长、副校长,都是这个做派,没有官架子。那个时候没电话、也没什么预约,晚上要找他们,敲门就进去,该说就说,都这样,整个班子都很朴素"。

刘道玉还给自己提出"自律三条":第一,凡年长教师约其谈话,都登门拜访,不让长者劳步;第二,办事雷厉风行,案不留牍,文不过夜,来者不拒,有求必应;第三,改革创新、力求第一。

这三条,他都做到了。

武汉大学在解放前是全国重点名校,到20世纪80年代初却下滑到重点大学的末流,全国科技发明成果是零、重大基础理论研究成果是零、有影响的学术专著凤毛麟角。刘道玉提出"卧薪尝胆,十年雪耻",以重振武大。

百废待兴,人才为首。刘道玉求贤若渴,全国各地奔走,先后把张尧庭、叶汝琏、郑克鲁、田德成、黄念宁、杨小凯、毛咏计等顶尖人才引进到武大作为各学科的带头人,并将易中天、邓晓芒、李敏儒、王小村等破格留校任教。

为解决教师们的后顾之忧,刘道玉多次到北京跑教育部、财政部,为教授们争取合理的工资待遇。

易中天刚毕业留校时曾到刘道玉家里去,"校长当时住的是两房一厅的房子,厅非常小,是那种吃饭就不能会客,会客就不能吃饭的。校长拿出两个小板凳,和我坐下来谈话。当时有一句话我印象非常深刻,校长说:'在教授们解决住房问题之前,我刘道玉绝不住教授楼。'"

经过调查研究,刘道玉发现,要想提纲挈领地涤荡大学教育积弊,需要从制度入手。在他的主导下,武汉大学打破了学年制的限制,实行学分制,不仅允许学习好的学生多选课,而且让修满学分的学生提前毕业。

此外,武大还率先实行了转学制、导师制、主辅修制、双学位制,均受到学生们的热烈欢迎和拥戴;并首创了插班生制,给社会上的有志青年们带去曙光。

"现在的人都觉得这些轻飘飘了,说国外早就有学分制了。但在那时,中国就没有实行过的。"毕业于武汉大学的谢湘是《中国青年报》的前副社长,她专注于教育领域的报道研究数十年,对于刘道玉的改革,她是亲历者,也是见证者。

"当时根本不尊重学生的兴趣,你想换个专业是非常非常难的,基本不可能。邓小平改革大幕拉开后,提出四个现代化,提出早出人才、快出人才。具体到学校来讲,怎么早出、怎么快出?你要给学生创造什么样的条件?"谢湘说,"刘道玉校长因为当过教育部高校司司长,他对这些问题是非常有体会的。他所有的教育体制改革,都是为了人的成长和发展。"

由于这些改革在中国比较超前,当时的新闻媒体赞扬武汉大学是高校的"解放区",是高教战线上的"深圳"。武大校园内也呈现出民主、自由、开放、活跃的校园文化,师生们的积极性和创造性被充分调动起来,理论研究成果和科研成果数量迅速攀升。

1988年2月,刘道玉突然被免去了大学校长职务。然而,他对教育改革和创造创新的研究从未停止,来者不拒、有求必应的作风亦始终如一,而在精神、思想上求教于他的来者,近30年来绵绵不断。

武大一名毕业了十多年的学生读了刘道玉的书,非常感动,通过邮件联系上之后,约上几位同学,一起去拜见老校长。刘道玉热情地接见了他们,并和他们在武大校园里边走边聊了近两个小时。

"我在学校的时候,没有见过老校长。从没想过,一个大学校长会这么平易、温暖。"

# 校长拍拍肩

在刘道玉心里,学生是最重的,改革、创造、自由的空气、成才的条件……他关注和研究的一切,都围绕学生。即使在学生毕业后,他也常常关注、激励他们,为学生护航。

席隆乾是武大图书情报学院1986级学生,大三时他给刘校长写了一封信,阐述他对改革和教育问题的看法,得到了回信和鼓励。

刚毕业的那几年,席隆乾工作上波折辗转,为了谋生,曾做过推销员,推销一种工业清洗剂。刘道玉得知后对他说:"你把资料寄来,我也帮你推销。"并很快写了封推荐信给武钢的朋友,刘道玉拍着他的肩膀说:"小席,你一个人在外不容易,别着急。这个地方不行的话,我还认识一个武重的副厂长,还可以帮你联系。"

回忆此事,席隆乾唏嘘不已:"这在外人看来是不可思议的——一个前大学校长,居然帮助学生推销清洗剂!只有父母对子女才会有这样的关爱和情感。"在刘道玉80岁生日时,席隆乾以家乡四川儿女对父母的礼仪,给刘道玉下跪,恭恭敬敬地磕了三个头。

和学生促膝交谈、拍拍他们的肩膀或后背予以鼓励,这些都是刘道玉再平常不过的举动。

作家野夫受益于刘道玉的改革魄力,1986年考取了武大中文系插班生,圆了大学梦。毕业后,他曾因冤屈身陷囹圄。刘道玉得知后,和学生李为一起去监狱探望他,鼓励他不要悲观、重新振作,之后又托李为多次给他带药品和食品。

在当时的孤苦绝望中,校长的探望和鼓励给野夫带来了巨大的安慰。野夫后来撰文表达对校长的感激:"生死肉骨,海天高恩,当世校长,几人能够?"

刘道玉到监狱中探望学生不止这一次。另外一次让谢湘颇为诧异。2008年,刘道玉曾到湖北省琴断口监狱探望张二江——在天门市落马的"五毒书记"。

张二江1978年就读于武汉大学历史系,在校期间展露才华,当选为学生会主席。他参与创办了学生社团"快乐学院",组织大家进行思考和辩论,得到了时任校长的刘道玉的大力支持。

2008年国庆节后,刘道玉在监狱方面安排的酒店探视了张二江,对他说:"看来你这辈子从政是无望了,经商恐怕也为时已晚,但你可以发挥自己专业知识的长处,不妨在做学问上下点功夫,干出一番成绩。"

谢湘起初觉得,刘道玉去探望蒙受冤屈的野夫,是可以理解的,而张二江是自己犯错误,校长居然也去看他。但细想之后,谢湘觉得这更加说明刘道玉校长对学生的爱和关心是纯粹的。就如野夫所说:"一个父亲有各种孩子。有的孩子受到冤屈,有的孩子真犯了错误,但对于父亲来说,都会去关爱他们。"

刘鹰和杨小凯都是从武大走出去、得到刘道玉鼎力支持而留学美国的经济学家。当刘鹰的丈夫不幸遇难,当杨小凯英年早逝,刘道玉都寄去了长长的亲笔书信,感同身受地表达出他的痛苦、安慰和希望。

来自江西的徐锋是武大第二届作家班的头名状元,因此得到时任校长的刘道玉的关注。毕业后,徐锋被作为人才引进,留在了武汉。他出身贫寒,父母都是普普通通的农民,但每年过年时,刘道玉都会登门给徐锋的父母拜年。

让徐锋感念的,不仅是校长对自己的眷顾,还有他身上的君子之风——"在武大很多风光的场合下,找不到刘道玉的身影,但有一个场合,永远有他,那就是某个老教授去世了,在火化室、灵堂里,一定有他的身影。这就是刘道玉"。

### 记者手记:校长的道歉信

采访刘道玉开始于2015年的暑期,也就是4年前。当时他82岁,到冬天截稿的时候83岁;如今,他已是86岁高龄了。

我当时写完稿子之后,发给刘道玉审阅,目的是请校长看看文章中是否有引述错误之处。

刘道玉在回复中,表示对"校长之暖"这个主题不认同,觉得"暖"字和当时网络上流行的"暖男"一词关联密切,因而认为这不是一个严肃的、够分量的主题。

但我的采访已经持续了两个多月(和其他采访、稿件穿插),也获得了丰富的素材,这些素材集中地支撑了一个主题:"刘道玉对学生真切地关心爱护,对育人成才这项事业多年如一地热诚奉献。"

因而我和老校长几番探讨解释,我坚持自己的主题,不想更改,校长也依然不认同"暖"这个主题。也许,是他觉得这些故事对于中国的教育少有裨益,所以这篇稿子即使发了,价值也不大。

我尊重校长的看法,也认为身处和平年代的自己,没有经历过校长的那些风霜雪雨,对宏大的事情把握不住,只能写出这样小的主题。所以跟社长王璞沟通之后,得到了王社长的谅解,他早已把稿费付给了我,但是同意先不刊发这篇文章。

时光匆匆。其间,我每年都会有数次想起刘道玉校长,也会在新闻上关注他。我最为关心的,是80多岁高龄的他和他夫人的身体,也想经常问候一下。但想到这又会增加他查看邮件、回复邮件的工作量(他的听力已经欠佳,打电话不方便),于是就没有再联络。

没有想到,就在这个夏天的暑伏之际,7月底,我收到了来自刘道玉的一封邮件。看到新邮件通知、看到"刘道玉"这个来信人名字,我先是心里一紧,怕是什么不好的消息;点进去看,标题是"表示歉意"——这竟然是老校长亲自写来的一封道歉信。

那一刻,我的眼泪一下子涌出来。首先是高兴、激动,因为得知他身体和精神仍然很好,还在工作着;然后,是被校长如此平易、诚恳的态度感动。

他在信里说:

> 快4年我们没有联系了,但时时我都在反省自己,我一生从没有伤害过任何学生,你可能是我伤害的第一个学生。我们为了一篇专访而不能统一意见,居然让你非常失望。
>
> 你为了写这篇专访,两次到武汉与我面谈,还费时找到屠呦呦,想听听她的意见,这体现了你非常认真的态度。可是,我居然不能接受一个我不喜欢的字眼"暖",从而对你造成了伤害,我谨向你表示道歉。
>
> 这几年,我一直在反思自己,我在孙亚萍专访稿子上究竟做错了

什么？我想至少对你的劳动不尊重，对你的创意也缺乏理解。实际上，新闻报道是从大处着眼，而从小处入手，对于这一点你是把握得很好的。

现在我想通了，表示尊重你的创意，你写的稿子可以在任何报刊发表，我支持你的创作。你的专访稿，虽然发表时间晚了几年，但日久见真情呀！我希望你从伤害中走出来，好吗？祝你心情愉快！

署名是"愚师 刘道"。

我流着泪，充满惊喜地把这封邮件读了两遍。其实，刘道玉校长当时的不同意见，完全没有伤害我，反而激励我更多地读书、思考，让自己能从更宏观的角度理解事情。

（说到诺贝尔奖得主屠呦呦，找到她家的住址，确实是出于记者的探寻本能，费了一番功夫。而采访屠呦呦教授的初衷，是因为她和刘道玉是同时代的人，我对于他们这一辈学者身上的坚韧、执着很好奇，想知道他们何以成为他们，他们在那个时代所受的教育、时代注入给他们的精神力量，有着哪些共性。

但因为当时采访屠呦呦的记者很多，给老人的平静生活带来了很多打扰，所以我的敲门并没有得到回应，我也十分理解。况且我的主题不是屠呦呦本人的贡献，因为那个主题第一已经有很多媒体在做，第二我还没有充分的准备和报选题，所以没有做继续采访她的努力。）

在回信中，我迫切想知道老校长和夫人身体的情况，以及他现在眼睛和手的情况。

第二天一早，就接到了校长的回信：

你知道我有清早工作的习惯，昨天收到了你的来信，你说在看我的信的时候，泪流满面，而我在看你的来信时，眼眶也润湿了，我们都是性情中人。

细细想想，你的稿子写得非常有特点，虽然采我的文章很多，但大都有重复，然而你的稿子绝不与任何人雷同，这符合你的个性与文风。

你问到我们的身体状况，非常不幸的是，夫人自 2016 年 1 月患了骨质疏松性骨折，已经卧床三年半了，其间三次住院，而我也始终陪伴她。好在现在她有一定的好转，可以下床走动短暂的时间，饮食、睡眠也有改善。

现在我的手依然颤抖不已，操作鼠标已经用左手，记笔记也用左手，都已经习惯了，请不必为我担心。我的视力很差，基本上不再看书报。所幸的是，我的思维非常清晰，记忆力也非常好，这是我能够继续思考和写作的基础。

我虽然老迈，已经 86 岁，但仍然在写作，目前正在撰写《论爱的教育》一书，估计 9 月底能够截稿，将由上海三联书店出版……

暑伏之中，老校长的信似一股清凉的风，令人既振奋，又神清气爽。

很幸运，我能够认识、了解和采访刘道玉。


## 惺惺相惜的心声 *

眭依凡与刘道玉为忘年之交，二人一片丹心皆呈给了中国高等教育，彼此惺惺相惜，志同道合，每一次会面都可谓是一个动人的故事。

1999 年 7 月，眭依凡为完成他的博士论文研究《大学校长的教育理念与治校》，几经辗转找到正在协和医院治病的刘道玉。虽然二人是初次见面，但相见恨晚，他们促膝畅谈，眭依凡的一句话令刘道玉校长动容。眭依凡说道："这一次到武汉要是找不到您，我就是白来了。"而刘道玉博大精深的思想和成功治校的实践更使眭依凡坚定地相信：有理念的校长才是最有作为的校长。而这次会面成了二人友谊的开端。

2011 年元月，眭依凡从南昌到长沙讲学，打电话给刘道玉，想顺道到

---

\* 眭依凡教授原是江西师范大学校长，现为浙江大学高教研究所所长、博士生导师。本文为 2017 年 11 月 4 日下午刘道玉与眭依凡教授的对话，由武汉大学教育学院硕士研究生孙会平录音和整理。

武汉看望他,事实上,南昌、长沙、武汉是三角关系,并不顺路。时值三九寒天,眭依凡冒着雨雪,赶到刘道玉家中,见面两个半小时后,又匆忙返回南昌。由于当时长沙和武汉温差很大,眭依凡并不知道武汉降温下雪,从武汉回去以后就着了凉,一病便是十多天。

2012年4月22号,刘道玉为了写作《我的理想大学》在北京饭店召开了一个《理想大学》专题研讨会,准备借助于学术界的名家们,为写作出谋献策,研讨会约20来人规模,有北京师范大学前副校长顾明远、上海师范大学杨德广、厦门大学刘海峰、北京大学钱理群、清华大学刘鹰、北京理工大学杨东平、民建中央副主席辜胜阻、民进中央副主席朱永新、厦门大学易中天等,这其中便有眭依凡。会议开展了一整天,眭依凡提了很多建议,第二天由于有繁忙的教学科研任务又匆匆赶回浙江师范大学。

古人云:君子之交淡如水。刘道玉与眭依凡相见次数并不多,也没有谈论过私事,更没有设宴款待,仅有三次的会面却让二人滋生了深厚的私人感情,是中国教育将这两位学者拉到了一起。这正是"伯牙子期终偶遇,高山流水是知音"。他们谈论着教育,热爱着教育,彼此欣赏着对方对中国教育的执着和赤子之心。

**眭依凡**:这次是来华中科技大学开会,本来是想专门看望您,我们又有几年没有见面了,甚是想您老。我现在正在做一个关于一流大学的课题,我非常希望您来谈谈这个问题,道玉校长您是最有资格来谈的。

**刘道玉**:一流大学问题?这可是一个非常庞大的题目呀。

**眭依凡**:对,一流大学和内部治理……所以我们有些问题来向您讨教,请您给我们指点。我们有课题研究费,您就是调查对象,我们给您支付酬劳费。

**刘道玉**:酬劳费我是坚决拒收的,否则我就什么都不谈了。至于你们的问题,我就本着实事求是的态度,能答的就答,不知道的就交白卷。我姑妄言之,你们都姑妄听之,不要当真,听任何意见,都要三思而后行。

**眭依凡**:我的一本书由人教社出版,我的责编跟我说,他刚刚拿到了样书。这套《中国当代教育学家文集》,第一集20本已经出完了,是关于像您这样的教育家前辈。第二集20本把我也列进去了,是论大学的,我下次来拜见道玉老的时候再带来。这几本书留给您,但我也不想让您去看,因为您眼睛也不太好了,但是这一种心意。

**张恒(眭依凡的助手)**:这是赠送给您的几本书。

**刘道玉**:感谢你们,阅读是不行了,因为我的视力很差,就作为纪念吧!

**眭依凡**:不是给您看,知道您年事已高,只是我们的一点心意,您千万要保护好自己的身体。我们知道道玉老有眼疾,何况这些书不值得您费神阅读。

第一个问题呢,道玉老您对我们国家现行的高校内部治理体制的整体现状是否满意? 高校内部管理体制——仅仅讲内部治理——过去用"管理",现在用"治理"的概念,您对大学内部治理的整体现状是否满意?

**刘道玉**:嗯,我是个中国教育"异见者",当然是不满意了。

**眭依凡**:道玉校长,那就请您直言相告吧。

**刘道玉**:我是中国教育"异见者",中国的教育没有一个问题是让我满意的。为什么? 首先就从大学校长来看,中国大学校长的遴选体制是一种倒退。我被任命校长的时候还会搞民意测验,投票要超过90％以上才能作为候选人,但是现在连这个民意测验都没有了,都是些"空投"的校长书记。

**眭依凡**:您说的的确是实情,我们都没有办法改变这种状况啊!

**刘道玉**:第二个问题,是关于大学校长任期制的问题,这也是我不能接受的,我们不是常常说"十年树木、百年树人"嘛,所以教育是百年树人的事业,大学招收一届学生是四年。校长把学生招进来,还没有看到收获就被免职或换届了,这完全是违背教育规律的。一个合格的大学校长,只要成绩显赫,师生们拥护,自己又愿意,那就不应当受任期的限制。例如,哈佛大学校长艾略特任职40年,一直到74岁。美国常春藤大学的校长,平均任职25年。当然了,这个前提是他的成绩获得认可。为什么? 因为教育周期长。校长要有所作为的话,必须要给他提供时间,实践他的教育理念和抱负。现在中国大学校长平均任职5.2年,这是按照公务员的任期制,这样的体制既不利于教育改革,也无法产生著名的教育家。

**眭依凡**:我们的体制是向行政倾斜的,制定政策的人都是在行政体系里边,因此他们把大学也纳进了这种官僚体系,没有去考虑大学这个特殊的学术组织的运作规律。纳入了官僚体系后便将学校人员和官员一样对待,比如,60 岁到退休年龄了,便一刀切。这是根据自然年龄而不是根据生理年龄进行对待的——生理年龄要根据人的智力、经历进行断定。所以中央也提出来高校去行政化,取消行政级别。可能取消行政级别会好一点。

**刘道玉:**去年 12 月 15 日,我们武大新任校长窦贤康来看望我,我直言不讳地跟他说:窦校长,您来看我不仅仅是礼节性的拜访吧,也许想听点真话。他说,是希望您对办好学校提出意见。我说:那我就实话实说,你就姑妄听之。

首先是现在大学管理不善,原因何在?原因就在于行政化。行政化的本质是官僚化,也就是官本位、高高在上,不深入基层,不联系群众,不仅一般教师见不到校长,就连院长、系主任一年也见不到校长几次面,如此怎么领导大学?坦率地说,现在管理不善,责任便在校长身上。比如,双休日、寒暑假校长书记都回家休息了,学校成了没有校长的政府——不是无政府,是没有校长的政府,校长、书记休息,干部也跟着休息。我当校长的时候,没有一个处长、科长敢工作懈怠,如果出现这个情况,马上就免职。现在不仅处长不在工作第一线,科长不在工作第一线,科员也不在第一线。拿修建马路来说,不见管理者,都是民工。每修一处,修理完了之后就留下一堆的建筑材料、灰砂石,没人清理,这便是没有监管。

其次,武大是园林山水学校,你们新来的人无法与以前对比,我在这里 62 年了,哪儿有棵树,哪棵树死了没有补种,我都知道。你们什么时候(有没有)视察过校园?这些树是我当初栽的,我用了一个冬天给珞珈山换上了 5 万株马尾松,现在只败不兴,你们管了没有?外面人看了觉得学校树很多,可我知道是只败不兴。路两旁的绿篱死的死,像癞子头一样,你们视而不见,为什么不管?

我的第二点建议,要狠抓教学领域改革。教学改革是学校永恒的中心任务。一个校长不抓教学改革是不务正业。我说得很尖锐。我在 20 世纪 80 年代的改革,是跟全国大学改革走的不一样的道路。上海交大是人事改革,工资方面上不封顶下不保底,很有成效,比如当时我们拿 60 多块钱,交大校长拿 500 多元;中国科大是搞少年班——我下一篇文章要抨击科大少年班。少年班本来是科大的一个品牌,办了 30 多年了,结果没办好,为什么没办好?就是因为他们不懂教育。我去年在网上看到,科大少年班现在改名了,他们把"少年班"改成"少年班学院",这是胡言乱语,"院"它是以一个学科来划分的,科大建立一个"少年班学院"这是大笑话。我估计他们就是本校的教师在搞少年班研究,没有引进真正懂教育的学者来研究少年班如何才能办好。

**眭依凡:**少年班在全球也是唯有中国才有的。

**刘道玉:**可惜啊,这个品牌被浪费糟蹋了,"少年班"成了提前上大学,培养少年大学生,仅此而已。"少年班"的目标不应该被定位在这个档次上,应该是培养"杰出的"或者"天才型"的人物。一个学院要培养多少博士,培养多少世界500强企业的高管,这只是低层次的目标。

这是关于教学改革。校长抓教学改革,主要有两点意义:第一点意义,一所大学和另外一所大学的根本区别,或者说大学所具有的办学特色便体现在教学改革上。武大在20世纪80年代之所以特殊,就是因为我们的教学制度改革走在全国前面。第二点意义,是建立大学特色的重要标志。80年代,武大与北大相比,我们有自知之明,我们的学术水平、师资水平远远没有北大高,但是为什么我们培养的学生受到全国欢迎?这不是学术水平的问题,是改革学校的校园氛围滋润了人才的成长。

李晓红校长在武大做了很多事——这个校长跟我个人关系也很好,但遗憾的是他也没有抓教学改革。这就应了一句话,内行看门道,外行看热闹——延伸一下说:内行抓门道,外行抓热闹。搞校庆啊、搞排名啊、搞学校改名啊,这些都是热闹,对学校培养人才没有丝毫的作用。

**眭依凡:**所以我们还是缺少教育家型校长,这个问题不解决,办不出有特色的大学。

**刘道玉:**对。学校内部治理的根本问题,就是教学改革,要提高教学质量、抓好科学研究、多出成果。

**眭依凡:**其实提出高校内部治理体系这个题目,也就是说国家已经认识到无论是创建双一流大学也好,还是走高等教育内涵发展道路也好,内部治理体系已经成为一个障碍,所以教育部提出要把它作为一个重点研究课题的攻关项目。现在我所在的中国高教协会提出,还要继续研究一流大学内部治理的问题——创建世界一流大学,我们高校的内部治理有没有障碍?有什么问题?所以第二个问题,在您看来高校内部治理的最重要目标是什么?刚才您也谈到了人才培养以及教学改革。

**刘道玉**:对,教学改革应该是重点,它是学校的永恒任务,是培养人才的关键。现在教学改革任务很艰巨,诸如课程体系的改革、教学方法的改革基本上还没有提到议事日程上,需要有敢于率先吃螃蟹者。

**眭依凡**:为了实现这个总目标,教学改革、提高人才培养素质,在您看来,我们治理体系应该做些什么?

**刘道玉**:纯粹从管理学的角度来讲,高校内部治理应该是立法,体系应该是以法律为准绳来进行管理、治理,而不是以行政的意志来管理,要做到有法可依。因为现在我离开学校岗位30多年了,现在高校立法进展得如何我也不知道,只知道前一段时间有些学校提出了这方面倡议。

**眭依凡**:是这样的,现在大学自己自发的改革很少了,一般都是从上至下。教育部甚至是国家、中央层面提出一个什么,然后下面就跟着来。中央提出构建现代大学制度,其中一个重要的内容就是完善、建立大学章程,大学章程就是大学内部的一个立法。但是这个制度呢,很多是走过场,我的学生也做了一些大学制度的调查研究,其实就是走过场。有些大学章程即便建立了也不会执行。

**刘道玉**:您刚才讲到现在大学的改革是自上而下地进行,基层自发的改革比较少,主要在执行上面的号召,这是一个倒退。80年代的全国高校改革,没有哪个是自上而下的:上海交大是人事改革,"少年班"是科大开展的,我们武大教学制度改革也是主动开展的。华中工学院(现为华中科技大学)的朱九思校长开展的是科研走在教学前面,理工结合。这也是他自主开展的。如果我们只是照章办事,如果在教学第一线的广大教师、基层干部不能发挥改革的主力作用,怎么能够调动广大教师改革的积极性呢?所以,我们还是应该倡导自下而上的改革,不能等待观望,群众中蕴藏着极大的创造力量。

**眭依凡**:学术自由、大学自治也是内部治理问题。

**刘道玉**:对,要倡导八仙过海、各显神通。80年代,各个大学改革就是八仙过海,各显神通,没有统一的标准。当时人民大学、辽宁大学搞校长负责制,但武大就没有学他们。1985年,新华社记者杨瑞敏找到我。

她说:"刘校长,现在'大学校长负责制'搞得很火热,为什么您不搞?"

我说:"坦率地跟您说,现在校长无责可负,那么我去搞这个有其名、无其实的'校长负责制'有何意义?经费——没有支配权,建房、建校舍——没有设计权,甚至调动一个优秀教师进校的批准权我同样没有,搞这种'校长负责制',我到底有什么责可以负?因为无责可负、无权可用,所以我不搞。"

她说:"噢,我明白了,这很像您的性格。"

我当时认为不如把学校的改革放在教学领域的改革上,去做些实事。结果我的想法果然被验证。您讲到双一流大学的问题,您目前主持的课题是一流大学内部治理,这勾起了我的心事。对一流大学,特别是双一流大学我并不认可,我认为这是一种倒退,"双一流"对"985"和"211"来说,是一种大倒退。

**眭依凡:**"双一流"是这样的,道玉老,我觉得创办世界一流大学本身没有错,因为中国确实还没有真正意义的、具有比较优势的世界一流大学,现在在国与国的竞争中,科技、人才肯定是第一竞争要素,那如果我们没有这样的大学,我们就会缺少这样的人才,缺少知识创新,因此国家的竞争力就会不高,不能与其他国家抗衡。

另外,大学本身是一个开放的组织,是一个最具国际性的组织,大学要传播代表着现时代最高水平的科学技术知识,要培养具有国际竞争力、能为人类社会作出贡献的人才。如果没有一流大学,人才培养质量就会差。

**刘道玉:**依凡啊,高水平的大学是需要的,但一流的提法是不科学的。一流不是教育术语,是衡量商品的等级。首先,一流大学是怎么产生的呢?对一流大学的定义是什么?一流大学标准是什么?一流大学意味着什么?又不意味着什么?据我看来,一流大学的提出,大概是在1963年,要追溯到克拉克·克尔,克拉克·克尔是加州大学伯克利分校校长,后来任加州联合大学的校长,也算是一个著名的教育家,是他提出巨型大学的理念。

**眭依凡:**他被定位为美国20世纪最伟大的教育家和大学领导人。

**刘道玉:**对,但是我对他是否定的。因为他与康德、纽曼、洪堡的教育理念完全背道而驰。克拉克·克尔的理念产生于美国的实用主义,多元巨型大学是典型的实用主义,它已经脱离了学术内涵。多元巨型大学正好适合中国人口味,最后慢慢地从他这个多元巨型大学的理念演变出了一流大学。世界一流大学的叫法可能朗朗上口,所以人们能够很容易接受,但是我想了一想,哪一个国家的一流大学是规划出来的?世界排名前50所大学当中,至少有20所大学是美国大学,但是哪一所是国家规划出来的?都是自然形成的。

一流大学大概有这么几个特点:

第一个特点,它由长期的学术积累而形成,不能够拔苗助长,不能人为"加封"。比如官员,您可以加封、任命他为市长、省长之类。但是一流大学不能由行政人员加封而产生,是长期的学术积累而形成的。

第二个特点呢,一个"一流大学"或者"一流学科",它是由一个天才人物为中心形成一个学派,或者形成一个学术的集体。

第三个特点,"一流大学""一流学科"一定是动态的、在竞争之中产生的,而非固定化的,一旦固定化了,便会成为一池不流动的死水。以武大为例,20世纪50年代,武大数学系搞数论研究的李国平是第一批学部委员,当时的数学学科呈北大、武大、复旦三足鼎立之势——复旦有苏步青,北大有许宝禄,武大有李国平。李国平去世以后,武大数论就断线了,所以武大数学系现在也不再是重点学科了。当时武大病毒系的高尚荫教授,是全国病毒学科的首创人和奠基人、一级教授、国家第一批学部委员,他去世后该学科也就后继无人了,所以武大病毒系现在也不是重点学科。重点学科一定是由学术大师为核心形成的一个团队,而且这个团队还要能够前后相衔接,也就是要后继有人。所以,用行政的手段来确定一流学科结构是非常不可取的。它的弊端是:一、不符合学术积累的原则;二、不符合自然流动的原则。

建设"一流学科",建设的一定是"学科",不是技术。学术,学和术是不同的,梁启超、严复对学术都有严格的定义,所谓"学",就是基础科学、就是科学理论,只有在这个意义上才叫作"科学"。而我们的所谓95所"一流学科"都是技术,是"technique",那能够作为重点学科吗?他们没有搞懂"学科"与"技术"的区别。现在所谓的"一流大学"和"一流学科"完全是一个平均主义的结果,是照顾性的,以满足虚荣心的需要而已。比如西藏大学,它也有"一流学科"——"藏语",但是"藏语"需要您去确定作为"一流学科"吗? 您不列入学科,它也是一流的,因为全世界只有一个藏族,只有藏族才有"藏语",根本不需要您去确定,这种行为是个笑话。"211"玩腻了,"985"玩腻了,现在换个名字、换个花招,再来玩个"双一流",再过个十年,再来玩个"三一流"。就是这些人,把中国的教育搞过来搞过去,他们在折腾学校,难道您还看不出吗?

这一折腾,现在全国高校又掀起第二波"改名风"了,1992 年开始搞"改名升格",现在由于搞"双一流",又掀起了全国第二波"改名潮",18 个省市的大学都在改名,为什么? 就是为了要往"双一流"那去。评"211"的时候,贵州大学什么的都进不去,贵州省就把贵州的那几个学校——医学院、工学院,还有 4 个专科学校都合并到了贵州大学,马上进了"211"。这就是一个导向,导向错误了嘛!

重点学科是基础领域学科,是对于科学技术发展起核心作用的那些学术。学科和专业不是一个概念,学科是"pure-science"。科学最初是没有用的,但是一旦突破了,它会在技术领域产生哥白尼似的革命,我们就是要去抓这些东西,教育部没有搞清楚这些。社会养了那么多干部,没事天天在那里搞规划搞工程,"211"也好,"985"也好,"双一流"也好,这都是工程思维,他们在以工程思维来指导教育,这是一种误导。

如果我现在还是大学校长,我坚决不进"一流",不仅不进"一流",我也不建"一流",我也不争"重点",我就把我的工作扎扎实实抓好,您不抓工作怎么成"一流"呢? 现在形势是大学领导人都浮在表面上,不抓实事,这怎么能够办好大学?

去年,我们武大的党委书记韩进来看我,他听说了我免职以前在搞一个"武大第二个五年改革计划",问我说:"刘校长您能不能透露一下,您准备制定的'武大第二个改革计划'是什么?"

我说,我的"第二个五年改革计划"就是抓"课程体系的改革",我的"第一个五年规划"是抓"教学制度的改革"。

他问,您准备怎么改?

我说,现在的课程体系还是工业革命时所形成的,300 多年也没有变。那么我改革的课程体系,是要把传授方法放在比较重的位置,指导学生学习,指导学生去掌握科学方法。因为笛卡尔也说过,方法是最重要的知识。我要用60%的学时向学生传授各式各类思维方法,40%的学时来传授通识教育的课程。

他说,我明白了,您如果改革搞成了,影响的不仅仅是中国,产生的影响将是世界性的。

现在呢,还没有看到有人提出这个问题,更没有看到有谁在进行课程体系的改革。

**眭依凡:**道玉老,斯坦福大学今年提出了一个到2020年的大学改革计划,它就是针对人才培养的目标而提出来的,叫作知识轴翻转。它首先进行的不是知识教育而是能力培养,强调能力优先。而我们过去认为要有基础知识、理论基础以后才开发能力。第二点,它强调学生自己对知识结构的需要。第三点,培养具有领导力的、能引领世界变化发展的学生。这也是针对人才培养目标来设计和明确所要进行的课程体系改革、教学制度改革、大学文化的营造……但是,我觉得我们国家现在对人才培养目标不够清晰、培养目标太模糊,不可操作。比如,培养什么样的人,这种人需要什么样的素质、什么样的知识结构、什么样的能力结构,这些都不太清楚。前端设计目标设计不明确,就导致后端的知识体系的设计、培养模式的选择、教学制度的制定和文化的营造没有依据,很盲目。我们中国的大学,恰恰忽视了对人的培养方案,为制度而制度、为校区而校区、为民愤而民愤、为工程而工程,但是大学的核心使命是培养人才,它的本质属性是人才培养的组织,包括它的科学研究也是人才培养。

**刘道玉:**对。比如说,20世纪90年代中期搞了一批大学城,很多都不能用,造成了浪费。现在地方政府换了官员,他们又把大学城捡了起来,现在武汉市又在搞大学城建设,历史教训他们都不去吸取。

**眭依凡:**武汉似乎成了一个大工地,一直在不停地折腾。道玉老对中国高等教育很焦虑,爱之深责之切。

**刘道玉:**是啊,恨铁不成钢。

**眭依凡:**您这么大年纪了,矢志不移,真的是我们知识分子的楷模。

**刘道玉:**我现在已经老迈了,我每天早上起来做的第一件事情,是打开邮箱,如果有邮件来,我当天必须回复。第二件事情就是看"三闻":国际新闻、教育新闻、体育新闻——我是球迷。

您有没有发现一个规律,西方著名的教育家,写出了传世教育经典著作的教育者,都是哲学家。纽曼也好,斯宾塞也好,洪堡也好,康德也好,杜威也好,都是哲学家。但是在中国有个怪事情——哲学家从不研究教育。中国的哲学家专门往政治上靠。现在我的研究慢慢深入了教育哲学,我准备写一本书《教育问题探津》,从哲学的高度回答教育上的若干问题——或者是人们根本不懂,或者人们是似是而非,或者是人们误解的一些问题:学习是什么? 教育是什么? 精英教育是什么? 我要写这样的一本书。

我有时候也是瞎操心,哈哈,未来就依靠您了。

**眭依凡:**没有没有,我到现在也没有这么强烈的社会责任心,有时候我会急流勇退,哈哈。

**刘道玉:**哈哈,什么叫热爱教育? 就是如饥似渴地学习钻研教育经典,朝思暮想地思考教育当中的问题,矢志不移地去解答教育问题。做不到这一点,您不能算是一个教育的热爱者。我们现在许多大学的校长、教授只能说是为了拿一份工资,才爱这个岗位。

您以为他们教授真的懂教育啊? 我们武大很多教授,包括年轻的教授都在陪读,有的到美国去陪读——假借当访问学者的名义,实际上是在美国陪着孩子读书。我们化学系,我的几个博士生,都是在武汉中学旁边租房子陪孩子读书。这些都是教授啊,连他们都没有开化,还处于蒙昧状态——你们是怎么成才的? 是怎么走过来的? 是你们父母陪读陪出来的吗? 教育还在这个状态下怎么行呢? 培养不出人才的。整个教育都乱了套了,有社会问题也有教育本身的问题。20 世纪 80 年代,没有陪读的。20 世纪 80 年代,学校没有一个保安但比现在安全,没有一个清洁工但比现在干净,说明什么问题? 风气坏了。学风也好、社会风气也好,就像人的肾脏,肾脏坏了,人的身体就会出问题。

**眭依凡:**现在的问题有很多,也都知道教育是基础工程、奠基工程。十九大之前民进中央的主席严隽琪,喊上顾明远、我等七个人在会议室里作了一个关于教育改革的讨论,她也很焦虑——社会对教育极度不满意。我说,我们的教育是什么样的教育呢? 是考试教育、升学教育、择校教育,我们把教育的本质忽略了,教育真正的意义是改善人、发展人、提高人,首先要改善人的素质,继而提高整个社会、民族乃至整个人类的素质。现在我们把教育当作一种非常功利的手段、一种实用主义,这也是您刚刚批判的,太功利了。由于教育呈现这样一种功利化,问题越来越严重,所以我们自己都不相信中国教育了——很多中国人,有条件的会把自己的孩子送到海外去接受教育,甚至把孩子生到海外去,让他有个外国国籍然后去接受教育。很多感到教育问题严重的中国人选择了"逃离中国教育",这是个很大的问题。

我们有最严谨的基础教育,为什么到了教育的终端——高等教育后,不能够培养出具有创造性、有社会责任担当的一批人才?中国在改变人类社会生产方式上的贡献还是不够的。

**刘道玉**:依凡,您刚才说的问题是要害:功利化。我最近有一篇要在《南方周末》上发表的文章,《功利化是中国教育的病根》。我认为从西汉周朝的官学到孔子的私学,延伸到现在的教育都是功利化。

**眭依凡**:宋真宗的《劝学篇》——书中自有黄金屋,书中自有颜如玉,就是叫你靠读书升官发财、光宗耀祖。

**刘道玉**:我们的办学人、我们的求学人、我们的劝学人都是以"功利"的态度来对待学习,没有学术的观念、没有真理的观念、没有培养人的素质的观念。

**眭依凡**:中国文化和西方文化的差别在于,我们强调的是知识改变命运——改变个人的命运、改变家族的命运。西方,比如培根强调"知识就是力量",这个知识是力量,它是针对社会、针对人类的。所以西方教育观念下的学生,他不认为我读书是要考个好成绩、考个好学校,然后改变自己的家庭。他认为自己到学校是接受知识而不是积累知识,不是说要腹有诗书或者说学富五车,他在思考我接受知识后能够创造出什么知识,我接受教育后,如何才能因为自己的存在而使这个社会产生何种变化。

道玉老,您看您已经八十几岁高龄,思维还那么清晰、逻辑那么严谨,最让我们感动的是对中国高等教育的那种焦虑、那份赤子之心。

**刘道玉**:可是人家不听啊,爱之深责之切。

**眭依凡**:您真的是我们心目中永远的校长。

**刘道玉**:我就是个喜爱教育的工作者而已。

# 3

## 体制改革与去行政化

# 中国需要一场真正的教育体制变革 *

## 我被改革的浪潮推到了潮头

**《经济观察报》**：你大半辈子都和武汉大学联系在一起。

**刘道玉**：我少年时的梦想是当一个诺贝尔式的发明家。1958 年于武汉大学毕业后留校工作，60 年代初到苏联留学一年半，结果被赶回来了。这整个改变了我的人生道路，因为那时候正值"反修"，周总理还专门在人民大会堂接见我们，我成为"反修战士""反修英雄"，也成了组织部门考察的对象，被推到领导岗位上了，结果在"文化大革命"期间挨整，被关押、遭毒打。"文革"后被教育部借去当了两年多党组成员兼高等教育司司长，但是由于我不愿到北京工作，所以党的关系、人事关系、工资关系都没转过去。

**《经济观察报》**：相当于当了两年临时工吧。

**刘道玉**：那时候正值拨乱反正，工作繁忙，我两年主持了 24 个会议。我累病了，于是借故辞职回到了武汉大学。但是到 1981 年夏我又被任命为校长。

**《经济观察报》**：当时的《人民日报》头版还报道了这个消息，称你是"我国解放后自己培养的大学生中第一位担任大学校长的人，也是我国重点大学中最年轻的一位校长"。

**刘道玉**：《人民日报》记者专程来汉对我进行专访。我对他阐述了自己的办学理念："必须彻底发扬改革精神，转变陈旧的教育观念，改革一切不适应的教学制度、教学内容和教学方法。"

**《经济观察报》**：为什么要在武汉大学搞改革？

**刘道玉**：解放前武汉大学是全国五所名校之一，解放后一路下跌，一度滑落到全国重点大学第 22 位（总共 23 所）。我任教育部高教司司长期间，教育部根据邓小平的指示，要选择五所大学作为全国"重中之重"。虽然我处处为武大说话，但由于它在科研上没有特色，成果不多，缺乏知名学者群，故而不能列入前五名。这在我内心里埋下了振兴武汉大学的强

---

\* 本文发表于《经济观察报》2008 年 2 月 3 日刊，记者马国川。

烈欲望。

《经济观察报》:80年代初,改革已经成为潮流。

刘道玉:1980年2月,胡耀邦被选举为中共中央总书记。在他的领导下,改革的地位不断地提升,旋即成了一切工作和国民政治生活的主旋律。他提出一句名言:"允许改革犯错误,但不允许不改革。"这话显示了一个革命家的卓识和魄力,反映了时代的精神,表达了人民的意志,激励了亿万人民的改革的热情。我就是被这改革的浪潮推到了潮头,出任了武汉大学的校长,充当了一名改革的弄潮儿。

《经济观察报》:有意思的是,当时全国有些大学在试行校长负责制,但是你说决不争当校长负责制的试点,等全国所有的大学都实行了校长负责制后,你最后一个搞校长负责制。这似乎与你一贯锐意改革的改革者的形象不符。

刘道玉:我的确说过话,虽然偏激了一点,但都是真话。当时,教育部仍然实行"大一统"体制,一个大学校长没有调动一个教师的权力,没有批准建筑一平方米房屋的权力,没有使用一美元外汇的权力,等等。何以实行校长负责制?又有什么责任可负呢?还不如把重点放在既是被教育部忽视的但又是十分重要的教学制度的改革上,踏踏实实地作一点有益的探索。

《经济观察报》:武汉大学的教学制度改革从何处入手?

刘道玉:教育改革从根本上来说,就是改革不适应市场经济体制的落后的教育体制的弊端。对于一所大学来说,教育改革的重点应是教学制度改革。基于这种认识,我从学分制和插班生制度开始改革。凡是提前修满学分和完成毕业论文的优秀者,准予提前毕业和攻读研究生。实行学分制后,学生们积极性调动起来了,学习兴趣广泛了,知识面也拓宽了,学生的自由选课也促进了教师们的积极竞争。

所谓插班生制,指的是凡达到了大专学历的其他大学的学生或社会青年,经过我校一次特殊考核并达到要求后,允许直接插入我校相关专业三年级学习的制度。通过插班,可以把那些非重点大学中的最好的学生和自学成才的青年吸引到武大来。

《经济观察报》:插班生制度在当时还不合法吧?

**刘道玉**：报告送到了教育部,但半年过去了,仍没有音讯。我亲自到教育部去汇报,得到的答复是:"此事无先例,需要慎重,待研究后答复你们。"一等又是三个月,不得已,再次进京汇报。我陈述道:"改革就是做前人未做过的事,应当允许失败。何况试行插班生制度并不一定会失败,即使成不了才也不会出废品,难道统招的大学生个个都能成为人才吗?"经我这么诘问,教育部负责人也觉得有道理,表示同意,但还需国家计委批准。我趁热打铁,径直找到国家计委,我的改革热情感动了计委负责官员,他们同意实验,招收的插班生纳入国家拨款和分配计划。

　　**《经济观察报》**:真是好事多磨呀!

　　**刘道玉**:插班生制度实施后,《人民日报》《光明日报》《中国青年报》都作了报道,全国几十家报刊也转载了这一消息,在社会上引起了强烈的反响。虽然招收插班生的数量不多,却点燃了广大社会青年求知的心灵之火,使他们看到在统一高考升学的制度以外,又有了一次升学的机会。实践证明,插班生制是一个先进的教学制度,本应得到普遍的推广,但是,遗憾的是,除了北京大学、西北大学效仿我们举办作家班以外,几乎所有的学校均没有作出积极的反应。

　　**《经济观察报》**:这是什么原因呢?

　　**刘道玉**:一方面,说明传统的教育观念和教学制度的影响是根深蒂固的,要改变它绝非易事;另一方面,在中国大一统的教育制度下,推行任何新的制度或倡导某种新东西,必须自上而下通过行政指令进行。如果最高教育行政部门的领导人没有转变教育观念,没有强烈的改革意识,不去发现和支持教育改革中的新事物,那么再好的新创举也只能是自生自灭了。就连首创插班生制度的武汉大学,由于人事的变更,在招收了三届插班生以后,根据学生反映,插班生制度的做法也越来越变味了。这就说明,改革的关键在于有创新精神的人,如果人的教育观念不转变,那势必是穿新鞋走老路了。

## 独立、自由和民主是大学教育的精髓

　　**《经济观察报》**:武汉大学的哪项改革措施是最有争议的?

　　**刘道玉**:我们冲破了一个禁区,就是取消了政治辅导员制度。这项改革的确有些冒险,弄不好就会被扣上忽视政治的帽子,甚至会被斥为办学方向错误。但是,我认为加强思想政治工作不应当图形式,而应当重实效。政治辅导员制度,产生于 20 世纪 60 年代初,是在"千万不要忘记阶级斗争"的背景下实行的,规定每 100 个大学生配一名专职政治辅导员,目的是"反修防修"。很明显,这个制度已经过时了,但是由于它是一个敏感的问题,谁都不愿触及,宁肯它流于形式。我从调查中发现,政治辅导员既不为学生欢迎,他们自己也不安心于工作,是一支极不稳定的队伍。政治辅导员大部分是刚毕业的年轻人,业务好的不愿干,学习平庸的在学生中没有威信,他们时常为自己的前程担忧。有些学校的政治辅导员不安心工作,学校迫不得已靠发政治辅导员津贴来稳定。他们本身是这样的思想境界,那么对学生还有什么说服力呢? 基于这种认识,1984 年我宣布取消了政治辅导员制度——这在全国是唯一的——同时开始试行导师制。

导师制是英国牛津大学、剑桥大学于 14 世纪实行的一种个别指导制度。实践已证明它是一种很好的制度。我认为,可以借鉴这个制度,以它代替政治辅导员制度,建立一个稳定的、权威的、有效的学生管理制度。导师制最大的优点,是将教书育人制度化,实现政治与业务的有机结合,体现了"传道、授业、解惑"的完美统一,因而它是一个符合教育规律的、有生命力的制度。

**《经济观察报》**:诸多改革措施是如何出台的?

**刘道玉**:有的是集体研究出来的,有的是受到了来自学生们的建议的启示。例如,当时生物系 1979 级学生田贞见给我写了一封信,诉说他想当作家、却被生物系录取的苦恼。因此,我们推出了转学制度,得到广大学生的拥护,他们把它称作学习的解放运动。我校转学制度被报纸披露以后,在全国的大学生中引起了不小的反响。来自北京大学、清华大学、中国科技大学的一些学生纷纷投书,想通过转校方式,飞向"空气清新"的珞珈山来。

**《经济观察报》**:你和学生之间的关系很融洽啊。

**刘道玉**:我很注重和大学生之间的沟通,和他们没有代沟,他们不仅把我看作一校之长,而且把我当作他们的朋友。他们之中的一些人,从来不称呼我的职衔,而昵称"刘道",甚至是"我们的刘道"。除了经常参加他们的活动,我还常常收到他们写给我的信件,其中有批评、有建议,也有他们的烦恼与要求。

**《经济观察报》:** 当时学生的思想还是非常活跃的。

**刘道玉:** 可以说朝气蓬勃。恢复高考以后的几届学生,思想解放,价值观念超前,有着强烈的使命感,大有"天下舍我其谁"的超级自信。于是,他们从进校起就没有把自己禁锢在一个狭窄的专业里,而是把目光瞄准到各个学科最前沿的知识。因此,各系的同学都去与其他系的同学交朋友,从聊天吹牛开始,交流各自的新鲜见闻,终于一批思想活跃的大学生创建了"快乐学院"。它是一个特殊的学术社团——多学科讨论会,每个星期三的晚上开例会,届时各系一些"不安分"的学生不约而同地聚集到学生会议室,展开了真正的高谈阔论,唇枪舌剑,气氛热烈非凡。虽然他们讨论得面红耳赤,甚至声嘶力竭,但他们很快乐。

**《经济观察报》:** 学校容忍了这些学生的"不务正业"。

**刘道玉:** 快乐学院的成立,得益于武汉大学当时民主自由的校园文化氛围。那时的武汉大学被称为"解放区"(意指思想极为解放),不仅没有其他学校"三不准"(不准谈恋爱、不准跳交谊舞、不准穿奇装异服)的规定,而且取消了专司管理学生的专职政治辅导员制度。在 20 世纪 80 年代初,我提出大学生应当运用两个课堂进行学习,这就是第一课堂和第二课堂,前者是教学计划规定的学习内容,后者是指课外的学术社团活动,但每个学生必须至少参加一个自己喜爱的学术社团,如果没有,那就应当去创建一个合乎自己需要的学术社团。这是学习成才的需要,是获得全面知识的需要。如果一个大学生在校学习期间,没有参加任何一个学术社团,那就不能算是完全合格的学生。

20 世纪 80 年代初到中期,是武汉大学学生学术社团蓬勃发展的时期。据不完全的统计,全校有各类社团 400 多个,如"浪淘石""樱花诗社""珞珈山""这一代""思想家""管理者""信息社""读书俱乐部"等等。那时真是思想大解放,的确有一点"不怕做不到,就怕想不到"的味道。在那数不清的社团中,居然还有一个"纳粹主义研究会"。当然,这个研究会绝不是崇拜纳粹主义、崇拜希特勒,而是研究希特勒如何利用纳粹主义,如何避免历史的悲剧重演。学术社团兴起的同时,武汉大学学生中的学术刊物也像雨后春笋一样冒了出来。

《经济观察报》:你进行改革背后的理念是什么?

刘道玉:这些制度改革的理念有三点:第一,教学制度是为教育方针和培养目标服务的,因此,必须把教学制度的改革作为中心任务来抓;第二,独立、自由和民主是大学教育的精髓,没有自由、民主和宽松的校园文化,就培养不出优秀的人才;第三,应当尊重学生的志趣和选择权,允许学生自由听课,自由选择专业和系科,自由组织社团,自由进行课余科学研究。我十分欣赏和支持经济系一位中年教师的做法。他向学生宣布:"凡是选修我的课程者,实行'三许三不许':允许不来上课,但不允许迟到;如果对本人的讲授不感兴趣,允许在课堂上看其他书籍或做别的事,但不允许讲话;如果你实在困乏了,允许在课堂上睡觉,但不允许打鼾。"这个规定既幽默又耐人寻思,的确不愧为开明之举,因而受到了学生们的欢迎。他宣布这个规定后,不仅没有逃课者,反而堂堂课爆满。正由于我们采取了这些开明和宽松的政策,所以那时学生们学得生动活泼,涌现出了大批优秀人才,他们至今仍对那种学习生活难以忘怀。

《经济观察报》:但是对自由问题,直到今天许多大学的管理者仍然持有不同意见。

刘道玉:当年更是如此。在20世纪80年代中期,武汉地区曾流行一个顺口溜:"学在××,吃在××,玩在武大。"这个顺口溜传得很广,不仅流行于校内,在社会上也有传说。在一些不明实情的人看来,武汉大学似乎是学风不严、纪律松弛的误人子弟的学校。对于流传的顺口溜,我并不在意,也从未动摇我改革的决心。其实,对于"玩"要作具体的分析,看是什么性质的玩,如果是花天酒地、玩物丧志的玩,那当然是要杜绝的,而"玩学",即在玩中学,在玩中增长才干,则是应当提倡的。从这种意义上,"玩在武大"就不是贬义的了,这正是武汉大学多年教学改革营造的新的学习风尚。那时,我校毕业生深受国家各部委和14个沿海开放城市用人单位的欢迎,特别是改革开放的前沿阵地深圳市和海南省,对武汉大学的毕业生情有独钟。如果说自由、民主的学习环境是快乐学院,那么20世纪80年代的武汉大学,就是一所快乐学院。事实证明,这样的学院,是人才成长的摇篮,是发明创造的温床。实践证明,20 世纪 80 年代是武汉大学历史上出人才、出成果的最好时期。

## 我为改革而无怨无悔

**《经济观察报》:**当时的媒体赞扬"武汉大学是高教战线上的深圳"。

**刘道玉:**深圳是改革开放的特区,它意味着自由、民主、开放,象征着高速度和高效益。当时武汉大学自由民主的风气很浓厚,开创了该校自解放以后最好的时期,无论是教学或是科学研究都获得了前所未有的好成绩。正是由于这些原因,当时北京大学等名校的一些教授要求来我校工作,北京大学、中国科技大学、上海同济大学等校的部分优秀学生则办了转学手续来到武汉大学。

**《经济观察报》:**你为什么能够大刀阔斧地开展改革?

**刘道玉:**我那个时候党政领导没有矛盾。我是党委副书记,书记因为生病住院,放手让我工作。

**《经济观察报》:**实际上这也是特殊机缘。真要是头上有个党委书记,而且每天都盯着,恐怕你也难做。

**刘道玉:**是。我校先后两位党委书记纪辉和庄果同志都很开明,他们授权给我,说"我身体不好,而且我也不懂,你就大胆地干吧"。

**《经济观察报》:**你作为改革者的处境如何?遇到了哪些压力?压力来自哪里?

**刘道玉:**改革当然有阻力,既有内部的也有外部的,既有下面的也有来自上面的。我认为,来自群众中的不同意见,是允许的也是正常的,通过做工作是可以解决的。问题是来自上级主管部门的干预和指责,无疑给我们造成了很大的压力。对于一个真正的改革者来说,是屈服于上级的压力放弃改革抑或是知难而进呢?我自觉地选择了后者,坚持走自己认定的改革道路。为此,我曾经与国家教育主管部门的主要负责人进行了三次面对面的辩论:一是关于学分制,二是关于取消政治辅导员,三是关于培养创造型人才问题。

我这个人一生不为君王唱赞歌,愿为坚持真理说真话。我就这个性格,你不喜欢,我还是我。在辩论中,我有理不让人,虽然真理在我这一边,却也为后来以突然袭击的方式免除我的校长职务埋下了祸根。

**《经济观察报》**:某媒体的老总,曾经是武汉大学新闻系毕业的学生。他说你被免职以后,《中国青年报》发过一条新闻,写得非常耐人寻味,到现在他还记得非常清楚:"58岁的数学教授接替54岁的化学教授担任校长,武汉大学顺利完成新老交替。"

**刘道玉**:这是1988年3月10日《中国青年报》头版位置发表的新闻,里面还说:"有关负责同志在讲话中指出,武大校长易人属正常换届。"据我所知,教育部曾经派人去做报社的工作,希望这个消息不要发。当时的总编辑说,如果你不让发,我们就开天窗。

**《经济观察报》**:解放后好像还没有出现过这种现象?

**刘道玉**:还没有过。解放前经常出现,像鲁迅他们那时候开过天窗。那是大新闻了。所以那篇报道最终还是发了,很多大学都把这篇新闻作为新闻教学案例。

**《经济观察报》**:那位老总还记得,那年冬天武汉的雪下得特别大,体育场旁边一棵300年的老树被压倒了。那棵树还在吗?

**刘道玉**:没有了。那一年春节没有下雪,春节以后下大雪,非常大的雪。新操场右边一棵300年的大樟树突然倒了,连根都拔起来了。学生们借此发挥说,珞珈山的"大树"倒了。

**《经济观察报》**:当时你才54岁,不感到遗憾吗?

**刘道玉**:孔夫子于55岁弃官游学,我本想效仿他也于55岁辞去校长职务而潜心著述,但保守势力不允许我等到这一天。我本打算再用一年或更多一点的时间,把武汉大学的教育改革再深入一步,但是,由于突然提前被免职,这一切均成了泡影。我被免职,是预料中的事,迟早是要发生的。我虽因改革而中箭落马,但并没有任何的遗憾,我无怨无悔,因为我毕竟做了我最想做的一些教育改革试验。在我遭到不公正待遇的日子里,除了得到社会各界的理解和关心以外,还受到国内外各方的邀请、聘任,而我却没有做官的禀性——不愿当官,这是我一贯抱定的宗旨。从我进入不惑之年以后就曾经婉拒过高教司司长、团中央书记、武汉市市长等职。

**《经济观察报》**:据说几所大学邀请你去担任领导职务,既然你热爱教育,矢志教育改革,为什么有的学校聘任你做校长,你却拒不复出呢?

刘道玉:我不是为了谋求一个职位,而是想找到一块允许我进行改革的试验田,既然不允许我在武大搞教育改革,那么也就仍不允许我在其他学校搞改革试验。

2005年我的自传《一个大学校长的自白》出版后,我的学生开了个小范围的座谈会。第一个发言的学生说了三句话:第一句话,改革者没有好下场;第二句话,改革是条艰难曲折的道路;第三句话,历史终究沿着改革者开辟的道路前进。我说"知我者我生也"。作为一个改革个体来讲可能是悲剧,但是你所倡导的、你所追求的,可能就是历史所追求的。

## 管得越少搞得越好,统得越死越没活力

《经济观察报》:有人写过一篇文章呼吁大学改革回到1985年的原点,从1985年再出发。

刘道玉:1985年5月在友谊宾馆召开教育工作会议,我以武大校长的身份参加了。参加的人中部分是大学校长,还有国家各部委主管教育的副部长、教育司的司长,以及各省市主管教育的省委副书记、副省长、教育厅局长以及各方面代表600多人。

《经济观察报》:会议是谁主持的?

刘道玉:国家教育部和国家体改委,会议开了一个礼拜。我有一篇文章讲到过,如果现在把1985年教育体制改革文件拿出来做一个考题,现在教育部的官员和大学校长恐怕都考不及格。我现在记忆犹新的一段话是:"在整个教育体制改革的过程中,必须牢牢记住改革的根本目的就是提高民族素质,多出人才、出好人才,衡量任何学校工作的标准,不是经济收益的多少,而是培养人才的数量和质量,紧紧掌握这一条,改革就不会迷失方向。"教学改革不是以创收多少来衡量的,是以培养人才来衡量的,偏离这个方向就错了。

《经济观察报》:这些话在今天仍然有针对性。

刘道玉:现在大学为什么迷失了方向?就是因为偏离了改革的方向,没有抓住提高民族素质这一条,而是被金钱迷惑。当时制订改革方案的人没有私心杂念,都是很纯正的,就是想搞好中国的教育。现在有些人存了很多不健康的私心杂念,一叶障目,就是钱。他们就相信一个字"钱",

我就相信两个字"改革"。

1985年的《关于教育体制改革的决定》,是中国教育改革的一个纲领性文件,迄今为止还没有这么一份权威的教育改革纲领。我们那时候学习这个决定,会反复地阅读,反复地勾画、圈点。

**《经济观察报》**:今天大学的很多教育问题,都和当初改革的要求背道而驰。

**刘道玉**:《关于教育体制改革的决定》反复强调:"必须从教育体制入手,要系统地进行改革,改革管理体制,在加强宏观控制的同时,坚决实行简政放权,扩大学校办学的自主权,精简机构,相应地改革劳动人事制度,还要改革与社会主义现代化不相适宜的教育思想、教育内容和教学方法。"试问:现在的大学做到了吗?

**《经济观察报》**:有些大学校长反映,这些年教育行政部门权力更大了,更集中了。各种评估把学校捆得死死的。

**刘道玉**:教育部官员,哪怕是个科长下来,校长们都得毕恭毕敬的,陪吃陪喝。因为他掌握了分配、评估、给项目的权力,怠慢了他,你要倒霉啊。

现在教育部管辖的直属大学越来越多。文革以前是23所,1978年全国教育工作会议确定的是34所,现在是72所。而且教育部垄断了一切教育资源。比如说招生指标的分配、统一考试的命题、考试统一录取分数线、优秀教师的评定、学校的评估、科研经费的分配等等,一切教育资源都让它垄断了。另外,现在教育部制订的"工程"是越来越多。据我粗略统计就有几十个"工程"。什么叫"工程"?"工程"本来是指国家某些重大的建设项目,规模比较大的、投资比较大的项目——"工程"用到学校上面本身就是一种炒作,更何况还花样翻新、不厌其烦地推出一个又一个"工程"。姑且不谈这些"工程"前后的重复,许多"工程"到最后又成了不了了之的"烂尾工程"。实际上教育和经济一样,管得越少搞得越好,统得越死越没活力。

## 中国需要一场真正的教育体制变革

**《经济观察报》**:改革开放30周年了,作为一个亲身参与改革者,你如何看待这30年中的教育改革?

**刘道玉**:中国教育改革从十一届三中全会算起,大致经历了四个阶段。第一个阶段是 1978 年到 1980 年,大概三年的时间。这三年主要是拨乱反正,使教育再回到正确的轨道上来。

第二阶段是从 1981 年到 1988 年,有七八年的时间。这是中国教育特别是高等教育改革的黄金时代,真正是在改革上下功夫。那个时候中央号召改革,广大教育战线上工作的知识分子积极响应改革。上下结合,没有分歧。那些被戴上"臭老九"帽子的知识分子,一旦摘掉了帽子,他们的心情该是多么舒畅!他们焕发出了青春,那时候一致的口号就是"要把被'四人帮'耽误的时间抢回来"。他们为什么拥护解放思想,为什么拥护改革,就是出于他们真实的思想。

**《经济观察报》**:怎么来形容当时改革的氛围?

**刘道玉**:就像"春色满园关不住",也真有"百花齐放"的气氛。那时既有改革代表人物,也有典型经验。如上海交通大学改革的代表人物是邓旭初,他是学校的党委书记,是个老革命,人很开明,主要抓人事制度和分配制度的改革。还有华中工学院的院长朱九思。他是"一二九"学生运动的领袖,后来到了延安,1952 年从湖南日报社调到武汉筹办华中工学院,一直搞教育。"文革"期间他收留了全国各地被批斗被扫地出门的专家教授 600 多名,为改革开放后华工的大发展奠定了人才基础,他从实践中成长为一位著名的革命化的职业校长。还有深圳大学校长罗征启,提出党政体制改革,实行校长负责制。

**《经济观察报》**:第三个阶段呢?

**刘道玉**:从 1989 年以后到 1992 年,教育体制改革基本停滞。从 1992 年一直到今天,是第四阶段,以发展代改革。

**《经济观察报》**:以发展代改革,而不是以改革促发展。

**刘道玉**:教育改革与教育发展是完全不同的两回事。这期间,国家不是通过改革传统教育观念和旧体制来促进教育发展,而是通过发展来带动改革,其结果必然使改革滞后。很多人认识不到这些,这正是"内行看门道,外行看热闹"。那些认为教育形势大好的"教育改革成功论"者,就是看热闹的外行。他们说改革成功有两条标准:一是两基(基本普及九年义务教育和基本扫除青壮年文盲的简称)85%都实现了,二是我们现在大学也大众化了。这两条又涵盖了什么样的改革内容呢?不能说这几年教育没有发展——现在大学教育已经实行大众化了，2006 年达到 22％，像美国、欧洲国家，大学教育大众化一般都要 30 年到 50 年，我们只用了 8 年。不了解情况的人认为这是改革的结果，恰恰相反，这是以发展代替改革，而不是改革促发展，是以牺牲质量换来的数量发展，掩盖了教育的很多问题。

《经济观察报》：在高速发展过程中，表面的繁荣实际上掩盖了教育中存在的很多问题，所以这两年各种问题是层出不穷。

刘道玉：对。发展和改革的区别在哪里？发展就是在原来的基础上、在原来的规模上向前推进；改革的本质是针对原有存在的问题，以新的思想、新的体制、新的制度、新的方法代替旧的思想、旧的体制、旧的制度、旧的方法，这才叫改革。请问"教育改革成功论"者，现在对教育的管理理念改了没有，管理方法改了没有，制度改了没有，特别体制改了没有？

《经济观察报》：恐怕没有改。

刘道玉：这就是以发展代替了改革，以牺牲质量换来了数量的发展。为什么会出现教育主管部门官员和民众在认知上的巨大反差？第一，一些人是从官本位出发，从官员的立场上来看问题，而不是从人民群众的利益出发；第二，他们不调查研究，不听取群众的意见，而是采取了掩耳盗铃的自欺欺人的态度；第三，有些人不懂教育，而且不懂装懂。你虽然掌握了教育的权力，但是并不意味着你掌握了真理。不能只相信领导的高明，不相信办学者的智慧；只相信计划经济的控制力量，不相信市场的调节力量。

《经济观察报》：教育体制改革之所以这样艰难，最主要的问题，恐怕是因为它是和政治体制紧密联系在一起的。

刘道玉：政治体制制约着教育体制改革，而制约的原因就是没有人敢去突破这个禁区。其实，把教育作为上层建筑是错误的。把教育当作上层建筑的老祖宗是谁呢？就是前苏联的教育家、曾经担任过联邦教育部部长的凯洛夫。

《经济观察报》：他认为教育是工具，而不认为教育本身就是目的？

刘道玉：他第一个提出来把教育当作意识形态，当成上层建筑。就算教育作为上层建筑也要为经济基础服务，现在经济基础改变了，上层建筑也应该改变。对现在的教育改革，我们虽然忧心忡忡，但也是爱莫能助啊。20 世纪 80 年代担任大学领导工作的，至今还在思考、研究教育，不断地发表文章，不断地批评教育，我是极少数人之一了。我或许有些悲观，目前还看不出教育改革的希望，看来变事必须先变人，而变人应先变观念。

《经济观察报》：改革就是对既得利益的调整，是很难的。

刘道玉：为什么我一直呼吁要把体制改革作为重点？我当年也是抓体制改革，就是抓住制度和体制。我改革背后的理念是什么？体制问题是制约发展的瓶颈，是制约人们思想、妨碍人们解放思想的一个桎梏。日本的明治维新跟中国的洋务运动大致是先后进行的，为什么日本的明治维新推动了日本走向现代化，而中国的洋务运动和戊戌变法都不成功，没有推进中国的现代化？就是因为日本的体制改革很彻底。梁启超总结戊戌变法失败原因时，说过一句很深刻的话："变法不变本源，而变枝叶，不变全体，而变一端，非徒无效，只增弊耳。"

中国现在需要一场真正的教育体制变革，而不是小敲小打的改良。什么是真正的教育体制变革呢？就是国家要放弃大一统的教育领导体制，转变领导职能，实行大教育小政府，赋予大学真正独立自主的权力，实行教育家治校，发扬大学自由民主的精神。

《经济观察报》：要改革，就需要一大批真正献身改革事业的人。

刘道玉：我相信唯有改革才能解放人的思想，唯有改革才能调动人的积极性和创造性。遗憾的是，真正的改革者并不多，大多数只不过是口头说说而已。改革要有胆识和卓识。卓识是知道改什么，胆识是敢于去改。没有"我不下地狱谁下地狱"的思想境界，就谈不上改革。现在，我们需要这样的改革家，时代呼唤这样的改革家，应当为涌现这样的改革家而营造民主自由的环境！

# 现在大学变成了衙门 *

改革，是他唯一的名片。

---

* 本文发表于《南方人物周刊》2009 年第 2 期，记者陈彦炜。

深秋的江城,空气有些湿冷,湖光山色的武汉大学校园里水雾重重,得过中风和脑梗死的刘道玉旧病重来:他已不能用右手提笔写字了,只能让左手或者电脑键盘代劳。现在他每天仍要坚持写下一点东西,就在我们相见的前一天,他刚刚完成并寄出了一篇有关高等教育管理的论文,一万多字。他家客厅木质书架的显要位置,放着老人近几年来的书作,几乎都是关于"创造性教育"的主题论述。刘道玉一个劲地叹气:创造本是一流大学的灵魂,而现在的中国大学,连"创造"的影子都难以捉摸。

　　75岁了,头发早已花白,双手有时会无意识地颤抖,耳朵也不灵光,需要紧挨着他坐下才能正常交流。而就在国庆前夕,他还是硬撑着身体,在儿子的陪同下来到北京,出席"回顾与展望:中国教育改革开放三十年"研讨会。一身青灰色西服的老人被安排第一个起身发言,尽管身体有些虚弱,刘道玉还是气流迸发式地喊出一声"中国需要一场真正的教育变革"。随后,是很长时间的掌声。与会者都是教育家,他们明白,台上这位垂垂老矣的长者为了"变革"二字付出过什么。

　　今年是刘道玉被突然免去武汉大学校长职务整整二十年。二十年前的他是高等教育界名噪一时的改革家,由他倡导发起并在武大推行的学分制度、主辅修制度、双学位制度、转专业制度、转学制度、贷学金制度、插班生制度和取消政治辅导员等新政,让1980年代的珞珈山成为青年人最为向往的清新之地:可以谈恋爱、可以跳交谊舞、可以穿牛仔裤,还有超过400个学生社团可以参与。校友们回忆,那个时候的武大被誉为"高教战线上的深圳"。

　　作为老校长,他依旧迷恋着眼前的校园,只不过这已经不是20世纪80年代的武大,除了海市蜃楼般的樱花城堡仍然屹立山间,刘道玉时代的很多印迹早已随风飘逝。1981年,48岁的刘道玉成为中国重点大学里最年轻的校长,他开始一双布鞋踏遍珞珈山、骑着脚踏车沿东湖去省委开会的生活。他嘱咐行政楼的门卫:凡是学生来信不得扣押,凡是学生要见校长不得阻拦;他又嘱咐秘书:凡是有年长的教师约谈,一般不能让对方劳步,凡是事关学校改革的文件,"案不留牍、文不过夜";他还嘱咐自己:烟酒茶不沾、歌舞不会、既不吃请也不请吃。在这样的嘱咐声中,刘道玉赢得了师生的信任与赞许。直到现在,不少当年的校友返校,还是会习惯性地去他家里坐坐,就连80后、90后的在校学生也会给他发来电子邮件,邀请他讲学、聊天。刘道玉说自己不会忘记,2006年的秋天,在武大教四楼的一间教室里,近500名在校学生为他鼓掌持续半个钟头,没有人停下来。老校长很动情地告白:尽吾志而不至者,可以无悔矣。

在外人眼里,刘道玉的传奇之处在于他"三番五次拒绝做官",这令许多人百思而不得其解。1979年,他以身患疾病为由辞去了国家教育部党组成员、高教司司长职务,执意回母校武汉大学任教;1981年他跳身武大改革洪流,在珞珈山上"开天辟地",而就在这一年,中组部约谈刘道玉,叫他去做团中央的书记;第二年,教育部部长换届的民意测验中,刘道玉又高居拟任名单榜首;第三年,中组部的官员直接到武汉,让刘道玉去东湖宾馆接受武汉市市长的任命书。这三次做"大官"的机会,全被他硬生生地"赖"掉了。他甚至主动去找当时中组部干部局的局长,以"体弱多病、不习北方气候饮食"等诸多理由拒绝做团中央书记、当教育部部长;还试图去宋任穷那里"上访","坚决不当武汉市长"。他许下诺言:一不进京,二不做京官,三不做高官。这种有悖常理的倔强,将刘道玉短暂留在了他所钟爱的武大。1988年的3月6日,刘道玉以"换届"为由被迅即免去一切职务。人们对这个理由心照不宣:在改革开放初期的中国大学,校长的任免是没有"换届"一说的。

刘道玉不死心。他不能容忍高校中与日俱增的种种弊病。没有了校长身份,他就以"老教育工作者""老教授"的名义到处写信、发表文章,这些信悉数寄往了教育部和北京的报社、杂志、电视台。信中,他对"大一统"体制下的大学运营进行了痛斥:"这样的大学能不能赶上世界教育的发展潮流呢? 不可能,绝对不可能!"他"有些天真"地提出"必须开辟改革的'试验田',创办中国实验大学"。在这座大学里,体制、学制、教学、招生都围绕一个中心开展,那就是创造民主、自由、宽松、富有创造力的育人环境。

中国实验大学是刘道玉心中的乌托邦。在他的晚年,这个理想被投注在了一所新型中学的创建上。1994年,刘道玉与武汉一家民营公司合作,在距离武大两个小时车程外的谌家矶创办了武汉新世纪外国语学校。一辈子与高等教育难舍难分的刘道玉,每天清早从大学出发,坐公交车去中学办公。他还亲自给初一学生上课:课程是自创的,叫作"创造思维方法";教学大纲是自拟的,他称为"创造思维方法大纲"。这门别的学校没有、别的老师不会教、中考高考不用考的课程,却在每一届学生中最受欢迎。1996—1999年,课程开设了三期,直到2000年这座在武汉轰动一时的"试验"学校因资金问题宣告破产。

刘道玉呷了一口茶,清了一下嗓子,自嘲地笑出声来,他不喜欢笑的:"中学关门的日子是2000年的12月29日,就像我被免去武大校长那天一样,空气中夹杂着愤懑、沮丧与失望。"

## 中国大学校长的遴选很不合理

**《南方人物周刊》**:我知道很多人都想问你为什么拒绝做官,当教育部部长,舞台不是更大吗?

**刘道玉**:两方面的原因:一是我个人的志趣,我热爱教育,希望在大学这个平台上施展自己的抱负,我的抱负就是要推行创造性的教育,培养创造型人才。教育实际上是一个伟大的试验场,这个试验场的对象就是受教育者。每一个有志于教育和教育改革的人在这个试验场是可以有很大作为的。另一个原因是我的个性。我说实话、说直话,从不隐瞒我的观点,比如说我就是说话不留有余地,做事不留后路。这样的个性是无法做官的,即使勉强做了也迟早要倒台。我不愿意随大流,人云亦云。我从来不吹捧任何一个领导,但愿为苍生说实话。我这样的人能做官吗?人各有志嘛。

**《南方人物周刊》**:但是校长这个官你是愿意当的。

**刘道玉**:哈哈,校长你可以说它是个官,也可以说它不是个官。官和民历来是相对应的,学校还是民,并不是衙门。要做官也是个学术官,不是个政府官。不过现在的大学变成了衙门,校长和书记也成了拼命向官员去靠的人。当然我也付出了很大的代价,你不靠我,我就不让你干,把你端掉。但是我没有任何遗憾,我做了我想做的事情。

**《南方人物周刊》**:现在的大学领导都还保留着行政级别,不能说他们不是官,相反,官还很大。

**刘道玉**:你说得太对了!这是一个典型的官本位。现在有的校长工资不算,一个月的岗位津贴是一万。我那时候一个月工资65块钱,也没有觉得工资不高、级别不够，我照样做事。你工资高了做了事没有，你对得起你的岗位津贴吗？这样一个政策就把人们引导到追名逐利的误途上去了。所以以为什么要搞合校？就是一个级别的反映。"文革"以前教育部直属23所学校，20世纪80年代教育部直属30多所学校，现在直属72所。一旦变成教育部直属学校，校长、书记的级别就上去了。这归根到底涉及大学校长的遴选制度问题，不改革不行呀。

**《南方人物周刊》**：怎么改革？

**刘道玉**：首先你要确定要选什么样的人做校长，不是任何教授、院士都可以做校长的。校长必须是教育家。必须要实行职业校长制度，不能搞双肩挑的，既当院士又当校长，这样只能误事误校。美国的大学校长都是职业化的，一旦他当了校长以后就不能搞研究工作——剑桥甚至规定一旦做了校长就必须把你的实验室、研究生和所教课程交出来。另外，不能有任期限制，只要你有能力，学校的师生认可你，你就可以继续做。哈佛的校长平均任期20年，最长的任期40年。像中国这个4年换届，是典型的官本位表现。学校用人怎么能够实行任期制？任期是由工作决定的，不能用年龄和制度来限制。大学是十年树人、百年树木的事情。4年任期导致我播了种没有收获就下台了。不知道收获如何，这种任期制和选拔制都是违反教育规律的，必须改革。第三个，遴选校长的权利必须交给教授们，让他们来选，这是世界通例。美国大学校长所有的教授都可以推荐，最后集中到五个人来发表治校演说，并且要在大学住上一段时间，接受教授们的"拷问"。

## 高校现在是以发展代替改革

**《南方人物周刊》**：高校现在的弊病还是不少哇。

**刘道玉**：很多。这些年中国经济大发展，成绩是不可否认的。但是在教育领域尤其是高等教育领域的进步不大。现在的学风浮夸、浮躁、弄虚作假，已经到了无以复加的地步，还公开包庇。现在好多博士生导师拉着研究生打牌，成何体统？学校的干部特殊化，现在的干部留下来就是当官了，一天书都没教过就留下来当教授，还当博导。有些人一辈子辛辛苦苦在第一线教书，终身提不上教授，评不上博导，连我都不是博导，现在阿猫阿狗都是博导。我对扩招也有看法,重点大学就不应该扩招,普及是普通大学和民办大学的任务,而现在包括北大都扩招,因为学校扩招有利可图,每年可多收数千万甚至数亿的学费。重点大学也不能搞成人教育,不能搞独立学院,不能搞普及性的应用技术研究;普通大学也不能招那么多研究生、那么多博士。否则全乱套了。大学的定位应当明确,研究型的、教学型的,建世界一流的、搞教育普及的。

**《南方人物周刊》**:刘校长说过 1993 年以来中国的教育是以发展替代了改革?

**刘道玉**:是的,这正是我要说的。我们发展的成绩是肯定的,教育投资有增加,办学条件有改善,大学规模有扩大还有扩招。适当的扩招是必要的。这些我们都肯定,但是发展的同时又带来很多问题。比如,盲目地追求高大全,追求豪华奢侈、铺张浪费,导致债台高筑——全国大学有2000 多亿的债务,越是重点大学债务越多。大家以为教育发展就是教育改革了。但发展和改革是两个概念、两个范畴,两个不同质的问题。发展是数量的增加、规模的扩大。改革是质的改变。

**《南方人物周刊》**:为什么会出现以发展代改革的情况呢?

**刘道玉**:我常说改革需要有两个意识:一个卓识,一个胆识。卓识就是你有远见卓识,你知道改什么,知道问题在什么地方,抓准了问题,这由卓识决定。有了卓识你敢不敢去改,你敢不敢去破,那就是胆识了。不是说现在没人认识到这个问题,但是他没有胆识,他不敢去改。这和以前有一个很大的区别,那个时候有一批带头人,像上海交大、像中国科大、像武大。那么,现在的中国教育不改行不行呢? 当然可以,我们现在不是很好吗? 我们没有改革不是也实现了跨越吗? 我们不是也获得了世界在校大学生人数第一的桂冠吗? 但是这讲的是量,而不是质。不改也可以,反正我们大学现在年复一年地招生,毕业了以后一波波地往社会上输送人才,反正也不包分配,还照收学费,学费还越来越高。这样当然也可以,但是我们的大学就休想有世界一流水平,也就休想有世界一流的大师。现在中国有哪一个称得上是世界公认的大师? 为什么没有诺贝尔奖的获得者?

**《南方人物周刊》**:有没有解决的办法?

**刘道玉**：有，那就是中国需要一场教育改革的启蒙运动。为什么？第一，很多搞教育的不知道改革、不懂得改革，出了改革的假命题；第二，中国社会现在大多数人还置身于改革之外，他们所思所想还是应试教育，还是怎么择校、怎么培优、怎么考高分、怎么上重点。所以在这种情况下怎么能够推动改革？关于西方大学的精髓，我归纳了十个字：民主、独立、自由、质疑、批判。这是西方大学近千年锤炼出来的，中国大学有这个吗？完全没有。大学的独立自治是不可剥夺的权利，大学自由在世界教育界是通例，大学民主是最高原则，质疑精神是打开科学大门的钥匙，没有批判精神就没有创造——这是我的思考，虽然我不能改变什么，但是我希望留下思考所得的一些体会，它能够警示后人。不过，现在大学的管理者们，甚至教授们，让我放心不下。

**《南方人物周刊》**：你放心不下他们什么？

**刘道玉**：因为现在高校用人混乱，教授成堆啊。我当校长的时候都还只是个讲师，学校里教授很少的，现在这是互相攀比的结果。大学之间互相看你有多少教授、博导，你有多少个院士、多少个博士点。另外，20世纪80年代职称都是国家评定的，现在各个学校自己都可以评，连点（博士点）都下放了，有了点以后评博导更不用说了。所以现在阿猫阿狗都是博导，荒唐透顶。这是滥竽充数，追求数量不要质量。那时候校长都不是教授，现在简直不可想象了，所有干部到了年龄以后都是博导，我们那时候留苏回来的博士都当不了博导。我有一个朋友在英国牛津大学是非常有名的，他是院士，但不是教授，因为一个系只有一个教授，不退休或者不去世就不能代替。但是谁也没有说他是个讲师就水平不高，这是两回事情。教授是教学岗位，你可以当院士但是不能当教授，这是教席制。中国既没有教席制也没有教授定编，可以无限膨胀。我们那时候教授少，有大量的讲师——这应该是金字塔，基础是讲师、助教、副教授。现在是个倒金字塔，助教少、讲师少，副教授多、教授更多。

**《南方人物周刊》**：现在可以量化攀比了，有大学排行榜，每年都搞。

**刘道玉**：排行榜的问题在国内外的争议很大，当然我们要辩证地看待。美国有700多所大学联合抵制排行榜，但也有大学赞成。我觉得，排行榜作为一个参考还是有存在必要的，对于办学有一定的推动作用。但是做排行的人要端正、求实,参数要科学、公正。《泰晤士报》就是胡搞,2005 年把北大排到世界第 17 位,2006 年是 15,2007 年都排到了第 14 位。北大都成了世界第 14 位的大学,显然是胡搞。它把中国大国的地位和北大的学术地位挂钩;指标上北大其他的都很靠前,而科学研究是零分。要我说啊,作为学校要正确地看待排行榜,不以榜喜,不以榜忧,实事求是地看待。客观来说,北大在世界 200 多名是比较科学的。北大说要在 2017 年成为世界一流大学,这是胡吹,21 世纪中期都达不到。它现在列不出任何一个大师,没有一个学派,没有一个诺贝尔奖获得者。诺贝尔奖迄今 700 多名获得者,70％分布在世界各个重点大学里,牛津、哈佛都是 40 个以上的,北大一个都没有。

**《南方人物周刊》**:你在谈高校发展问题,我想,"合校"是一个绕不过去的议程。

**刘道玉**:"大"字在中国自古是一个情结。讲朝代要大汉、大宋、大清;讲街道要大街、大道;讲建筑要大厦、大楼。现在书本的尺寸也越来越大,书架又放不下。大家喜欢追求形式上的东西。普林斯顿大学就没有法学院、医学院、商学院,他们认为这会分散精力,但是你能说它不是世界一流大学吗?国内的大学,已经很大了,你像吉林大学,合并了那么多专科学校,还要跑到珠海去办分校。我想提个醒:重点大学在异地办分校一定要尽快刹车。

**《南方人物周刊》**:"合校"风之后,是"大学城"风。

**刘道玉**:现在,大家对大学城的理解出现了偏差,建设大学城的方向也不对。据我的了解,中国现在有大学城 54 座,规模也越来越大。从最早的上海松江大学城几平方公里,到现在出现几十平方公里的大学城。大学城的建设也越来越豪华。大学城的功能是教学生活,有的居然在建高尔夫球场、高档餐馆、桑拿浴。你在给谁用?学生用得起吗?我都没去过高尔夫球场。国外的大学城是历史上形成的,在大学城周围自然地兴起了为教学服务的商业单位。而中国是搞运动,是由政府和开发商来推动,并不是学校来搞的,是政府行为、商业行为。一些地方政府是为政绩,而开发商是为利益。实事求是地说,有些大学面积偏小,适当扩大是可以的,但是大张旗鼓地迁校是错误的。法国最好的两所大学就在合用一座教学楼,哈佛也还是300年前的那个校园,没有扩展,匹斯堡大学还在街上。现在这些大学城很多都是"好大狂"的表现。我了解到,许多大学都有巨额债务,如果按照公司破产法,他们都要破产了。这是体制上的弊端。

## 一生无怨无悔,但对不起妻子

**《南方人物周刊》**:被免职以后,你在做些什么?

**刘道玉**:我因为改革步伐太超前被教育部免了职务,我的校长待遇也被取消了,现在没有任何级别和津贴,只是一个退休教授的待遇,每个月3000多元的退休工资,我已经知足了。我这20年也经历了一些事情:一是病痛的困扰——泌尿系统做过五次手术,还患过一次脑梗死,1996年到美国开会回来得过一次中风,后遗症是现在右手不能写字了,要用电脑写东西,用左手记笔记。这20年我一直没有停止写作,平均每年发表的文章在10篇左右,每年一本书。我还办过一个民办学校,这个你或许听说了,但是由于投资人的投资不足,学校6年以后垮台了,对我也造成了很大伤害。现在虽然我年事已高,身体多病,但还是用孔子的"三忘"来激励自己:发愤忘食,乐以忘忧,不知老之将至。我还是在继续关注中国高等教育,继续呼吁教育改革,现在我又在呼吁中国教育改革的启蒙运动。

**《南方人物周刊》**:从大学校长到中小学校长,你为的是什么?

**刘道玉**:改革!办中小学我是为了改革试验,实现我的改革梦想。这个学校的理念是全国最先进的,这个学校的教学质量也是武汉市名列前茅的,研究成果也很突出。我在这个学校开了一门创造思维方法课,亲自教了三年书,就此出了一本创造思维方法训练的书,现在准备修订再版。武大出版社把我的五本书作为创造教育书系,放入武汉大学名人名著系列中结集出版。这五本书我有必要提一下:《创造教育概论》《创造教育新论》《创造:一流大学之魂》《创造思维方法训练》和《大学生自我设计与创业》。但是,我太孤单了,这一套创造教育的构架至今没有人采纳,这也让我感到很痛心、很苦恼。我说我就像一只杜鹃一样日夜啼叫,甚至啼血。值得欣慰的是,2000年,我的《关于世界大学创造教育模式的构建》论文在上海被一致评选为一等奖。但愿更多的人可以一起来分享和实践"创造性教育"吧。

《南方人物周刊》：现在,你认为生活恢复平静了吗?

刘道玉：算是吧,当然,看到一些不良现象的时候还是会拍案而起,却又爱莫能助。还是渴望安静吧:早上我起床比较早,早餐以后工作一个小时然后去校园里散步,热的时候去山上,冬天就在有阳光的草坪上走走。毕竟现在年纪大了,一定要承认这个事实,我还有不少慢性病。但是,生活的安静不能让我停止思考。我感到满足的是我的思维能力还很好,记忆力基本没有衰退。作为一个思想者,一个知识分子,如果失去了思维能力和记忆,将是非常痛苦的,什么事也做不成。

《南方人物周刊》：我听说,现在在校园里,依然有学生认识您、问候您。

刘道玉：这也是我最感到欣慰的,没想到我离职 20 年以后还会有这么多人想到我。不仅当时的学生,现在的学生依然崇敬我,愿意和我交流,这也是我最知足的一点。现在不少学生跑来跟我聊天,发电子邮件,离校的学生还会来看望我。我在校医院看病,医生叫我的名字马上就有很多学生围过来,在注射室里交流。

《南方人物周刊》：网上也有人在骂你,说你是大骗子,搞个人崇拜,说你很极端。

刘道玉：我尊重他们的看法。古今中外对人对事有不同的看法是正常的,各人有各人的价值观,有人同意我,也有人不认同我,我不会生气。我是什么人我自己清楚,说我好我也不飘飘然,这是我分内的事情。有人说我改革得很好,我说是因为我赶上了改革开放的大好时代。最近《楚天都市报》在评选影响湖北改革的风云人物,有人告诉我,我的得票很高,可我到现在都没有看过。我不去关注这些事情。我只想做事,不争一官半职,也不参加任何学会,唯一现在还在搞的就是刘道玉教育基金会。我写的《一个大学校长的自白》,读者买一本书就等于捐赠了两块二给这个基金会。

《南方人物周刊》：你后悔过吗?

刘道玉：真的没有后悔过。在最困难的时候我都没失眠过一次,没有影响过一餐饭,也没有影响过我做学问。

《南方人物周刊》：那你有过痛苦吗?

刘道玉：如果说有,就是我被免职以后,我的夫人痛哭一场,让我很心痛。因为她为我失去的太多。我的夫人是我同班同学。因为我当校长她放弃了出国的机会，以免人背后说我们搞特殊化。她没有得过我任何好处，但是骂我的人也都骂她。有一次，她在食堂排队买饭，饭做烂了，有人骂，他妈的让刘道玉来吃一吃，其实我夫人就在后面排队，她听了以后很难过。所以免职后我不是因为自己委屈，而是觉得我妻子受了委屈。我受到审查的时候她正好要申请提教授，因为不愿意被人议论和贬斥就放弃了，所以到退休还是副教授，而她的学生都是教授了。我觉得，我很对不起她。

**《南方人物周刊》**：什么时候对你的争议才会过去？你不再是一位争议人物？

**刘道玉**：其实，随着时间的推移，对我的争议越来越少了，对我的认可越来越多，包括那时候对我的改革有不同看法的一些人，甚至有批评的人后来也认可了。很多人都认为，那个时候是武大的黄金时代，认为我是一个有思想的人，认为我带着武大前进了，而不是倒退。当然，正如你所说，争议依然存在。比如，在我那个时期没有提上职称的、没有提上工资的、没有出国的，他们都还会恨我。这些都是可以理解的。但是这种人越来越少了。


# 大学教育改革的助力与出路 *

**《盗火者》**：刘校长，在 20 世纪 80 年代，您在全国率先开展了教学制度的改革，成为全国高校改革的一面旗子，武大被誉为中国高教战线上的"深圳"。请您谈谈当时改革的范围，您为什么选择把教学制度作为突破口？

**刘道玉**：20 世纪 80 年代的确是一个令人难以忘怀的时期。在解放思想的感召下，广大知识分子摆脱了紧箍咒，积极响应胡耀邦总书记提倡的大胆改革的号召。我记得，他最有名的一句话是，"允许改革犯错误，但

---

\* 本文为纪录片《盗火者——中国教育改革的调查》导演刘晓梅采访的文字稿。节目于 2013 年 9 月 9 日在香港卫视中文台首播。

不允许不改革"。我坚信这句话是正确的,并且以此激励我奋勇前进。那么,改革从何处入手呢? 当时,各大学的改革大有"八仙过海、各显神通"的味道,同时有谁也不甘落后的决心。经过我们的调查,认为大学需要进行改革的内容很多,但究竟什么是制约着大学的瓶颈呢?

我想来想去,认识到教学制度是关键,僵化的制度束缚广大教师和学生们的积极性,而开明的制度则能够激发他们的积极性和创造性。所以,我们就走了一条不同于其他大学的改革路子,这就导致武大六大新的教学制度的诞生,进而带动了民主自由的校园文化的建设。我们的改革是经过试验的,先试验后推广,这符合人们的认识规律。新的教学制度实施以后,学生们的志趣得到了尊重,他们可以自由选课、选择专业,也可以转到自己喜爱的专业或系科学习。学习成绩好的学生,可以自学,也可以不去上课。实行学分制后,凡是提前修满学分且成绩优秀者,准许提前毕业、分派工作或报考研究生,这样缩短了学习周期,有利于快出人才。

《盗火者》:在推行学分制过程中,是否遇到过阻力?

刘道玉:改革和守旧始终是相伴而行的,新思想与保守思想也一直是对立的。但是,群众中有不同的意见是正常的,通过做细致的思想工作,可以转变某些人守旧的思想。更重要的是,我们试验的成功,本身就是最有说服力的。在我们试验学分制的过程中,也遇到教育部主要负责人的干预,他指责学分制是搞花架子,美国学分制也失败了。对他的指责,我们据理反驳,我们的决心也没有动摇,这是一个大学校长行使自己的办学权。

《盗火者》:到了 20 世纪 90 年代,改革回潮是什么原因?

刘道玉:众所周知,90 年代初是我国当代教育史上一个重大的转折点,以发展代替了改革。再接着,就是大学扩招、大学合并、大专改名升格、招生买分降分录取、卖研究生学位、官员和老板到大学花钱买学位帽、各种论文剽窃等等。霎时间,圣洁的校园变得乌烟瘴气,昔日改革的氛围已经荡然无存。这次大倒退的影响将是长远的,因为严谨、求实的学风坏了,教师和研究生的质量下降了,将导致高等教育的恶性循环。

《盗火者》:那您认为,我国高等教育未来的出路在哪里?

刘道玉:对我国高等教育的未来,我是悲观的,至少现在还看不到出路。我们如果抱着实事求是的态度,就会发现如今与 80 年代相比,那时所有好的做法、经验与学风,现在都没有了。例如,80 年代校长的水平和敬业精神,教师严谨治学和为人师表的教风,学生刻苦学习的风气,等等。改革绝不是一句口头禅,分不清发展与改革的异同,怎么谈得上改革呢?但改革还有将来时,这是我们的希望之所在。

根据我国的国情,改革将会有自上而下和自下而上两条途径。相比较而言,自上而下的改革是最有效的。然而,自下而上的改革始终是存在的,也会在局部取得些许的成果,但难于全面推广,武汉大学教育改革前后的境遇就证明了这一点。

**《盗火者》**:最后,我可以请您对当今的大学生提一点希望吗?

**刘道玉**:当然可以。当今的大学生是学校的弱势群体,是大学乱象和腐败的受害者。面对僵化的大一统教育体制,虽然他们不能改变什么,但我希望他们能够明白一个道理:一个人成才与否,基本上不取决于名校和名师,也不取决于学历和学位之高低,更不取决于专业的好坏,而只取决于自己的理想与执着的追求。因此,希望你们一定要掌握自己的命运,摆脱对大学的迷信和依赖,千万不要被虚荣心蒙蔽了!


## 必须遏制学术腐败 *

**廉思**:在我们的采访过程中,很多青年教师提到高校的论文评判机制,比如说靠论文的数量提升教授、副教授制度,对他们影响非常大,也非常坏。这个制度是在 20 世纪 90 年代之后建立的,那么在 80 年代,是通过什么制度来评判教师的?

**刘道玉**:这个问题的确牵扯到教师的情绪和积极性的问题。80 年代除了评选职称制度外,没有现在名目繁多的评选活动。比如说,80 年代

---

* 本文为接受新华社记者芦垚和廉思教授专访的文字稿,收入廉思著《工蜂:大学青年教师生存实录》一书,该书于 2012 年 9 月由中信出版社出版。

只有评职称,没有评名师,没有评劳动模范,也没有评各种学者。

我记得当时对教师的教学水平和学术成就都有要求。教学要求嘛,当然要考虑你教几门课,教学水准要看学生的评定,要得到优秀的教学成绩或者学生的认可。为了奖励教师的教学成就,我们当时制定了学术假。经学生评定,我们可以给教师一年的带薪学术假。因为教学和科研总是摆不平,大家都愿意搞科研不愿意搞教学。

**廉思**:都不愿意去上课,都愿意自己做课题出文章。

**刘道玉**:对,把教学当作付出,科研当作收入。正是为了摆正这两者,我们才弄了这个学术假政策。教学工作满五年后,获得优秀教学成果并被评定为教授或副教授者,享受一年带薪学术假,派他们出国进修或者在国内进修,还给他们研究费和茶水费。不然他们能安心教学吗?你能摆得平吗?摆不平啊。而对于我们而言,这就摆平了,搞教学的安心教学,搞研究的安心研究。在评定职称的时候,教学和科研不是一个标准,因为它不是同一个岗位,没有可比性。

**廉思**:它们是两个不同的活动。

**刘道玉**:对,不同的岗位就要用不同的评定标准。教学的教授、副教授的评定要依据他教学的成就和改进教学方法的成就,鼓励他们改进教学方法,实行新的教学方法。如果这些可以做到,你也可以当教授、副教授。搞科研的,当然要看你的研究论文,不仅看数量,更看重质量,也看获得的国家科学成就奖、科研成果奖、自然科学的各种奖项。

我们当时也遇到这个问题,就是论文的数量和质量不是一致的。这就和人的诚信有关系,诚信的人一篇就是一篇,那些不诚实的人把一篇当成三篇发表。那到底谁的水平高?是三篇的水平高还是一篇的水平高?我们知道这个问题,所以把学术诚信和人的修养作为因素考量进去了,要综合考虑。也许一个人的一篇就可以上,也许一个人的三篇可能都不能上。那就要看他的治学态度和科研水平,看他研究的作风。我们不强调数量,做到论文的数量和质量统一考量,做到人的治学态度和诚信统一考量。所以,80 年代整个的风气是比较好的。

**廉思**:那时比现在的学术风气要好。

**刘道玉**:虽然当时有些人追求论文的数量,但整体上没有形成风气。

造假还没有——也就是我刚才说的一篇分为两次三次投稿发表。我们发现了这个问题，所以会综合考虑论文的数量和质量，不能一味地追求数量。

**廉思**：80年代，青年教师的待遇怎么样，包括工资水平等等？

**刘道玉**：80年代待遇普遍都不高，但是那个时候风气好。比如，我是校长，我的月薪65块钱。

**廉思**：青年教师比您少多少？

**刘道玉**：那当然跟我差不多。因为那时候校长没有岗位补贴，跟我岁数一样的都是65块钱，后来涨到80块钱了。1980年我工资65块钱，到1982年就涨到85块钱，到了80年代中期涨到120块钱，也就这么多。大家都这样，没有哪个特别高或特别低。

**廉思**：那时整体都低。

**刘道玉**：那时风气正，没有把人们引到一切向钱看的思路上去。我当校长时是讲师，因为从1956年以后就没有评职称。

**廉思**：是，"文革"时停了评职称。

**刘道玉**：学术职称在当时被认为是资产阶级思想，1956年以后就没有再提了。我1957年毕业就没有提，1963年我从苏联回来，1964年还是破格提的讲师，直到1980年当校长时还是讲师。

但是我当时有没有想法呢？有的。武汉大学教授林立，由一个讲师来领导一个重点大学能否不负众望呢？当时，北京大学是周培源当校长，复旦大学是苏步青，而我会不会影响到武汉大学的地位？我想，评估一个大学校长不是看他的学术职称也不是看他的专业知识，而应该看他的教育理念和政策水平，所以我就想通了。既没有顾虑，也没有思想障碍，我就一个劲儿地埋头拉车向前走。

90年代是一个分水岭。高等学校急剧膨胀后，名利思想也随之急剧膨胀，学风的腐化、浮躁都发生在90年代。尤其是1991—1992年间，改革的口号不再响亮了，整个学术界都弥漫着实用主义歪风。整整二十年啦，高等教育搞成了这个样子，没有办法。

**廉思**：您对1999年开始的这种高等学校大跃进式的扩招政策有什么看法？实行这种扩招政策是好还是不好？

**刘道玉**：根据国家经济建设的需要，适当地增加名额，扩大学校的招生规模,改善学校的条件,这是应该的。但是像这种大跃进式的扩招,肯定是错误的。我计算了一下,在1998年前,我们国家大学招生都是以每年8.5%的幅度递增。当时国民经济增长速度是8.3%,所以说,当时高等教育和国民经济增速是基本同步的。

马克思主义有一条基本原理:经济基础与上层建设基本相符。按照传统的观点,经济是基础,教育等是上层建筑,经济基础决定上层建筑,所以这样的速度应该是相适应的。如果按照这个规模来,我们就不会造成诸多问题,就不会有大量大学毕业生失业了。

现在大概是30%左右的毕业生就不了业,所以政策肯定是错误的。我最近看了一份材料,1999年高考招生净增加52.3万,相对于1998年的增幅是47.4%,这个速度就是大跃进式的,相当于增加了100所万人大学。

高等教育扩招总共犯了两个错误:一个是扩招的速度太快,第一年增幅就达47.4%,然后从1999年到2005年平均增幅是25.5%,这个速度太快了;第二个错误就是一刀切,这是一个常识问题,重点大学像北京大学、南京大学、中国科技大学等都不用扩招。为什么呢?重点大学负责的是提高的任务,它的目标是培养少而精的理论型和研究型人才。没有不行,多了也不行。

**廉思**:20世纪80年代学校的管理方式是怎样的?比如说如果青年教师有了自己的诉求,他们如何和学校沟通,如何和学校的管理对接?

**刘道玉**:20世纪80年代和现在有很大的不同。80年代有一批职业校长,而不是现在的双肩挑,由学者或院士当校长。

我把大学校长分为三类:一类是学者式的职业校长,但都以治校为己任,不搞学术研究,比如梅贻琦、蔡元培等;第二类是改革开放以后出现的一批职业革命家的校长,比如陆平、蒋南翔、吴玉章、成仿吾、匡亚明、朱九思等,他们都是"一二·九"时代知识分子的领袖,解放后为了加强大学领导,这批知识分子出身的革命家被派到大学,这些人在学校不谋求自己的个人利益,学校的利益就是他们的最高利益,他们也不会以权谋私,伪造学术成果——80年代的校长基本上是这样;第三类是在90年代以后,当这些人都年老退休了,就选了一些科学院院士或工程院院士当校长,他们除了当校长外还要领导一个庞大的科研团队——要么领导一个研究所,要么领导一个重点实验室,有的一个人带几十上百个研究生,一个人忙两头……这是一个很大的不同。

早些时代的校长的作风都是走群众路线,没有高高在上,没有脱离群众,也没有官本位和行政化。我认为,行政化就是官僚主义化、特权化。典型的是按照干部的任命方法任命校长,按照干部的级别评定校长级别。那时候当校长,我们的家群众敲敲门就进来了,我们的办公室群众踢踢脚就进来了。我们没有秘书,也没有专车。现在的校长、副校长都有专车,有秘书,住宅到办公室只有几里路,也要坐专车上下班。

我当校长的时候作了规定,凡是群众的信不准扣留,都要交给我,重要的我亲自回,一般的分别由党办校办代我回。第二,群众要求见我时,不得挡驾,要作出安排,即便是星期六、星期天或者晚上,我也要接见他们、听他们的意见。第三,学生的要求要想办法解决,不能打官腔——要不怎么当学生的老师呢?学生的社团活动、辩论会,我们要坐在台下洗耳恭听。

**廉思**:师生关系很融洽啊。

**刘道玉**:因为我们没有代沟。那时学生都不叫我校长,按湖北习惯我们叫人昵称就是两个字,学生都叫我"刘道"或者"道玉"。跟现在的这个"根叔""凤哥"啊不一样,什么叔、哥啊太世俗了。

所以那时候我们能够及时听到群众的呼声,我的好多改革的建议都来源于群众,这符合毛泽东同志倡导的"从群众中来,到群众中去"的领导和决策方法。关于治校,我们当时有一个校务委员会(当时没有董事会的说法),作为最高的决策机构,大部分成员由各个系的教授、学者、中青年教师代表担任。学校的中长远规划、职称评定章程、预算、决算都由校务委员会决策,我们规定学校的重大问题都要倾听教师、教授的意见。

我当时对教授也规定了三不。其中第一条,凡是教授找我解决问题或研究情况,不让他们去办公室,我一定是到他们家家访或去他们的教研室听取意见,到基层去解决问题。第二条,凡是副教授以上的人生病都要通知我,我要到医院和他们的主治医生进行会诊。你看,现在这些都没有了。

廉思：您当初在武大实行的高等教育的一些制度，比如学分制、双学位制、主辅修制、插班生制，包括您给青年教师一些通路让他们能够脱颖而出，这些改革与此有关吗？

刘道玉：我经常和青年教师保持亲密的接触，和他们对话，我了解他们的需要，知道他们的心声。我和社会广大青年也保持密切联系，我这个人有个特点，凡社会青年写的信我是每封必回的。我到现在也保持这个性格，来者不拒，有信必回，有求必应。

我的很多想法都是从他们那里得到启发的，比如插班生制。当时社会上有些自学成才的青年，他们没有学历，但很想到大学来学习，所以我就制定了插班生制度，把他们引进到学校，给他们创造学习条件。凡通过自学达到大专水平或者有发明创造成果，并通过学校特殊的考试达到大学二年级水平的，就可以直接到大学三年级或一年级就读。

我当时的想法就是在高考之外再开辟一条上大学的渠道。虽然不可能招很多人，但少数人也会对其他人起到一种示范作用，使他们感到还有希望。

又比如，一些普通大学，尤其是地方上的普通大学的学生给我写信，诉说他们为什么不能被保送，为什么有些考上重点大学的成绩不好也不能淘汰，而我们在非重点大学学得优秀的，也不能到重点大学去读书，这是不公平的。我受到启发以后，就想把非重点大学的考生吸引到武汉大学来，这就是插班生制度产生的缘由。

廉思：20世纪80年代是十分理想主义、浪漫主义的年代，但从长远看，这种特殊性可能并不具备参考价值，比如说教师待遇。那就您来看，现在应该为青年教师们创造怎样的条件和环境？

刘道玉：20世纪80年代包括我的工资都很低，这是一个特殊时期嘛，我们也没有怨言。现在改善了也应该，问题是在90年代物质条件改善以后忽略了思想工作，应该改善物质条件和思想观念同步，不能偏废。现在只有物质追求，没有奉献精神，这是国家思想教育的失误、学校的失误。比如说现在的青年教师，你们说的更多的是1970年以后出生的，40岁左右的，可能目前在学校地位确实不是很高，不过我认为他们都应该读了学位，恐怕也有拿到教授的。

**廉思**：40岁以下的教授偏少，都是讲师、副教授。现在博士毕业也得将近30岁了，再工作几年，大部分属于上有老下有小的情况。他们觉得现行体制下学术不独立，发文章要花钱，又看不到晋升的希望，还要走关系，所以他们的心思就不在学问上也不在教书上，只想到外面去办公司，上培训课。

**刘道玉**：那我情况了解得也不是很多，这些人都受了完备的大学本科教育吗？也受了研究生教育吗？

**廉思**：对，基本都有博士学位了。

**刘道玉**：也就是说他们读了博士了，但职称现在还没有上来，都是副教授、讲师。当然了，这个群体在学校当中应该属于弱势群体。

现实下的这一弱势群体，除自身思想障碍外还受到整个大环境的影响，不是孤立的。这是整个社会的导向，就是"一切向钱看"的结果。所以他们不安心做学术研究，不安心教课备课，就想办法兼职捞外快。我认识的一些武大教师，也在外面兼职。

我写过一篇文章在《人民日报》发表了，说像武大这样的学校有困难别人都不相信，教授、副教授都是读书人却不订阅报纸和学术杂志——当然了现在的报纸也没有可读性，杂志也是垃圾多，但他们也没有做学问的意识。我20世纪50年代是讲师，工资53块，当然那时生活费很低，一个月四五块钱就够了。我订两份报纸、两份专业化学方面的杂志：一份《文汇报》、一份《参考消息》、一份《化学通报》、一份《有机化学》。那个时候读书人都是这个样子，但现在像我们那样的人没有了。我认为做学术的人必须订阅学术刊物，时时了解学术动向，了解你所从事的研究当前达到一个什么样的水准，但现在没了。当然，现在网络发达了，人们可能通过网络看些新闻，但我现在还是保持订六份报纸，因为网络你闻不到书香，只有打开报纸书籍你才能闻到书香。

这是我们读书人的情结，现在没有了，都不读书。我从邮局那儿调查发现，武汉大学现在有5000多教职工，但订报纸的只有200多人。订阅期刊杂志的只有400多人，我感到很寒心。不学习、不读书、不看报，人类就会弱智下去。我经常出些书，这些熟悉的教师就经常找我要书，我有时都不堪重负啊。你说作者样书就二三十本，还得买书去送人，怎么办？他们都不买书,最好的一些同事都直接找我要书,这就是中国人的本性——不读书。我有一个在国外任教的朋友告诉我,中国留学生到国外也不买书,这是通病——中国可是被称为书香之邦啊。现在不买书绝对是对书香之邦的一个背叛。

你们的调查对象是四十岁以下的,其实不仅仅是四十岁以下的,整个教师队伍都是这样。我举个例子,今年一个东北的研究生过来看我,他学的是教育学专业,今年毕业,打算买一种教育学的书送给院里的图书馆。院长说:"你不要买,你做的是一件吃力不讨好的事情。你买的这些书谁来看? 没人看,说不定几年后当废纸给你卖掉了。"这是教育学院的院长啊,院里的研究生想送书给图书馆却这样回复。

现在就是这个风气。中国的文化危机、教育危机还在后面,我始终认为中国的大学问题出现在二三十年以后,虽然现在已经彰显出来一些,比如不合格的导师带出不合格的博士,这些不合格的博士又充斥在大学、科学院、研究所,继续培养更不合格的博士,这就是恶性循环。

**廉思:**现在很多人说高校应该去行政化,但是也有说高校内部有很多地方是可以自己改进的,不一定非要和教育部、现行的教育制度挂钩。其实学校内部就可以多吸收一下青年教师的意见,但就是这个现在也没人做。

**刘道玉:**你说的这个可以。中国教育部这个大的不能变动,但是一个学校、一个学院还是有可能作一些尝试的,就是说总有空白地带嘛。我 80 年代改革也是用了一个管理学上的理论,是日本一位叫大前研一的管理学家提出的空隙理论。他说画圆,两圆相交不能重叠,那之间一定存在一定空隙。我 80 年代在武汉大学改革用的就是空隙理论;现在也有用的,比如华中师范大学,去年学校全部领导弄了一个特殊委员会,这就是局部的改变。


# 高校从"少而精"走向了"多而杂"*

20 世纪 80 年代的武汉大学,被誉为"高教战线上的深圳",而时任校

---

\* 本文发表于《科学新闻》2009 年第 24 期,记者孙滔。

长刘道玉,则被称为"武汉大学的蔡元培"。那时候的武大处于中国高教改革的最前沿,学分制、主辅修制、转学制、插班生制、导师制等一系列改革自武大开创新风,同时刘道玉时代的武大人才辈出,仅学术界就有杨小凯、邹恒甫、邓晓芒、易中天、朱玲、彭富春、文志英等。

自 2005 年刘道玉自传《一个大学校长的自白》出版之后,他开始解封下台后多年的沉默。最近关于刘道玉的新闻也还是在追记他在 1977 年参与促进恢复高考的决策。记者去的当天,12 月 10 日,正是瑞典首都斯德哥尔摩举行诺贝尔奖颁奖仪式之时。"努力追求不可得,无意追求终究得。"刘道玉认为,我们值得反思的是,大学对于科学精神的教育太差了。

《科学新闻》:如今很多人在质疑,我们的大学究竟是在培养全面的人,还是仅仅在训练工具?

刘道玉:社会需要是多方面的,不能够拿着一个标准去要求所有学校。

一些学校就应该致力于研究高深的学问,要树立以学术为终生志业,这样才能产生学术领袖,否则只能跟着别人走路。

而我们现在完全是功利主义的思想。像北京大学就应远离媒体,做高深学问——蔡元培当年就说大学是做高深学问的地方。

《科学新闻》:那对于武大来说,是不是会受到当地浮躁氛围的影响?

刘道玉:这不是问题的本质。任何一个城市都有这个问题,这是大环境的问题,全国都浮躁,中国高教是一个高度发酵的发酵罐。

中国当前整个教育导向是有问题的。我们的高等教育搞了很多工程,却没有人导向以学问为追求的做法,"板凳要坐十年冷"的观念没有人倡导,整个导向就是让人们去追求功利。

中国的论文数量现在世界第二,我想这个数字很快就像我们的大学生数量一样变成世界第一了——却没有顾及其质量。

如今的高教问题就是一刀切。大学教育本来就应该是多层次的,但像北大、清华都扩招,就导致了膨胀。现在的大学跟之前比,就是"多而杂"和"少而精"的区别。

《科学新闻》:听说目前教育部正在做 2009—2020 年的教育总规划,其中提到,大学生的毛入学率要在 2020 年达到 40％。

**刘道玉**:还要发展到 2020 年,这就说明他们没有吸取教育大跃进的教训,没有一点反思精神。

应该调节教育的结构,不是大学生越多越好,研究生越多越好,兵贵在于精,要"以一当十"。社会需要也是多层次的。教育改革应该在人才的层次上下功夫,如今社会上都是万金油的大学生。

现在教育部又提出了"珠峰计划"。教育部对工程计划的兴趣大得很,这全是计划经济思维的流毒。

**《科学新闻》**:北京大学生命科学学院院长饶毅、清华大学计算机系姚期智都在进行一些改革,另外中国科技大学前校长朱清时去了深圳要做南方科技大学校长。

**刘道玉**:我听说过饶毅,姚期智我没有听说过。近些年的大学校长我大都不认识。

今年 5 月,朱清时专门来武汉与我会面,谈了三个多小时。我后来知道,他实际上是为了到深圳作调研。

朱校长是一个很优秀的科学家,也是一个很优秀的校长,至少是 20 世纪 90 年代以后在中国重点大学当中有成就的校长。虽然我此前没有见过他,但是我了解他,他还是比较认真地听取我的意见。

就凭拒绝扩招这一点,他显示出很有勇气和胆识,也很朴实。他现在到深圳去了,我希望他能够施展才华,能够争取作比较多的改革尝试。

# 4

## 对高教改革的反思

# 没时间驻足回望*

## 蓄 力

"我想你们是最后来采访的，以后我可能不会再接受采访了，因为我已是一个高龄和高残的人了。"8月，在武汉大学的一栋教授楼里，86岁的刘道玉在采访结束后，边望着一旁正在搭灯光架的摄影记者边对我说。

立秋这天，武汉仍在溽暑中，珞珈山上的植物被傍晚的暴雨洗得翠碧。作为中国备受瞩目的教育改革者、武汉大学最有名望的校长，刘道玉从66岁搬进这栋教授楼后，在这儿接待了一拨又一拨从各地来拜访的学生、新闻记者与慕名求教的来访者。

半个多月后，全国各大学又将迎来新一批学生。恢复高考已经四十多年了，但当今鲜有学生知道中国高等教育恢复统一招生的来由。

1977年8月，邓小平亲自主持教育与科学座谈会。武大化学系副教授查全性是会议代表之一，但他头两天没有发言。会议第二天晚，他向时任教育部高教司长刘道玉征求意见。作为座谈会秘书长的刘道玉，根据拨乱反正的需要，建议查全性提出废除"文革"中大学招生的"十六字方针"，正式恢复统一高考。次日上午，查全性在会上慷慨陈词，邓小平当场决定，"看准了的，不能等"。因"文革"停滞十年的中国高考重启自这年冬天。

2019年8月上旬，两张讣告贴在了刘道玉家楼下的公告栏。其中一张便是查全性。当年的同路人不少已相继离世。我向刘道玉转达81岁的老同事吴高福的慰问时，听者喃喃："原来他搬去北京十多年啦，难怪我好多年都没有见到他了。"他说："当年创办新闻系是靠'两吴'（吴高福和吴肇荣），他们白手起家，四处网罗贤才。后来，吴肇荣去了美国，20多年没有联系了，也不知道他现在的情况如何？"

这样的感怀时刻甚少。"我不喜欢老生常谈，希望你拟定一个新鲜的主题，以便我们集中在主题上，也免得耗费冤枉的时间。"他在来访前的通

* 本文发表于《南方人物周刊》2019年第26期，记者欧阳诗蕾、实习记者聂阳欣。

信中写道。采访中，每当讲到当今教育弊病，刘道玉激动得声音发颤，笔记本上的字迹扭扭曲曲，写作的思路却清晰。由于患有书写痉挛症，他右手提笔就抖。于是，他在十年前开始用左手写字，每年手录一两万字的读书笔记。

"要蓄力。"身体接连出现的问题警醒着刘道玉：右耳失聪，视力低下，右手无法书写，身体做了五次手术。他愈发珍视这副身体，生活极有规律，每日坚持走路，早晚自己保健按摩，每日写四五个小时。"因为视力很不好，所以不再看大部头的书了，我要蓄力，保护视力看最想看的书，写最重要的文章，把所思所想都留存下来。"

但他仍秉承"来者不拒"的信条，认为接待学生和热心教育的人们，是不可推卸的责任。他备有记事本，专供来访者记下名字和联系方式。他想记住每个人的名字，说不定哪一天还有再见面的机会。在我们写下的姓名的上两行，两位来访者分别是来自武汉大学测绘遥感专业的在读生和广西师范大学的 1980 级学生。

"我已老迈。"人到 86 岁，刘道玉也没有驻足回望一生。他最关注的依然是中国教育的眼下与未来。他愈发感到时间珍贵，退休这些年他花了大量时间呼唤教育领域的改革——提出去行政化、遴选校长、取消研究生免试推荐制等。他说："我准备从教育的本源开始思考与写作。"于是，就催生出了《教育问题探津》和《论爱的教育》两本书。

赵林是 1977 年高考考入武大的学生，硕士毕业后在武大哲学学院任教至今。在他看来，刘道玉对整个武大的塑造不仅体现在教学质量上，更是在精神层面塑造了一代人："整个学校管理层也有一种宽容的态度。这种宽松的学术氛围，是刘校长奠定的。"

或许这与暴风眼中的人的观感不太一样。

1988 年，刘道玉在校内推行改革的时候，突然被免职了。官方说法是正常换届，但校内改革步子迈得太大和说话太直，被一些学生和老师认为是刘道玉被撤职的主要原因。

采访开始前，刘道玉拿出一张十多年前《南方人物周刊》为他拍摄的照片。时间地点，他都记得清楚——当时他在广州一所高校做讲座。"这是你们拍的。"他把照片放到我面前，"你看啊，这张照片意味着什么？"照片中,刘道玉托颔凝眉,只身坐在空荡荡没有一个人的教室里。

"改革者,孤独者,踽踽独行在荆棘丛生峭壁的攀登者。"他自答。

## 拓 荒

1981年,48岁的刘道玉是怀着一颗忐忑之心接受武汉大学校长的任命的——在他之前的18任武大校长不是学术贤达,就是政界名流,而在任教职工中不少是他的前辈师长。面对这座藏龙卧虎、学派林立的老大学,刘道玉有些担忧:"要我当校长,一个小小的讲师,与武汉大学的名声和地位相符吗?"

新中国成立前一度是全国重点名校的武汉大学,当时已下滑到全国重点大学末流的水平。在上任伊始和科研座谈会上,他立下"卧薪尝胆,十年雪耻"的誓言。刘道玉利用暑假,登门请教过的有学校前任领导人、学术泰斗、各个年龄段的教师,其中也有过去反对他的人。武大落后的原因被总结为三点:极"左"路线的干扰和破坏,学术研究上"述而不作"的保守思想,用人上的宗派主义。同时,学校没有学科的带头人以及强有力的科学研究的支持系统,也是一个重要的原因。

20世纪70年代末,教育同中国的其他领域一样百废待兴。自80年代初开始,高等教育领域全面开启各项改革,包括人事制度、校长责任制、对外学术交流、领导体制、少年班、学校后勤社会化等等。

武大在1951年的院系调整后,只剩下文、史、哲、经、外、图和数、理、化、生10个系。50年代初,中国高等教育沿用"苏联模式",国内的多科综合大学被分解成了文理小综合大学和单科学院。计划经济时代的教育是为生产服务的,倾向于根据生产部门的需要来制定专业。"专业化教育代替通才教育,其结果是学生知识面窄、缺乏研究创造能力。"刘道玉说,80年代教育界讨论的一大热点是,大学应该培养"专才"还是"通才"?更重要的是,大学培养出来的、即将塑造这个国家的新一代应该是什么样的?

在刘道玉的回忆里,粉碎"四人帮"后,尽管许多教育学家、科学家呼吁实施通才教育,但由于实行半个世纪之久的专才教育根深蒂固,教育部最终未能下决心改革这种教学制度。但另一方面,刘道玉上任的1981

年,教育部建立了研究生学位制度,科研自此正式成为大学课程的一部分。将研究活动引进大学,被学者们视为当时中国高教脱离苏联体制的一个信号。

"我履任校长伊始,痛感武大学科陈旧,科学研究落后,缺少学科的带头人,完全不能适应新的技术革命的需要。"刘道玉回忆。接任校长后,刘道玉在调研和思考的基础上,设计了文、法、理、信、技、管的办学模式,陆续对武大的专业进行合并、新建和重建:恢复了法律系,新建了新闻学系、法语系、日语系、德语系、金融学系、会计学系、出版发行系、统计学系、空间物理学系、信息科学与技术系、病毒学系、建筑学系、环境科学系等。一个新型的多学科综合大学逐渐形成。

吴高福至今记得确切日期——1983 年 7 月 15 日,刘道玉把时任武大中文系讲师吴肇荣和他找到办公室,托他们筹办新闻系。在此后的建系过程中,吴高福感受到校长最初交代的两件事非常高屋建瓴,即建系时一要有学科思维,二要在教师队伍建设中避免教师学科背景过于单一和"四世同堂"局面。"因为学科自身的包容性很大,而且外延不断生长,建系时我围绕学科建设来调查研究、组织队伍、设计课程,我们以后从新闻系发展到新闻学院,正是在这个思想的指导下。"吴高福说。

创建新系无异于拓荒。第一届新闻系学生要实习时,找不到北京的中央级媒体。学生们眼界开阔、思维活跃,却因为是首届,在社会上无人知晓,吴高福感到学生有可能被埋没,便去找校长。刘道玉问了学生的情况,说"你跟我一路上北京吧",就带着吴高福一起坐火车上北京,一家一家媒体登门拜访——人民日报社、新华社、广播电视电影有关部门……介绍自己的学生们,希望对方能让学生实习。北京的这些媒体接纳实习后,学生们再去其他地方申请实习,就更容易了。

"刘道玉校长总是把办学的事当作最紧要的事,一切为了学生,那时我们都觉得校长太可怜了,他实在太忙了。"吴高福回忆,开新闻摄影课需要设备,而当时财政紧缺的武大非常难支款,最后是校长亲自和学校的设备处处长申报才得以解决。吴高福强调自己在武大改革中只是个小角色,办学遇到困境时,他往往找校长:"校长从未推诿,什么问题找他,都会给你回答、解决。"

新闻系只是武大新建系中的一个。那时期，校内各级工作人员、老师和学生，遇到无法解决的事就直接找校长，许多人在刘道玉回家路上堵他，从家到办公室的十几分钟，他往往要走半个小时到一个小时。1985年，作家祖慰在长篇报道文学《刘道玉晶核》中写到一个细节：当时的校宣传部长晚上去刘道玉家中汇报工作时，发现自己是到访的第16批后，"啊"了一声便告辞。

当时武大师生将刘道玉称为武大的"晶核"。这份凝聚力，不只因为他的智慧和魄力。"即使非常忙，他还经常一个人去看望学校里的老教师和年轻教师，问专业情况，寻求建议。他不是偶然一天做个样子，武大这么大，他都是长年累月、一个人不间断地登门拜访。"吴高福表示，他和同事们当时都"很可怜我们的校长"。重劳之下，刘道玉积累下了萎缩性胃炎、胆结石等多种慢性病。

"校长非常严格，我们也不敢马虎，因为校长记忆力特别好，不然他问你什么事情你都不知道。"当年一起在武大"拓荒"的人已至耄耋之年，谈及刘道玉和80年代的武大，吴高福流露出纯真的神态，"当时《人民日报》在任命的新闻中就说，我们的刘校长是中国大学校长中最年轻的校长，也是新中国培养出来的第一个重点大学的校长"。

实际上，连当事人也是看新闻才知道任命的通知。1981年8月22日，《人民日报》头版报道了国务院对武汉大学校长的任命——这种不和当事人吹风，直接新闻先公布的流程也和刘道玉"有违常理"的作风有关。连教育部高教司司长的任命，也是先以"选调"之名把刘道玉请到北京。

## 改 革

赵林第一次见刘道玉是在校内的多学科讨论会上。"超级计算机""生物变异新观""黑洞是什么""罢免权浅议"……讨论会的论题包罗万象，每周三召开，任何学生都可以加入，校长也不例外。当时，校内对多学科讨论会持贬斥意见的大有人在，称之为"狂人会""吹牛皮会"，校长便以担任多学科讨论会名誉会长的方式，身体力行地表示支持。

刘道玉认为，改革是破旧立新，不破旧便不能改革。在调查研究的基础上，刘道玉把改革教学制度作为突破口，他认为教学制度既是培养合格人才的关键，又是创建大学个性和特色的重要措施。

"高等教育需要让受教育者选择自由地成长，而不是把他们当成一个原材料。"刘道玉在当时提出了这点，并在武大办了特色班。除了当时最有名的培养了无数作家的作家班，摄影班也是特色班之一。没有暗室，正常的摄影教学就不能进行，吴高福带人将新闻系所在办公楼的一个公共厕所改造成一间暗室。

武大1977级学生傅红春是在学分制座谈会上接触到刘道玉的。武大在中国大陆率先推行学分制，傅红春介绍，武大的学分可以跨专业选修，不仅允许学习好的学生多选课，还允许修满学分的学生提前毕业，这打破了学年制的限制。武大学分制最后发展到武汉七所高校间可以跨校选课。和我一起采访刘道玉的摄影记者任勇就是武汉中南财经政法大学新闻系的学生，他在本科时选了武大法律专业的课程。

北京大学教育学院副教授沈文钦认为："刘道玉的改革在教学方面取得好效果的，主要是学分制、灵活的转专业制度，这些都是比较超前的。"

刘道玉在校推行的改革涉及教育制度、教学内容、管理制度的各个方面。这些改革领风气之先，拉开了中国高教改革的序幕。许多高校纷纷开始学习武大的一系列现代高校教育制度和管理模式。

1985年，《中共中央关于教育体制改革的决定》出台，整个中国的教育体制改革全面启动。尽管在师生的集体回忆中，整个校内的教育改革如此顺畅，但即使在多年之后谈起，刘道玉也不免承认"改革的难度还是很大的"。当时在校内推行的改革中，有些他没有向上面打报告，认为这是校长的权力和职责所在。另一方面，改革的推行在教师层面也受到阻力，"他们抱怨我听信学生太多了，"刘道玉喃喃道，"教师责难我、骂我的也不少。"

"刘道玉不但有智慧，还有勇气和魄力，很多人当校长就是为了自己当官，只想着讨上面的喜欢。但是中国的进步、很多问题的解决需要有刘道玉这样的人。"在傅红春看来，最初刘道玉为此受了不少误解和委屈。

"校长应该是一位教育家，为教育尽心尽力，具有风范、魅力，这种个人的人格魅力不是现在随便讲几句网语就可以的。"吴高福说。受访的数位武大师生表示，刘道玉对教育的爱是具象的，他心系家国，关心教师和学生的个体命运,而非空洞地脱离对个体的爱谈爱的教育。

1985年,临研究生毕业的一场活动上,刘道玉走到赵林旁边,说自己从另一位经济系的同学那里得知,因为大学时参与了一场关于自由的讨论,考上武大哲学系的他被拒收,转到了武大历史系。刘道玉专程来和赵林道歉,觉得自己失职,让学生受到了委屈。"实际上这跟他完全没关系,我考研时他都不是校长。这件事还不是我和他提的,他从别的同学那里听来,竟专程来道歉,而且他不止步于此,他希望有补救的方法,让我能从事我喜欢的事情。"赵林回忆,当时临近毕业,他对未来也没有太多想法,无所谓分配去哪里、做什么工作,但因为刘道玉的争取,他至今可以在武大教书、研究他钟爱的哲学。

"刘道玉一个很大的特点就是爱学生,这种爱不单是在他的职责和权限之内,很多时候也超出了他的权限。许多人的事都不是在校长的权限范围内能解决的,但刘道玉会为了一个学生、一个老师,专门找省委书记、找教育部部长去诉说、争取。"在傅红春看来,刘道玉非常尊重师生们的个人意愿,关心他们的个人命运。傅红春想离开武大教务处去读博士时,尽管刘道玉说这打乱了他的部署,但他仍支持傅去读博士。

而很少有学生知道,为师生个人发展而奔波的校长,一生都在时代潮流和国家意志的方向中前行。少年刘道玉家境贫寒。从初中起,他便渴望成为一名诺贝尔式的发明家。大学的六个寒暑,他没回过家,英语是拿俄文教材来学的。青年刘道玉心潮澎湃:"通向科学发明创造的道路荆棘丛生,只有那些不辞劳苦、不畏艰难和敢于攀登的人,才有可能到达光辉的顶点。"

## 鼓　呼

"因为任命校长后我就没有实验室了,失去了一个可以成为科学家的舞台。"近四十年后的一个炎热上午,武大校南三楼的屋子里,刘道玉挺直背,坐在沙发上回忆道,"我就进行了思维的转换,从我自己想成为诺贝尔式的发明家,转换成培养更多得到诺贝尔奖的学生"。

耳顺之年,刘道玉才敢说对自己有基本的了解。"既有勤俭、独立、爱思、求变的优点,又有胆大、自负、轻信、抗上(当然不是对所有的领导都如此)的缺点。"他自省,"到了后期,麻烦不断,似乎被整个笼罩在失意之中"——曾发表过有争议或有误的文章,办过傻事或错事,上过当受过骗。耄耋之年,讲起那些往事,刘道玉示意我不用再说了,并以此总结自己:"我是一个求新求变求异的理想主义者。"

和任命通知来得一样仓促,1988年春节前三天,教育部对刘道玉的免职通知下达。被免职的前一天,刘道玉还在物理系调研,想制定第二个五年改革计划。至今唯一让他遗憾的是"课程体系的改革"没有推行。"改革计划的中心就是课程体系的改革。这也是我最大的遗憾,但实行的难度也是很大的。"

陈家宽1979年进武大读硕士。在陈的回忆中,刘道玉卸任后,"他曾经门庭若市的家后来没多少人去了。他看到世态炎凉,但他很淡然"。

1997年,陈家宽从武大植物分类研究室离职,去复旦大学任教。刘道玉夫妻俩专程登门,去六楼的陈家宽家里送别。"如果当时他不同意我走,挽留我……他不是说你不要走、你留在武大。他有一种全局观和家国情怀。"陈家宽觉得自己受到了刘道玉的深刻影响:"他是我一生的楷模。我不会告诉他我有什么成就,我做的答卷不要写给他看,而要写在国家的历史进程里,这是我的价值观。否则多么浅薄啊。"

退任校长后,刘道玉还是割舍不下教育。从90年代初开始,中国高等教育由精英化向大众化、由传统向现代、由集约型向粗放型转变。在取得很大成就的同时,教育改革滞缓、教学质量下滑、教学评估造假、研究生教育异化、铺张浪费成风、学术抄袭剽窃等情况频发。看到教育存在的弊病,刘道玉不得不"鼓呼"。2008年,他在武大做了一场演讲,指出"中国需要一场教育体制变革",中国教育在经历高速发展后需要一段时间的调整。此后,刘道玉又在媒体发表文章,建言教改,希望国家能有所考虑。

60岁以来,刘道玉共出版23本著作,发表文章500多篇,他从各个层面剖析教育问题——痛陈中国教育的弊病,并力求找到克服教育弊端的办法。

采访临近结束,刘道玉忽然开口:"我最对不起的就是我的夫人刘高伟,你之前问我对谁有过愧疚,就是她。"

"我一生经历了太多风浪,风暴中的人已是无所畏惧了,她是岸上观望的人,洪水滔天,全打到了她身上。""文革"中,刘道玉屡次被游街示众,有时伤痕累累,妻子边哭边给他清洗、敷药、包扎伤口。他们相互鼓励坚持到曙光来临。

说话时,刘道玉望着妻子休息的屋子。6 月下旬,他才陪住院的妻子出院。"我要好好地照顾她。"刘道玉说,"她是我的精神支柱,而我是她的拐棍,我们风雨同舟,相濡以沫。2021 年元旦是我们的钻石婚,我们将以最简朴的方式纪念这个日子。她患多种慢性病,已经卧床三年多了,但我们都挺过来了。"

这些年,刘道玉收到了 5000 多封来自师生的信件。他左耳戴着半透明的助听器,必须贴近他左耳大声说话,他才能听清。他也开始用微信,微信名是以前同学们给他起的亲切的"刘道"。朋友圈里的唯一内容是他为亦师亦友的历史学家刘绪贻写的讣文《他创造了奇迹——沉痛悼念刘绪贻先生》。

窗外树冠繁茂,武大踞山而建。从 20 岁入读武大以来,除了两次短暂的离开,刘道玉就没有离开过珞珈山。离刘道玉居所不远,就是他读书时李达校长的故居。在武大的校长栏介绍上,有张之洞,有李四光……

# 做中国教育改革"啄木鸟" *

85 岁的刘道玉一直住在武汉大学一座不起眼的家属楼里,他听力很差,视力很差,右手也无法写字了,但仍心系教育改革。

刘道玉被称为"武大蔡元培"。20 世纪 80 年代,在武大校长任上,他一方面营造了自由开放的校风,另一方面大刀阔斧改革高等教育,学分制、主辅修制、导师制等一系列现代高校的教育制度和管理模式,均始于他治下的武大。

刘道玉本有多次机会担任行政要职,但他秉持"生不用封万户侯"的

---

*　本文发表于《南方周末》2019 年 2 月 15 日刊,记者张笛扬。

价值观,专门坐火车到北京,主动要求不做官。卸任校长职务后,他专心从事教育研究工作,坚持抨击教育积弊,呼吁教育改革,写了大量文章。其中,刘道玉于 2009 年在《南方周末》上发表的《彻底整顿高等教育十意见书》流传颇广,被称作"教育改革的一剂良药"。

经粗略统计,过去 20 年里,刘道玉在《南方周末》发表了 20 多篇文章,平均每年一篇,"这些文章大多在国内外有很好的影响"。

## "老校长"

天气晴好的话,刘道玉每天都会绕着珞珈山散步,他要求自己一天走6000 步。散步时,他会被年轻学生认出来,喊一声"老校长好"。

"老校长"的生活规律得可以分钟计算。他每天要做三件事:写作、散步、自我保健按摩。上下午各工作两小时,中午和晚上绝对不工作——上了年纪,即便再紧张的事,他也不加班。就这样,每天能写 2000—3000 字。

退休后,"最大的负担"是南来北往的访问者——有记者,有教育界朋友,最多的还是各地大学生——他都客气接待。茶几上放着一个笔记本,上面以日期为序记满各路来访者的名字,这些年来,每个来访学生的名字他都记得一字不差。

耳朵已不太灵光,接到陌生来电时,他常挂掉电话让人用短信告知来意。视力也在衰退,短信和邮件得拿放大镜看。脑中风 22 年,他还患上一种书写痉挛症,右手提笔写字就颤抖,吃饭可以,拿刀可以,就是不能拿笔。"这是天要杀我呀,我这种人不写作了,还能干什么呢?"

他便练习用左手写字,每年记读书笔记一两万字。这些年来,刘道玉经历了不少大风大浪,从而"练就了强大的心理",他要求自己做到"忘记年龄、忘记病痛、忘记恩怨",还要求自己做到"三不"——学而不厌、诲人不倦、笔耕不辍。

能坚持笔耕不辍的原因是他有非常清晰的思维,耄耋之年仍有过目不忘的本事。《南方周末》记者到访前两天,武大知名历史学家 106 岁的刘绪贻先生仙逝,他是刘道玉的"良师益友",刘道玉用一天时间写了3000 字的悼文——两人交往的 55 年里,每一件事的时间和地点,他都记得清清楚楚。

更难忘的是主政武大的改革岁月。刘道玉感慨："1980 年代的武大毕业生，没一个不怀念那个时代。"在那个保守的年代，他公开支持大学生谈恋爱、跳交谊舞，取消了统一作息时间，老师讲课不好学生可以不上课。他创立的学分制、双学位制，拉开了高等教育改革的序幕。推行这些新制度时，刘道玉几乎从不向上级部门提前请示，他坚持认为，这是校长的职责和权力。

当时的武汉，有"学在华工（华中工学院，现华中科技大学），玩在武大"的说法。这句话流行很广，有家长找到他，说这个名声可不好，校长要管一管。刘道玉则不以为然："在玩中增长才干，为什么不可以呢？"事实上，武大那个时期培养出了大批杰出的人才。

刘道玉被免职后，一位武大教授曾对他说："你被免职是因为观念超前了，改革步伐太大了。"而刘道玉始终认为，自由是大学核心的教育理念，这是他观念超前的原因。

## "拓荒牛、杜鹃鸟、啄木鸟"

退休后，刘道玉仍一直关注高等教育改革。他惋惜，教育改革在很长一段时间里停滞不前，更多被发展代替。在他看来，发展不过是规模的扩大、条件的改善、数量的增加，改革才是质的改变，要以新的教育理念、教育体制、教学方法替代旧的一套。

从出任武大校长至今，刘道玉自认有三次转身。在武大当校长时，他是教育改革的"拓荒牛"。从 1998 年到 2008 年，刘道玉失去了改革舞台，他自称变为了"杜鹃鸟"，不断鼓与呼，抨击教育的保守，期盼唤回教育改革的春天。

多年下来，刘道玉的言论常常振聋发聩，但大多又难使现实发生变化。刘道玉记得自己难得一次被采纳的建议：香港实业家李嘉诚在内地设立"长江学者"称号，以资奖励有成就的教授。可是，很多大学都榜上无名，于是自行其是模仿设立了许多以名山秀水命名的学者，如泰山、长白山、珞珈山学者，黄河、湘江、闽江学者等。刘道玉看到后"火冒三丈"，认为这是虚荣心的表现，并发表文章抨击：学者就是学者，以名山秀水来命名学者能提高他们的学术水平吗？这将成为世界学术界的笑话。在他的抨击以后,这些评选后来大多偃旗息鼓了。

2008 年起,刘道玉又一次转身,对自身的定位变为了"啄木鸟"。这是受经济学家、创新理论创立者约瑟夫·熊彼特那句遗言的启发:"行动——光有理想和理论是不够的,只有行动起来,努力改变现状,才是真正对理想的拓荒。"刘道玉认为,他不能从宏观上改变中国教育的现状,但他力求在微观上寻找教育中的问题,以解除人们对教育的种种疑惑。

刚过去的 2018 年,刘道玉撰写出版了《教育问题探津》。他在书中提出了 36 个问题,并自问自答,包括什么是教育、什么是学习、什么是大学的真谛、什么是真正的素质教育、什么是爱的本质。他自我评价说,家长看了这本书,就知道怎样教育孩子,学生看了这本书就知道怎样有效地学习,教师看了这本书就知道怎样教好学生。

## "戊戌教改"

2009 年 5 月,正在筹办南方科技大学的朱清时到武大拜访刘道玉,两人聊了约三个小时。刘道玉建议他办一所私立大学,而不是公办大学。

刘道玉关注到,九年后,2018 年 2 月,西湖大学在施一公等人的倡议下成立,这是一所"私立大学",他认为这"做到了朱校长想做而做不到的事"。

在西湖大学的创建者中,唯一与刘道玉有书信往来的是钱颖一,他在西湖大学董事会第一次会议上提出三条建议:以制度为基础,按规则办事;给校长最大的治校空间;给教师最大的治学自由。刘道玉评价:"凭这三点,就体现了西湖大学办学的新思想和魄力,它们是当今中国各公办大学不可能提出来的,这让人耳目一新。"他认为:"120 年前,以康有为为首的一批最优秀的知识分子提出'公车上书',兴起了戊戌变法,可惜失败了。时隔两个甲子年,今年也是戊戌纪年,施一公等一批中国当今最杰出的学者,创办了西湖大学,堪称'戊戌教改',我衷心地祝愿他获得成功。"

不过,对于"15 年比肩世界一流大学"的目标,刘道玉担心还是操之过急了些:"一个高水平的大学必须有长期的历史积累、学术积累,不能急功近利,不能搞急就章。"刘道玉还建议,创办者们要充分认识到我国国情的复杂性,认识到我国教育沉疴的严重性,认识到中国人素质中的特殊性。只有在这个基础上，对症下药，因材施教，坚持走独辟蹊径之路，才能真正办好一所高学术水平的私立大学！

## 高等教育改革的反思 *

**《京师文化评论》**：刘校长，您好，非常感谢您这次接受北京师范大学北京文化发展研究院"改革名宿话改革"的主题访谈。

这次来武汉之前，我在北京找了一位您曾经的学生——武汉大学中文系 1981 级的罗万里先生，他现在是国家电影局的干部，他从微信上发来了一段信息，现在我先把这条信息念给您听：

"愚虽无出息，但有幸与道玉校长同进出：他当校长时我进武大，他被免时我研究生毕业。那是武大学生最快乐的时光。我还曾任快乐学院即武大学生科协副主席，参与组织各种讲座，刘道是快乐学院的灵魂推手。师姐喻杉写的《女大学生宿舍》中的路石校长的原型即刘道玉，他的开创精神和对学生、对新思想新观念的包容、鼓励，只有老北大校长们才可比肩。学生被允许跨系乃至跨校选课，作为中文系学生，我有一同学选修外校的人体解剖课程，还有一师兄选计算机语言，如今他们分别是刑事鉴侦界和计算机汉语识别行业的精英。开放兼容的学风造就了复合型创新型的人才，陈东升、雷军、毛振华等都是这一时期培养的企业家型校友。最后，祝老校长健康长寿，学生永远感恩！"

刘校长，您的学生已经毕业 30 多年了，但是直到今天他们都还一直挂念着您，您是他们心中永远的校长！

我们知道，您从 20 世纪 50 年代就在武汉大学化学系学习，60 年代留学苏联科学院，从苏联回国后在武汉大学任教，1977—1979 年您被教育部借调过去工作，担任国家教育部党组成员兼高教司司长，您为高校战线的拨乱反正和全国恢复统一高考制度作出了积极的努力和杰出的贡献。

---

＊　本文发表于《京师文化评论》2018 年第 3 期，作者冯正好。

高考的恢复,是全国教育改革的先声。请问您当时为什么认为要恢复统一高考制度呢?

**刘道玉:**今年是改革开放 40 周年,由于年纪的原因,我一般都不接受采访了,但是程光泉教授联系了我最得意的门生、著名作家野夫,野夫发短信推荐你们研究院的程光泉教授采访我。我回复他说:你推荐的人,我不能拒绝,所以就促成了我们这一次的采访。

北京师范大学有我很多朋友,你们学校是一所高水平的大学。我不仅是一个高龄人,85 岁,而且是一个高度残疾人,耳朵失聪,眼睛视力很差,右手完全不能写字,我中风已经有 22 年了。此外我夫人病重卧床不起,我还要照顾她,所以在这样一个非常艰难的情况下,我接受你们的采访,希望你们能够留一份真实的史料。

我刚写完了一篇文章——《我所亲历的教育改革开放年代》。像我这样完全经历过拨乱反正和改革开放的人,特别是在教育战线上,可能是不多了。你刚才正好问我,为何那时候要恢复高考,其实这是高教改革的先声,也是拨乱反正的第一个战役。为什么要恢复全国统一高考呢?这得从我当初被借调到教育部说起。粉碎"四人帮"以后,全国可以说问题成堆,百废待举。当时我是武汉大学党委副书记,我们也一筹莫展。虽然我们拥护粉碎"四人帮",拥护改革开放,但是当时的政治形势还是相当地紧张。毛主席逝世不到一年的时间,华国锋同志还是党中央主席,他提出的"两个凡是"还没有被推翻,无产阶级继续革命的口号还连篇累牍地出现在媒体上,所以当时教育部要借调我去筹备全国教育工作会议,我们一筹莫展,教育战线上是非没有划清楚,我们不知道怎么办。当时我作为一个基层干部,带着基层广大干部的希望,就是希望通过全国教育工作会议划清教育战线上的是非界限,这样才能够改革。

我当时是以借调的名义到教育部的。1977 年 4 月 15 日,我带着简便的行李到教育部报到,被安排在教育部办公大楼二楼的一个房间住下来,那既是我未来两年的办公室,也是未来两年的寝室,我在那儿度过了非常紧张、繁忙和清贫的两年临时工的生活。

我去了不到一个月,中央组织部就任命我为教育部的党组成员兼高等教育司的司长,同时我又兼任全国教育工作会议筹备组的副组长。我身兼二职,对于中央的任命,我是非常不愿意的,我这个人不想做官,当时我到中央组织部去找干部局的局长张长庚申诉:"你们不能任命我为教育部的党组成员兼高教司司长,因为我的户口、工资关系、党的组织关系等都在武汉大学。"他说:"这些没有关系,不影响对你的任命,把这些手续转到北京就是了嘛。"当时没有办法,所以我就极不情愿地尽心尽职干起了身兼二职的工作。那时候高教司相当于现在教育部的六个司——高教一司、高教二司、高教三司、科技司、研究生司和教材办——全都归我管,就相当于"文革"前的高教部。"文革"前有教育部和高教部,我在高教司管的工作,就是"文革"前的高教部的工作。

当时工作非常紧张。那么工作怎么开展?我就想,没有调查就没有发言权,还是从调查着手。我五六月就到辽宁、天津和北京郊县去作调查。在北京顺义县调查的时候,顺义县革委会管教育的姜副主任的一番话让我震动很大,使我找到了高等教育拨乱反正的突破口。姜副主任当时对我说:刘司长,现在大学虽然恢复招生了(1970年开始招收工农兵大学生),但是我们工农子弟依然没有上大学的权利。为什么?因为按照十六字招生方针("自愿报名,基层推荐,领导批准,学校复审"),我们工农子弟还是没有上大学的权利。虽然说是十六个字,但其实就是四个字——领导批准。自愿报名、基层推荐这不就是走过场吗?学校复审不就是一个形式吗?核心就是要领导批准。这是一个开后门的方针,是以权谋私的方针。我听了以后很震动,他说不恢复高考,我们工农子弟依然还是不能上大学。当天听了他的讲话,我一夜无眠。我就思考,我这一次的调查收获非常大,我看到了高等教育拨乱反正的突破口,我看到了高教司工作的重点,于是我心里牢牢记住了这个问题。

恢复高考是一个突破口,是一个关键问题。而且姜副主任跟我说了,我们工农子弟不怕考,"文革"以前上大学的还是我们工农子弟多。我是"文革"以前1953年上的大学。我记得50年代农村考上大学的大概达到50%,即使像武汉大学这样的重点大学,也至少达到30%。可现在,北大、清华里来自农村的大学生只有7%呀。这对我触动很大,于是我要找机会呼吁恢复高考,推翻十六字招生方针。

到了1977年7月17日,邓小平复出,恢复了他在党、政、军的各种职务。7月底,教育部接到了邓小平办公室的通知,说在8月初要召开一次科学和教育工作座谈会,请教育部和科学院各推荐15名代表参加他即将召开的座谈会。教育部把这件事情交给我办,因为我是高教司的司长,教育部党组就责成我来挑选与会的代表,并负责筹备会议的工作。我就跟我们高教司的处长们商量,确定了推荐代表的原则:第一,要从大学担任过学校领导工作的校长们当中挑选,他们要有真才实学,学风正派,敢于说真话;第二,也要考虑到有中青年代表,不能全部是老专家。根据这两项原则,我们确定了16个人——怎么刷都刷不下来了。科学院也突破了人数限制,他们推荐了17个人,比我们还多了一个人,所以最后是33个人开会。这个会议是在8月4—6日召开的。我和科学院政策研究室主任吴明瑜一起担任了科教座谈会的共同秘书长,负责代表们的生活、住宿安排和简报工作。这个会议是邓小平亲自主持的。在会议上,代表们发言非常踊跃,像北京大学的周培源校长、南开大学杨石先校长、吉林大学唐敖庆校长、复旦大学苏步青校长以及天津大学的史绍熙校长等等。

邓小平亲自主持本次会议,实际上这个会议有议有决。代表们发言谈到他感兴趣的问题时他就插话,他表态后就算决定下来了。比如,周培源先生说北大是"文化大革命"重灾区,聂元梓在北大犯下了滔天的罪行,很多教授非正常死亡、被抄家,他们的书稿、古董、字画都给没收了。邓小平说,中央要成立专门小组,落实知识分子政策,归还被没收的书稿、字画等等。

复旦大学苏步青校长发言,他认为把建国17年说成是文艺黑线专政,他想不通。邓小平插话说不能再说17年黑线专政,这是共产党领导的嘛,怎么成了黑线呢?那共产党不成了黑党了吗?这个不能再说,要纠正过来,知识分子不是"臭老九",是工人阶级的依靠力量,是四化建设的依靠力量。

南开大学校长杨石先先生说,这么大一个国家没有国家科委怎么行("文革"中把国家科委撤销了,军队把国家科委占用了)?提出应该恢复国家科委。邓小平马上决定:部队立即退出,马上恢复国家科学技术委员会。

这个会开得很好,两天很快就过去了。我心里很着急,我最关心的恢复高考没有人提。正好就是在 8 月 5 日的晚上,武汉大学出席会议的代表查全性教授(他当时还是副教授,作为中年代表参加会议)找到我,因为我们是一个学校,又是一个系的。他说:我坐在会上两天了,一直没有发言,我想讲的人家都讲了,人家没讲的,我不知道讲什么,你能不能给我出一个主意。我说:你来得正好,我最关心的问题就是恢复统一高考,大家都没有提到,这是一个重要问题,这个问题不解决,大学就没办法办。我说:这就像农民耕种一样,如果不筛选良种,农业就不可能有好收成。他说:这个问题是没有人讲。我说:这个问题你要想讲,我就建议你讲,肯定会引起震动,会引起邓小平同志的关注。他说:好,我明天就讲这个。

查全性教授在第二天——8 月 6 日上午就讲了恢复高考的问题。他说,我今天要发言讲一个重要的问题,就是恢复高考。他说解放前考大学靠钱;解放以后 17 年靠分数,分数面前人人平等;而现在上大学靠权,群众纷纷说"学好数理化,不如一个好爸爸"。"十六字方针"核心就是领导批准,这是一个开后门的方针。查全性老师的发言引起了震动,像吴文俊、汪猷等人都附议。邓小平说这个问题是一个要害问题,就问刘西尧今年恢复高考是否还来得及,刘西尧说来不及了,1977 年当年的招生会议 7 月 5 日在太原已经开过了,招生计划已经分配到各个省市了。邓小平说认定的事情不能等,开过了招生会,今年重新开一次,就这么定夺了。当然这是座谈会,查全性提出的仅仅是一个倡议,但是要形成一个决议,还要经过中央批准。但是倡议得到了邓小平的同意、拍板,就前进了一步,这就是拨乱反正的开始。这是 8 月 6 日会议上的重要内容,后来就散会了。

教育部于 8 月 13 日在北京又召开了第二次招生会。但是这一次会议开得非常艰难。从 8 月 13 日一直到 9 月 25 日,会议持续了 44 天。参加会议的是什么人呢?各个省市的教育厅厅长、教育局局长、招生办公室主任,甚至还有主管教育的省市革委会的副主任,规模很大。会议上有两派意见:一派主张恢复高考,这是拨乱反正的需要,是办好大学的需要;另一派坚决反对,他们认为恢复高考就是重走老路,就是对工农兵实行专政。为什么争论得这么激烈呢?因为"文化大革命"进行了十年了,人们都被批斗怕了,心有余悸啊。这个问题不统一,会议结束不了。

到了9月19日,邓小平又把教育部部长刘西尧、常务副部长雍文涛和副部长李琦召集到一起谈话。邓小平说你们教育部现在还没有取得主动权,你们应当争取主动,你们胆子小,怕跟着我犯错误,招生会马上结束,不能再开了。这是邓小平第二次拍板。招生会议第二天就结束了。没有这一次的拍板,光是查全性提倡议还不行。邓小平这一次拍板了还不行,因为是个人意见,没有形成中央的意见。最后是中央书记处10月20日才开会决定恢复高考,所以新华社10月21日才广播恢复高考的消息。因此,恢复高考实际上经历了三部曲:第一步是提出倡议;第二步是招生工作会议经过激烈争论,邓小平拍板;第三步是经过中央书记处的会议决定,这才算正式决议。所以恢复高考,当时经历了很艰难的过程,也是有一定政治风险的。

在我看来,恢复高考的重大意义在于:

第一,恢复高考是拨乱反正的前哨战役。所谓拨乱反正就是否定错误的路线,恢复到正确路线上来,肃清"左"倾路线流毒,坚持正确的政策。当初为什么招生会议的争论那么激烈呢?因为人们都心有余悸。这十六字方针写进了1970年中央教育工作会议的纪要里面,是经过中央批准的,是经过毛主席圈阅了的,这十六字方针也是经过毛主席同意的。1970年的教育工作会议持续了108天,那个时候是毛泽东思想军工宣传队领导的时代,我们都没有资格参加会议,都是军人和工人参加会议。会上也是争论不休,以至于开了108天的会议,最终形成了一个纪要,里面就包括十六字招生方针。现在否定了,就是否定了这个纪要,也等于置毛主席圈阅的文件于不顾。我们否定了,这是打响了拨乱反正的第一枪,这意义很重大。那时候还没有解放思想,华国锋同志提出的"两个凡是"还在宣传、执行("两个凡是"即"凡是毛主席作出的决策,我们都坚决维护,凡是毛主席的指示,我们要始终不渝地遵循")。因此,否定十六字方针,就是拨乱反正,是解放思想的开始。

第二,恢复高考解放了千千万万的下乡知识青年。在"文化大革命"期间,即1966—1976年,下放了1600万知识青年。从1970年开始,以病、残、独生子女等方式陆续有800万回城了,但是农村还滞留了800万。他们大部分是所谓的"可以教育好的子女",即出身于"黑五类"——地、富、反、坏、右的子弟。在农村,他们没有资格被招工,连当一个工人都不行。所以恢复高考,就给这一批"可以教育好的子女"带来了希望。因此,新华社公布了恢复高考的消息以后,那些人欢呼雀跃,都奔走相告、热泪盈眶。他们有了平等竞争的机会。

第三,恢复高考对于办好社会主义大学起到了决定性的作用。大学能不能办好,关键是我们能不能招到合格的学生,有没有一个良好的学风。恢复高考以后,就保证了招生质量,极大地扭转了社会的风气,"读书无用论""教书倒霉论"等歪风也都一扫而光。因此,恢复高考,让孩子们的家长感到还是读书才能有希望,进学校读书也蔚然成风。

这就是我回答你的第一个问题,当初为什么选择了恢复高考,因为它的意义非凡。

**《京师文化评论》:**1977年10月我国恢复了统一高考制度,1978年12月十一届三中全会召开,中国开始实行改革开放的政策。您认为改革开放之初,我国的思想与学术氛围是怎样的?有什么明显的特征?

**刘道玉:**我是亲历过来的人,既是当事人,也是参与人,还是见证人。当时的思想状况是一个胶着状态。所谓胶着,就是黏结在一起,各种思想混杂在一起——"左"的思想、右倾思想、正确的思想都混杂在一起,是非暂时分不清楚。例如,怎么对待毛泽东思想的问题?在"文化大革命"中,毛泽东有一系列的讲话,那时提出的口号是:毛主席的一句顶一万句;毛主席的话句句都是真理;谁反对毛主席,谁就是反革命。这些紧箍咒不打开,谁敢改革?那是束缚在广大知识分子头上的紧箍咒呀。一直到1978年初夏才开始真理标准的大讨论。1978年5月11日,《光明日报》发表了评论员的文章《实践是检验真理的唯一标准》,这才掀起了一场解放思想的大讨论。对这篇文章反对的人很多,拥护者也很多。实践是检验真理的唯一标准,是一个不言而喻的、很浅显的道理,是一个ABC的问题,居然成了一个大问题拿到全国来讨论。为什么?说到底,就是要用实践来检验毛泽东的哪些讲话是对的,哪些是不对的。如果是对的,我们就坚持;如果是不对的,我们就要否定,核心是这个问题。所以人们大讨论,就是讨论这个问题。总的来讲,人们对于改革开放是非常拥护的,但是也心有余悸,怕会有反复。因为毛主席说了,"文化大革命"每七八年还要来一次,人们心有余悸,担心再来一次。所以关于思想解放、真理标准的讨论,就是解决心有余悸的问题。

至于学术状态,当时完全处于荒芜状态,谈不上学术。十年大学不招生,十年知识分子不做学术研究。研究所、实验室都关门了。当时学术界处于一片荒芜状态。我们当时的学术水平和西方发达国家有相当于40年的差距。在20世纪70年代,西方国家掀起了新的技术革命,像硅谷等都是那个时候开发出来的,而我们还在搞"文化大革命",评判理论至上、成名成家,谁还敢搞学术研究? 那时是处于闭关锁国、人们坐井观天、两耳不闻窗外事的状态。在生活上则处于极度的清贫状态:当时物资匮乏,供应十分紧张,生活很苦。"文化大革命"使中国的经济被破坏到几乎崩溃的边缘,要吃的没有,工资也是极端低:我们每月工资50多块钱。贫穷不是社会主义,苏联(当时中苏处于论战状态)挖苦我国穷得没有裤子穿,当时就是这个样子。

所以,1978年关于真理标准的讨论,对于改革开放起了关键性的推动作用。没有这一次大讨论,人们还是不敢参与改革。这一系列的是非划清了,对毛泽东的讲话要完整地理解,不能取其只言片语,否则的话,什么事都不敢做哇。

恢复高考即将成为事实,高考恢复后怎么办? 我作为高教司的司长,本能地预感到恢复高考以后,必须要有一个新的教学大纲来代替北大、清华他们炮制的工农兵上大学的那个教学大纲,这个意义很大,所以我马上向教育部党组建议,要刻不容缓地召开一个大学教学工作会议,制定新的教学大纲,不然没办法对恢复统一高考后招进来的学生进行教学。清华、北大制定的教学大纲是以毛主席"五七指示"为纲制定的,就是说不但要学文,也要学工、学农,还要批判资产阶级。工农兵大学生进校后,喊出的口号是上大学、管大学、用毛泽东思想改革大学——工农兵上大学是来改造老师的,老师怎么敢教? 教育部党组同意了我的紧急建议,建议也得到了国务院的批准。科教座谈会结束3天以后,即8月10日晚上,我们一行连夜赶到北戴河——我们是22点钟从北京出发,凌晨1点多钟赶到北戴河。会议在国务院北戴河招待所召开,但是招待所在"文化大革命"期间被当作"封资修"的安乐窝给封存了。我们半夜1点到达时,招待所的封条还贴着。我们自己起封,把卧具、沙发、床铺清理出来。当天晚上国务院机关事务局的干部和我们去的工作人员都没有睡觉,因为我们还要为第二天的会议代表报到工作作准备,当时非常紧张。

这是一个教学工作会议,但是教育部正副部长都没有来参加,而是授权我全权代表教育部主持这个会议。这个会议是一次解放思想的会议,因为我这个人的性格历来非常大胆——我不想当官,所以不怕掉乌纱帽——我什么话都敢说,什么事都敢做,我认准的事情谁反对都不行。我们这个会议,非常巧合,居然和十一大同一天召开、同一天闭幕(中共中央十一次代表大会是 1977 年 8 月 12 日召开,8 月 18 日闭幕)。令人感到欣慰的是,这个会议取得了非常好的效果。我们否定了"五七指示",它不能再作为制定大学教学大纲的指导思想,那是毛泽东对部队讲的,我们是正规大学,所以我们制定教育大纲要坚持"三基四性"——"三基"是指基础理论、基本知识、基本技能;"四性"就是科学性、系统性、完整性、严密性。这些都被写进了我们新的教学大纲中。工农兵学员使用的教学大纲是培养劳动者的,我说培养劳动者还要办大学干什么?工人、农民是天生的劳动者,所以必须要否定。我们还是要培养科学技术人才和教师以及社会实用人才。我们把新的培养目标写进了《会议纪要》。我们那个大纲一直使用到现在,可是现在人们都不知道这个大纲提出来的背景——我们当时是冒着政治风险提出来的。如果真的是像毛主席说的七八年再来一次"文化大革命"的话,我们都可能是反革命分子了。这一次会议确实难以忘怀,这是后人都不知道的一段历史。

《京师文化评论》:改革开放 40 年来,您的思想与学术经历了怎样的发展变化?您觉得哪些事情对您的思想与学术产生了重大的影响?

刘道玉:40 年来我确实经历了很多事情。在 80 年代担任大学领导工作的人(包括校长和党委书记),至今还健在的不多了;至今健在,仍然在研究教育,还在发表教育研究论述,还在呼吁教育改革的,恐怕除了我没有第二个人了。

这当然是特殊情况造成的:第一,我是当时最年轻的校长,比他们都年轻,我当时是四十八岁,有的校长都是六七十岁了,所以我才能活到现在。第二,是跟我的性格有关,我的性格就是不安分的性格,就是一个改革性的、求变的性格。所以这40年来，我的感情很复杂，当年是激情忘我、无私无畏地参与改革，身体力行地改革，现在对改革有些失望。第三，我当年是把校长职位当作改革的舞台，我就是一头躬耕牛，埋头拓荒。

20世纪80年代的改革确实令人流连忘返。我现在回忆那一段经历，总结改革的经验，是希望推动我国步履艰难的教育改革。当年是一个什么样的氛围呢？我记得我履任的第一次会议上，喊出了"卧薪尝胆，十年生聚，十年教训，十年雪耻"的誓言。现在，没有哪一个校长有这样深厚的感情，能够喊出这样的口号。为什么？因为我经历过武汉大学前后的变化，我品尝过耻辱的滋味。武汉大学在解放前是全国五大名校之一，到"文革"前，武汉大学在高教部直属23所大学科研成果排名中，名列第22位，这是我亲身经历的。因而，广大教师戏谑武汉大学是"老牛拉破车"的大学。我在教育部任司长、党组成员的时候，当时教育部给各大学排名，很多人都认为武大不行，科研没有成果。我经历了这些令我感到羞辱和尴尬的事情，既然让我当校长，我就要振兴武汉大学。我不振兴还待何时？

既然是最年轻的大学校长，就要像年轻人那样，干出一番改革的事业来。孔子在《论语》中对颜渊说："用之则行，舍之则藏。"我也秉持这一原则，用我就干，不用我则罢，反正我不想当官。因此，我大刀阔斧地进行改革，试行了一系列新的教学制度，如学分制、插班生制、转学制度等。武汉大学在80年代的改革宗旨就是围绕一个——自由。我在开学典礼的第一句话就是：同学们，如果老师讲课不好，你们可以不听课，采用自学方法学习；如果你们不喜欢所学专业，可以转专业，甚至可以转系或转校。这是武汉大学在1981年就实行的改革措施，可是复旦大学是在2002年才实行转学转系，时隔了20年。他们说率先在全国倡导自由转学，这是不符合历史事实的。昨天，我又听到上海报道，说他们率先在全国允许校外学生插班，这也是我们在80年代就实行了的。我不认为他们是有意掠人之美，因为他们不了解改革的历史。当时，北京大学、中国科技大学、清华大学、同济大学等校的学生都有转到武大来学习的。那时，武大的学风的确非常自由，连北大的两个院士和北大法律系的系主任张国华教授都要求调到武大来工作。当时，媒体报道说，武大是高教上的深圳，是高教战线的解放区。为什么这些教授要到武大来呢？就是自由、民主，这就是做学问的最佳的环境。

我们改革的成就在全国影响很大。北京大学党委书记韩天石、清华大学校长高景德、南京大学党委书记章德、复旦大学校长华中一、中山大学校长黄焕秋等都亲自带团来武大取经,这也是对我们最大的促进。改革结出了丰硕之果,我们的科研成果、学术著作、发明成果都在全国名列前茅。从倒数第二变成了名列前茅,这是什么原因呢?经验就是一条,只有改革才能使学校兴旺。改革最大的障碍就是"左"倾思想,这是我切身的体会。80年代的改革,已经形成了氛围,那时群众逼着你改。我记得到了1985年之后,在推出这些制度以后,关于我校的报道少了,学生们认为武大落后了,他们提出要和我对话。1986年10月底,我与50多个学生会干部,开展了一场推心置腹的对话,我说你们关心学校改革是好的,担心学校改革落后了,也令我十分感动。我确实是在学习和思考下一步怎么改的问题。当时我刚从美国考察回来,确定下一步的改革有两个重点:第一个是研究生制度的改革,第二个是课程体系、课程设置的改革。那时候的改革步伐是非常大的,到现在也没有看到有哪一个大学敢做。直到去年,我们现在的党委书记韩进问我:听说您在卸任之前,正在制定武汉大学第二个五年改革计划,能不能披露一点规划的内容?我说可以,第二个五年改革计划就是改革课程体系。现在的课程体系已经延续了300年了,太陈旧了。他说:校长您这个改革没推出来,您要推出来不是全国性的而是世界性的影响。

可是,改革现在成了人们一个口头禅,有谁在真心地搞改革?我们那个时候是学生逼着我们改革。我在与学生会干部进行对话时,引用了鲁迅的一句"不在沉默中爆发,就在沉默中灭亡"。我希望同学们看看我们下一步的行动,如果我们的改革没有新进展,同学们可以再炮轰我们。

我们的对话,获得了同学们的热烈鼓掌。那是什么样的情况啊?人人谈论改革,人人拥护改革,人人为改革出谋献策,群众推动改革,你不改不行。现在有这样的氛围吗?有这样关心改革的大学生吗?当时,80年代的改革氛围确实已经形成了,而且进入一种高境界,现在没有这种氛围了,教育改革自然也就裹足不前。

什么叫作热爱教育?热爱教育不是一句空话,作为一句冠冕堂皇的口头禅,谁都可以说,但我的观点是,你要把教育当作宗教一样去信仰,要把教育当成情人去拥抱,要把教育当成生命去呵护,只有做到这一点,你才能是一个热爱教育的工作者。不谦虚地说,我做到了。我每天除了吃饭睡觉以外,脑子里装的都是教育。我现在已经写了25本专著,出版了22本,还发表了近500篇文章,这就是我热爱教育的证明。

这40年来对我触动最大的就是90年代初,我认为这是中国教育发展史上的一个拐点。在90年代初以前,中国高等教育还算是正常的,到了90年代初以后就进入一个拐点,这个拐点就是"左"倾思想抬头,教育改革回潮,以发展代替改革——现在教育只是发展,没有改革。现在教育机关的领导干部都不懂,发展是数量的增加、规模的扩大、人数的增多。比如说,由精英教育到大众教育,这是数量的发展,而不是改革。改革是质的变化,是以新的教育思想、新的教育制度、新的教育体制、新的教育体系、新的教育方法代替旧的一套,这才是改革。现在很多人分不清楚改革与发展的界限,弄出了很多的笑话。最大的问题就是合校,我当初反对,到现在还是反对。解放以来全国大学经过了两波折腾,第一个是1951年的院系调整,那一次是剥离,把很多大学的系独立出去,成立单科学院,把原来本是综合的大学,变成了支离破碎的文理小综合大学。历史简直是开了一个大玩笑:1951年是大学分离,1992年又开始大学合并,这是对1951年大学调整的反动。40年走了一个圆圈。这都不是按照教育规律来办事,都是按照行政的指令来做的。

中国的教育问题都出在这里了:管教育的不懂教育、不研究教育,权力又大,所以才出了这么多问题。国外是没有哪一个领导管教育的,教育都是办教育的人来管理。在大学合并以前,各大学的功能分工是很清楚的,也是合理的。比如说北大、复旦、武大等都是研究型的综合大学;另外就是单科专业学院,如地质学院、矿冶学院、林学院、体育学院、工学院、农学院,都是职业性质的大学。可是合并以后,都是大学了,都要建设研究型的一流大学,这完全是虚荣心的表现。据说一个矿业学院也办了一个哲学系,他们懂哲学吗?他们能够培养合格的哲学人才吗?

再就是扩招,犯了冒进错误,犯了瞎指挥的错误——这恰恰是1958年所犯的两个错误的重演。大学适当扩招是可以的,但应当根据国民经济发展的速度来扩招,当时 GDP 的增长速度在 8%,如果我们大学扩招按照 8%的速度扩招,那就不会出现冒进错误,也不会出现大学毕业生就业难的错误。1998 年扩招了 52 万人,相当于新办了 52 所万人大学,增速达到 49.5%,古今中外都没有过这样的先例。另一个是一刀切的错误——即使是扩招也不应该让所有大学扩招,像北京大学、清华大学、复旦大学、南京大学、中国科技大学就不应该扩招,一个都不能扩招。北京大学不应当承担普及的义务,扩招是普及,北京大学应承担提高的任务。这就是功利性导致的,因为扩招 1 万人就可以拿到几个亿的收入。据说某领导当年提出还要扩招 100 万——如果是扩招 100 万,那增速就是100%,那更是大错误,是全世界的大笑话。

再接下来就是大学改名、升格,原来职业性的单科学院经过合并都成了万人大学;原来的一些地方中专,也都升格为大学了。如山东的一些师范专科学校,都改成鲁西大学、鲁东大学、鲁南大学、鲁北大学,都是教育部批准的。据说,教育部又要倒回来,把几百所大学改成职业学院,这又是在瞎折腾,真是"成也萧何,败也萧何"。

我国恢复统一高考以后,前 20 年很平静,大家都服从全国统一高考,谁也没有提出要改革,学校也很安静。可是,到了 2008 年以后就不安静了。清华率先成立了七所招生联盟学校(群众戏称"华约"),北京大学也不示弱,第二天也成立了七校联盟(戏称"北约"),后又扩大到 13 校联盟。一时弄得人心惶惶,各大学纷纷站队,生怕被边缘化,后又成立了"卓越"联盟和"理工"联盟,竟然没有一所大学抵制这种错误,造成了极坏的影响。当时,这些联盟一出笼,我就说这是大笑话,他们必定以失败而告终,不幸被我言中。

现在办学不能再折腾了,办学就是要安定、安静,不能让那些好事者瞎折腾教育。去年我在恢复高考 40 年之际发表了长篇文章,1 万多字,说高考没有什么学问可以搞的,全国统一考也好,联考也好,独立考也好,这没有什么学问,都是出考题,都是阅卷打分,按照分数高低录取,都是加法运算。办大学招生的重要性不是考试,而是录取,考试不需要智慧,而录取是需要有智慧的,你判断谁行谁不行,录取谁不录取谁,这是需要有智慧的。中国的高教就是要安定办学做学问,但现在就是不安定,还在搞高考上海版、浙江版、辽宁版、北京版、广东版,这些都是胡闹,没有哪一个版比哪一个版更高明,就是一个考试而已。美国的SAT考试创立快100年了,没有谁翻来覆去瞎折腾。所以,我主张全国还是实行统一考试,不允许再搞各种版本,这样既能保证考试的权威性、严肃性、保密性,又能够减少高考的成本。这样大学就安定了,就能专心致志地办学、心无旁骛地做学问,努力赶超世界先进科学水平。

这20多年来,很多人都认为我对教育的看法是正确的。为什么正确?首先,我是客观地看问题,没有维护政绩的私心。第二,我是从教育规律看问题。比如说,清华北大招生联盟出来以后,新闻单位都不知道所以然。山东《大众日报》总编辑对记者说,你们去武大采访刘道玉,他对问题都看得很清楚。我并不是比别人高明,只是我坚持实事求是的原则,绝不人云亦云、随波逐流。

就基础教育而言,中国的素质教育已经死亡,而应试教育是一个永远解不开的死结。为什么?因为中国人的教育观都错了。我最近给《人民日报》写了一篇文章,专门讲这个问题,还没有刊发出来。所谓教育价值观,就是用什么样的观点看待知识、知识的形态、知识的本质和知识的价值。知识有显性知识和隐性知识,中国人只重视显性知识(即书本知识),而忽略隐性知识(即智慧)。为什么说中国的素质教育死了呢?20世纪90年代人大、政协很多代表、委员呼吁素质教育,批判教育的保守思想,呼吁要遏制应试教育。可是,现在进入21世纪,"两会"上再没有任何人呼吁素质教育了,所以我说死了,哀莫大于心死呀!他们为什么不再呼吁了?因为呼吁也没有用。为什么说应试教育是一个解不开的死结呢?只要看看河北的衡水中学、安徽的毛坦厂中学就知道了。这些极端的应试教育的学校,都是在有关政府眼皮底下进行的,为什么不能整顿?它们不是正常的学校,是在屠宰学生的心灵,它们对学生身心造成的伤害将是终身的。为什么学生家长喜欢?因为能够保证孩子考上大学,考上北大、清华。所以说,他们的教育价值观错了。什么是素质呢?素质是看不到和摸不着的东西,他们不要你那个素质,要的是100分的"数字"。这种保守的观念已经是根深蒂固了,形成了深厚的社会基础,谁都动不了。所以我说素质教育死了,应试教育成了永远解不开的死结。

在高等教育领域也有两个痼疾：一个是狂躁症，一个是功利化。这两个就是高等教育的"癌细胞"，治不好的，只能越来越扩散。再加一个就是虚荣心，极度的虚荣心，不是一般的虚荣心。校长、教授、办学者、上学者、家长都有虚荣心，被功利所裹挟，谁也没有办法。比如说改名，美国的麻省理工学院、加州理工学院创办100多年了，没有任何人想去改名。包括巴黎高等师范专科学校，也没有任何人想去改名。但是，在中国不行，非要改成大学，而之前都是师范专科学校。现在是鱼龙混杂。所以从改名就看出来了，中国的大学被极度的虚荣心和功利化所裹挟。

怎么办？怎么改变？我刚刚写了一篇文章《天才是怎么造就的？》：天才就是从幼儿智力的萌动期抓起，这是我研究得出的结论。萌动期是什么时候？就是婴儿从出生以后到说话和走路之初。我总结过世界上许许多多天才都是这个时候出来的。而萌动期是谁来培养呢？是家庭，而不是学校。孟子的妈妈叫仉氏，而孟子三岁时父亲死了；欧阳修妈妈叫郑氏，欧阳修则是四岁时父亲死了。清朝著名画家吴嘉猷画了一幅画，叫《欧孟仪型》，展示的就是仉氏和郑氏教子的画卷。孟子的母亲把儿子教育成中国的圣人，成为仅次于孔子的亚圣；欧阳修的母亲把儿子教育成了唐宋八大家之一的大文豪。

我们现在的家长，包括一些博士、教授也都在搞陪读，而不知道自己去教育孩子，实在是不可思议。中国的教育多灾多难，"文化大革命"中教育受的是外伤，如把学校撤销了，搬迁到农村去了，把知识分子打成反革命了，等等。外伤容易发现，而且也能够治好——把大学恢复了、平反冤假错案就可以了。然而，现在教育受的是内伤，内伤是不容易发现的，也是很难治好的。什么内伤？内伤就是我刚才说的，比如教育观、知识观、意识形态、大一统的领导体制、计划工程思维、学风等。我们的价值观错了——中国的教育价值观基本上是孔子的思想，代表是"学而优则仕"，也就是说，读书就是为了做官。但在孔子的教育思想中，有一些教学方法是正确的，如有教无类、因材施教、教学相长、启发式教学都是先进的，应当继承和发扬。另一个是科举制度，1300多年以来，一代一代地延续下来，潜移默化地在起作用，这就是应试教育的基础，简直是固若金汤。

我们应当怎么办呢？我现在仍然看不到我国教育的出路在哪里。我已老迈了,精力有限,但是我还会继续思考和研究。比如说,我研究的智力萌动期,就是指婴儿说话和走路之始。为什么?因为说话和走路是人成为智人的标志,人如果不能说话,不能直立行走,就是动物。所以这个时候是智力开发的关键期,每一个家庭都应当肩负起早期教育的责任。关于教育观,我也写了文章,我尽可能通过研究得出一些结论,希望能够影响社会或一些人。我的文章观点老百姓喜欢。我对教育的痴情就表现在,我把教育当作宗教去信仰,当作情人去拥抱,当作生命去呵护,活到老学到老,尽一个有良心的知识分子的职责,仅此而已。

**《京师文化评论》**:您的很多文章讲述了教育观、人才观,如何建设世界一流大学。20 世纪 80 年代您的教育理念就是以生为本,真正为学生着想,从学生的利益出发。您觉得这个社会需要各种人才,衡量人才的标准也不一致。直到今天,我依然觉得您的教育理念、教育思想、教育方法远远走在了我们时代的前面。您是著名的教育家、改革家,您觉得现在的大学存在哪些问题?您对未来的中国高等教育有何建议?您有怎样的期待和展望?

**刘道玉**:纵观美国 4000 多所大学,每个大学都各有特色,绝不雷同。我国现有大学 2850 所,虽然各大学学术水平、教师水平有差异,但是从个性而言没有任何差别。美国人办学是各美其美,你有你的美的标准,我有我的美的标准,互不模仿。我记得普林斯顿大学第一任校长威尔逊到哈佛大学去参观,那是 19 世纪初,他说我们普林斯顿大学不想成为哈佛大学,也不希望你们成为普林斯顿大学。所以普林斯顿大学是美国最好的大学中唯独一所没有医学院、法学院、商学院的大学,而这三个专业是在美国最吃香的。很多人建议校长增加这三个学院。普林斯顿大学现任校长是一位生物学家,他说我们不需要什么都办,正因为我们不需要什么都做,才能把我们想做的做到最好。你看,美国的大学办学多有个性?再就是哈佛大学:哈佛大学的第 27 位校长萨默斯是著名的经济学家,他说了一句女不如男的话,结果被迫辞职了。后来,接任的是一个女校长。我当时还纳闷,哈佛大学是不是在赌气?你说女不如男,就非要选一个女校长。我看了这位女校长的就职演说后,服了。哈佛教授们不是赌气,他们是真的在选校长。这位女校长很厉害,她在发表就职演说时说:一所大学不能只看到眼前，必须往后看、往前看，一直要追求永恒真理，这才是大学的使命。

我们应当清醒地看到，当今是谁在引导世界大学教育的潮流。应该说，还是美国。从 2000 年开始的这十多年，美国出现了三大教育机构：一个是孟加拉裔的美国人创办的可汗学院；另一个是奇点大学——自学四门课程，培养世界未来企业领袖；还有一个是密涅瓦大学——没有校园、没有教师、没有教学计划、没有考试，也不收学费。这些大学都是走创新之路，也许他们将为未来的教育提供改革的经验。

中国大多数高校只想模仿别人，地方大学跟着中央的大学走，民办大学向公立大学看齐。中国办学者讨厌就讨厌在这个地方，一步一步地模仿，竟然没有一个人想办一个不同的大学，都只不过是依葫芦画瓢而已。我是一个敏感的人，我意识到中国的大学现在或者不久的将来又要经历一波折腾，例如在国外办分校。现在各大学又在大量增设专业，又在挤破头地争硕士和博士点，这又是攀比心态的大比拼，后果不堪设想。

还有一些国外大学，在中国也办了分校，也想办世界一流大学。我看不出他们有成功的希望。为什么？水土不服。因此，不管是中国到国外去办分校，还是外国来中国办分校，都办不好，都是"瞎折腾"。这都是有前车之鉴的。当今中国教育就需要安静、安定、稳定，不要再瞎折腾。国外大学规模定下来以后，几百年规模不变，不新建一平方米的房子。然而，我们的校园天天建房子，到处尘土飞扬。现在大学浪费很大，很多老建筑本来还可以使用，可是都追求新意，追求高楼大厦，旧建筑都浪费了。大学最重要的还是要营造自由的校园文化，虽然从理论上说当然都不会反对，但从实践上说谁都不敢越雷池一步。比如 20 世纪 80 年代，很多大学都规定大学生不准谈恋爱。在我看来，这些规定明显是违背国家《婚姻法》的，《婚姻法》是国家大法，校规怎么能违背《婚姻法》呢？《婚姻法》规定男性 22 岁、女性 20 岁可以结婚。我 50 年代上大学不仅可以谈恋爱、结婚，还可以生孩子。我同班的一位女同学就休学生了孩子，孩子生完了又来复学。现在有些人就没有法律意识，执行者也没有法律概念，他们规定大学生不允许谈恋爱，认为谈恋爱肯定会影响学习。我用实际经验驳斥了这个说法。80 年代我们没有禁止自由谈恋爱的规定，而从那些谈恋爱的学生中出现了不少杰出的人才:如王小凡和董欣年现在是双院士,王小凡是中国科学院的外籍院士,董欣年是美国科学院院士;汤敏是著名的经济学家,大家都知道,他是高考扩招的倡议人、亚洲银行中国办事处主任,他妻子左小蕾是银河证券首席经济学家,他们两位一个是学生会主席,一个是团总支书记,在校就是一对恋人;著名的企业家于刚是1号店的创始人,他本来是学物理的,他与夫人宋晓妹在学校谈恋爱,我当年还把他俩叫到家里来请他们喝咖啡呢;著名的投资学家、哈佛大学博士杨志,现在是上海的投资家,他妻子是冯慧敏,他当时考取了美国哈佛大学博士,出国前,他想结婚,就找到系党委书记请示,系党委书记说,你想出国还是想结婚?要结婚就不能出国,后来他们两个人惶恐不安地找到我,我说这是好事嘛,我批准了他们结婚。这些都是自由的范畴,大学是自由的场所,允许自由思考、自由学习、自由研究的地方,你不营造自由的氛围怎么能够办好大学呢?我希望武大80年代自由的氛围能够回归到很多大学来。

在19世纪以前的欧洲,出现过许多全才式的科学家。例如,高斯既是数学家,又是物理学家,还是天文学家;英国哲学家罗素同时也是数学家、哲学家;画家达·芬奇还是发明家,诸如直升机、潜艇都是他最早设计的。反观当今中国,没有一个全才,这又是什么原因呢?在我看来,这就是学习苏联极度的专业化教育造成的,把中国的全才全都扼杀了。因此,我希望现在中国能出现与众不同的、有个性的大学——比如说全才大学,我就培养全才。现在大学生时间浪费得很多,尤其是他们的才华被浪费了。我作过调查,我有一个年轻的朋友叫管卫东,他是80年代大学毕业生,在上海华东理工大学就读,一般学生4年拿一个学位,而他4年把物理、数学、化学、生物4个学科全部学完,而且参加考试都通过了。这说明人的潜力是很大的,大学应当更好地去挖掘这些潜力,而不是压抑这些潜力。我希望中国能有一个培养全才的大学,就像欧洲19世纪以前培养的全才一样。新时代不仅需要天才,也需要全才,还需要怪才。像美国的埃隆·马斯克,他就是一个怪才。大学应该是有个性的,我希望中国的大学有个性、与众不同的个性,这样才会有更多创造型人才。

《京师文化评论》:刘校长,我刚才听您讲对大学的希望和期待,您讲得非常精彩。您觉得今天中国的大学需要一种什么样的精神？需要什么样的校长？

**刘道玉**：对大学精神的研究很多、很多。大学应该是诞生真理的地方，大学的精神就是民主、自由，大学的校长就是为大学的教授、学生寻求真理而营造最宽松的自由环境、最良好的条件，使他们心无旁骛、安贫乐道地做学问，不受功利诱惑，不受媒体和广告的干扰。我到现在还接待大学生，不管是校内还是校外的。因此，我也希望现在的大学校长们排除冗务，把接待大学生作为一项义不容辞的任务，这对听取群众的意见和克服行政化是有益的。

同时，我希望现在在读大学的学生们，要珍惜来之不易的学习权利，你们的父母是付出了很大代价的，所以不要虚度时光。你们是学习的主人，是自己成才的主宰者，你们虽然不能改变学校现在的制度、教学方法，但是可以掌握自己的学习权利，可以选择你们想学的东西，千万要珍惜时间。现在国家有一个误解，认为大学数量越多越好，完全不是那么一回事。国家对人才的需要是各种各样的，不仅知识要有合理的结构，人才的层次也要有合理的结构，这样才不至于造成人才的浪费。

关于怎么对待考研究生的问题：本来读研究生是为了将来从事研究工作，可是有些人是为了装饰"脸面"，这也是虚荣心的表现。有一个学生，他在武大考了三年的研究生，都没有被录取，我说你不必再考了，不要再浪费父母的钱，也不要再浪费你的青春了。很多人不知道，拿个硕士学位、博士学位来炫耀自己，除了炫耀之外还有什么作用？我实话实说：决定一个人命运的不是大学，不是名牌大学，也不是名师，而是你自己，只有自己才能决定自己的命运。不是教育改变命运，不是知识改变命运，而是智慧改变命运、创造改变命运。很多事例都说明了这一点：马云并不是著名大学毕业的，他仅仅是杭州师范学院三年制专科毕业的；马化腾是新办的深圳大学毕业的，也不是著名的大学。他们的成功是因为学的与别人不一样，他们获得了知识背后的智慧，看准了企业发展的新方向，抓住了创业的机遇，因而成为著名的企业家。

**《京师文化评论》**：刘校长，非常感谢您，感谢您今天下午在我们的访谈中发表了这么精彩的讲话。我们深受启发，也特别开心。感谢您！

**刘道玉**:我虽然是个残疾人,但是我的思想不残废。

**《京师文化评论》**:您的思维特别敏捷,记忆力超强,40年前的事情您都记得这么清楚,特别令人敬佩!

**刘道玉**:现在人的记忆力极少是天生的,大部分都是后来练成、养成的。我现在是85岁的年龄,60岁的身体,40岁的记忆力,30岁的心态,12岁的好奇心。我对什么事都很好奇。一个人的好奇心死亡了,就没有创造力了。人的大脑就像一座水库,如果水库没有水,就像大脑没有好奇心一样,是不可能发电的。我到现在还充满好奇,对人、对我不知道的事情都想追根溯源。比如说我这么大年纪了忘记事情是肯定的——我有时候记人记不住了。我就每天把过去经历的事情像放电影一样在大脑里放一次,从我出生、上小学、上中学、上大学到我工作,很快速地放映一遍。放到哪个地方梗住了我就要把它想起来,哪一个人记不起来了我就会想方设法地去查,查电话本、上网查、问人,我就会把这个名字记起来。照理说,这么大年纪忘了就算了。不行,我不能忘,不能放弃,人生就是挑战,人生就是不放弃,我就是这个性格。

我有一个学生在美国留学——他两年就把大学读完了,公费到法国留学,后来到美国留学。从他出国以后我们28年没见过,突然有一天晚上他到我家来了,我说你是张翰涛——他事先没有打招呼,我记忆力到这种程度。我是研究创造教育的,现在已经出版了22本书,其中有三部是我的代表作:第一部是创造教育书系,共五本,140万字,2009年出版的;第二部就是《中国高等教育改革论》,最近两个月将会出版,50万字;第三部就是最近刚刚交稿的《教育问题探津》,所谓探津,就是寻找中国教育的出口。这本书也将由北京教育出版集团出版。这三本书都是为纪念改革开放40周年所写的著作,它们都记载着一个执着的教育改革者的足迹,也是我感到最为欣慰的了。

**《京师文化评论》**:我们非常期待阅读您的著作。再次非常感谢刘校长接受我们的访谈,也祝您健康长寿、万事如意。

# 5

**隔代人思想碰撞**

# 大学改革实验问题<sup>*</sup>

7月18日,韩双淼通过刘道玉教育基金会联系我,希望专程来汉拜访我,就她的博士研究课题《政策试点与中国高教改革》,对我进行采访。我想她在国外学习又利用暑假回国作研究课题的调研实属不易,作为一个教育工作者,应当满足她的要求。于是,我们约定7月23日下午,她从北京来汉,就她事前发来的提纲进行谈话。

双淼是河北省石家庄人,清华大学英语系毕业。她的名字叫双淼,淼者也,用于人名,也形容水大之意。她到达我家时,果真下着倾盆大雨,幸好基金会的何莹用车接她,否则她真的会被淋成落汤鸡。接着,我们开始了如下的对话,权作我对她博士论文给予的支持与希望。

**韩双淼**:请您简单介绍一下您所在大学参与政策改革试点的情况,以及您在此过程中的工作。

**刘道玉**:我是1981年7月出任武汉大学第19任校长的,其间恰逢拨乱反正和解放思想。我正好赶上这个大好的时代,决心趁着改革的形势,把因为左倾路线破坏而衰败的武汉大学振兴起来。当时,武汉大学的教师与学生们的改革热情很高,可以说是人人思改、人人思变,这是我在这所大学推行改革的基础。改革对于我们大家都是陌生的,怎么开始? 经过领导的研究,还是从试点开始,这既是积极的态度,又是稳妥的办法。我们先后进行了学分制、插班生制度和取消政治辅导员制度等改革试点。我作为校长理所应当身先士卒,亲自设计试点的方案,具体指导试点的开展,并对试点的情况进行总结和推广工作。

**韩双淼**:在您看来,从大学的角度,为什么中国选择政策试点的方式来进行改革?

**刘道玉**:在"文化大革命"中,教育是重灾区,受到的破坏最严重。同时,教育问题历来是一个敏感的领域,对许多问题都是争论不休,因此不少人抱持着谨小慎微的态度。在这种形势下,国家教育部的领导人即便面对着汹涌澎湃的改革形势,也是裹足不前,表现出不作为。面对这种情

---

* 本文为2015年7月23日下午作者与牛津大学教育学博士研究生韩双淼的对谈。

况,一个大学要么等待观望,要么行使自己的独立办学权。当时,有几所大学表现出了空前的改革热情:上海交通大学进行人事制度的改革试点,他们率先打破铁饭碗,工资实行上不封顶下不保底,收到了非常好的效果;中国科技大学率先招收少年班,一批智力超常的少年悉数被科技大囊括;华中工学院(现在华中科技大学)率先进行理工结合的实验,走在全国各大学之前;武汉大学则另辟蹊径,从体制改革入手,营造民主自由的校园文化,先后试行了学分制、主辅修制、插班生制度和导师制等。在教育部仍然严格推行计划招生的情况下,我们允许学生自由选择专业、学科,提倡自学,可以不上课,允许自由转专业和转校,也允许学生休学或提前毕业。这一切都收到了奇特的效果,从而使这所百年老校焕发出了青春,被誉为中国高教战线上的"深圳"。在当时,深圳就意味着思想前卫、高速度的发展——像深圳大学1983年批筹,当年就招生,这的确是史无前例的。

我认为通过试点来推行教育改革,这是符合人的认知规律的。总的来说,人的认知都是从个别到一般,而试点就是个别认知,从试点到推广就是由个别再发展到一般。就大多数人来说,保守者居多,这犹如英国哲学家培根所言,虽然旧事物不好,但人们习惯了,所以要维护它,尽管新事物很好,但人们不习惯,所以会拒绝接受。通过试点推进改革,目的就是说服那些对新事物有怀疑的人,一旦他们看到了试点改革的成功,就会消除对新事物的疑虑,从而站到改革的一边,成为改革的动力。

其实,不仅在中国推进教育改革需要进行试点,西方国家的教育改革也都是先试点后普遍推广的。例如,1809年洪堡担任普鲁士教育厅厅长时,就决心开展一场教育改革试点运动。他于1810年创办了柏林大学(起初叫弗里德利希·威廉大学),提倡学术自由、教学与科研结合,成为德国新型大学的楷模。美国霍普金斯大学校长吉尔曼,先后两次到柏林大学考察,最先引进和推广洪堡的办学理念,使霍普金斯大学成为美国第一所研究型大学,这种模式随后在美国全面推广,最后成为世界各国办学的模式。其实,欧美国家大学的选课制、学分制和通识教育等,也都是由个别大学先行试点,然后才在美国各大学普遍推行。

**韩双淼:**回顾中国高等教育改革的历史,您认为这些改革的模式和类型是什么?

**刘道玉**：20世纪80年代，是中国高等教育改革的黄金时代，可惜仅仅持续了大约10年(1978—1988)。模式是一个现代流行语，在80年代很少有模式这个概念。不过，从改革的类型来看，大致有三种：一是全校整体改革的类型，例如武汉大学学分制就是这种类型。我校于1979—1980年先后以历史系和物理系为试点，我亲自抓物理系的改革试点，副校长童懋林抓历史系的改革试点。经过一年的试点，通过总结评比发现，实行了学分制的两个系的学生的学习积极性、学习兴趣和学习成绩都比没有实行学分制的系要好。试点表明学分制的优越性，因此武汉大学从1981年起在全校全面实行学分制，而且是真刀真枪地实行学分制，允许修满学分的学生提前毕业并分配工作。到1983年7月，有28位优秀的学生提前分配了工作，如张翰涛提前了两年半，他现在是美国爱荷达大学的终身教授，并且是美国青年科学家总统奖的获得者。

**韩双淼**：在试点的过程中，国家是否有所介入，如果有，以什么方式？

**刘道玉**：我校的改革试点工作，都是我们独立自主进行的，没有国家教育部具体指导。

**韩双淼**：您所在大学的改革试点，结果如何？

**刘道玉**：在武汉大学进行的改革试点，都获得了成功，即使当时持怀疑态度的人，后来也都转变了，承认学校的改革是成功的，提高了教学质量和学术水平。

**韩双淼**：在您看来，试点如何影响后续改革政策？试点在改革过程中的作用是什么？

**刘道玉**：教育改革的试点能否继续坚持下去，关键取决于教育改革项目本身是否符合教育规律，凡是符合教育规律的措施，都是能够得到推广的。后续改革能否继续，也取决于后续大学领导人是否具有强烈的改革意识。就武汉大学而言，由于我是因改革超前而被免职的，接替我的校长自然是反对改革的，这就使得我当年的许多改革措施被后人否定，我校的许多改革经验反而在全国高校中被普遍借鉴。例如，北京师范大学和西北大学模仿我校的做法，也创办了作家班，如2012年度诺贝尔文学奖获得者莫言就是北京师大作家班毕业的。到了90年代以后，全国各大学都效仿武大的做法，普遍实行了学分制，也有部分大学允许在校学生转专业或转系。这是我们乐于看到的,这也正是试点改革所起到的示范作用。

**韩双淼**:回顾中国高等教育改革历史,您认为这些改革的模式和类型是什么?

**刘道玉**:我只能根据武汉大学的改革情况进行归纳。我们大致有三种模式:第一种是国际合作的模式,例如在武汉大学试点的中法数学实验班,是由武汉大学与法国合办的。为什么创办中法数学实验班呢?因为法国是世界第一数学大国,我们是借鉴法国的数学优势,培养我国杰出的数学家。这个实验班写进了中法教育合作协议,它完全采用法国数学教学计划,使用法国教材,由中法两国教师用法语授课,这是当时国际合作仅有的一个典型。数学实验班自 1980 年招生,到 1994 年为止,共招收了八届本科生 230 人以及两届研究生 18 人,总共 248 人。仅以首届实验班为例,总共毕业 40 人,他们分布在七个国家工作——谁能相信,从一个纯数学专业实验班的毕业生中,居然涌现出了数学家、物理学家、化学家、经济学家、金融家、管理学家和环境专家。可以非常骄傲地说,中法国际合作的数学实验班是成功的,也是空前绝后的,是通识教育的范例,也是国际合作成功试点的典范。

第二种是由大学有组织、有计划进行的试点。例如,武大实行的学分制就是这种模式。它是由学校组织力量进行试点,待成功以后,再在全校推广。

第三种是院系或个人自发的试点,这种方式完全由个人决定,无须上级批准,有利于调动广大教师改革的积极性。例如,有的试点用英语讲课,有的试点实行讨论式教学,有的采用开卷考试,等等。总之,武汉大学 80 年代的教育改革是成功的,是以实验来推动改革的成功典范,值得认真总结和大力推广。


# 学会学习是成才的关键*

2017 年 1 月 18 日,在武汉大学离退休干部活动中心二楼会议室,召

---

\* 本文由王庆勋同学整理。

开了一个特别的座谈会,它是由全国各地 18 所大学的学生社团活动积极分子参加的。在座谈会上,刘道玉校长与 20 多位同学主要围绕着学生社团与学习成才的关系进行了对话。

**张勋:**刘校长您怎么看待跨校学生社团?

**刘道玉:**对于这个跨校学生社团,我是坚决支持的,它是武汉大学 20 世纪 80 年代学生社团的创新。

在 20 世纪 80 年代,武汉大学学生社团活动非常活跃,这一好的传统被后来的大学生们继承了下来。我校哲学学院大四学生王庆勋,对学生社团大胆创新,于 2017 年组织了全国大学生跨校社团,目的是开阔眼界、参观和了解各校的学术与文化传统、交流各校教育改革经验、拜访名师、增长才干,这是值得肯定的。正是基于这个原因,我才来参加你们的座谈会。

**吴非:**请问刘校长,学生社团与学习成才有什么关系呢?

**刘道玉:**看来,你们对学习成才是十分关心的。我在 20 世纪 80 年代,把大学的课堂分为第一课堂和第二课堂。所谓第一课堂是指教学计划内的各门课程的学习,而第二课堂就是指社团,这也是学习,是学习书本上学不到的东西——质疑的思维方法、雄辩的口才以及分析和解决问题的能力等。

**杨帆:**怎样才能办好学生社团呢?

**刘道玉:**创办一个社团一定要有新意,能够吸引广大的学生,使他们感到参加社团活动有收获。同时,办好一个社团一定要有几个热心的人,他们得肯花时间,联络广大同学,听取大家的积极建议。学校的学生是流动的,这个特点也决定了学生社团也是不断更替的。因此,一批社团兴办起来了,另一批社团又消失了,这是正常现象,没有一成不变的事物。

**王玮:**对现在大学的教学改革,我们非常不满意,我们能够做些什么呢?

**刘道玉:**现在与 80 年代的改革氛围完全不同了,那时候我是把学生当作改革的动力,我们的很多改革措施,都是来自学生的呼吁或建议。例如转学制度的起源就是我收到生物系学生田贞见同学的一封信,虽然当时生命科学很热,但他自幼喜欢文学,因此非常苦恼。他在给我的信中写道:"每当我在砧板上做解剖小白鼠的实验时,我觉得自己就是那只任人宰割的小白鼠。校长,请您救救我吧,不要再让我被宰割好吗?"

在看到他的信的那一刻,我的心也在流泪,难道我们的教育就这么残酷吗? 于是,我批准他从生物学系转到中文系,他后来成了著名的儿童文学家,著作等身。如果不让他转系,那就扼杀了一个文学家。可是,现在一切都不同了,既没有那样的改革氛围,也没有那样提出改革建议的学生,更没有体察学生苦衷和采纳他们意见的校长了。

**黄启明:**那我们能够做些什么呢?

**刘道玉:**我能够理解你们现在的处境,虽然你们不可能从整体上改变学校的状况,但你们能够进行自我设计,把命运掌握在自己的手里——你们一定不要虚度时光,要珍惜来之不易的学习权利。一个人能否成才不是取决于学校,而是取决于自己,那就是要学会学习,尤其是学会自学,这是成才最关键的前提。

学习是一个老生常谈的问题,只要不是十足的文盲,都有过学习的经历。可是绝大多数人,包括各级学校的教师们,对学习的真谛可能不甚了了,这在极大程度上影响了学习的效果,也是不能冒出杰出人才的原因之一。

什么叫学习? 在汉语中,学习是由"学"与"习"二字组成的,它们分别代表两层意思。孔子在《论语》开篇首句就说:"学而时习之,不亦说乎?"显然,他也是把学与习分开使用的,意思是说,学了且经常复习,是很快乐的事。把学习作为一个词使用,最早出现在西汉《礼记·月令》,其中说"鹰乃学习",意思是说,雏鹰模仿老鹰飞行,反反复复试飞,最终学会了飞行。这就是"学习"一词最早的含义,该词后来被广泛地应用到教育中,包括自学、学校中的学习和社会的学习。

**余朝鸿:**请问刘校长,学习的本质是什么呢?

**刘道玉:**这个问题提得好,说明你们的思想开窍了。学习的本质究竟是什么呢? 对于这个问题,虽然有不少研究者有所论及,但我认为都没有触及本质。我认为,学习的本质就是感知、重复和记忆,仅此六个字就足够了,多了没有必要,少了又不能概括全部意义。我没有使用"认知",虽然它是认知学派的主要观点,但感知更能够反映人的五官在认识客观事物中的作用。人们无论学习直接知识(指亲自实践获得)或是间接知识(书本知识),无不是通过五官而获得的。感知是学习的基础,重复是学习的过程,而记忆是学习的目的,这三者是互为因果关系的,而且是步步深入的。

真正的学习必须经过三个阶段,即感性、理性和悟性,它们是逐步深入的。在感性阶段,人们只知其然,而不知其所以然。人的认识有待继续深化,进入理性阶段,这时不仅知其然,而且知其所以然。但人的认识仍然没有完成,有待继续深化,从而进入悟性阶段,这时不仅知其所以然,而且达到知其超然,即超然自得,超然物外。如果用一个字来概括学习的最高境界,那就是悟。人们学习优劣的差异,主要表现在悟性之有无。纵观人们的学习,只有极少数人能够进入这个阶段,也就是悟而生慧,只有悟才能获得智慧。

**黄燕珊**:那学习的目的又是什么呢?

**刘道玉**:应当说,学习都是有目的的,无目的的学习,当然是徒劳无益的。什么是学习的目的呢? 依我之见,学习的目的也有高低之分,这就是"知""懂"和"通"。在感性阶段获得的只是"知",也就是"知道",而"知道"并不一定是正确的;在理性阶段,经过了去伪存真的加工,获得的是系统知识,所以获得的是"真",也就是真知灼见、正确的知识或是真理。学习最高的目的是"通",这时人的认识已经超出狭隘的专业范畴,达到触类旁通、融会贯通、博古通今的境界,所以"通"是学习的最高目的,这就是为什么说"一通百通"和"心有灵犀一点通"了。古往今来,绝大多数学习者只是停留在"知"的阶段,少部分达到"懂"的阶段,只有极个别人达到了"通"的阶段,也就是那些大师级的人物。我们明白了学习的本质、境界和目的,就应当自觉地修炼,使自己的学习更有效,进入博古通今的杰出人才的行列。

**许靓**:刘校长,您对学习的目的的论述,的确使我们茅塞顿开,但怎样才能够达到这样的目的呢?

**刘道玉**:是的,我们不能空谈目的,必须找到达到目的的途径,这就是方法。我们谈论学习,决不能离开学习方法,它们是到达知识彼岸的桥梁。古往今来,人类积累了许多有效的学习方法。但是,别人的方法再好,可能也只适合他们;适合于自己的学习方法,必须由自己摸索和创造,只有适合自己的学习方法才是最好的方法。不过,有一个学习方法却是共同的,那就是自学。联合国教科文组织在《学会生存》一书中指出:"自学,尤其是在帮助下的自学,在任何教育体系中,都具有无可替代的价值。"纵观人类学习的历史,就是始于自学,而当学校出现以后,才演变成以讲授为主的教学方法。但是,随着信息化的普及,线上学习越来越便捷,人们必将又回到以自学为主的时代。因此,我认为自学是人类的第一大法,人人都必须掌握,它应该是立学之本。

**吴丽颖:**刘校长,您在武汉大学就任时,创造了许多奇迹,您能否给我们介绍一下您是怎么做到这一切的?

**刘道玉:**这要得益于改革,没有大胆的改革,也就谈不上什么奇迹了。现在的学生难以想象那时自由民主的空气多么浓厚。如果学生通过自学达到教学大纲的要求,允许可以不去上课。可是,这毕竟是个别大学,绝大多数学校是不允许学生缺课的,而且教师会用点名或扣分的方法,把学生束缚在课堂上。我想你们大家可能就遇到这样的困惑。但是,这些管理制度,并不能限制你们自学,制度能束缚你们的身,但不能束缚你们的心。自学是最有效的学习方法,是随时随地都可以采用的方法。早晚自习、双休日、寒暑假,你们都可以自学。即使在课堂上,你们也可以思考自己感兴趣的问题,老师又怎样能限制呢?学习是学生自主的行为,学会学习是成才的关键。

你们完全可以搭建自己的学习平台,采用自学的方法来完成教学计划规定的任务。同时,你们还可以根据自己的兴趣,选择既有意义又有研究价值的课题进行研究。在科学发展的历史上,自学成才的例子很多,做出科学发明的大学生也多得不胜枚举。因此,你们千万不要有依赖思想,也不能迷信科学研究,路是自己走出来的。

**王庆勋:**刘校长,您能否用最简单的话给大学的真谛下一个定义?

**刘道玉:**啊,你是学哲学的,分析与归纳是哲学思维最普遍的方法。我十分欣赏你提出的这个问题,好像你是让我作一个总结吧!在我看来,大学是自由思考的地方,因此大学的真谛应当是:启蒙之所,智慧之源。

**王庆勋:**刘校长已经逐一回答了我们大家的提问,并且给我们作了总结性的归纳，我建议座谈会到此结束。（同学们爆发热烈的掌声！）

随后，刘道玉校长与参加座谈的全体同学合影留念，并与他们一一告别，祝他们的考察获得圆满的成功！

# 中国教育改革之路 *

2019 年 9 月 20 日，我怀揣着对教育改革的热情和对刘道玉先生的敬仰之情，跨越长江前往珞珈山下武汉大学拜访刘道玉先生。在此之前，我已认真读过刘道玉先生大部分关于教育改革的文章和书籍，包括自传等等。因此我对刘道玉先生的人生经历、思想观点等都有了一定的了解，尤其被先生对于教育改革的执着精神和他高尚的家国情怀以及个人的崇高品德所感动。从某种程度上来说，刘道玉先生是我人生的第一位启蒙导师。

我与刘老的谈话内容主要是围绕我国的教育和教育改革的问题，其间还穿插了一些其他的相关话题，但是总体的谈话主旨并没有改变。我们约定的谈话时间为两个小时，可以说不长不短。回到学校后，我思考了很久，一边不断回忆与刘老的谈话，一边又不断回忆自己的教育经历，甚至于上升到对于整个教育体制的思考……于是乎我终于按捺不住，一口气写出了一部较为系统和完整地反映我国教育的总体现状和问题的 20多万字作品——《中国教育问题探究》，并由刘老先生作序。

可以这么说：正是因为有了此次与刘道玉先生的深入交谈，才激发了我的创作灵感。所以这次跨江之谈，虽仅有短短两个小时，却成为我一生中最重要的经历，也让我收获了一笔极为宝贵的精神和思想财富。我们的谈话主要围绕中国教育改革展开。

**伍阳**：刘老，从您的许多文章或书籍中，都不难看出您对于当下我国的教育充满了深深的焦虑，在此我还想再次听您谈一谈您对我国教育现

---

* 本文为刘道玉与中南大学大二学生伍阳的对话，由伍阳同学整理。

状的基本看法。

**刘道玉：** 其实这个问题已经没有什么好谈的了。不要说我以前写了多少关于这方面的文章，就拿一个至今都悬而未解的"钱学森之问"，就足以点破我们国家在教育方面的问题之严重。可以这么说，我大半辈子的研究，都是在研究怎么解决这个"钱学森之问"。你知道什么是"钱学森之问"吧？

**伍阳：** 这个当然，您在许多作品中都提到过，也深入阐述过。

**刘道玉：** 看来你对我的作品确实也花了不少工夫，这一点我很欣慰，也很感激。"钱学森之问"一直以来都是我们国家教育的痛处，我们办了70年教育，中国解放后的新一代人现如今头发都白了，却始终没有为我们国家培养出世界级的顶尖人才。例如诺贝尔奖、菲尔兹奖、图灵奖等世界性学术大奖的获奖者中，几乎看不到我们中国人的名字。诺贝尔奖得主迄今已有600多位，但他们集中在世界上少数几十所大学里。有人统计过，一个新兴国家在建国30年左右会诞生诺贝尔奖，如前苏联、东欧一些国家、印度、巴基斯坦、南非等都遵循了这个规律。可是，我国建国66年后才出现屠呦呦获得生理学或医学诺贝奖，这个比差实在是太大，令我们炎黄子孙感到羞愧。究其原因，主要是我国科学家没有安静做学术研究的环境，也没有保证他们从事自由研究的政策。有人调侃说，如果我国知识分子写的检讨书换成学术论文，兴许早就有了众多诺贝尔奖的获得者了。然而，我国某些大学出于虚荣心，把国外退休的诺贝尔奖获得者用高薪聘请来装点一下门面，自己却很难诞生诺贝尔奖获得者，这是很可惜的，也预示着我国科学领域存在着严重的危机。

**伍阳：** 那您认为造成这种结果的原因是什么？

**刘道玉：** 这个就不得不回顾我们建国70年的历史。在建国初期百废待兴的时候，国家十分重视人才。那时候的大学生个个都是香饽饽，每一位大学生在就读时，都会受到国家的特殊优待。我是那时候过来的人了，对此感受十分深刻。我甚至认为那时候的大学生比以前的地主的生活条件还要好。但是到了第一个五年计划及以后，国家制定了优先发展重工业的战略，对于教育发展的重视不够。特别是到了大跃进和人民公社化时期，左倾的政治运动对教育的冲击很严重；后来全国又发生了持续三年之久的大饥荒,对整个教育事业也产生了极大的破坏。全国经济调整恢复后,1966年又发生了"文化大革命",其间无数知识分子受到迫害,学校工作重心转移到阶级斗争上,各级教育几乎处于停滞状态。十年"文革"给我们的教育带来了致命的打击,造成的恶劣影响至今都没有完全消除。

**伍阳**:现在听刘老再次谈起"文革",再结合之前我在您的自传中读到的许多关于这方面您亲身经历的事实描写,我对当时十年的灾难有了更深刻的感受。

**刘道玉**:哈哈哈,当时最严重的时候我差点被枪毙了,所以我应该算是比较幸运的,但是像我这样幸运的人真的太少,往事不堪回首呀。

言归正传吧。从建国到"文革"结束的30年间,我们的教育几乎没有任何发展,甚至到了"文革"还倒退了许多年。例如建国初期我们的在校大学生人数有12万左右,到了1966年"文革"爆发之时也只有不到60万。"文革"结束后重新恢复大学录取,录取人数也不过27万之数。再加上十年间对于知识分子的迫害,导致许多优秀的知识分子死的死、伤的伤、病的病,就算是险中求生的人,精神上也受到了极大的打击。当然,不仅仅是教育,当时社会各方面的发展几乎都处于停滞状态。

**伍阳**:后来是不是就到了改革开放?

**刘道玉**:"文革"结束后,全国上下进行了拨乱反正,思想迎来了又一次解放的高潮。你们这一代年轻人没有生活在那个时代,很难感受到那时候的自由之风。当然,你们也很幸运,生活在了一个物质生活条件空前优越的时代。1977年下半年,我亲自参与了由邓小平同志主持的全国科技座谈会,就是在这次会议上开启了恢复高考的序幕。我本是以借调的名义到教育部筹备全国教育工作会议的,去后不久被中央组织部任命为教育部党组成员兼高等教育司司长,整整当了两年的"临时工"。其间,主持了全国综合大学外语院校教学工作座谈会,制定了新的教学大纲——否则统招进来的大学生就无法进行教学了。我亲自召开了24个拨乱反正的会议,恢复招收研究生、制定研究生学位制度等,结果被累得患了一场大病,我也借机辞去了教育部的全部职务。

**伍阳**:这个我在您的传记以及其他文献资料中都读到了,我很敬佩刘老的魄力。让我印象最为深刻的就是,您在会议期间通过武汉代表提出废除高校招生的"十六字方针",使得今后我们的大学在招生方面有了质的改变。

**刘道玉:**哦？你还记得是哪十六个字吗？

**伍阳:**自愿报名,基层推荐,领导批准,学校复审。

**刘道玉:**很好。别看只是不起眼的十六个字,是废还是存,对于今后高等教育的影响差异是十分巨大的。总而言之,从恢复高考到 80 年代末期这十年内,是新中国高等教育发展的黄金时期。就拿武汉大学来说,我当时是校长,短短不到十年,就走出了易中天、杨小凯、邹恒甫、邓晓芒等一大批知名学者,还有一大批著名的企业家。这是令我感到最骄傲的事情之一。

**伍阳:**您的著作《大学的名片——我的人才理念与实践》中就记录了许多从当时的武汉大学走出的知名学者,我对此感触良多。我认为您是当之无愧的教育家和改革家。

**刘道玉:**我算是个什么家,我自己说了不算,得由后人评说。

**伍阳:**可我不就是后人吗？

**刘道玉:**哈哈哈,你这个小鬼头真机灵。

**伍阳:**那后来怎么样了？

**刘道玉:**唉,后来,也就是 90 年代初期,左倾思想重新抬头,改革倒退,意识形态重新束缚广大知识分子的头脑,很多在当时进行过大刀阔斧改革的人都受到冷遇,我就是其中之一。再加上实用主义、功利主义和贪腐现象的盛行,高等教育的发展还没达到顶峰就迎来了急转直下的拐点。

**伍阳:**那后来是不是就到了大学扩招？我了解到您是大学扩招的强烈反对者之一。

**刘道玉:**这是一个比较复杂的问题,我并不是完全反对大学扩招,而是反对大跃进式的盲目扩招。为了适应学生数量的大幅增加,教职工的数量也开始急剧膨胀,短短五年内就翻了两倍,这是非常可怕的。因为数量急剧增长必然是以牺牲质量为代价的。从教师层面看,经历了"文革"后,人才凋零,需要休养生息。可是短短 20 多年我们大学教师的数量就急剧增长,还是集中于世纪之初的那几年,教师队伍的质量可想而知。再从学生方面来看,本科生和研究生的数量也在膨胀,质量肯定也是有所下滑的。再加上老师的水平不行,培养出的学生可想而知。在我看来,今天的研究生水平甚至都不如80年代本科生的水平,至少从思维活跃度和创新能力方面是这样的。

刚才说的是大跃进,现在来说说盲目性。大学扩招是有必要的,这是我们国家改革开放后经济飞速发展所决定的。按理说,研究型大学是不应该承担高等教育大众化的责任的,也就是说那些重点的研究型大学应当以质量为第一,不该盲目卷入大学扩招。但是,由于大跃进的冒进思维和"一刀切"的管理模式的影响,所有的大学都被卷入了扩招的浪潮,这是很不应该的。从高等教育精英化到大众化,我国仅仅用了10年不到就走完了西方发达国家50年的路程,其中埋下的隐患是很难预料到的,也会逐渐暴露出来的。

**伍阳**:而且据我了解,不仅大学生的数量急剧膨胀,我国大学的数量也随之增加,从90年代的1000多所到现如今的2600多所,增加了1000多所。这就直接导致了大学生人均高等教育资源占有不足的问题。

**刘道玉**:没错,现在的大学一个班就有几十人,在一个课堂上课的甚至可以达到上百人。于是本该自由开放而且活跃的大学课堂,变成了老师的一言堂,由老师在讲台上进行知识灌输,完完全全回到了应试教育的模式中。研究生也是如此,一个导师要带几十名研究生,这不是在误人子弟吗?

问题的严重性还在于,大学和大专一窝蜂地改名,名字越大、越响亮越好,都要变成本科,都要成为研究型大学,结果导致高等学校的结构、功能比例失调。社会对人才的需要是分层次的,以基础理论为主的研究型大学,大约占20%,而80%应当是大专技术教育。

**伍阳**:现在我们常听到,我国的教育改革取得了多大的成效,而且东部几个发达省份也都搞了很多改革试点,您怎么看待这个问题?

**刘道玉**:改革与改良是不同的,那些修修补补的措施只是改良,改革是要大刀阔斧的,力求突破原来僵化的体制。现在的教育改革,别看喊了很久、宣传得很多,但是实际上还是裹足不前。主要表现在:第一,畏手畏脚,不敢迈开步子去大刀阔斧地改革,没有触及教育理念、教育模式和教育体制的根本;第二,教育改革是一个长远的过程,而且需要以实验来带动教育改革。过去教育部制定了几十个教育工程规划,但只见规划,而没有检验规划执行的情况,所以基本上都是虎头蛇尾,是烂尾工程。

**伍阳**:那如何界定教育发展和教育改革之间的分界线呢?

**刘道玉**:这个问题问得好。发展是量变的过程,而改革是力求质变的改变。确切来说,评估教育的发展,就是看各种数字的指标,比如教育经费投入是否充足、人均资源占有是否合适、学校的硬件设施是否完善、办学的条件是否得到了改善等等。然而,改革则是质的变化,即教育体制的改变、教学模式的创新、教育观念的革新等等。发展是必要的,但是不能以发展代替改革,更不能把发展和改革画等号。我看现在最大的问题就是大家把改革和发展的概念混淆了。

**伍阳**:那刘老认为,我们国家的教育是否到了非改不可的地步呢?

**刘道玉**(拍着茶几站起来):必须要改!而且非改不可,唯有改革才能救赎我国的教育!

这不仅仅是我个人的看法,学术界许多知名学者都是这样认为的,还有更极端的,认为"中国的教育再不改革,人种都会退化"(据本文笔者后来查证,此话出自著名史学家资中筠先生)。这并不是危言耸听,摆在中国教育面前的就两条路——改革尚有一条生路,而不改革是绝路!不要看我们国家现在在经济上取得了多大的成就,那都是在吃 80 年代改革开放的红利。我们国内各方面的自主创新能力是严重不足的,就拿现在在国内取得巨大成就的商业模式来说,哪一个不是从国外舶来的? 基本上都不是我国自主创新的。

**伍阳**:既然是非改不可,那必须得先找到问题,才好对症下药。现在社会各界对于教育问题的看法很多,很难逐一而论。刘老您认为我们的教育主要有哪些问题?

**刘道玉**:这个问题太大了,可以写一本书。按照香港科技大学丁学良教授的说法,那就是哪一个方面都有问题。大体上来说,可以分为以下几点:

第一是管理体制的问题,也就是所谓的行政化严重,各级各类学校几乎没有多少自主性,而且在很多重大问题的决策上,也几乎都是一刀切的管理模式。

第二是教育模式问题，也就是应试教育的毒害太深，从根本上扼杀了学生的主动性和创造性，也扼杀了老师们的教学积极性，这一点不太好展开去细讲。还有就是课堂的教学模式，也属于这个范畴——几乎是老师在那里讲，自上而下地灌输。这种耳提面命式教学是不利于激发学生的学习兴趣的。你也是经过应试教育过来的，相信你对这些多少都有些体会的。

第三是实用主义和功利主义的思想占据主导地位。为了达成一定的教学目标，从学校到老师再到学生，都在拼了命地去迎合，只学考试用到的知识。而且在教学评价方面，都是以单一的指标进行衡量，只为达到一个个短期的目的，而忽略了教育的长远发展。这些都是急功近利的表现。

第四是腐败问题，包括了官僚腐败和学术腐败，这尤其体现在大学教育中。什么贪污腐败啊、学术造假啊，层出不穷。特别是一些学术投机现象比学术本身的腐败更为严重，许多大学老师为了评各种职称、奖项或头衔，谁拨款就研究谁的项目，完全没有自己的独立见解。科学研究本应该重视过程，而不看重结果，然而一些研究人员眼睛一直盯着成果，希望一下子抱个金娃娃。

**伍阳**：关于教育改革，您在许多文章中都较为系统地阐述过了，据此我总结出了您对教育改革的几个基本观点：以独立自由教育代替行政计划教育、以素质教育代替应试教育、以创造教育代替灌输教育和以开放、开明的教育代替保守垄断教育。对此您有什么需要补充的吗？

**刘道玉**：你总结得很全面，也很到位，但是还有一个创造教育问题。

**伍阳**：刘老提的这个"创造教育"，对于教育工作者们特别是一线教师来说是一个很大的挑战啊，因为它要求教师们必须具备较高的素质，才能得以实施。但是在我看来，就目前的现实情况下，很少有一线教师具备这种能力。

**刘道玉**：的确如此，创造教育的实施也是一个教学相长的过程，所以关键还是在于教师。它不仅要求教师具备实施创造教育的能力和相应的素质，更重要的是它还需要教师本身对于教育是充满热爱的。说到这里我想考考你，你对当下的教师这个行业有什么看法？

**伍阳**：刘老这个问题算是问到我心坎儿上了，因为从小就立志当一位老师,所以我对于这方面关注比较多,也比较敏感。我认为现在教师行业最大的问题就是:教师这个职业在大多数人的就业选择中是处于最底端的,也就是说想当老师的人是越来越少了,大多数选择去当老师的人都是迫不得已的,想给未来找一个铁饭碗,这就很难再谈他们到底热不热爱教育。最典型的现象就是,老师们常常会告诫自己的学生"长大后千万不要当老师",这种看似不起眼的"建议"实际上对于我们的未来教育造成了极坏的影响,因为这实在太普遍了。当然这也是由教师的待遇和福利等问题所决定的,很难归咎到具体哪一个人的身上。于是,这就导致了越是优秀的人越不愿意去当老师,去当了老师的人反而是那些资质平平且本身又不热爱教育的求职者,由此成为一个恶性循环。

**刘道玉**:不错,你分析得还比较透彻。谈到这个问题,我想顺便再问你一个问题,前阵子某大学的学生举报自己的老师,在社会上闹得沸沸扬扬,你是怎么看待这个问题的?

**伍阳**:您说的这个事情我知道,我也曾关注过许多类似的事情,发现特别是近几年来大学生举报老师的现象越来越多了。我认为举报权也是公民的合法权利之一,因此从法理上讲学生举报老师从某种程度上来说是说得通的,但关键在于因为什么而举报和举报的动机是什么。如果一个老师品行不端,例如性骚扰女同学、学术造假等情况,是应该受到检举的;但如果是因为言论问题、学术观点问题和立场不同等问题,或者是出于恶意报复的目的就举报自己的老师,我认为这是一个品质问题,严重违背了我们几千年来尊师重道的优良传统。然而我还发现一个特别突出的问题,就是如果某位老师真的存在师德问题,要么很少有人举报,要么就算是举报了,学校相关部门处理起来也藏头露尾,有的甚至草草了事;但是近几年来因为言论和立场问题受到举报的老师,其所在的学校处理起来却往往雷厉风行,而且惩罚的措施也比较严重。这就反映了我们当今大学的行政管理部门还是继承了"文革"时期那种"扣帽子、打棒子"的政治斗争思想,明明是学术问题却偏偏要用行政手段来处理和解决,这是很匪夷所思的事情。

**刘道玉**:你说得没错,因为刚才说从90年代起,左倾思想就开始重新抬头了。所以这也是我反对你进行"访贤之旅"计划(想到全国各大高校去拜访几十位知名教育家,并将访谈的内容整理编纂成册。原计划中的第一位教育家是刘道玉先生)的原因之一,因为你对于这个层面了解太少,人家凭什么相信你?而且你要是被别有用心之人利用或是陷害,又该怎么办呢?

伍阳:这件事上确实是我唐突了,我接受刘老的建议。

刘道玉:你要记住,你现在最重要的事情就是先沉下心来好好学习,一定要懂得厚积薄发。现在还不到你崭露头角的时候。

伍阳:嘿嘿,我知道了,刘老。那我们言归正传。既然问题找到了,改革的原则方法基本上也有思路了,那么该由谁来牵头搞教育改革呢?教育部吗?

刘道玉:我们国家的教育太过集权于教育部,各级各校的大小事务几乎都是教育部的文件说了算。你看近十几年都在喊给教育松绑,给学校去行政化,这就从侧面证明了我们现在的教育集权太过严重了,导致地方和各级教育机构都丧失了自主性。从本质上来讲,计划教育还是沿用了以往的计划经济思维,唯一不同的是我们在经济方面已经有所松绑,但是教育却被捆绑得越来越紧。就拿90年代的大学合并来说,就是一个教育集权的过程。当时的大学合并,就是以"高大全"的思想为指导的。许多地方性学校为了获得更多的教育资源,开始互相合并组建所谓的航母大学,这些地方性学校因此一下子升格成为副部级大学,受教育部直接管辖,也就是你们现在看到的"985"大学。当然也有许多地方学校为了争取办学独立和特色,不愿意合并,但是大势所趋,最终不得不随波逐流。现在算来,90年代前我国的副部级大学只有十几所,现在却有几十所。副部级大学越多,就意味着教育部管得越多,集权也就越严重。

伍阳:原来如此!所有人都觉得"985"大学是中国大学的金字塔顶端,但是没想到这其中还有这么多曲折的故事。

刘道玉:当然,想要教改,就必须要了解教育的现状;想要了解现状,又不能不了解历史。教育的发展从古至今都是连贯的,也是有迹可循的,你要对这条脉络有所把握,才能进一步谈改革的问题。

伍阳:所以如果现在就要进行教育改革的话,"去行政化"就是关键咯?

刘道玉:可以这么说,但是绝不仅限于此。因为"去行政化"只是一个方面,它可以牵扯到各方各面。关键的关键在于怎么去找到一个具体的点,从点到面,由浅入深,才能慢慢地达到"去行政化"的目的。而这些点中,我认为有几个点是至关重要的:第一就是要选好大学校长,并赋予校长足够自由且独立的管理职权。大学是整个教育体系的灯塔,教育改革也必须先从大学入手。而想要办好一所大学,其关键又在于如何为大学遴选校长。现如今我们的大学校长有几个突出的特点:一是行政任命,充满了随意性和随机性;二是任期普遍较短,充满了不确定性;三是校长本身是行政官员,规定他们享受一定的级别,这又加剧了学校的官僚性;四是校长们的身份以科学家、政治家和党员干部居多,就是少有教育家;五是校长和党委的职权不清,往往有许多冲突,导致校长的职权被进一步压缩。你也知道现在的校长们实际上都成了二把手,这样如何能领导好一所学校呢?

**伍阳:**所以您就提出了应该用选举制逐渐替代任命制,让各大学自己选举自己的校长,同时延长校长的任期,实行连选连任,等等。

**刘道玉:**没错,逐步实现校长的民主选举,是去行政化的第一步,也是至关重要的一步。可以这么说,如果大学都能够把好遴选校长这关,那么我们的教育改革就成功了一半了。还有几个点就是实行创造教育、引导大学生创造性学习、重建大学精神、重整校风学风等等,需要改革的内容太多了,我就不一一细讲了。

**伍阳:**既然要去行政化,那教育部应该扮演什么角色呢?

**刘道玉:**这个问题问得也很好。我认为教育部在教育改革的过程中要逐渐转变角色定位,具体就是要从"领导者"转变为"服务者",把"领导工作"转变为"服务工作",扮演好一个服务者的角色。

**伍阳:**这个设想思路很符合教育改革的要求,但是我认为实施起来太难。

**刘道玉:**难是肯定的,但是必须要这么做。什么叫改革?改革就是要大刀阔斧,哪怕是伤筋动骨也要改。只有胆大心细,改革才有希望。

**伍阳:**我们的教育改革喊了十几年了,却迟迟不能改,只是停留在修修补补的层面上。对此,刘老您认为我们全方位真正推行教育改革的最大阻力因素是什么?也就是在推行教育改革之前最重要的是要先解决什么问题?

**刘道玉:**关键在于解决思想问题,没有先进的思想,就不可能有成功的改革。所以在改革开放之初,就要号召"解放思想",我认为"解放思想"对于教育改革来说同样重要。但是解放思想并没有想象中那么简单,就拿当初一个"姓资还是姓社"来说,就折腾了好久,最后还是由邓小平同志拍板,提出了那个"黑白猫"的思想,禁锢人们思想的枷锁才得以慢慢打破。但是好景不长,十多年后左倾思想又开始抬头,以至于现在越发突出了,许多方面的改革也逐渐被人们淡忘了。

**伍阳:**既然经济改革取得了成功的经验,那为什么教育方面的改革就不能借鉴经济改革的思想呢?难道放弃计划教育比放弃计划经济还要难?

**刘道玉:**不是的,你不能这么看,虽然经济改革和教育改革的基本思路是一样的,但是两者在性质上有着很大的区别。经济改革是指向国民的物质财富方面的,一旦改革有所成功,那么必然会在短期内直观反映出来,这又会反过来促进思想的进一步解放,改革的步子也会迈得更加坚定,这很容易形成一个良性循环。但是教育改革不一样,因为衡量教育改革是否成功的标准是很模糊的,而且就算有所成功,在短期内也很难直观反映出来,必须要经过一个漫长的过程,所以很难形成像经济改革那样的良性循环。这是第一。

第二就是我们国家有着1000多年的国家垄断教育的历史传统,这是由教育固有的教化功能决定的。

第三,刚才也说过,我们在教育方面并不是没有尝试过大刀阔斧的改革,改革开放的头几年就是教育改革的春天,只不过比较短暂。再加上当时的国际背景复杂,伴随着苏联解体,而加强意识形态的控制与教育又是其中最为重要的一环,所以使得此后我们的教育改革愈发困难重重。当然,这其中还有更多更深刻的东西。

**伍阳:**原来如此,那么照您这么说,我们的教育改革就没有希望了?

**刘道玉:**哈哈哈,希望还是有的,你也不要灰心。你看我从54岁就被免职赋闲,但直到现在还是没有放弃呼唤教育改革,30年来笔耕不辍,不就是坚信教育改革会有成功的那一天吗?再说了,我们这一代不行了,还有你们呢？要有点愚公移山的精神嘛。

（此时的我感觉自己的双眼有些湿润，内心有种说不出的感动）

**伍阳:**刘老,我觉得您当年拒绝出任教育部部长真的太可惜了,因为如果您是教育部部长,我们国家的教育就不是现在这样了。

**刘道玉:**那我后来还拒绝了武汉市市长的职位呢,我从来没有想过有朝一日能成为达官显贵,因为我生性淡泊,又经常快言快语,从来不说违心之话,也绝不做违心之事,这也就使我没有了为官的秉性。而且做学问和做官是两条决然不同的道路,道不同不相为谋嘛。再者说,想要有一番作为,也不一定非要做官不可嘛,孔子是想做官的,所以他主张"学而优则仕",孟子是不想做官的,所以他主张"民贵君轻"。

**伍阳:**是的,"知屋漏者在宇下,知政失者在草野"。您在自传中也说了,当初您就任武汉大学校长时,也是被"赶鸭子上架",不得不挑起这个担子。但是也正如您所说,您并没有把校长当成一个官来做,所以您才受到了武汉大学师生们的一致爱戴。

**刘道玉:**从被免职到现在的 30 多年里,我就再也没有出任过什么职务了,一直在坚持研究教育改革的问题,其间倒是以我的名义成立了一个"湖北省刘道玉教育基金会",让我挂个虚职。我这几十年来写书的稿费大多捐给了基金会。

**伍阳:**刘老的精神实在是太令人敬佩了,换作其他人,早就心灰意冷不问世事了,可您还在为了教育改革奔走呼号。对了,我能去您的书房参观参观吗?

**刘道玉:**当然可以。

（刘老步履蹒跚地带我到了他的书房。书房的面积不大,但是堆满了各种书籍和资料;看起来也比较杂乱,但是却乱中有序,因为刘老总是能轻轻松松地把想展示给我的书本、笔记之类的东西随手翻到,只是身体上比较吃力。所以为了不再让刘老多劳,我只好尽量不在书房久留。）

**伍阳:**刘老,我看时间也差不多了。此次前来,采访您和向您请教是一方面,另一方面我也是想来拜访您,近距离地感受您的精神和风采。现在目的已经达到了,虽然仅有两个小时,但也足够我受益终生了。最后我想请您给我一些评价和建议。

**刘道玉:** 我们是互相学习,你是一个很有思想和个性的学生,我看得出来。而且你已经很好地掌握了自己的人生,知道自己的兴趣和方向,这一点非常不错。但是你也千万要沉得住气,静得下心,好好学习。特别是要多读一些经典,韬光养晦,厚积薄发。那我就不送你了,你一路注意安全。

**伍阳:** 好的,刘老,我一定谨记您的教诲,再见。

# 后　记

　　庚子年注定是让人们刻骨铭心的一年,年初在九省通衢的武汉爆发的新型冠状病毒肺炎的大流行,很快传播到全国各地。我们经历了从怀疑、确诊、抢救、封城,到火速建成火神和雷神医院、小区封闭、自我隔离等阶段,大体上经过了76天终于迎来转折点,新型冠状病毒肺炎得到了有效的控制。与中国的疫情状况相比,欧美国家至今疫情未能得到有效的控制,感染、死亡人数仍然居高不下。

　　对于这次新型冠状病毒肺炎的肆虐,各种议论纷纷,悲观者居多,认为冠状病毒将像候鸟一样,每年都会袭来,世界要死亡10亿人,等等。我却持谨慎的乐观态度——如果我们仍然承认人是万物之灵的话,那么人类就能够以他们独有的智慧研究出遏制和杀死冠状病毒的药物和方法,使人类再一次地伟大。

　　面对冠状病毒的肆虐,我自知是一个体弱的老者,是易感染人群之中的一员。对此,我的老同学和朋友们不止一次劝告:"道玉呀,你已经衰老,希望你不要再写作了,一定要注意身体,千万不能出问题啊!"廖玉珍是我同班同学,她的丈夫是中国科学院前副院长,是高我们两届的学兄,我们都是以兄妹相称。她发微信写道:"你辛苦了一辈子,现在应该把健康放在首位,不要再写了,你不是说要向100岁进军吗?"我回复说:"谢谢珍妹的关心,我过得很好,唯有写作才能迈向百岁。"我相信,老年人不能消极地休养,应当保持积极的心态,写作可以激活大脑,不仅可以缓解疼痛,而且能够延年益寿。

　　我的夫人也是我们同班同学,她已经卧床五年多了,为了使她得到更好的医护,我们于去年7月25日,住入了泰康之家楚园,在陪伴她的空余时,我仍然在继续写作,同时辑录这部文集。我没有秘书,也没有助手,虽然有些好心的学生愿意给我以帮助,但我长期养成的事必躬亲的习惯仍然无法改变。我的右手颤抖得不能写字已经20年了,甚至操作鼠标也很困难,但我克服了各种困难,终于用了10个月的时间完成了这本书的辑录和写作。

文集除收录了我在本世纪以来撰写和发表的近30篇关于教育改革的文章外,还收入了20篇媒体专访,它们都是出自名记者和编辑之手,有谢湘、马国川、夏静、曾楚风、刘晓梅等25人,我也借机感谢他们所作的贡献!此外,文集还收录了我与学者、教授、学生等就教育改革话题的对谈。谢谢他们与我的探讨和记录。

本文稿付梓之时,我要感谢楚园的领导和各部门为我们提供的各项优质服务,这是我得以继续写作的物质基础。

我深知,我辑录的书稿仅仅只是粗制品,如果要达到出版的要求,尚需要出版社的策划、责编、美编、装帧、校对等环节的审查、修改和打磨。因此,在本书出版之际,衷心感谢上海三联书店各有关人员给予的帮助。

尽管我的夫人备受病痛的折磨,但她对我表示了极大的宽容,我真心感谢她的支持。

本书辑录仓促,错误和遗漏肯定不少,敬请读者和专家指正为盼!

刘道玉

2021年3月22日于泰康之家楚园

**图书在版编目(CIP)数据**

教育改革论说集/刘道玉著.—上海:上海三联
书店,2024.1
ISBN 978 - 7 - 5426 - 8125 - 6

Ⅰ.①教… Ⅱ.①刘… Ⅲ.①教育改革-中国-文集
Ⅳ.①G521 - 53

中国国家版本馆 CIP 数据核字(2023)第 089097 号


教育改革论说集

著 者/刘道玉
特约编辑/罗淑锦
责任编辑/匡志宏 李巧媚
装帧设计/徐 徐
监 制/姚 军
责任校对/王凌霄

出版发行/上海三联书店
　　　　　(200030)中国上海市漕溪北路 331 号 A 座 6 楼
邮 箱/sdxsanlian@sina.com
邮购电话/021 - 22895540
印 刷/上海颗辉印刷厂有限公司

版 次/2024 年 1 月第 1 版
印 次/2024 年 1 月第 1 次印刷
开 本/640 mm×960 mm 1/16
字 数/320 千字
印 张/21.5
书 号/ISBN 978 - 7 - 5426 - 8125 - 6/G·1676
定 价/88.00 元

敬启读者,如发现本书有印装质量问题,请与印刷厂联系 021 - 56152633